Alan Canonica • Beeinträchtigte Arbeitskraft

Alan Canonica

Beeinträchtigte Arbeitskraft

Konventionen der beruflichen Eingliederung zwischen
Invalidenversicherung und Arbeitgeber (1945–2008)

Die Druckvorstufe dieser Publikation wurde vom Schweizerischen Nationalfonds zur Förderung der wissenschaftlichen Forschung unterstützt.

Weitere Informationen zum Verlagsprogramm:
www.chronos-verlag.ch

Umschlagbild: Schweizerisches Sozialarchiv, Zürich, F 5086-Fb-188.

Print: ISBN 978-3-0340-1562-2
E-Book (PDF): DOI 10.33057/chronos.1562

Inhalt

Vorwort und Dank

Die vorliegende Dissertation am Departement Geschichte der Universität Basel wurde betreut und begutachtet von Prof. Martin Lengwiler (Departement Geschichte, Universität Basel), Prof. Eva Nadai (Hochschule für Soziale Arbeit, Fachhochschule Nordwestschweiz) und Prof. Caroline Arni (Departement Geschichte, Universität Basel).

Ich möchte mich für die grosszügige Unterstützung bedanken, die ich im Verlauf der Promotionsarbeit erfahren durfte. Zunächst geht mein Dank an meinen Betreuer Prof. Martin Lengwiler und meine Betreuerinnen Prof. Eva Nadai und Prof. Caroline Arni, die mir stets mit wertvollen Ratschlägen beigestanden und massgeblich zum erfolgreichen Abschluss meiner Dissertation beigetragen haben. Ich bin für die finanzielle Unterstützung des Schweizerischen Nationalfonds, des Forschungsfonds Nachwuchsforschende der Universität Basel und der Freiwilligen Akademischen Gesellschaft Basel sehr dankbar. Ich bedanke mich bei denjenigen Personen, die auf meine historischen Fragen eingegangen sind und mir aus ihren Erinnerungen wichtige Impulse für meine Arbeit gegeben haben. Ein Dank gebührt allen Mitarbeitenden in den konsultierten Archiven sowie denjenigen Personen, die mir mit ihrem Engagement den Zugang zu privaten Archiven ermöglicht haben. Im Besonderen möchte ich mich bei Heike Bazak und Jonas Bürgi vom PTT-Archiv sowie bei Ursula Stutz vom SBB-Archiv bedanken, die mir mit ihren Recherchen zu den benötigten Archivunterlagen sehr geholfen haben. Schliesslich spreche ich Miriam Baumeister und Patrick Moser einen herzlichen Dank aus, die die Dissertation gegengelesen haben und mit ihren Anregungen und Korrekturen die inhaltliche und sprachliche Qualität der Arbeit verbessert haben.

Beeinträchtigte Arbeitskraft – Einleitung

Arbeitsintegration unter liberalen Vorzeichen

Sehr geehrter Herr Bundesrat,
Ich gelange mit einer grossen Bitte an Sie. Ich befinde mich in einer gewissen Zwangs-
lage. Ich bin voll arbeitswillig, aber leider für uneingeschränkte Tätigkeit körperlich
behindert. Laut Entscheid des Eidgenössischen Versicherungsgerichtes […] gilt mein
körperlicher Gesundheitsschaden nicht als Invalidität im Sinne des IVG. Andererseits
bin ich nach AlVG + AlVV [Arbeitslosenversicherungsgesetz und Vollzugsverord-
nung] nicht vermittlungsfähig meines körperlichen Gesundheitsschaden wegen.
Unser Staatswesen verpflichtet durch kein Gesetz die Privatwirtschaft, behinderte
Arbeitnehmer ins Erwerbsleben einzugliedern. Ich verstehe die wirtschaftlichen
Gründe der Arbeitgeber gut – auch wenn ich sie im Blick auf meine soziale Situation
nicht gutheissen kann.
Der soziale Dienst der Stadt B. bezahlt mir nun seit Jahren den Ausgleich. Ich bin
aber gewillt nach Massgabe meiner Möglichkeiten erwerbstätig die Mittel selber zu
schaffen – sofern ich einen Arbeitgeber finde.
Die Privatwirtschaft vermag mir keine zumutbare Tätigkeit, sei es als Kurier, sei es
als Magaziner (ohne schwere Hebearbeiten) oder sonst welche Hilfstätigkeit, anzubieten.
Und da ich nicht weiter die öffentlichen Mittel in Anspruch nehmen möchte, ersuche
ich Sie, Hoher Herr Bundesrat, Ihre zuständigen Departementsstellen anzuweisen,
dass diese meine Angelegenheit prüfen und mir – hoffentlich – eine Erwerbstätigkeit
zuweisen können.[1]

Dieser Brief, datiert vom 4. Juli 1980, gelangte an Bundesrat Hans Hürlimann,
der damals als Vorsteher des Departements des Innern (EDI) amtete. In wenigen
Zeilen schildert der Autor dieses Schreibens das Schicksal zahlreicher Menschen
mit Behinderung, die arbeitslos sind: Er fühlt sich sowohl vom Sozialstaat als
auch von der Wirtschaft im Stich gelassen. Auf der einen Seite lehnen die Sozialversicherungen eine Zuständigkeit für seinen Fall ab, da er für die Invalidenversicherung (IV) zu wenig invalid, gleichzeitig aber für die Arbeitslosenversicherung
(ALV) zu wenig vermittelbar ist. Auf der anderen Seite erhält er von der Wirtschaft – obschon er seinen Arbeitswillen beteuert – keine Chance, seine Fähigkeiten in einem Unternehmen einzubringen, was er auf seine körperlich bedingten
Leistungseinschränkungen zurückführt. Er fällt deswegen durch die Maschen

---

1 Brief an Bundesrat Hans Hürlimann vom 4. Juli 1980, in: BAR, Behinderte. Allgemeines 1978–
1987, E7175C#1995/259#685*.

des Netzes sozialer Sicherung und ist «seit Jahren» auf die Unterstützung der Sozialhilfe angewiesen.

Der Brief fasst in komprimierter Form zentrale Themen der Arbeitsintegration von Menschen mit Behinderung in der Schweiz zusammen. Kennzeichnend ist die liberale Grundhaltung. Wie der Verfasser anmerkt, existiert «kein Gesetz», das die Privatwirtschaft dazu verpflichtet, behinderte Arbeitskräfte anzustellen. Für die Sicht der Unternehmen bringt er zwar Verständnis auf, gutheissen kann er den Sachverhalt aber nicht, weil sich die fehlenden Vorschriften zu seinem Nachteil auswirken. Für eine erfolgreiche Arbeitsintegration sind Betroffene und der Sozialstaat in der Schweiz auf den guten Willen der Arbeitgeber angewiesen. Ein Recht auf Arbeit für Menschen mit Behinderung gibt es nicht. Die IV kann lediglich berufliche Massnahmen verfügen, die der Verbesserung der Beschäftigungsfähigkeit der versicherten Personen dienen.

Der Zeitpunkt, an dem die Zuschrift formuliert wurde, steht in der Schweiz für eine Wende im Bereich der beruflichen Eingliederung. Nach den Trente Glorieuses und im Zuge der Wirtschaftskrise Mitte der 1970er-Jahre hatte sich die Situation für Menschen mit Behinderung auf dem Arbeitsmarkt verschlechtert. Sie galten nun als schwer vermittelbar und wiesen ein hohes Risiko der Langzeitarbeitslosigkeit auf. Häufig blieb aufgrund der durch eine körperliche, geistige oder psychische Behinderung verursachten verminderten Leistungsfähigkeit bloss die Option auf eine «Hilfstätigkeit» in der freien Marktwirtschaft übrig. Dabei handelte es sich oft um prekäre Jobs im gering qualifizierten Niedriglohnsektor, die besonders konjunkturanfällig sind. Zudem führten betriebliche Rationalisierungsprozesse dazu, dass sogenannte Nischenarbeitsplätze zunehmend abgebaut wurden.

Der Verfasser des Briefs bittet um Beistand durch die «zuständigen Departementsstellen», die ihn aus dieser unbefriedigenden Situation führen und eine «Erwerbstätigkeit zuweisen» sollen. Sein Wunsch bleibt allerdings unerfüllt, da dem Sozialstaat keinerlei Befugnis erteilt wurde, über Arbeitsplätze zu verfügen. Vielmehr wird von den Betroffenen erwartet, dass sie eigenverantwortlich, mit Unterstützung der Sozialverwaltung, den Weg (zurück) in den ersten Arbeitsmarkt finden. Im Antwortschreiben der Abteilung Arbeitskraft und Auswanderung des Bundesamts für Industrie, Gewerbe und Arbeit (BIGA) – dieser Behörde wurde der Brief zur Beantwortung zugestellt – wird auf das örtliche Arbeitsamt verwiesen, an das sich der Verfasser für die Stellenvermittlung wenden könne. Etwas Konkreteres kann das BIGA nicht anbieten: «Wir bedauern, Ihnen nicht besser helfen zu können, hoffen aber, dass eine Beschäftigung für Sie gefunden werden kann.»[2]

In diesem Briefwechsel kommt eine zentrale Problematik des Wohlfahrtsstaats zum Ausdruck. Sozialstaatliche Einrichtungen können ihre Klientinnen

---

2 Antwortbrief vom 18. Juli 1980, in: BAR, Behinderte. Allgemeines 1978–1987, E7175C#1995/259#685*.

und Klienten auf einen Eintritt in den ersten Arbeitsmarkt vorbereiten oder diese in einem geschützten Rahmen beschäftigen. Letztlich ist eine erfolgreiche berufliche Eingliederung in die freie Marktwirtschaft aber davon abhängig, dass Unternehmen die stellensuchenden Personen anstellen. Andernfalls bleiben alle vorgängig unternommenen Bemühungen wirkungslos. Das empirische Beispiel der Beschäftigung von Menschen mit Behinderung ist in dieser Hinsicht besonders instruktiv, da die Rekrutierung von Personen mit Leistungseinschränkungen zunächst einem auf ökonomische Nutzenmaximierung ausgelegten Wirtschaftshandeln zu widersprechen scheint. Es stellt sich in diesem Zusammenhang die Frage, weshalb Unternehmen dennoch bereit sind, Arbeitskräfte mit einer Behinderung zu engagieren. Die Schweiz bildet dafür ein besonders aufschlussreiches Forschungsfeld, da die Betriebe[3] bis heute, wie bereits erwähnt, im Unterschied zu vielen anderen westeuropäischen Ländern nicht gesetzlich dazu verpflichtet sind, Menschen mit Behinderung aufgrund von sogenannten Behindertenquoten zu beschäftigen. Die 1960 eingeführte IV verfügt zwar über einen ausführlichen Katalog von Eingliederungsmassnahmen, muss aber letztlich auf die freiwillige Aufnahmebereitschaft der Arbeitgeber vertrauen können. Aktuelle Zahlen belegen, dass die Schweiz im internationalen Vergleich eine hohe Beschäftigungsquote von Menschen mit Behinderung aufweist.[4] Dieser Befund begründet die Notwendigkeit, die Perspektive der Unternehmen genauer zu untersuchen. Offenbar kann das Motiv der ökonomischen Nutzenmaximierung die Praxis der Arbeitgeber nicht hinreichend erklären.

Fragestellung, Zeitraum und Forschungsstand

In der vorliegenden Studie[5] wird das Verhältnis zwischen Invalidenversicherung und Wirtschaft im Hinblick auf die Arbeitsintegration von Menschen mit Behinderung untersucht und gleichzeitig die Geschichte der beruflichen Eingliederung in der Schweiz seit 1945 aufgearbeitet.[6] Die berufliche Eingliederung wird dabei auf zwei unterschiedlichen Ebenen analysiert. Zum einen werden bundes- und verbandspolitische Debatten um die Eingliederungspolitik der IV beleuchtet, ins-

---

3 Betrieb und Unternehmen werden in dieser Studie synonym verwendet.
4 Eurostat 2014.
5 Die empirischen Daten stammen aus dem vom Schweizerischen Nationalfonds finanzierten Forschungsprojekt (Nr. 153638) «Berufliche Eingliederung zwischen Invalidenversicherung und Wirtschaft. Zum Wandel der Konventionen und Praktiken der Beschäftigung von Behinderten». Das Projekt stand unter der Leitung von Prof. Dr. Eva Nadai (Hochschule für Soziale Arbeit FHNW) und Prof. Dr. Martin Lengwiler (Departement Geschichte, Universität Basel). Mit den empirischen Daten, die dieser Studie zugrunde liegen, wurde ein wissenschaftlicher Artikel für die «Zeitschrift für Unternehmensgeschichte» und ein Kapitel für die Monografie des Gesamtprojekts verfasst. Canonica 2017; Nadai et al. 2019, S. 23–69.
6 Die Geschichte der beruflichen Eingliederung wird vor allem im zweiten Kapitel thematisiert, das den Zeitraum zwischen 1945 und 1959 abdeckt. Die damaligen Praktiken der Arbeitsintegration und die diesen Praktiken zugrunde liegenden konzeptionellen Überzeugungen hatten einen wichtigen Einfluss auf die Ausgestaltung der IV, die 1960 eingeführt wurde. Entsprechend können die Aushandlungsprozesse zwischen IV und Wirtschaft erst seit den 1960er-Jahren in den Fokus gerückt werden.

besondere die Aushandlungsprozesse zwischen staatlicher Invalidenversicherung und Arbeitgeberorganisationen und weiteren politischen Akteuren (zum Beispiel Behindertenverbänden). Zum anderen wird die Haltung und Praxis von Unternehmen zur Arbeitsintegration in verschiedenen Branchen untersucht.[7] Als theoretischer Rahmen dient die Ökonomie der Konventionen. Der Ansatz geht von einer Pluralität der Rationalitäten aus, die ökonomisches Handeln begründen. Die Prämisse einer Vielzahl von Konventionen verspricht für den Forschungsgegenstand einen analytischen Mehrwert, da die Theorie verschiedene Motive für die berufliche Eingliederung von Menschen mit Behinderung adäquat zu erfassen vermag. Konkret wird danach gefragt, auf welche Begründungszusammenhänge die untersuchten Akteure in den eingliederungspolitischen Debatten rekurrierten und welche regulativen Instrumente auf politischer und betrieblicher Ebene wann und unter Rückgriff auf welche Rechtfertigungsordnungen eingesetzt beziehungsweise verhindert wurden. Aufseiten der Wirtschaft wird einerseits analysiert, wie die Arbeitgeberverbände Einfluss auf die Ausgestaltung der Behindertenpolitik nahmen und auf welche Konventionen sie sich dabei bezogen. Andererseits interessiert aus einer Mikroperspektive, aufgrund welcher Überlegungen und unter welchen Umständen einzelne Unternehmen bereit waren, behinderte Arbeitskräfte zu beschäftigen. Auf sozialstaatlicher Seite stellt sich die Frage, mit welchen Mitteln die IV entsprechende Kalküle profitorientierter Unternehmen zu beeinflussen versuchte. Letztlich geht es um die Frage, welche betrieblichen, wirtschaftlichen und sozialstaatlichen Rahmenbedingungen die berufliche Eingliederung von Menschen mit Behinderung begünstigt oder erschwert haben. Aus einer historischen Perspektive interessiert dabei, wie sich behindertenpolitische Arrangements entwickelt haben und welche Akteure auf welche Art und Weise an der Bildung dieser Dispositive[8] beteiligt waren. Weiter gilt es zu untersuchen, welche Faktoren die Persistenz bestimmter Arrangements sicherstellten beziehungsweise welche Ursachen historisch institutionellen Wandel ausgelöst haben.

In dieser Studie wird ein wirtschafts- und unternehmenshistorischer Blick auf den Untersuchungsgegenstand gerichtet.[9] Die unmittelbare Nachkriegszeit als Ausgangspunkt erscheint dabei aus zwei Gründen als sinnvoll: So erfolgten erste konkrete Pläne für die Einführung der IV im Rahmen der Debatten zur 1948 eingeführten Alters- und Hinterlassenenversicherung (AHV). Der IV

---

7 Die Bedeutung der Betroffenen soll für eine Geschichte der beruflichen Eingliederung von Menschen mit Behinderung keineswegs geleugnet werden. Sie treten in dieser Untersuchung aufgrund der thematischen Ausrichtung auf das Verhältnis zwischen IV und Wirtschaft aber eher in den Hintergrund. Sie kommen in der Studie allerdings dann zu Wort, wenn sie in der behindertenpolitischen Arena entweder als individuelle oder als kollektive Akteure (etwa in Form der Behinderten-Selbsthilfeorganisationen) in Erscheinung treten.

8 Zum Konzept des Dispositivs in der Ökonomie der Konventionen: Diaz-Bone 2017.

9 Die Studie ist qualitativ angelegt. Statistische Daten zur beruflichen Eingliederung fehlen für den überwiegenden Teil des Untersuchungszeitraums weitgehend, was eine quantitative Herangehensweise verunmöglicht.

wurde aber damals noch eine sekundäre Bedeutung zugeschrieben, sodass sie erst 1960 implementiert wurde.[10] Zudem nahm zu jener Zeit die Bedeutung der beruflichen Eingliederung von Menschen mit Behinderung deutlich zu.[11] Der Untersuchungszeitraum erstreckt sich bis zur Umsetzung der 5. IVG-Revision 2008, mit der das Paradigma der Aktivierung Einzug in die IV gehalten hat, welches bis heute als Leitparadigma des Sozialwerks gilt.[12]

Die schweizerische Invalidenversicherung wurde von der Geschichtswissenschaft lange vernachlässigt. Erst in den letzten Jahren ist ein zunehmendes Interesse an den historischen Grundlagen des Sozialwerks aufgetreten.[13] Dies könnte auf die finanzielle Krise der IV, die zeitlich dicht gedrängten Gesetzesrevisionen seit der Jahrtausendwende sowie die stärkere Bedeutung, die ihr auf sozialpolitischer Ebene in jüngster Zeit zukommt, zurückgeführt werden. Die geschichtswissenschaftliche Erforschung der Arbeitsintegration von Menschen mit Behinderung in der Schweiz stellt bis heute ein Desiderat dar.[14] Die genannten Studien heben zwar die Bedeutung der beruflichen Eingliederung für die IV hervor. So bezeichnet Germann den Eingliederungsgedanken als «behindertenpolitischen Leitbegriff».[15] Die Thematik wird insgesamt aber nur kursorisch abgehandelt.

Für die einschlägige historische und soziologische Forschung muss festgehalten werden, dass diese für die Beschäftigung von Menschen mit Behinderung vornehmlich auf den Sozialstaat und die Betroffenen fokussiert. Die Rolle der Arbeitgeber wird hingegen nur punktuell untersucht.[16] Für die Wohlfahrtsforschung kann diesbezüglich von einer Leerstelle gesprochen werden. In der Disability History[17] wird länderübergreifend die behindertenpolitische Bedeutung der beruflichen Eingliederung hervorgehoben.[18] Die Wirtschaft bleibt als wichtiger Akteur in den Studien allerdings vernachlässigt. Dieser Befund trifft auch auf die Untersuchungen zu Kriegsinvaliden zu. Die Materie wird auch dort überwiegend aus der Perspektive des Sozialstaats und der Betroffenen diskutiert.[19]

---

10 Fracheboud 2015, S. 41 f.

11 Germann 2008.

12 Nadai 2007, S. 12.

13 Lengwiler 2007; Germann 2008; Canonica 2012; Fracheboud 2015; Wicki 2018. Hingewiesen sei auch auf die vom Bundesamt für Sozialversicherungen (BSV) betreute Website zur Geschichte der sozialen Sicherheit in der Schweiz, die historische Beiträge zu den Bereichen Invalidenversicherung und Behinderung enthält: www.geschichtedersozialensicherheit.ch.

14 Im Ansatz wird die Thematik von Germann 2010 behandelt.

15 Germann 2008, S. 188.

16 Fracheboud (2015) berücksichtigt in ihrer Studie den Einfluss der Arbeitgeberverbände auf die politischen Prozesse im Vorfeld der Einführung der IV. Dies betrifft allerdings nur am Rande Fragen der Arbeitsintegration.

17 Kaba 2011; Traverse 2006 (3).

18 Germann 2008; Borsay 2005; Bösl 2009; Lepällä 2014.

19 Pawlowsky/Wendelin 2015; Neuner 2011; Anderson 2011; Cohen 2001. Eine Ausnahme bildet ein Beitrag von Christian Kleinschmidt (1994), der die Beschäftigung von Menschen mit Behinderung in der deutschen (Schwer-)Industrie nach dem Ersten Weltkrieg aus unternehmensethischer Perspektive untersucht.

Die vorliegende Studie orientiert sich an neueren Forschungsarbeiten, die die Wirtschaft als Akteur stärker in den Blick nehmen und als aktiven Mitgestalter der Wohlfahrtsproduktion untersuchen.[20] Die Rolle der Arbeitgeberorganisationen und Unternehmen beschränkt sich nicht bloss auf die Einhaltung und Umsetzung gesetzlicher Vorschriften. Vielmehr entwickeln sie die Sozialpolitik entscheidend mit und haben Einfluss auf die Entstehung und Durchsetzung von arbeitsmarkt- und sozialpolitischen Regeln. Auf der politischen Ebene treten in dieser Untersuchung die Arbeitgeberverbände in den Vordergrund. Cathie Jo Martin und Duane Swank zeigen in einer international angelegten Studie auf, dass ein hoher Zentralisierungs- oder Koordinationsgrad unter den Arbeitgeberverbänden eines Landes eine direkte Auswirkung auf deren Bereitschaft hat, sozialpolitische Massnahmen zu unterstützen und umzusetzen.[21] Die Arbeitgeberschaft weist zwar in der Schweiz einen vergleichsweise tiefen Zentralisierungsgrad auf, weil sie auf nationaler Ebene in unterschiedlichen Verbänden organisiert ist. Dafür besteht ein hoher Koordinationsgrad zwischen den einzelnen Verbänden.[22] Die starke Zusammenarbeit lässt erwarten, dass die Arbeitgeber gemeinsam auf sozialpolitischer Ebene in relativ hohem Mass Einfluss nehmen und damit auch im Themenbereich Behinderung initiativ agieren. Die Arbeitgeberverbände haben in der Schweiz ohnehin traditionell eine starke politische Geltung. Linder spricht gar von einem «verbandsstaatliche[n] Muster», um eine politische Kultur zu beschreiben, in der der Staat schwach, die Wirtschaft hingegen stark organisiert ist.[23]

Auf der Ebene der Unternehmen stehen die Praktiken der beruflichen Eingliederung im Mittelpunkt. Ausgehend von der institutionalistischen Wende in den Wirtschaftswissenschaften hat sich in der Wirtschafts- und Unternehmensgeschichte in den 1990er-Jahren das kulturelle Paradigma etabliert.[24] Am Ausgangspunkt von wirtschaftlichen Entwicklungsprozessen steht in dieser Forschungsrichtung der institutionelle Wandel. Institutionen müssen folglich in ihren jeweiligen historischen und kulturellen Kontexten untersucht werden.[25] In der Unternehmensgeschichte hat der Ansatz dazu beigetragen, dass ein stärkeres Interesse für Konzepte wie die Unternehmenskultur oder die Unternehmensethik besteht.[26] Unternehmen werden in diesem Zusammenhang als «soziale Organisationen»[27] oder «eine Art Kultursystem» analysiert.[28] Sie weisen spezifische Normen- und Wertesysteme auf, die sich kontextuell in einen breiteren gesellschaftlichen, soziokulturellen Rahmen einbetten lassen. Eine eindimensio-

---

20 Leimgruber 2008; Fracheboud 2015; Eichenberger 2016.
21 Martin/Swank 2004.
22 Ebd., S. 599.
23 Linder 2005, S. 117.
24 Berghoff/Vogel 2004.
25 Exemplarisch: North 1988.
26 Pierenkemper 2000, S. 68; Berghoff 2004; Petzina/Plumpe 1993.
27 Plumpe 1998.
28 Schreyögg 1993, S. 23.

nale Deutung wirtschaftlichen Handelns, wie sie die neoklassische Wirtschaftstheorie mit dem Homo oeconomicus kennt, wird dabei abgelehnt. Anstelle von
nutzenmaximierenden Akteuren wird eine kulturell geprägte «bounded rationa-
lity» als Handlungsmodell postuliert.[29] Diese soziokulturelle Bezogenheit von
Unternehmen bedeutet im Hinblick auf die Wohlfahrt einer Gesellschaft, dass
Unternehmen gemeinsam mit dem Staat, der Familie und der Zivilgesellschaft zu
ihrer Produktion beitragen. In der einschlägigen Forschung wird dementsprechend der Wohlfahrtspluralismus betont («mixed welfare economy»).[30] Diese
wirtschafts- und unternehmenshistorische Forschungsperspektive ist auch für
die vorliegende Untersuchung wegleitend, wobei die soziale Verantwortung der
Wirtschaft angemessen berücksichtigt werden soll. Denn reine Kosten-Nutzen-
Rechnungen können das unternehmerische Handeln bei der beruflichen Eingliederung von Menschen mit Behinderung nicht hinreichend erklären.[31] Der Ansatz
der Ökonomie der Konventionen bietet für dieses Forschungsanliegen einen geeigneten analytischen Rahmen, da er von verschiedenen «Kalkülen»[32] ausgeht,
die wirtschaftliches Handeln begründen.

Die Schweiz im internationalen Kontext

Die Schweiz weist behindertenpolitische Eigenheiten auf, die sie zu einem inter-
essanten Forschungsfeld machen. Die in dieser Studie gewonnenen Erkenntnisse
leisten deswegen auch einen wichtigen Beitrag für den internationalen historischen und sozialpolitischen Diskurs. Zum einen ist diese Besonderheit auf die politische und wirtschaftliche Tradition des Lands zurückzuführen, die als Grundlage für eine liberale Behindertenpolitik gilt. Zum anderen blieb die Schweiz von
den beiden Weltkriegen verschont, wodurch sich die Ausgangssituation in der
Nachkriegszeit gegenüber den kriegsversehrten Nationen deutlich unterschied.
Die besonderen Züge des schweizerischen Systems sollen hier durch einen Vergleich mit Deutschland und Grossbritannien kurz aufgezeigt werden.

Unknown der Schweiz wurde zwar in der Zwischenkriegszeit über die Einführung
einer IV debattiert, letztlich schob man das Projekt aber auf die lange Bank. Die
berufliche Eingliederung von Menschen mit Behinderung war ebenfalls kaum
Gegenstand behindertenpolitischer Aushandlungen. Betroffene Personen waren auf die öffentliche Fürsorge und die private Behindertenhilfe angewiesen.
In anderen westeuropäischen Staaten war die Thematik hingegen aufgrund der
Folgen des Ersten Weltkriegs stark in das öffentliche Bewusstsein getreten. In
Deutschland verpflichtete das Schwerbeschädigtengesetz von 1923 Betriebe mit
20 oder mehr Mitarbeitenden zwei Prozent der Stellen mit Kriegsversehrten zu

---

29 Wischermann 2015, S. 27 f.; Tanner 2004.
30 Katz/Sachsse 1996; Lengwiler 2010.
31 Auch der in dieser Studie verwendete theoretische Rahmen der Ökonomie der Konventionen
   lehnt den Homo oeconomicus als monokausalen Erklärungsansatz für wirtschaftliches Handeln ab.
32 Neu 2015.

besetzen.[33] In Grossbritannien wurde hingegen ein freiwilliger Weg beschritten. Der 1920 eingeführte «King's National Roll Scheme» belohnte Unternehmen, bei denen fünf Prozent des Personals Menschen mit Behinderung waren, mit der Aufnahme in eine Ehrenliste und sicherte diesen Betrieben gewisse staatliche Privilegien zu.[34]

Die Art der schweizerischen Besonderheit akzentuierte sich in der Zeit nach dem Zweiten Weltkrieg. Der Disabled Persons (Employment) Act von 1944 führte auch in Grossbritannien für Betriebe mit 20 oder mehr Angestellten eine Behindertenquote von drei Prozent ein.[35] In Deutschland wurde mit dem 1953 reformierten Schwerbeschädigtengesetz neu eine Quote zwischen acht und zehn Prozent festgelegt. Die Folgen des Krieges beeinflussten die Behindertenpolitik und die Unterstützung für Menschen mit Behinderung nachhaltig. Die Problematik war in der Schweiz quantitativ weniger bedeutsam, da das Land von den militärischen Auseinandersetzungen verschont blieb. In der Bundesrepublik Deutschland hingegen lebten in den frühen 1950er-Jahren 1,5 Millionen Kriegsbeschädigte.[36]

Der Status der Soldaten als Helden der Nation, die behindert von den Schlachtfeldern zurückkehrten, ist ein weiterer wesentlicher Unterschied zum Fallbeispiel Schweiz. Während die Öffentlichkeit in den kriegsversehrten Nationen eine moralische Verpflichtung zur Unterstützung der Betroffenen verspürte, fehlte ein solcher Impetus in der Schweiz. Dieser Heldenstatus führte zu deutlichen Unterschieden bei den Unterstützungsleistungen je nach Ursache der Invalidität. In Deutschland galten die Behindertenquoten des Schwerbeschädigtengesetzes nur für Kriegsinvalide. Es bestand eine deutliche «Demarkationslinie zwischen Kriegs- und Zivilbeschädigten».[37] Die deutsche Behindertenpolitik der unmittelbaren Nachkriegszeit war von einem Kausalprinzip geleitet, das in Bezug auf die Leistungen insgesamt «erhebliche Ungleichheiten» unter den Menschen mit Behinderung verursachte.[38] Diese Diskrepanz wurde auch semantisch untermauert, indem der Begriff des «Beschädigten» für Kriegsinvalide reserviert war, während zivile Körperbehinderte weiterhin als «Krüppel» bezeichnet wurden.[39] Auch in Grossbritannien herrschte ein Kausalprinzip, das unabhängig von der Art der Beeinträchtigung galt. So waren die Renten für Kriegsinvalide besser dotiert als diejenigen für Personen, die einen Betriebsunfall erlitten hatten.[40]

Nachdem Menschen mit Behinderung im Vergleich dazu in der Schweiz in der unmittelbaren Nachkriegszeit sozialstaatlich in toto vernachlässigt wurden,

---

33 Krukowska 2006, S. 110.
34 Borsay 2005, S. 128.
35 Ebd., S. 135.
36 Bösl 2009, S. 60.
37 Rudloff 2003, S. 867.
38 Bösl 2009, S. 132.
39 Rudloff 2003, S. 867.
40 Borsay 2005, S. 161 f.

kannte die 1960 eingeführte IV kein Kausalprinzip.[41] Die Kausalprinzipien in Deutschland und Grossbritannien sind unter anderem auf den hohen Organisationsgrad der Kriegsinvaliden zurückzuführen. Diese Selbstorganisationen übten behindertenpolitisch einen bemerkenswerten Einfluss aus und vertraten als «abgegrenzte Gruppe mit eigener Identität» Partikularinteressen.[42] In der Schweiz waren Selbstvertretungen auf der politischen Bühne zunächst beinahe inexistent und sie agierten auch seit den 1970er-Jahren mit einer vergleichsweise überschaubaren Wirkung. Menschen mit Behinderung blieben folglich in der Schweiz bei der Gestaltung des Sozialwerks in der unmittelbaren Nachkriegszeit ein mehrheitlich stiller Akteur, über den (fremd)bestimmt wurde. In der Schweiz waren Menschen mit Behinderung bis zur Einführung der IV sozusagen auf sich gestellt. Die Stellensuche lag primär in der Eigenverantwortung der Betroffenen. Weder bestanden Behindertenquoten, noch waren Arbeitgeber in irgendeiner Form gesetzlich zur Förderung der Arbeitsintegration verpflichtet. Die berufliche Eingliederung orientierte sich in der Schweiz durchgehend an liberalen Grundsätzen.

Begriffsbestimmungen

Die Kategorie Behinderung bedarf einer terminologischen Klärung und es soll erläutert werden, wie der Begriff in der vorliegenden Studie verwendet wird. Zunächst müssen die Termini Invalidität und Behinderung voneinander abgegrenzt werden. Invalidität ist eine administrative Kategorie.[43] Sie wird in der Schweiz versicherungsmedizinisch über die verminderte Erwerbsfähigkeit bestimmt. Gesetzlich wird die Erwerbsunfähigkeit wie folgt definiert: «Erwerbsunfähigkeit ist der durch Beeinträchtigung der körperlichen, geistigen oder psychischen Gesundheit verursachte und nach zumutbarer Behandlung und Eingliederung verbleibende ganze oder teilweise Verlust der Erwerbsmöglichkeiten auf dem in Betracht kommenden ausgeglichenen Arbeitsmarkt.»[44] Dementsprechend ist Invalidität «die voraussichtlich bleibende oder längere Zeit dauernde ganze oder teilweise Erwerbsunfähigkeit».[45] Einzig der Staat kann bestimmen, wer invalid ist und wer nicht. «C'est à cet égard une catégorie administrative, qui est définie par des lois, des directives, des règlements et des procédures.»[46]

In der Schweiz wird Behinderung legislativ im Behindertengleichstellungsgesetz (BehiG) bestimmt. Ein Mensch mit Behinderung ist «eine Person, der es eine voraussichtlich dauernde körperliche, geistige oder psychische Beeinträchtigung erschwert oder verunmöglicht, alltägliche Verrichtungen vorzunehmen,

---

41 In abgeschwächter Form kannte auch die Schweiz ähnliche Bevorzugungen, da Invalidität bei bestimmten Ursachen durch die früh eingeführte Militärversicherung (1901) und Unfallversicherung (1911) ebenfalls bereits durch den Sozialstaat versichert war. Canonica 2019.

42 Rudloff 2003, S. 867.

43 Tabin et al. 2016.

44 ATSG, Art. 7, Stand 1. Oktober 2019.

45 ATSG, Art. 8.

46 Tabin et al. 2016, S. 13.

soziale Kontakte zu pflegen, sich fortzubewegen, sich aus- und weiterzubilden oder eine Erwerbstätigkeit auszuüben».[47] Behinderung bezieht sich in dieser Bezeichnung folglich unter anderem auf die Erwerbsarbeit, letztlich aber insgesamt auf die Einschränkungen, die eine betroffene Person in sämtlichen Lebensbereichen antrifft.

In der Wissenschaft lassen sich unterschiedliche Modelle von Behinderung bestimmen. Das medizinische Modell fokussiert auf die Beschreibung und Klassierung gesundheitlicher Beeinträchtigungen und reicht ins 19. Jahrhundert zurück. Behinderung wird dabei als individuelles medizinisches Problem verhandelt.[48] Das soziale Modell von Behinderung distanziert sich vom klassischen medizinischen Modell, indem Behinderung nicht mehr als «Ergebnis medizinischer Pathologie», sondern als Folge von «systematische[r] Ausgrenzung» bestimmt wird.[49] Diese Forschungsrichtung wurde in den 1970er- und 1980er-Jahren von den Disability Studies vertreten. Seit den 1990er- und 2000er-Jahren dominieren nun kulturalistische Erklärungsmodelle, die an das soziale Modell anschliessen.[50] Sie sind aus der Kritik am sozialen Modell, welches das körperliche Element ausklammert und Behinderung auf das Soziale reduziert, entstanden und nehmen eine sozialkonstruktivistische Perspektive ein, die auch körperliche Faktoren einbezieht. Nach diesem Ansatz «werden Behinderungen von kulturellen Ideen und diskursiven Praktiken durchzogen und hervorgebracht».[51]

Es geht in dieser Studie nicht darum, Behinderung als sozial und diskursiv konstruierte Kategorie zu untersuchen. Ebenso wird auf eine eindeutige Definition des Begriffs verzichtet. Es geht vielmehr darum, auszuarbeiten, was die beteiligten Akteure jeweils darunter verstanden haben beziehungsweise wer dieser Kategorie von wem zugeordnet wurde. Dieser Verzicht lässt sich damit begründen, dass der Terminus für die untersuchten Akteure diffus bleibt und sie mit unterschiedlichen Relevanzebenen operieren. Die Bezeichnung «invalid», wie sie die Invalidenversicherung im Titel trägt, wird als diskriminierend empfunden und den Mitarbeitenden der IV ist dieser defizitorientierte und tendenziell obsolet wirkende Begriff unangenehm. Klientinnen und Klienten werden heute im täglichen Sprachgebrauch als «Versicherte» adressiert. Dem Terminus «Behinderte» kommt im Rahmen der Versicherungslogik nur eine untergeordnete Bedeutung zu, da es zuvorderst um die Erwerbsfähigkeit der Klientinnen und Klienten geht.[52] Das Sozialwerk richtet sich dabei in der Eingliederungs- und Vermittlungsarbeit auf die für die Wirtschaft relevanten (oder von den IV-Mitarbeitenden als wichtig unterstellten) Dimensionen, um ihre Klientinnen und Klienten an die Unternehmen «verkaufen» zu können. Behinderung spielt als

---

47 BehiG, Art. 2, Stand 1. Januar 2017.
48 BFS 2009, S. 5.
49 Waldschmidt 2010, S. 17.
50 Probst et al. 2016.
51 Bösl 2009, S. 16.
52 Nadai et al. 2019, S. 12 f.

Kategorie auch für die Unternehmen nur eine untergeordnete Rolle und auch sie beziehen sich nicht auf einen eindeutig fassbaren Begriff. Aus ihrer Perspektive handelt es sich primär um Personen, die aufgrund von gesundheitlichen Einschränkungen keine maximale Leistung erbringen können, und es geht um die Frage, wie sie bei der (Weiter-)Beschäftigung solcher Arbeitskräfte vorgehen. In diesem Zusammenhang ist auch der Titel des Buchs, «Beeinträchtigte Arbeitskraft», zu verstehen: Es handelt sich um eine Fremdzuschreibung, die Aushandlungsprozesse zwischen Sozialstaat und Wirtschaft auslöst. Folglich wird in dieser Studie Behinderung als sozialstaatliche oder wirtschaftsseitige Zuschreibung verwendet, die eine durch eine gesundheitliche Beeinträchtigung hervorgerufene Leistungseinschränkung bezeichnet, die sich in arbeitsrelevanten Feldern und Kontexten bemerkbar macht.[53]

Theoretischer Rahmen: die Ökonomie der Konventionen

Der Ansatz der Ökonomie der Konventionen (Economie des conventions, EC) findet seine Ursprünge in der französischen Wirtschaftssoziologie.[54] Konventionen[55] werden in der EC als «Handlungsgrammatiken» beschrieben, die Akteuren zur Verfügung stehen, um Koordination in Situationen der Unsicherheit zu ermöglichen.[56] Konventionen bezeichnen zum einen Rechtfertigungsordnungen und sind zum anderen ein Äquivalenzprinzip. Sie dienen folglich als Mittel zur Legitimation von Handlungen, sozialen Arrangements oder Institutionen und ermöglichen gleichzeitig die Wertbestimmung und Evaluation von Personen, Gütern oder Objekten. Die EC vollzieht eine Abkehr von der neoklassischen Wirtschaftstheorie, die mit dem Homo oeconomicus als handlungsleitendem Paradigma operiert. Stattdessen postuliert der Ansatz eine Pluralität der Rationalitätsmodelle, die wirtschaftliches Handeln begründen können. Rechtfertigungsordnungen sind Gesellschaftsentwürfe, die nach Gerechtigkeit streben und in der politischen Tradition jeweils eine theoretische Fundierung und eine systematische Ausformulierung erfahren haben.[57] Konventionen sind folglich historisch entstandene moralische Ordnungen, die ihre Legitimation davon ableiten, dass sie sozial anerkannt sind und sich gesellschaftlich bewährt haben. Sie können deswegen als Rechtfertigungsmuster von Akteuren abgerufen werden, um ihr eigenes Handeln oder die Kritik am Handeln von Dritten zu bekräftigen. Koordination kann erzielt werden, wenn sich Akteure in der Interaktion auf dieselben

---

53 Vgl. ebd., S. 13.
54 Zur Formierung und institutionellen Struktur der Wissenschaftsbewegung der EC: Diaz-Bone 2015, S. 25–54.
55 In der EC werden verschiedene Begriffe für die Bezeichnung von Konventionen verwendet: Rechtfertigungsordnung, Wertigkeitsordnung, Qualitätskonventionen, Welt, Polis, Cité. In dieser Arbeit werden die Termini synonymisch verwendet. Vgl. Diaz-Bone 2011, S. 22.
56 Ders. 2009, S. 239.
57 Boltanski/Thévenot 2014, S. 56, 98.

Wertigkeitsordnungen (zum Beispiel um den Wert eines bestimmten Guts zu bestimmen) beziehen.[58]

Die Ökonomie der Konventionen stösst in der Historiografie zunehmend auf Interesse. Als institutionalistischer und kulturbezogener Ansatz kann die EC zur Erklärung von historischem Wandel von Institutionen beigezogen werden und bietet zudem Anschluss an institutionalistische Konzepte, die, wie bereits erläutert, aktuell die Wirtschafts- und Unternehmensgeschichte dominieren. In der EC nehmen Konventionen gegenüber Institutionen, verstanden als Normen- und Regelsysteme, eine übergeordnete Position ein. «Sie [die Konventionen] beinhalten als Rechtfertigungsform ein allgemeineres, moralisch-ethisches Prinzip und ermöglichen Akteuren nicht nur die Vervollständigung des Sinns von Regeln in Situationen, sondern auch deren Reflexion, deren Problematisierung (als Kritik) und deren Veränderung.»[59] In diese Definition ist die historische Dimension des Ansatzes bereits eingeschrieben.

In der EC ist die Situation die zentrale Analyseeinheit.[60] Situationen sind «durch Unsicherheit über sowie durch Komplexität an Verständigungs- und Bewertungsmöglichkeiten gekennzeichnet», die bewältigt werden müssen, um Handlungen produktiv aufeinander abstimmen zu können. Koordinationslösungen, die sich dauerhaft als zielführend erweisen, können sich gesellschaftlich als Konventionen verfestigen.[61] Situationen müssen dabei nicht zwingend «auf Interaktionssituationen mit kurzer Dauer» reduziert werden, sie können auch «durchaus sozio-historische Konstellationen mit relativer Dauer und Reichweite sein».[62] Dementsprechend betont Tim Neu das Potenzial der EC für die Analyse von grösseren gesellschaftlichen Zusammenhängen und historischem Wandel auf einer Makro- oder Mesoebene:

> Da nämlich die allgemeinsten Konventionen kollektiv verfügbar sind und in einer Vielzahl von Situationen verwendet werden, lässt sich auch für grössere Ausschnitte der Gesellschaft, etwa Institutionen oder soziale Felder, danach fragen, auf welchen Konventionen sie aufbauen, welche «Häufigkeitsverteilungen» vorliegen und wie sich diese historisch entwickelt haben.[63]

In dieser Arbeit wird an neuere Strömungen der EC angeknüpft, die den konventionentheoretischen Rahmen mit diskursanalytischen Methoden kombinieren, da Konventionen eine diskursive Dimension aufweisen. In Anlehnung an Bessy und Favereau[64] konstatiert Diaz-Bone: «Die für die Interpretation heran-

---

58 Diaz-Bone 2011, S. 23.
59 Ders. 2009, S. 254.
60 Ders. 2017, S. 85.
61 Ders. 2009, S. 237.
62 Ders. 2017, S. 85.
63 Neu 2015, S. 144.
64 Bessy/Favereau 2003.

zuziehenden Konventionen haben eben wesentlich eine diskursive Realität und Struktur: denn ohne Diskurs ist keine Rechtfertigung, Kritik und Legitimation möglich.» Letztlich seien es «diskursive Praktiken, die wesentlich sind für die Effekte der Klassifizierung und Valorisierung».[65] Situationen können folglich nicht nur ad hoc, sondern auch über weitreichendere und zeitlich nicht eng begrenzte diskursive Praktiken erfasst und beschrieben werden.

Die EC befasst sich mit dem Verhältnis von Markt und Organisation und legt folglich einen starken Fokus auf die Unternehmensforschung.[66] Der Ansatz hebt das Nebeneinander von mehreren Wertigkeitsordnungen in Unternehmen hervor. Im Verständnis der Ökonomie der Konventionen werden Unternehmen, sowie Organisationen im Allgemeinen, als Arrangements betrachtet, in denen ein produktiver Umgang mit den Spannungen und Widersprüchlichkeiten des Markts, die durch die gleichzeitige Existenz von mehreren Konventionen erzeugt werden, hergestellt wird. Kompromisse können die Pluralität der Rechtfertigungsordnungen in organisatorischen Kontexten unter Kontrolle bringen und für Stabilität[67] sorgen[68] – auch wenn Kompromisslösungen stets fragil und kritikanfällig bleiben.[69]

Die Beschäftigung von behinderten Arbeitskräften deutet gerade auf solche Spannungsverhältnisse hin. Sie können einerseits unter dem Gesichtspunkt der Wirtschaftlichkeit bewertet werden, andererseits stellen sich Fragen zur Produktivität und Effizienzsteigerung, zur Form der Leistungsbemessung und -bewertung (und der entsprechenden Entlohnung), zum persönlichen Umgang von Vorgesetzten und Arbeitnehmenden mit Mitarbeitenden mit Behinderung sowie zur Solidarität und sozialen Verantwortung von Unternehmen gegenüber Angestellten und stellensuchenden Personen, die, gemessen an einem reinen Leistungsprinzip, auf dem Arbeitsmarkt benachteiligt sind.

Im wissenschaftlichen Diskurs ist eine Vielzahl von Konventionen als «Handlungsgrammatiken» ausgearbeitet worden.[70] Die Analyse der empirischen Daten dieser Studie hat zum Ergebnis geführt, dass vier Konventionen für die Beschäftigung von Menschen mit Behinderung von besonderer Bedeutung sind:

Die Konvention des Markts. Das zentrale Koordinationsprinzip ist die Konkurrenz, die sich in einem freien Wettbewerb abspielt und von Opportunismus geleitet ist. Diese Form der Rationalität deckt sich mit den Annahmen der neoklassischen Wirtschaftstheorie. Triebfeder für die Akteure ist der Wunsch, in den Besitz knapper Güter zu gelangen. Koordination wird über die Ermittlung des Preises erzielt, der sich aus dem Zusammenspiel von Angebot und Nachfrage

65 Diaz-Bone 2017, S. 97 f.
66 Eymard-Duvernay 2011.
67 Die Dauerhaftigkeit von Kompromissen wird gemäss EC mithilfe von «Forminvestitionen» sichergestellt. Nadai et al. 2019, S. 18 f.
68 Diaz-Bone 2015, S. 173; Thévenot 2001.
69 Nadai et al. 2019, S. 18.
70 Vgl. Thévenot/Moody/Lafaye 2000; Boltanski/Chiapello 2006; Boltanski/Thévenot 2014.

22

konstituiert.[71] Wertigkeit wird folglich über den Preis ermittelt. Grösse erlangen in dieser Welt Personen, die entweder eine hohe Kaufkraft aufweisen, um knappe Güter zu erwerben, oder Personen, die Güter mit hoher Nachfrage anbieten können.[72] Da Preise auch in sehr kurzen Zeitabständen hohen Veränderungen unterworfen sein können (Volatilität), ist in der Welt des Markts ein kurzer Zeithorizont prägend.[73]

Die industrielle Konvention. Das übergeordnete Prinzip im industriellen Gemeinwesen ist der Faktor Effizienz. Organisationsstrukturen dienen dazu, ein fortwährendes Funktionieren zwischen Personen, Maschinen und Objekten sicherzustellen.[74] Für ein solches Gelingen erweist sich die Planung als unabdingbare Voraussetzung. Sie soll einen möglichst produktiven Ressourceneinsatz garantieren.[75] Gegenüber der Logik des Markts verändert sich dementsprechend der Zeithorizont. Dieser ist hier zukunftsorientiert ausgelegt und zielt auf eine längerfristig gesicherte und effiziente Produktion.[76] Leistung und Produktivität sind entscheidende Faktoren, um in dieser Welt Grösse zu erlangen. Besonderes Ansehen kommt Personen mit hohen beruflichen Qualifikationen beziehungsweise Expertinnen und Experten zu.[77]

Die familienweltliche Konvention. Die Familie ist diejenige Gemeinschaftsform, an der sich diese Rechtfertigungsordnung orientiert.[78] Kennzeichnend sind zwischenmenschliche Beziehungen und persönliche Abhängigkeiten. Wertigkeit konstituiert sich über das entgegengebrachte Vertrauen und den «Rang in einer Vertrauenshierarchie»,[79] die sich in Beziehungen und Abhängigkeiten widerspiegeln. Ordnung wird in dieser Welt unter «Berücksichtigung der Abstammung, der Tradition und der Hierarchie»[80] hergestellt. Da sich die familienweltliche Konvention auf die Tradition als Qualitätsmerkmal beruft, ist ihr Zeithorizont, im Gegensatz zur Welt der Industrie, rückwärtsgewandt.[81]

Die staatsbürgerliche Konvention. In der staatsbürgerlichen Welt tritt das Subjekt in seiner Bedeutung hinter dem Gemeinwesen zurück. Sie unterscheidet sich folglich von der familienweltlichen Konvention, die von traditionsgebunde-

71 Boltanski/Thévenot 2014, S. 267–269.
72 Diaz-Bone 2009, S. 242 f.
73 Ders. 2015, S. 141.
74 Boltanski/Thévenot 2014, S. 278.
75 Diaz-Bone 2009, S. 242.
76 Boltanski/Thévenot 2014, S. 282.
77 Boltanski und Thévenot stufen Menschen mit Behinderung in der Welt der Industrie explizit als Akteure mit niedriger Wertigkeit ein: «Die Personen sind klein, wenn sie nichts Nützliches produzieren, *unproduktiv* sind und aufgrund ihrer *Abwesenheit* oder ihres *Turn-overs* wenig Arbeit leisten, wenn sie *nicht erwerbstätig, arbeitslos* oder *behindert* sind oder Arbeitsleistungen von schlechter Qualität abliefern, schliesslich wenn sie *ineffizient,* unmotiviert, *unqualifiziert* und *nicht anpassungsfähig* sind.» Ebd., S. 278 f. Hervorhebungen im Original.
78 Boltanski und Thévenot weisen darauf hin, dass das Haus und das Unternehmen als Organisationsform «vergleichbar» seien. Ebd., S. 242.
79 Boltanksi/Thévenot 2011, S. 58.
80 Dies. 2014, S. 228–230.
81 Diaz-Bone 2009, S. 243.

nen Strukturen geprägt ist. Im Zentrum stehen vielmehr das Kollektiv und die Solidarität. Akteure verfolgen keine Einzelinteressen, sondern setzen sich für die Anliegen der Gemeinschaft ein und fördern allseitige Wohlfahrt.[82] Dementsprechend erlangen auch nicht Individuen, sondern körperlose «Kollektivwesen»[83] Grösse. Einzelne Personen können sich in dieser Welt bewähren, wenn sie «einer Gruppe angehören oder als Repräsentanten einer Kollektivperson auftreten».[84] Die staatsbürgerliche Konvention kann sich nicht ausserhalb des Staates bilden und die Demokratie ist «die geeignetste Staatsform für die Manifestation des Gemeinwillens».[85]

Im Mittelpunkt der Studie stehen vier empirische Kapitel. Sie sind chronologisch nach Zeitabschnitten geordnet. Die Periodisierungen orientieren sich einerseits an den gesetzlichen Reformen der IV, andererseits an den konjunkturellen und wirtschaftspolitischen Umbrüchen, die einen Einfluss auf die berufliche Eingliederung hatten. Eine erste Periode (1945–1959) beschäftigt sich mit der Schaffung der IV und den Praktiken der beruflichen Eingliederung vor der Einführung des Sozialwerks. Eine zweite Periode (1960–1973) thematisiert die Phase der Hochkonjunktur und die Auswirkungen auf die Beschäftigung von Menschen mit Behinderung. Eine dritte Periode (1974–1991) beleuchtet die Wirtschaftskrise Mitte der 1970er-Jahre sowie die darauffolgende konjunkturelle Erholung und diskutiert die Veränderungen im Bereich der Vermittlung von Menschen mit Behinderung in den Arbeitsmarkt. Gleichzeitig kündet sich in dieser Phase ein Umbau der IV an. Eine vierte und letzte Periode (1992–2008) diskutiert die Reformprozesse der IV sowie den Wandel des schweizerischen Wirtschaftssystems und seine Folgen für Arbeitskräfte mit Behinderung. Ausgangspunkt ist die 3. IVG-Revision, mit der die Organisationsstrukturen des Sozialwerks reformiert wurden. Im Schlusskapitel werden die zentralen Forschungsergebnisse in Form von Thesen dargelegt. Im Anhang befindet sich eine Beschreibung des Forschungsdesigns, der eingesetzten Methoden und der verwendeten Quellen.

82 Ders. 2015, S. 146.
83 Boltanski/Thévenot 2014, S. 254.
84 Dies. 2011, S. 61.
85 Dies. 2014, S. 262 f.

Die Institutionalisierung der beruflichen Eingliederung (1945–1959)

In der zweiten Hälfte der 1950er-Jahre setzte sich in der Behindertenpolitik die Überzeugung durch, dass die IV sowohl Renten als auch Eingliederungsmassnahmen anbieten müsse. Dabei wurde der beruflichen Eingliederung Priorität eingeräumt, was die Maxime «Eingliederung vor Rente» zum Ausdruck bringt. Der arbeitsmarktliche Fokus der Sozialversicherung schaffte einen politischen Konsens, der letztlich die Schaffung der IV ermöglichte. In diesem Kapitel wird zum einen untersucht, wie sich die berufliche Eingliederung in den 1940er- und 1950er-Jahren entwickelt hat und auf welcher ideellen Basis diese fusste. Diese hat auch die Gestalt der IV massgeblich mitgeprägt, da sich das Sozialwerk an den bereits bestehenden Grundvorstellungen und Praktiken der beruflichen Eingliederung orientierte. Die Institutionalisierung der beruflichen Eingliederung als neues soziales Arrangement kann deshalb nur nachvollzogen werden, wenn die Strukturen der Arbeitsintegration, die vor der Einführung der IV wirksam waren, einbezogen werden. Zum anderen wird auf der wirtschafts- und behindertenpolitischen Ebene beleuchtet, welche Positionen die Arbeitgeberverbände mit Blick auf die berufliche Eingliederung vertraten. Gleichzeitig wird nach den Begründungszusammenhängen gefragt, die Unternehmen dazu veranlassten, Menschen mit Behinderung anzustellen.

Praktiken der beruflichen Eingliederung in der Nachkriegszeit

In den 1940er- und 1950er-Jahren veränderten sich die behindertenpolitischen Leitbilder. Der Fokus richtete sich zunehmend auf die Förderung der Fähigkeiten und Potenziale von Menschen mit Behinderung für die Integration in den allgemeinen Arbeitsmarkt. Menschen mit Behinderung sollten Angebotslücken auf dem Arbeitsmarkt schliessen und ihren Beitrag zur Volkswirtschaft leisten. Im Fachdiskurs sowie in der Umsetzung der beruflichen Eingliederung von Menschen mit Behinderung stieg die Berufsberatung zum wichtigsten Akteur auf.

Menschen mit Behinderung als potenzielle Arbeitskräfte

Von der Für- und Vorsorge zur Eingliederung

«Eingliederung» stieg in den 1940er- und 1950er-Jahren zum neuen behindertenpolitischen Leitbegriff auf,[1] womit auch für die Praxis der Arbeitsintegration weitreichende Konsequenzen verbunden waren. Die moderne berufliche Eingliederung von Menschen mit Behinderung nahm bereits in der ersten Hälfte des 20. Jahrhunderts deutlichere Konturen an.[2] Was sich aber in den 1940er- und insbesondere in den 1950er-Jahren wandelte, war der diskursive Zusammenhang, in dem das Thema Eingliederung verhandelt wurde. Das Verständnis von Behinderung wurde auf eine neue Grundlage gestellt, sodass die Behindertenhilfe gar vom Anbruch einer «neuen Epoche» sprach.[3]

Urs Germann zeigt auf, dass schon vor dem Ersten Weltkrieg in der Jugendfürsorge[4] mit der Kategorie der «Mindererwerbsfähigen» ein Sammelbegriff für körperlich und geistig beeinträchtigte Personen entstanden war, der Behinderung unter dem Gesichtspunkt der Verwertbarkeit der (Rest-)Arbeitskraft definierte.[5] Die Förderung der Mindererwerbsfähigen wurde mit der Gründung von Webstuben und Werkstätten in verschiedenen Städten intensiviert.[6] Sie schlossen sich im Jahre 1930 zum Schweizerischen Verband der Werkstätten für Mindererwerbsfähige zusammen.[7] Der Verband wendete sich gegen eine «Anormalenfürsorge», die sich «auf Erziehung in Anstalt und Schule und auf ein späteres Versorgen im Armenhaus» beschränkte. Menschen mit Behinderung sollten, wenn möglich, ihren eigenen Lebensunterhalt durch Erwerbsarbeit bestreiten können.[8]

Auch in der Heilpädagogik war die Erziehung zur Arbeit in der ersten Hälfte des 20. Jahrhunderts ein zentrales Anliegen.[9] Carlo Wolfisberg beschreibt die Entstehung eines Vorsorgediskurses in der Zwischenkriegszeit. Die heilpädagogische Vorsorge fokussierte auf die Früherfassung und -behandlung in Form einer vorbeugenden Massnahme. Gleichzeitig propagierten die Fachleute eine nachgehende Fürsorge, die eine langfristige Sicherstellung der erreichten Resultate ermöglichen, die Betroffenen vor den gefährlichen Verlockungen des Le-

1 Germann 2008, S. 188.
2 Die Gründung von Werkstätten für «Mindererwerbsfähige» und die Weiterentwicklung der Heilpädagogik förderten und erweiterten die Arbeitsmöglichkeiten für Menschen mit Behinderung. Sutter 2002, S. 18.
3 Germann 2008, S. 188.
4 Die Kinder- und Jugendfürsorge umfasste in ihrem Tätigkeitsfeld schon im frühen 20. Jahrhundert auch die Unterstützung von Menschen mit Behinderung. Ramsauer 2000, S. 166.
5 Germann 2010, S. 160.
6 In Zürich bildete sich 1926 auf Initiative des Jugendamtes des Kantons Zürich der Verein Zürcher Werkstätten, der aus der ein Jahr zuvor von Berufsberatenden sowie Fürsorgerinnen und Fürsorgern ins Leben gerufenen Arbeitsgemeinschaft für Mindererwerbsfähigenhilfe hervorging. Neue Zürcher Zeitung, Nr. 1824, 25. April 1966, in: SWA, Zeitungsausschnitte Invalide, Vo M Invalide.
7 Germann 2010, 160 f.
8 Der Schweizerische Verband der Werkstätten für Mindererwerbsfähige 1933, S. 3 f.
9 Hafner 2014.

bens abhalten, aber auch Unterstützung bei der Berufswahl und -ausübung bieten sollte. Nicht zuletzt wurden auch eugenische Massnahmen diskutiert.[10] Wie Germann konstatiert, besetzten körperlich, geistig oder psychisch beeinträchtige Personen in diesem Argumentationszusammenhang «eine ambivalente Position: Sie erscheinen gleichermassen als gefährdete und gefährliche Subjekte, die um ihrer selbst, aber auch um der Gesellschaft Willen auf Fürsorge angewiesen waren.»[11] Im Zentrum dieses diskursiven Kontexts figurierte in der Heilpädagogik das Konzept der «Verwahrlosung», das sich zwischen 1900 und 1920 als Rechtfertigung für fürsorgerische Interventionen in der Kinder- und Jugendfürsorge etablierte.[12] Germann vertritt den Standpunkt, dass sowohl die Diskurse zu den Mindererwerbsfähigen als auch der Heilpädagogik demselben Muster folgten und «der heilpädagogische Verwahrlosungsbegriff den Fluchtpunkt der Problematisierung» darstellte. Die berufliche Ausbildung von Mindererwerbsfähigen sollte folglich einer drohenden Verwahrlosung vorbeugen.[13]

Die bisherigen Ausführungen verdeutlichen: Arbeitsintegration von Menschen mit Behinderung war in der Nachkriegszeit kein neuartiges Phänomen. Aber die «Begründungszusammenhänge» wandelten sich, weil die Eingliederungsthematik «nun weitgehend vom Kontext der Fürsorge und der Tradition des Vorsorge- und Verwahrlosungsdiskurses abgekoppelt» wurde.[14] Germann schreibt über die «Verschiebung der behindertenpolitischen Perspektive»:

> An die Stelle der fürsorgerischen Bemühung, individuelle und kollektive Gefährdungen zu neutralisieren, trat das Ziel, die Potenziale von Männern und Frauen mit Behinderungen zu entfalten und zu nutzen. Nicht mehr die Legitimation einer prophylaktisch ausgerichteten Behindertenhilfe, sondern die Teilhabe des einzelnen Individuums an der Wohlstandsgesellschaft, aber auch seine Pflicht, sich ins «Räderwerk» der sozialen und wirtschaftlichen Ordnung einzufügen, standen nun im Zentrum.[15]

Während Menschen mit Behinderung in ihrem Handeln bis anhin als wenig autonom und häufig normabweichend kategorisiert wurden, setzte sich in der Nachkriegszeit allmählich die Überzeugung durch, dass die spezifischen individuellen Potenziale identifiziert und gefördert werden müssten. Dieser Wandel lässt sich anhand der Entwicklung des Diskurses im Verband Pro Infirmis nachzeichnen. Mariama Kaba zeigt auf, wie noch in den 1940er-Jahren in den Publikationen der Behindertenorganisation von «les infirmes, incapables de gagner suffisamment, malheureux, souvent malades», geschrieben wurde. Die Form der

---

10 Wolfisberg 2002, S. 192–212.
11 Germann 2010, S. 162.
12 Hafner 2011, S. 123.
13 Germann 2010, S. 162.
14 Ebd.
15 Ebd., S. 162 f.

Darstellung weist auf eine «pitié paternaliste» hin, die sich an schutzbedürftige und wehrlose Personen richtete. Der Vorsorge- und Verwahrlosungsdiskurs war gegenwärtig, wenn die Vereinigung ein prophylaktisches Programm postulierte, das eugenische Elemente inkludierte.[16] Allmählich setzte sich bei Pro Infirmis allerdings ein – zunächst parallel mitlaufendes – Konzept «de l'individu rééducable et réadaptable au marché du travail» durch, das nun ein gewandeltes Verständnis von Behinderung vermittelte.[17]

Der «Eingliederungsboom» in der Schweiz

Ein wichtiger Antreiber für den «Eingliederungsboom»[18] der 1940er- und 1950er-Jahre in der Schweiz war das benachbarte Ausland. Kriegsinvalide mussten dort in den Arbeitsmarkt reintegriert werden.[19] In der Schweiz wurden diese Bemühungen mit Interesse verfolgt und zur Kenntnis genommen. Dabei wuchs die Einsicht, dass man im Vergleich zu anderen Ländern im Bereich der Arbeitsintegration von Menschen mit Behinderung substanziell im Rückstand war.[20] Gemessen an den Herausforderungen, vor die sich die kriegsversehrten Nationen gestellt sahen, präsentierte sich die Problematik in der Schweiz weit weniger dramatisch, woraus die «Neue Zürcher Zeitung» eine Ermahnung zog:

> Wohl ist das Invalidenproblem für unser gottlob vor Kriegsschäden verschontes Land nicht in dem Ausmasse aktuell wie anderswo, aber um so leichter könnten wir unsere relativ kleinen Zahlen von Invaliden zum Ziel führen, wenn wir uns dazu entschliessen könnten, unsere Gedankenrichtung etwas vom Ausland beeinflussen zu lassen.[21]

Pro Infirmis liess sich von der Überzeugung leiten, dass «bei gutem Willen […] das zahlenmässig und wirtschaftlich weniger schwerwiegende Problem» gemeistert werden könne, da die Schweiz «wirtschaftlich bedeutend besser gestellt» sei «als die meisten andern Staaten».[22]

Die berufliche Eingliederung trat im Allgemeinen stärker in das öffentliche Bewusstsein. 1947 kam den Anliegen von Menschen mit Behinderung in der Schweiz Aufmerksamkeit zu, als die Bundesfeierspende der «Eingliederung Gebrechlicher» gewidmet wurde.[23] Ziel der Sammlung war eine Finanzierungs-

---

16 Kaba 2007, S. 70 f.
17 Ebd., S. 72.
18 Germann 2008, S. 189.
19 Bösl 2006.
20 Stalder 1952, S. 3.
21 Neue Zürcher Zeitung, Nr. 1633, 12. August 1949, in: SWA, Zeitungsausschnitte Invalide, Vo M Invalide.
22 Schreiben an das BIGA vom 3. März 1950, in: Archiv Inclusion Handicap, SAEB Geschichte 1950–51.
23 Diesbezügliche Aktionen hatten eine längere Tradition. Bereits die zweite Bundesfeierspende von 1911 war für «schwachsinnige Blinde» vorgesehen. 1923 wurde der Ertrag der Blindenschulung zugewiesen und 1932 wurde schliesslich durch die Unterstützung der Werkstätten

basis für die Errichtung je einer Eingliederungsstätte in der deutschen und in der französischen Schweiz. Als «Beobachtungsstationen» sollten sie sich klar abgrenzen von bestehenden Werkstätten.[24] Diese neuen Einrichtungen waren nicht gedacht für die langfristige Beschäftigung von Menschen mit Behinderung, sondern für Abklärungen, ihre Einschätzung, Vorbereitung und schliesslich für ihre Vermittlung in die freie Marktwirtschaft. Für die Realisierung dieser Vision wurde 1948 unter dem Vorsitz von Altbundesrat Walther Stampfli[25] der Verein Schweizerische Stätte zur beruflichen Eingliederung Gebrechlicher gegründet.[26] Neben den Einnahmen aus der Bundesfeierspende mussten für die Umsetzung des Projekts weitere Geldgeber gewonnen werden, wofür sich die Organisation einsetzte. 1956 wurde schliesslich die Eingliederungsstätte in Basel auf dem Milchsuppe-Areal des Bürgerspitals eröffnet. Ein paralleles Angebot wurde gleichzeitig in Lausanne am bereits 1947 gegründeten Office romand d'intégration professionnelle pour handicapés eingerichtet. Zugleich intensivierte sich der Fachdiskurs. Es fanden wiederholt Tagungen statt, die die Arbeitsintegration von Menschen mit Behinderung thematisierten. Zu erwähnen sind etwa die Konferenzen im Mai 1950 in Bern, im November desselben Jahrs in Zürich oder im September 1951 in Olten.[27] Darüber hinaus hatte Pro Infirmis 1950 einen Arbeitsausschuss für die berufliche Eingliederung einberufen, dem Mitglieder verschiedener Verbände und Amtsstellen angehörten. Im darauffolgenden Jahr bildete sich aus dem Arbeitsausschuss die Schweizerische Arbeitsgemeinschaft zur Eingliederung Behinderter in die Volkswirtschaft (SAEB, heute Inclusion Handicap), die in den 1950er-Jahren zum zentralen Akteur für die Förderung der Arbeitsintegration von Menschen mit Behinderung avancierte.

Es entstanden zudem verschiedene neue Angebote, die der beruflichen Eingliederung dienten. 1953 eröffnete die SAEB den Lochkartendienst Brunau in Zürich, der ab 1957 als Brunau-Stiftung weitergeführt wurde. Menschen mit Behinderung wurden im Lochkartenstanzen angelernt und, wenn möglich, in die freie Wirtschaft vermittelt.[28] 1953 wurde in der Eingliederungsstätte Gwatt (BE) erstmals ein dreimonatiger «Eingliederungskurs» organisiert (später fanden diese Kurse in der Eingliederungsstätte Basel statt). Das Ziel des Kurses lautete, «den Behinderten allseitig nach Möglichkeit zu fördern und ihm dann einen seinen

---

für mindererwerbsfähige Geistesschwache erstmals direkt die berufliche Ausbildung fokussiert. SAEB. Schreiben an den Zentralvorstand der Schweizerischen Bundesfeier-Spende vom 18. März 1969, in: BAR, Bundesfeierspende 1971: Für die Volksgesundheit, SAEB, J2.260-01#2003/17#277*.

24 Schweingruber 1948, S. 197.

25 Stampfli hatte selbst eine schwerbehinderte Tochter. Er war folglich mit den Anliegen Betroffener und ihrer Familien vertraut. Hafner 1986, S. 439.

26 ZSAO. Zirkular Nr. 9/50 «Verein Schweizerische Stätte zur beruflichen Eingliederung Gebrechlicher» vom 31. Mai 1950, in: Archiv SAV, Zirkulare.

27 Spahr 1951, S. 210. SAEB. Zusammenfassung der Referate und Diskussionsvoten anlässlich der Informationstagung vom 8. und 9. September 1951 in Olten, in: Archiv Inclusion Handicap, SAEB Geschichte 1950–51.

28 SAEB 1956 (4. Tätigkeitsbericht), S. 5 f.

Fähigkeiten entsprechenden Arbeitsplatz zu verschaffen».[29] 1954 führte die Tele-
fondirektion Basel der PTT unter Mitwirkung der Eingliederungsstätte Basel und
der Blindenfürsorge beider Basel erstmals einen mehrmonatigen Ausbildungs-
kurs für sehbeeinträchtigte Telefonistinnen und Telefonisten durch. Das Ziel dieser Kurse lautete, «jüngeren, intelligenten Blinden nach gründlicher Schulung
eine vollwertige Erwerbsmöglichkeit im Telephondienst zu vermitteln».[30]

Der Bund in einer Nebenrolle
Der Ausbau der beruflichen Eingliederung war in hohem Masse vom Engagement privater Akteure abhängig, während von staatlicher Seite auf Bundesebene
keine besonderen Anstrengungen zu erkennen waren. Zum einen wurde die
Behindertenhilfe vom Bund bloss mit bescheidenen finanziellen Mitteln unterstützt,[31] zum anderen waren die bestehenden Sozialversicherungen im Bereich
der Arbeitsintegration von Menschen mit Behinderung nur mässig engagiert.
    Die Unfallversicherung sah keine Massnahmen zur unmittelbaren berufli-
chen Eingliederung vor. Die 1918 gegründete Schweizerische Unfallversiche-
rungsanstalt (Suva) fokussierte auf die medizinische Rehabilitation, während
weiterführende Integrationsmassnahmen aufgrund ihres gesetzlichen Auftrags
schwer zu legitimieren waren.[32] Hingegen umfasste das Gesetz der 1901 eingeführten Militärversicherung (MV) in der revidierten Fassung von 1949 auch
Massnahmen der beruflichen Eingliederung.[33] Zudem sahen einzelne kantonale
Invalidenversicherungen oder -hilfen, die bereits vor der schweizerischen IV implementiert wurden,[34] Arbeitsintegrationsmassnahmen vor.
    Das Bundesamt für Industrie, Gewerbe und Arbeit (BIGA) beschrieb 1949
die Situation zur beruflichen Eingliederung in der Schweiz auf der Ebene des
Bundes: Die Unfallversicherung fokussiere auf die medizinische Rehabilitation
der Patientinnen und Patienten, während die Arbeitsintegration eine untergeordnete Rolle spiele. Die Versicherung sorge für «Massnahmen zur funktionellen
Wiederertüchtigung», für die «berufliche Wiederanpassung von Teilinvaliden»
liege kein gesetzlicher Auftrag vor (möglich seien aber Vorschüsse zur Umschulung, die dann aber von den Versicherten rückerstattet werden müssten).
Die Suva bemühe sich aber, die betroffenen Personen bei ihrem ursprünglichen
Arbeitgeber wieder zu beschäftigen – «und zwar in sehr vielen Fällen mit Erfolg». Das BIGA erklärte das Fehlen von weiterführenden Arbeitsintegrationsmassnahmen damit, dass die meisten Versicherten «aus eigener Initiative» eine
berufliche Lösung suchen würden, die «den veränderten Körperverhältnissen»

29 Zwischenbericht über den Eingliederungskurs in Gwatt vom 9. Mai 1953, in: Archiv Inclusion
    Handicap, SAEB Geschichte 1950–51.
30 ZAK 1959, S. 200 f.
31 Pro Infirmis. Dokumentation zur Begründung der Motion betreffend Gebrechlichenhilfe, in:
    Archiv Inclusion Handicap, SAEB Geschichte 1950–51; SIV 1998, S. 10 f.
32 Lengwiler 2006, S. 121.
33 Haselbach 2002, S. 54.
34 Dies betraf etwa die Kantone Solothurn, Genf, Basel-Stadt und Basel-Landschaft.

angepasst sei.[35] Die Suva erläuterte dazu, dass der «Schweizer Arbeiter [...] die persönliche Freiheit zu hoch» schätze, als dass er sich in eine Schulungs- oder Arbeitsstätte stecken liesse.[36] Auch in der MV wurde die Wiederaufnahme der bereits ausgeübten Arbeit als Hauptziel bezeichnet. Sollten die gesundheitlichen Einschränkungen ein solches Vorhaben verunmöglichen, so war die Finanzierung einer Umschulung möglich und versicherte Personen konnten zusätzlich die Unterstützung eines Stellen- und Arbeitsbeschaffungsdienstes in Anspruch nehmen.[37] Das BIGA betonte aber letztlich, dass das «jedem übersteigerten Zentralismus abholde Wesen unserer Bevölkerung» ein System begrüsse, das sich überwiegend auf die private Behindertenhilfe abstützt.[38] Diese Aussage macht deutlich, dass beim Bund die Arbeitsintegration von Menschen mit Behinderung um 1950 primär als Aufgabe des privaten Sektors betrachtet wurde.

Allerdings avancierte die berufliche Eingliederung zu jener Zeit allmählich zu einem wichtigeren Thema für das BIGA. Da die Behörde für die Berufsberatung, die Stellenvermittlung und die Heimarbeit[39] zuständig war, wurde sie in mehrfacher Hinsicht mit der Materie konfrontiert.[40] Ab 1952 wurde ein Fabrikarzt des BIGA, Peter Högger, für die Leitung der Geschäftsstelle der SAEB freigestellt,[41] nachdem sich das Bundesamt bereits zuvor an dem von Pro Infirmis gebildeten Arbeitsausschuss beteiligt hatte. Besondere Aufmerksamkeit erhielt das Thema im Zusammenhang mit den Vorarbeiten zur Schaffung des Bundesgesetzes über die Arbeitsvermittlung von 1951. Ein deutliches Indiz für die gestiegene Bedeutung der beruflichen Eingliederung stellt die explizite Erwähnung von Menschen mit Behinderung in den Verordnungen zum Bundesgesetz dar. Die Arbeitsämter wurden beauftragt, vermittlungsfähige Menschen mit Behinderung bei der Stellensuche zu unterstützen.[42]

---

35 Schreiben an das Eidgenössische Politische Departement vom 29. November 1949, in: Archiv Inclusion Handicap, SAEB Geschichte 1950–51.

36 Schreiben an das BSV vom 24. August 1949, in: BAR, BIGA, E3340B#1987/62#41*. In diesem Zusammenhang ist auch zu berücksichtigen, dass der Verwaltungsrat und die Ärzteschaft der Suva eine liberale Grundhaltung vertraten. Von dieser Perspektive aus wurde der Sozialstaat angeklagt, die Versicherten «in ein fragwürdiges Abhängigkeits- und Unmündigkeitsverhältnis» zu führen. Lengwiler 2006, S. 121.

37 Noch 1947 erläuterte Pro Infirmis, dass sowohl für die Unfall- als auch für die Militärversicherung Umschulungen «weitgehend der Initiative der Gebrechlichen überlassen» blieben. Schreiben an das BIGA vom 21. Oktober 1947, in: Archiv Inclusion Handicap, SAEB Geschichte 1950–51.

38 Schreiben an das Eidgenössische Politische Departement vom 29. November 1949, in: Archiv Inclusion Handicap, SAEB Geschichte 1950–51. Diese Aussage zeugt von einem dominierenden liberalen Gedanken beim BIGA, der offenbar unreflektiert als Überzeugung der Gesamtbevölkerung – oder zumindest einer Mehrzahl davon – ausgewiesen wurde.

39 Heimarbeit wurde insbesondere von Frauen ausgeübt, es war aber auch ein Erwerbszweig für Ältere, Kranke und Menschen mit Behinderung. Eigenmann 2017, S. 114.

40 Arbeitsärztlicher Dienst des BIGA. Schreiben an den Direktor des BIGA vom 26. September 1953, in: BAR, Wiedereingliederung Behinderter in das Erwerbsleben 1952–1960, E7170B#1970/182#221*.

41 Germann 2008, S. 189.

42 Verordnung I vom 21. Dezember 1951 zum Bundesgesetz über die Arbeitsvermittlung.

Die Anfänge der Berufsberatung von Menschen mit Behinderung
Die Berufsberatung stieg für die Umsetzung der beruflichen Eingliederung in den 1940er- und 1950er-Jahren zum zentralen Akteur auf. Für die gezielte Förderung von Potenzialen bei Personen mit Leistungseinschränkungen, wie sie durch den Wandel der behindertenpolitischen Leitbilder angestrebt wurde, war eine individuelle, auf den Arbeitsmarkt ausgerichtete Beratung unabdingbar.

Die Berufsberatung befasste sich schon seit längerem mit Menschen mit Behinderung. Die «anormale Jugend» und die Mindererwerbsfähigen[43] gehörten bereits in der Zwischenkriegszeit zum Zielpublikum der Berufsberatung. Schon damals waren die Fachkräfte von der Überzeugung geleitet, «dass der grösste Teil der Anormalen wirtschaftlich durchaus brauchbar» sei, wobei neben der Landwirtschaft, der Hauswirtschaft und der Heimarbeit auch in der Industrie aufgrund der «fortschreitenden Arbeitszerlegung» berufliche Integrationsmöglichkeiten erkannt wurden.[44] 1921 stellte die Schweizerische Vereinigung für Anormale (heute Pro Infirmis) die Forderung, dass sich die Berufsberatungsstellen eingehender mit Menschen mit Behinderung befassen sollten. Seit 1935 berief der Schweizerische Verband für Berufsberatung und Lehrlingsfürsorge (SVBL)[45] gemeinsam mit der Schweizerischen Vereinigung für Anormale über einen längeren Zeitraum eine Kommission ein, die auf diesem Gebiet aktiv war.[46] Im Kanton Zürich wurden bereits in der ersten Hälfte der 1920er-Jahre «Berufsberater für Mindererwerbsfähige» eingesetzt. 1922 organisierte das Zürcher Jugendamt einen ersten Fortbildungskurs für die Berufsberatung von Menschen mit Behinderung.[47] Der Berufsverband stand in den 1930er-Jahren auch in engem Kontakt mit dem Schweizerischen Verband der Werkstätten für Mindererwerbsfähige.[48]

Die Anstrengungen des SVBL gemeinsam mit Pro Infirmis nahmen vor allem nach 1945 sichtbar zu. Exemplarisch dafür stehen die Fortbildungskurse zur Berufsberatung von Menschen mit Behinderung, die der SVBL in Zusammenarbeit mit dem BIGA und Pro Infirmis organisierte. Eine solche Weiterbildung wurde erstmals 1947 durchgeführt. Ein weiterer Kurs folgte 1950.[49] Ab der zweiten Hälfte der 1950er-Jahre wurden die Weiterbildungskurse dann im Jahresrhythmus veranstaltet.[50] Die wachsende Bedeutung der Arbeitsintegration von

---

43 Dieser Begriff der Jugendfürsorge findet sich auch im Kontext der Berufsberatung.
44 Graf 1927, S. 171 f.
45 Aus dem 1902 gegründeten Verband der Lehrlingspatronate wurde 1916 der SVBL. Tanner 2015, S. 47.
46 Dolder 1968, S. 198.
47 Ebd., S. 199.
48 Im Übrigen beschloss der Schweizerische Verband der Werkstätten für Mindererwerbsfähige 1936, dass der Ausdruck «Mindererwerbsfähige» durch den neutraler klingenden Begriff «Teilerwerbsfähige» ersetzt werden sollte. Ebd., S. 198.
49 SWA, Archiv SVBL, Programme der Berufsberatungskurse, G 1-2.
50 Dolder 1968, S. 201.

Menschen mit Behinderung zeigt sich auch darin, dass einzelne Städte spezifische Anlaufstellen einrichteten. Das Berufsberatungsamt in Bern eröffnete 1949 eine Spezialstelle[51] und kurz darauf folgte die Stadt Winterthur.[52]

Eines der Ziele der SAEB lautete in den 1950er-Jahren, «ein über die ganze Schweiz sich erstreckendes Netz von Stellen» zu schaffen, das sich der Berufsberatung von Menschen mit Behinderung annehmen sollte. Die SAEB forderte die Einsetzung «speziell ausgebildeter Funktionäre» in grösseren Berufsberatungs- und Arbeitsämtern. «Für besonders schwierige Fälle und zur Unterstützung der kleineren Stellen», die nicht über das erforderliche Fachpersonal verfügten, sollten zusätzlich «regionale Fachzentren für die Eingliederung Behinderter» geschaffen werden.[53] Den Berufsberatenden wurde dabei nicht nur die Aufgabe der Berufsberatung, sondern auch der Stellenvermittlung anvertraut.[54]

In verschiedenen Städten bildeten sich sogenannte Regionalstellen, wie sie von der SAEB gefordert wurden. In Lausanne wurde 1947 das bereits erwähnte Office romand d'intégration professionnelle pour handicapés gegründet. Die privaten Organisationen der Behindertenhilfe in der französischen Schweiz wiesen ihre Klientinnen und Klienten für Abklärungen an besagte Fachstelle zu. Mitte der 1950er-Jahre wurde dann auch die Vermittlungstätigkeit stärker ausgebaut und somit den Forderungen der SAEB Rechnung getragen.[55] In Zürich eröffnete die kantonale Invalidenfürsorge gemeinsam mit der SAEB 1955 eine «Regionalstelle für die berufliche Eingliederung Behinderter». In Bern wurde im selben Jahr eine «Bernische Arbeitsvermittlungsstelle für Behinderte» von verschiedenen lokalen Fürsorge- und Selbsthilfeorganisationen gegründet.[56] In Basel übernahm das Arbeitsamt die Funktion einer Regionalstelle, nachdem ein Beamter für die Tätigkeit in Spezialkursen ausgebildet wurde. Für Eignungsuntersuchungen konnte in Basel die Eingliederungsstätte Milchsuppe genutzt werden. In Luzern wurde ebenfalls einem Mitarbeiter des Arbeitsamts die Zuständigkeit für die Vermittlung von Menschen mit Behinderung übertragen.[57]

Eignungen, Neigungen und industrielle Produktion
Die veränderten behindertenpolitischen Leitbilder in den 1940er- und 1950er-Jahren hinterliessen im Bereich der Berufsberatung sichtbare Spuren. Die Erfassung von Fähigkeiten und Potenzialen sowie (Berufs-)Wünschen wurde von den

51 Berufsberatung und Berufsbildung 1951, S. 97.
52 SAEB 1953, S. 201.
53 Ebd., S. 222.
54 Berufsberatung und Berufsbildung 1954, S. 55.
55 BSV. Die bestehenden Regionalstellen (7. März 1957), in: BAR, Regionalstellen: Laufende Korrespondenzen und Verschiedenes (Teil 1) 1955–1962, E3340B#1987/62#211*.
56 BSV. Bericht zu Handen der Subkommission IV über die Massnahmen zur beruflichen Eingliederung Invalider (25. April 1956), in: BAR, Sonderausschuss betr. Arbeitsvermittlung, der Berufsberatung und der beruflichen Ausbildung, E3340B#1987/62#731#, S. 22 f.
57 BSV. Die bestehenden Regionalstellen (7. März 1957), in: BAR, Regionalstellen: Laufende Korrespondenzen und Verschiedenes (Teil 1) 1955–1962, E3340B#1987/62#211*.

Fachkräften in den Abklärungsprozessen stärker gewichtet. Im Grunde handelte es sich um eine Übertragung und Anpassung der gängigen Berufsberatungs-praxis an die Bedürfnisse von Menschen mit Behinderung. Die Abklärung von «Eignungen und Neigungen» als Leitmotiv der Berufsberatung wurde auf diese Klientengruppe übertragen.

Die neuen Konzepte der Berufsberatung wurden explizit von früheren Praktiken abgegrenzt. Die Kritik lautete, dass zuvor für Menschen mit Behin-derung bloss ein eng umgrenzter Katalog potenzieller Berufe bestand. Ein erster Fortschritt setzte in dem Moment ein, als die Berufslisten nach den spezifischen Beeinträchtigungsformen ausgerichtet wurden.[58] Dieses Vorgehen ermöglichte eine bessere Passung zwischen Berufsbild und Behinderung, wobei sich auch hier die Optionen in einem engen Rahmen bewegten. Beide Handlungsmuster wur-den von den Fachleuten in der Nachkriegszeit als problematisch beurteilt. Zum einen waren sie defizitorientiert, da die Auswahl des Berufs von der bestehen-den Beeinträchtigung abhängig gemacht wurde. So konnte nur bedingt auf die individuellen Fähigkeiten der Klientinnen und Klienten Rücksicht genommen werden. Eine solche Praxis war nicht subjektorientiert, sondern objektivierte die Personen über ihre Einschränkungen und ordnete ihnen pauschalisierend Berufe zu. Zum anderen konnte dieses Vorgehen das Versprechen einer angemessenen Berücksichtigung der Bedürfnisse und Wünsche von Menschen mit Behinderung nicht einlösen, da ihre berufliche Zukunft mehr oder weniger vorbestimmt war, was sie unmündig machte.[59]

«Der rechte Mann am rechten Platz»,[60] das war das Ziel der Berufsberatung. Menschen mit Behinderung sollten auf dem Arbeitsmarkt dieselben Chancen wie nicht behinderte Menschen haben. Berufsberatende waren von der Über-zeugung geleitet: Wenn die Potenziale der Betroffenen richtig erfasst wurden und eine Arbeit oder ein Beruf zugewiesen werden konnte, deren oder dessen Profilanforderungen den Potenzialen entsprachen, dann war die behinderte Per-son auf dem Arbeitsmarkt nicht benachteiligt, da die Beeinträchtigung bei der Berufsausübung nicht ins Gewicht fiel. Die Behinderung sollte gleichsam zum Verschwinden gebracht werden. Es ging folglich in jedem Einzelfall darum, «den zum Schloss passenden Schlüssel» zu finden.[61]

Pro Infirmis fasste die Programmatik der gewandelten behindertenpoliti-schen Leitbilder 1951 mit folgendem Credo prägnant zusammen: «Man darf die Arbeitsfähigkeit eines Menschen nicht beurteilen nach dem, was ihm fehlt, son-dern nach dem, was er hat.»[62] Diese neue Perspektive führte auch zu einer Pro-blematisierung gängiger Begrifflichkeiten. Der Ausdruck «Teilerwerbsfähige»,

---

58 So äusserte sich der Generaldirektor des Internationalen Arbeitsamts David A. Morse. SAZ 1958, S. 243 f.

59 Ebd., S. 244.

60 Vogelsang 1960, S. 52.

61 Gonzenbach 1944, S. 330.

62 Titelblatt, in: Pro Infirmis, 1951 (7), S. 192.

der in den 1930er-Jahren bereits den Terminus «Mindererwerbsfähige» abgelöst hatte, wurde zunehmend als unzutreffend und irreführend beurteilt, da er die Möglichkeit der vollen Leistungsfähigkeit trotz Behinderung von vornherein ausschloss. Der Berufsberater Francis Sandmeier wies darauf hin, dass der Begriff nicht insinuieren dürfe, «dass diese Menschen nur teilweise fähig sind, ihren Lebensunterhalt zu verdienen, oder dass sie nicht voll arbeits- und leistungsfähig sind, sondern bloss, dass ihnen nicht alle Möglichkeiten offen stehen».[63]

Die industrielle Arbeitsteilung nach fordistischem Vorbild galt als ideal für Menschen mit Behinderung. Mithilfe von kurzen Ausbildungen und praktischer Anlehre konnten Menschen mit Behinderung einfach zu erlernende, repetitive Aufgaben in der Produktion übernehmen und ein existenzsicherndes Einkommen erzielen. Im internationalen Vergleich war der Anteil der Beschäftigten im gewerblich-industriellen Sektor zu jener Zeit in der Schweiz besonders hoch. Brigitta Bernet und Jakob Tanner bezeichnen die damalige Schweiz als «eine geradezu exemplarische Industriegesellschaft».[64] Für die Eingliederung in den sekundären Sektor bestanden folglich günstige Rahmenbedingungen. Die hochsegmentierten Arbeitsprozesse vervielfachten die Einsatzoptionen und die Berufsberatenden versprachen sich optimale Passung zwischen den individuellen Fähigkeiten und den Anforderungen des Arbeitsplatzes. «La vraie formule du reclassement professionnel consiste à rendre, dans la majorité des cas, l'handicapé à l'industrie», wie der Leiter des Office romand d'intégration professionnelle pour handicapés André Stalder feststellte.[65] Diese Überzeugung wurde von der Behindertenhilfe geteilt und ebenfalls propagiert.[66]

Der Berufsberater Karl Koch[67] rief in diesem Sinne Henry Ford als «Kronzeuge[n]» für die Arbeitsintegration von Menschen mit Behinderung in der Industrie auf.[68] Ford gilt für das frühe 20. Jahrhundert gemeinhin als diesbezüglicher Wegbereiter. Personen mit Beeinträchtigung wurden in seinem Unternehmen im Hinblick auf ihre (körperlichen) Fähigkeiten untersucht und an einer passenden Stelle produktiv eingesetzt.[69] Die zunehmende Mechanisierung und fortschreitende Arbeitsteilung ermöglichte die Schaffung von einfachen und spezialisierten Arbeitsplätzen, wie Ford feststellte: «I am quite sure that if work is sufficiently subdivided [...] there will be no dearth of places in which the physically incapacitated can do a man's job and get a man's wage.»[70]

Die bisherigen Ausführungen verdeutlichen, dass für die Berufsberatung die industrielle Konvention das dominierende Rechtfertigungsmuster war. Es ging

63 Sandmeier 1960, S. 3 f.
64 Bernet/Tanner 2015, S. 8.
65 Stalder 1952, S. 5.
66 Germann 2008, S. 191.
67 In der Schweiz galt Karl Koch zusammen mit Wilhelm Schweingruber als Pionier der Berufsberatung von Menschen mit Behinderung.
68 Koch 1945, S. 27.
69 Rose 2008, S. 142–144.
70 Henry Ford, zitiert nach: ebd., S. 149.

den Fachkräften darum, durch bestmögliche Stellenallokation das vorhandene Leistungspotenzial von Menschen mit Behinderung optimal auszuschöpfen. Durch präzise Abklärungen der individuellen Fähigkeiten sollte für die Klientinnen und Klienten ein passender Arbeitsplatz im Räderwerk des industriellen Produktionsprozesses gefunden werden, an dem sie sich mit höchstmöglicher Effizienz entfalten können.

Gleichwertigkeit auf dem Arbeitsmarkt durch Kompensation
und (Nach-)Erziehung
Gleichwertigkeit auf dem Arbeitsmarkt konnte nach Ansicht der Berufsberatenden durch «Kompensation» erzielt werden. Der Berufsberater Wilhelm Schweingruber unterstrich, dass Menschen mit Behinderung «ganz allein und aus eigenen Kräften» für die Kompensation sorgen müssten, wofür sie «ein gewaltiges Mass an körperlichen, geistigen und moralischen Kräften» aufzubringen hätten.[71] Analog interpretierten die Fachleute die berufliche Eingliederung als eine Frage der Eigenverantwortung, da die Konkurrenzfähigkeit auf dem Arbeitsmarkt primär davon abhängig gemacht wurde, ob die Betroffenen in der Lage waren, ihre Defizite selbständig auszugleichen. Für die Kompensation kam nach Ansicht der Fachpersonen dem (Arbeits-)Charakter eine Schlüsselstellung zu.[72] Es wurde ein ausgeprägter Arbeitswille erwartet, damit sich Menschen mit Behinderung auf dem Arbeitsmarkt bewähren könnten. Der Berufsberater Albert Vogelsang betonte, dass der Arbeitscharakter «weit wesentlicher und bedeutungsvoller [...] als eine Menge anderer Faktoren» sei. Er sei wichtiger als «gute Intelligenz» und «wesentlicher als starke Einschränkungen des Körpers».[73] Der Umstand, dass Schweingruber die Kompensation als eine «moralische» Aufgabe auffasste, verdeutlicht, dass Menschen mit Behinderung nach damaliger Auffassung sowohl gefördert als auch gefordert werden sollten.[74] Denn Arbeit wurde nicht nur als Anspruch oder ein Recht, sondern ebenso als eine Bürgerpflicht verstanden. «Überaus zahlreich» seien nach Ansicht von Koch diejenigen, die «weniger wegen des Gebrechens» als eher wegen «Charakterschwierigkeiten» oder einer falschen Einstellung «zum Gebrechen und zur Arbeit» von der Fürsorge abhängig seien.[75] Für die Berufsberatenden unterstanden Menschen mit Behinderung folglich einem Arbeitsimperativ und sie mussten sich in Bezug auf die Produktivität

---

71 SAZ 1950, S. 764.
72 Schweingruber nannte folgende Merkmale, die für den Charakter konstituierend seien: die Art im Verkehr mit anderen Menschen, die weltanschauliche Einstellung, die gesamte Lebenshaltung und den Arbeitscharakter (Ausdauer, Sinn für Genauigkeit, Stimmung, Treue, Zuverlässigkeit). Schweingruber 1961, S. 56.
73 Vogelsang 1960, S. 54.
74 Eine ähnliche Haltung des Förderns und Forderns lässt sich in der Schweiz in der unmittelbaren Nachkriegszeit für eine weitere Bevölkerungsgruppe ausmachen: Ältere Menschen sollten entweder durch Erwerbsarbeit oder die Gestaltung der Freizeit «aktiviert» werden. Ruoss 2015, S. 135–137.
75 Koch 1946, S. 34.

den normativen Leitbildern der Mehrheitsgesellschaft anpassen.[76] Eine erfolglose Integration in den Arbeitsmarkt war aus dieser Perspektive zuvorderst der angeblich unmotivierten und unflexiblen stellensuchenden Person zuzuschreiben.

Die Fachleute strebten eine zielgerichtete Erziehung von Kindern und Jugendlichen sowie – falls notwendig – eine Nacherziehung von Erwachsenen zur Arbeitsamkeit an. Menschen mit Behinderung müssten in vielen Fällen «durch Ergänzung der Ausbildung, durch eine gewisse Nacherziehung, durch Gewöhnung an regelmässige Arbeit und Einordnung in ein Arbeitskollektiv sowie durch ausreichendes Training auf die berufliche Laufbahn vorbereitet werden».[77] Der Dachverband der Behinderten-Selbsthilfeorganisationen ASKIO (heute AGILE. CH)[78] formulierte als ein Ziel «erster Ordnung» die «Überwindung der pessimistischen und defaitistischen Lebenshaltung» von Menschen mit Behinderung.[79]

Es stellt sich in diesem Zusammenhang die Frage, inwiefern die postulierten Ideale der Eingliederungsexperten (Gleichwertigkeit auf dem Arbeitsmarkt, spezifische Förderung der individuellen Fähigkeiten, Berücksichtigung individueller Berufswünsche) auch tatsächlich in der Praxis umgesetzt wurden.[80] Schliesslich darf nicht ausgeblendet bleiben, dass Personen mit Leistungseinschränkungen einen erschwerten Zugang zum Arbeitsmarkt haben. Dies wurde von den Fachleuten auch nicht bestritten, was sich anhand einer Aussage von Schweingruber aufzeigen lässt:

> Zwar streben wir ernsthaft an, die Eingliederung so zu vervollkommnen, dass durch die Gebrechlichkeit keine Minderleistung entsteht. Das gelingt aber nicht in allen Fällen. Verlangsamungen aller Bewegungen, z. B. durch Hirnverletzungen, bringen unweigerlich eine Leistungsverminderung mit sich. In anderen Fällen kommt der Arbeiter trotz Normalleistung nicht mehr auf seinen gewohnten Verdienst, dann nämlich, wenn er als Invalider in eine andere, schlechter bezahlte Berufskategorie wechseln muss. [...] Vielfach müssen auch für stark Geschwächte Frauenarbeiten gewählt werden, wobei natürlich keine Männerlöhne erreicht werden.[81]

---

76 Vgl. Bösl 2009.
77 Högger 1953, S. 6.
78 Arbeitsgemeinschaft Schweizerischer Kranken- und Invaliden-Selbsthilfe-Organisationen (ASKIO).
79 National-Zeitung, Nr. 357, 7. August 1951, in: SWA, Zeitungsausschnitte Invalide, Vo M Invalide.
80 Die aufgeworfene Frage kann im Rahmen dieser Studie nicht schlüssig beantwortet werden, da empirisch keine Fallakten konsultiert wurden. Einen Hinweis auf die Diskrepanz zwischen Idealbild und Realität vermittelt eine Studie zur Gebärdensprache von Rebecca Hesse und Martin Lengwiler. Verschiedene gehörlose Zeitzeuginnen und -zeugen berichten, dass ihnen die IV-Berufsberatenden noch in der zweiten Hälfte des 20. Jahrhunderts ihre Berufswünsche verweigert und stattdessen «typische Gehörlosenberufe» empfohlen hätten. Tendenziell wurde den Betroffenen von den Fachkräften gering qualifizierte Arbeit nahegelegt. Hesse/Lengwiler 2017, S. 97–100.
81 Neue Zürcher Zeitung, Nr. 24, 5. Januar 1953, in: SWA, Zeitungsausschnitte Invalide, Vo M Invalide.

Deutlich wird in diesem Zusammenhang, dass trotz der rhetorischen Akzentuierung der Individualität der Klientinnen und Klienten eine Machtasymmetrie zwischen Fachleuten und Betroffenen bestand.[82] Die Deutungshoheit über das berufliche Schicksal von Menschen mit Behinderung besassen letztlich die Berufsberatenden. Sandmeier betonte zwar, dass die «Freiheit der Berufswahl» hochgehalten werden müsse, räumte aber auch gleichzeitig ein, dass aufgrund der Beeinträchtigungen die Berufswahl «sehr begrenzt bleiben» müsse. Es darf angenommen werden, dass die persönlichen Neigungen von Menschen mit Behinderung nur bedingt berücksichtigt wurden. Vielmehr wurden sie von den Fachleuten an diejenigen Orte vermittelt, «die ihnen als angemessen und im Interesse der Gesellschaft liegend erschienen».[83] Dies war häufig der gering qualifizierte Niedriglohnsektor der Industrie. Die Berufsberatung sah folglich für Menschen mit Behinderung Arbeitsfelder vor, die sie selbst als minderwertig einstufte.[84] Koch urteilte in diesem Zusammenhang, dass «die angelernte, relativ gleichbleibende Arbeit für gewisse TE [Teilerwerbsfähige] am besten geeignet ist, ohne dass man behaupten kann, sie hätten auch gleich am meisten Neigung in dieser Richtung».[85]

«Produktive Glieder des Volkskörpers»

Arbeitsintegration als vordringliches Ziel
Arbeit, ob im ersten oder zweiten Arbeitsmarkt, galt als das einzige Vehikel zu beruflicher Integration sowie sozialer Teilhabe. Das «höchste Ziel der vollen Eingliederung» lasse sich gemäss Sandmeier nach einem dreistufigen Eingliederungsmodell verwirklichen, das chronologisch die medizinische Eingliederung, dann die berufliche Eingliederung und schliesslich die gesellschaftliche Eingliederung umfasste.[86] Die letzte Stufe war also nicht abgekoppelt von den anderen zu erreichen, sondern baute auf die vorangehenden auf. «Eine vorbehaltlose Aufnahme des Behinderten in die menschliche Gesellschaft» sei deswegen «nur denkbar, wenn eine Eingliederung des Behinderten ins Erwerbsleben vorangeht».[87] Soziale Teilhabe war nach dieser Auffassung unzertrennlich mit medizinischer Rehabilitation und Arbeitsintegration verbunden.[88] Aus dieser Perspektive kann keine

---

82 Vgl. Germann 2008, S. 195.
83 Ebd.
84 Fabrikarbeit wurde von der Berufsberatung als schneller Verdienst im unqualifizierten Bereich abgeurteilt, die nicht in Zusammenhang mit den individuellen Interessen der Arbeiterinnen und Arbeiter stehen konnte. Junge, gesunde Personen sollten sich stattdessen einen «richtigen Beruf» für ihre berufliche Laufbahn aussuchen. Angehrn 2015, S. 121.
85 Koch 1946, S. 37.
86 Nahezu identisch mutet die in Deutschland gängige Formel an: medizinische, berufliche und soziale Rehabilitation. Bösl 2006, S. 120.
87 Sandmeier 1960, S. 2. Für den Kontext in Deutschland stellt Bösl ebenfalls fest, dass sich die soziale Zielrichtung der Rehabilitation damals «nur auf das Arbeitsleben» bezog. Bösl 2006, S. 120.
88 Nach diesem Verständnis führte die Arbeitsintegration nicht nur zu sozialer Integration, son-

alternative Option zur Arbeit bestehen und Erwerbstätigkeit zu einem existenzsichernden Lohn wird zum vordringlichen Ziel.

Die berufsberaterische Idealvorstellung der Gleichwertigkeit von behinderten und nicht behinderten Personen kam auch im Hinblick auf die Arbeitsbedingungen zum Ausdruck. Menschen mit Behinderung sollten keine Son-
derbehandlung geniessen. Die Lösung des Eingliederungsproblems sollte nach
Ansicht der Fachleute ohne die Einführung von gesetzlichen Verpflichtungen
für die Wirtschaft erfolgen. Arbeitgeber und Menschen mit Behinderung sollten
sich als freie Vertragspartner begegnen können. Zwangsregulierungen wurden
in der Schweiz dezidiert abgelehnt. Behindertenquoten wurden für Länder mit
zahlreichen Kriegsinvaliden als geeignet angesehen, nicht aber für die Schweiz,
weil die Ausgangsbedingungen für die berufliche Eingliederung nicht vergleichbar seien. Wie der Verein Schweizerische Stätte zur beruflichen Eingliederung
Gebrechlicher analysierte, sei es zwar für die Arbeitsintegration psychologisch
als Nachteil zu werten, dass Betroffene in der Schweiz nicht wie in anderen Ländern als «Helden der Nation» wahrgenommen und deshalb als besonders unterstützungswürdig gelten würden. Dafür weise die Schweiz aber eine «unzerstörte
Wirtschaft» auf und die Zahl der Eingliederungsfälle sei «viel kleiner […] als im
Ausland».[89] Die Hochkonjunktur der Nachkriegszeit und der Arbeitskräftemangel[90] bestärkten die Überzeugung, dass es nicht angebracht sei, für die berufliche
Eingliederung mit der liberalen Tradition der Schweiz zu brechen. Schweingruber vertrat die Meinung, dass die «ach so stark beschnittene Schweizerfreiheit
nicht noch mehr» eingeschränkt werden solle. «Eingliederungsgesetze» beurteilte er als ungeeignet.[91] Er propagierte stattdessen eine «aktive Freiwilligkeit».[92]
Dieser schweizerische Lösungsansatz würde «ein neues Ruhmesblatt für unser
Land» bedeuten. Im Ausland neige man dazu, «die soziale Leistung eines Landes an der Zahl der einschlägigen Gesetze zu messen». Demgegenüber solle die
Schweiz aufzeigen, dass «Freiwilligkeit besser» sei.[93] Das Konzept der Freiwilligkeit avancierte zum handlungsleitenden Paradigma der Arbeitsintegration
von Menschen mit Behinderung.

Dieses liberale Konzept der Arbeitsintegration wurde auch von den Behindertenverbänden unterstützt. Sie monierten, dass eine Quotenregelung Bürgerinnen und Bürger zweiter Klasse schaffe, die per legem als inferiore Arbeitskräfte gelten würden, was dem Postulat der Gleichwertigkeit widersprechen

---

dern war über den Arbeitsimperativ auch Voraussetzung für die gesellschaftliche Anerkennung
eines Menschen mit Behinderung als gleichwertige/-r Bürger/-in.

89 Beilage zum Rundschreiben betreffend Verein «Schweizerische Stätte zur beruflichen Eingliederung Gebrechlicher» des ASM vom 23. Juni 1950, in: AfZ, Archiv ASM, Rundschreiben an
einige Mittglieder, Nr. 334.

90 Bereits 1946, in unmittelbarer Nachkriegszeit, «hatten Schweizer Unternehmer ihrer Besorgnis
über einen Arbeitskräftemangel Ausdruck verliehen». Tanner 2015, S. 338.

91 SAZ 1950, S. 765 f.

92 Vaterland, Nr. 66, 19. März 1955, in: SWA, Zeitungsausschnitte Invalide, Vo M Invalide.

93 SAZ 1954, S. 726 f.

würde. Die Behindertenhilfe zeichnete sich ohnehin durch einen liberalen Geist aus und setzte auf die private Initiative. Diese Haltung lässt sich auch von den Persönlichkeiten in den Führungspositionen der entsprechenden Organisationen ableiten.[94] Pro Infirmis wurde zwischen 1932 und 1960 von Robert Briner präsidiert, der dem rechten Flügel der Demokratischen Partei angehörte.[95] Vorsteher der SAEB war von 1952 bis 1962 der freisinnige Altbundesrat Walther Stampfli.[96] Als bürgerlicher Politiker, ehemaliger Direktor der Von Roll'schen Eisenwerke (1929–1940), Sekretär der Solothurnischen Handelskammer (1918–1921) und schliesslich, nach seinem Bundesratsamt, Verwaltungsratspräsident der Von Roll'schen Eisenwerke (1948–1960) war er stark mit der Privatwirtschaft und deren Anliegen verbunden.[97] Stampfli, der noch heute gelegentlich als «Vater der AHV» tituliert wird, war ein Verfechter der Sozialpartnerschaft und nahm gegenüber staatlichen Eingriffen in die Wirtschaft eine kritische Position ein. Beim Aufbau der AHV etwa machte er sich für eine bescheiden ausgestattete AHV stark, die die Weiterführung privatwirtschaftlicher Vorsorgeeinrichtungen ermöglichte.[98]

Gleichwertigkeit sollte auch bei Lohnfragen bestehen. In den Diskussionen dazu wurde zwischen «Leistungslohn» und «Soziallohn» unterschieden. Der Leistungslohn bezeichnete dasjenige Salär, das entsprechend der effektiv geleisteten Arbeit entrichtet wurde. Der Soziallohn hingegen bezog sich auf denjenigen Lohnanteil, der leistungsungebunden als zusätzlicher solidarischer Beitrag vom Arbeitgeber ausbezahlt wurde, um zum Beispiel einer behinderten Person ein existenzsicherndes Einkommen zu garantieren. Die SAEB forderte nun auf der einen Seite, dass Arbeitgeber Menschen mit Behinderung nicht durch ungerechtfertigt tiefe Löhne ausnutzten, auf der anderen aber auch, dass Unternehmen nicht «zu versteckten Fürsorgeleistungen» animiert würden: «Der Behinderte soll grundsätzlich auf Grund seiner Leistung entlöhnt werden.» Der einfachste Weg, dieses Postulat einzulösen, bestehe darin, den Leistungslohn über ein reines «Stücklohnsystem», und zwar ohne «Mindestlohngarantie», zu berechnen. Akkordarbeit in der Industrie eignete sich bestens für einen solchen Berechnungsschlüssel. Die Lohnhöhe dürfe sich nicht nach der «subjektiven Anstrengung», sondern bloss «nach dem Ertrag der Arbeit» richten.[99] Über den reinen Leistungslohn notwendige Unterstützung sollte von anderer Stelle, etwa von der Fürsorge, finanziert werden. Die SAEB deutete die Beschäftigung von Menschen mit Behinderung folglich nicht primär als humanitären Akt von Wirtschaftsakteuren, sondern als eine nach ökonomischen Motiven getroffene Entscheidung der Arbeitgeber. Dementsprechend forderte die Organisation, dass bei der Stel-

94 Vgl. Fracheboud 2015, S. 56 f.
95 HLS: Briner, Robert.
96 SAEB. 50 Jahre SAEB, in: Archiv Inclusion Handicap, Unterlagen 50 Jahre SAEB.
97 HLS: Stampfli, Walther.
98 Leimgruber 2008, S. 122 f.; BSV. Geschichte der Sozialen Sicherheit: Walther Stampfli.
99 SAEB 1953, S. 211 f.

lenvermittlung darauf geachtet werden müsse, dass «nur wirtschaftlich gerechtfertigte Arbeitsplätze» in Betracht gezogen würden.[100]

Die Ausführungen belegen, dass die Behindertenhilfe – analog zur Berufsberatung – eine liberale Grundhaltung vertrat und Menschen mit Behinderung
primär als ökonomisch wertvolle Arbeitskräfte betrachtete. Die Verbände argumentierten gemäss den Parametern der Marktkonvention, wenn sie forderten,
dass Betroffene nur angestellt werden dürften, wenn sie im Betrieb profitabel eingesetzt werden konnten, und einzig nach der effektiv geleisteten Arbeit entlohnt
werden sollten. Die Beschäftigung von Menschen mit Behinderung sollte sich
für die Arbeitgeber nach einem klassischen Kosten-Nutzen-Kalkül lohnen. Entsprechend wurde den Unternehmen von der Behindertenhilfe unterstellt, dass sie
primär oder sogar ausschliesslich nach diesem Handlungsschema agierten.

*Gesellschaftliche, volkswirtschaftliche und arbeitsmarktliche Funktionen der
beruflichen Eingliederung*

Die berufliche Eingliederung wurde in den Debatten als gesellschaftlicher Auftrag aufgefasst und legitimiert, um Menschen mit Behinderung beruflich und sozial zu integrieren. Erwerbsarbeit galt als Voraussetzung, um das Selbstbewusst-
sein zu heben, Sinn zu stiften, Autonomie zu fördern, gesellschaftliche Teilhabe
zu garantieren, letztlich eine «soziale Identität»[101] zu schaffen. Ein geregeltes
Einkommen befreie von der entwürdigenden Abhängigkeit von der Armenfür-
sorge, wie Altbundesrat Stampfli betonte: Die Arbeit stärke «das Bewusstsein,
der Gemeinschaft nicht mehr als unnütze Almosenempfänger, sondern als nütz-
liche Glieder anzugehören».[102]

Auf einer argumentativen Metaebene wurde die gesellschaftliche soziale
Verantwortung im Sinne der staatsbürgerlichen Konvention betont. Allerdings
wurde dieses Argumentationsmuster nicht explizit auf die Verantwortung der
Wirtschaft übertragen. Wie anhand der Positionen der Behindertenhilfe und
Berufsberatung aufgezeigt werden konnte, wurden Unternehmen nach marktwirtschaftlichen Gesichtspunkten adressiert und Menschen mit Behinderung
als ökonomisch lohnende Arbeitskräfte angepriesen, wenn sie einerseits an der
richtigen Arbeitsstelle beschäftigt und andererseits nach der effektiv erbrachten
Leistung entschädigt würden.

Die Beschäftigung von Menschen mit Behinderung hatte auch einen volkswirtschaftlichen Nutzen. Die Hochkonjunktur der Nachkriegszeit hatte zu einer erhöhten Nachfrage nach Arbeitskräften und zu einem entsprechenden Arbeitskräftemangel geführt. Das Arbeitspotenzial von Menschen mit Behinderung
sollte verwertet werden und den Bedarf an dringend benötigtem Humankapital lindern. «Wenn der TE [Teilerwerbsfähige] wirklich gewisse Arbeiten ohne

---

100 Ebd., S. 206.
101 Germann 2008, S. 193 f.
102 Neue Zürcher Zeitung, Nr. 51, 9. Januar 1950, in: SWA, Zeitungsausschnitte Invalide, Vo M
   Invalide.

Beeinträchtigung der Leistung ausführt, so wäre seine Nichtverwendung wirtschaftlich gesehen eine Verschwendung, menschlich gesehen aber eine ganz unnötige Zurücksetzung», wie Koch konstatierte.[103] Die berufliche Eingliederung trug also zum einen dazu bei, berufliche und soziale Teilhabe zu ermöglichen, zum anderen steigerte sie die Produktivität des Landes und diente als finanzielle Entlastung der Fürsorge sowie von Familienangehörigen. Erwerbstätige Menschen mit Behinderung wurden von Empfängerinnen und Empfängern von Sozialleistungen zu steuerzahlenden Bürgerinnen und Bürgern. In den Medien zirkulierte die Metapher der «Armee der 200000».[104] Der Ausdruck stammte aus einem Aufruf zugunsten von Pro Infirmis, den Bundesrat Philipp Etter bereits in den 1930er-Jahren verfasst hatte und in dem er von einer «Armee von 200000 Anormalen» sprach.[105] Thematisiert wurden in diesem Zusammenhang die hohen Ausgaben, die Menschen mit Behinderung verursachten.[106] Tanner konstatiert, dass zu jener Zeit die «volkswirtschaftlichen Kosten, die dem Staat für die Betreuung und Versorgung von Behinderten erwuchsen, […] ein starkes Gewicht in einem multifaktoriellen Volksgesundheits-Diskurs» gehabt hätten.[107]

Die starke Nachfrage nach Arbeitskräften in der Hochkonjunktur der Nachkriegszeit erhöhte den Wert von behinderten Arbeitskräften entsprechend den Grundsätzen der Marktkonvention. Ökonomisch relevant war zudem, dass erwerbstätige Menschen mit Behinderung die Allgemeinheit nichts kosteten, weil sie selbst für ihren Unterhalt sorgten. Die berufliche Eingliederung erhielt folglich eine volkswirtschaftliche Relevanz.

Die berufliche Eingliederung hatte aber auch eine kulturelle Bedeutung, die mit der Bewegung der geistigen Landesverteidigung in Zusammenhang gebracht werden kann.[108] Die geistige Landesverteidigung erfuhr nach dem Zweiten Weltkrieg eine «Renaissance», wenn auch unter veränderten Vorzeichen. Kurt Imhof spricht von einer «konservativ-föderalistisch orientierten Integration von rechts», die von Antikommunismus und militärischer Aufrüstung gegen den inneren und äusseren Feind im Kalten Krieg geprägt war.[109] Diese Haltung wurde auch auf die Thematik Behinderung projiziert. Die Interpretation der beruflichen und sozialen Eingliederung als Element der geistigen Landesverteidigung war im Milieu der Behindertenhilfe eine weitverbreitete Auffassung. Oberfeldarzt und Oberstbrigadier Hans Meuli, ein Gründungsmitglied der SAEB, bezeichnete die Behindertenhilfe als ein «Bekenntnis zur Idee der sozialen Gerechtigkeit», die

103 Koch 1946, S. 34.
104 Basler Nachrichten, Nr. 282, 7. Juli 1954, in: SWA, Zeitungsausschnitte Invalide, Vo M Invalide. Es handelte sich um eine Schätzung zur Anzahl von Menschen mit Behinderung in der Schweiz von Pro Infirmis, die bis in die Vorarbeiten zur IV aufgegriffen wurde. Eine offizielle Behindertenstatistik existierte nicht.
105 Bundesrat Philipp Etter, zitiert nach: Schmid 1939, S. 1.
106 Ebd.
107 Tanner 2015, S. 241.
108 Vgl. Germann 2008.
109 Imhof 1996, S. 180 f.

den gesellschaftlichen Zusammenhalt fördern sollte. Die «Gebrechlichenfürsorge» sei aber eben nicht nur geistige, sondern gleichzeitig auch wirtschaftliche und militärische Landesverteidigung.[110] Unter dem Eindruck des Zweiten Weltkriegs wurde Menschen mit Behinderung die wichtige Funktion zugeordnet, bei einer zukünftigen Generalmobilmachung – gemeinsam mit den Frauen – als Arbeitskräftereservoir die entstandenen Lücken im industriellen Rüstungs- und Produktionssektor zu schliessen. Pro Infirmis erläuterte, dass arbeitsfähige «körperlich Behinderte, incl. Blinde und Taubstumme», insbesondere «in Mobilisationszeiten wirtschaftlich unersetzlich» seien. Darauf müssten diese potenziellen Arbeitskräfte allerdings frühzeitig vorbereitet werden: «Dies ist aber nicht von einer Stunde auf die andere möglich! Sie müssen in normalen Zeiten Eingang finden in Industrie und Gewerbe.»[111] In politisch linken Kreisen wurde die Interpretation der beruflichen Eingliederung als Bestandteil einer nicht militärischen Verteidigungsanstrengung allerdings kritisch rezipiert.[112]

Gewollt oder ungewollt weckt die Bezeichnung «Armee der 200 000» Assoziationen zu Karl Marx' Konzept der «industriellen Reservearmee», das die Funktion, die behinderten Arbeitskräften gesellschaftlich zugewiesen wurde, treffend beschreibt. Im kapitalistischen Gesellschaftsgefüge kommt der industriellen Reservearmee eine besondere Rolle zu. Nach Marx führen Rationalisierung und technische Errungenschaften über Kapitalakkumulation dazu, dass ein geringerer Einsatz von Arbeit für die Erzielung von Mehrwert notwendig wird. «Die kapitalistische Accumulation produciert […] beständig eine relative, d. h. für die mittleren Verwerthungsbedürfnisse des Kapitals überschüssige, daher überflüssige oder Surplus-Arbeiterbevölkerung.»[113] Bei bestehendem Bedarf könne das Kapital auf diese industrielle Reservearmee zurückgreifen.[114] Diese Surplus-Arbeiterbevölkerung wurde in der Nachkriegszeit aufgrund der hohen Arbeitskräftenachfrage mobilisiert und konnte zu relativ günstigen Konditionen für einfache Arbeiten im Produktionsprozess bei Bedarf angeworben werden.[115]

---

110 Meuli 1951, S. 204.
111 Dokumentation zur Begründung der Motion betreffend Gebrechlichenhilfe (1949), in: Archiv Inclusion Handicap, SAEB Geschichte 1950–51.
112 Vorwärts, Nr. 26, 2. Februar 1952, in: SWA, Zeitungsausschnitte Invalide, Vo M Invalide.
113 Marx 1867, S. 615 f.
114 Eine Funktion, die diese Reservearmee gemäss Marx in Zeiten hoher Arbeitskräftenachfrage innehaben kann, ist diejenige der Lohnentwertung. In der Tat galten Menschen mit Behinderung als kostengünstige Arbeitskräfte.
115 Germann 2008, S. 191.

Die Beschäftigung von Menschen mit Behinderung zwischen ökonomischem Kalkül und bürgerlicher Wohltätigkeit

Die Arbeitgeberverbände erblickten in der beruflichen Eingliederung von Menschen mit Behinderung eine wichtige Aufgabe. Dementsprechend setzte sich insbesondere der Zentralverband Schweizerischer Arbeitgeberorganisationen (ZSAO, später SAV) dafür ein, dass die Materie in der Privatwirtschaft an Popularität gewann. Nicht zuletzt steckte dahinter auch eine politische Agenda: Der Einsatz der Privatwirtschaft sollte als Beweis dienen, dass sozialstaatliche Eingriffe überflüssig seien. Wie die Behindertenhilfe und die Berufsberatung befürworteten auch die Arbeitgeber das Konzept der Freiwilligkeit als ein Modell der Arbeitsintegration auf privater Basis.

Berufliche Eingliederung ohne sozialstaatliche Einmischung

Behindertenpolitische Standpunkte der Arbeitgeberverbände
Die Thematik der beruflichen Eingliederung stiess bei den Arbeitgeberverbänden auf beachtliche Aufmerksamkeit. Der ZSAO trat früh der SAEB bei und beteiligte sich von Beginn an aktiv an der Politik der wichtigsten Organisation zur Förderung der beruflichen Eingliederung.[116] Er war auch seit der Gründung 1948 Mitglied beim Verein Schweizerische Stätte zur beruflichen Eingliederung Gebrechlicher.[117] In der «Schweizerischen Arbeitgeber-Zeitung» wurde die Arbeitsintegration von Menschen mit Behinderung in den 1950er-Jahren in regelmässigen Abständen thematisiert, wobei Pro Infirmis, der SAEB, Eingliederungsfachleuten, aber auch Betrieben, die ihre eigenen diesbezüglichen Erfahrungen schilderten, Platz zur Verfügung gestellt wurde. Über diesen Kanal trug der ZSAO zur Sensibilisierung seiner Mitglieder für die Thematik bei. Dass die berufliche Eingliederung für den Verband ein wichtiges Anliegen war, zeigt sich auch daran, dass in den Jahresberichten des ZSAO 1953 eigens die Rubrik «Eingliederung Behinderter in das Erwerbsleben» eingeführt wurde. Im ersten Beitrag wurde das Engagement des Verbands dadurch erklärt, dass in «unserem Lande, welches mit keiner kriegsbedingten Invalidität zu kämpfen» habe, es möglich sein sollte, «der Frage der Wiedereingliederung Gebrechlicher ohne Mitwirkung des Staates beizukommen»,[118] womit die sozialpolitischen Anliegen des ZSAO deutlich zum Ausdruck gebracht wurden.

---

116 Die Archivunterlagen der SAEB liefern allerdings keine Hinweise, die auf eine besonders einflussreiche und prägende Rolle des ZSAO innerhalb der Organisation hindeuten würden.

117 ZSAO 1954, S. 115.

118 Ebd., S. 117. Ab 1954 wurde auch die Rubrik «Invalidenversicherung» eingeführt. Als sich abzuzeichnen begann, dass die IV als Eingliederungs- und nicht als Rentenversicherung konzipiert würde, wurde ab 1956 nur noch das Thema «Invalidenversicherung» im Jahresbericht weitergeführt.

Beim Arbeitgeberverband Schweizerischer Maschinen- und Metall-Industrieller (ASM) wurde im Verbandsausschuss die Frage aufgeworfen, ob sich der
ASM «der Eingliederungsfrage etwas annehmen sollte». Für ein «genügendes
Resultat» bei der beruflichen Eingliederung müsse «auf etwas breiterer Front
als bisher» vorgegangen werden.[119] Im Anschluss an die internen Diskussionen
beschloss der Ausschuss im Herbst 1954, ein stärkeres Engagement von den Mit-
gliedsfirmen zu fordern. Vorgängig wurde eine Befragung bei den im Ausschuss
vertretenen Unternehmen durchgeführt,[120] um Informationen «über die bisherigen Erfahrungen einiger Firmen auf diesem Gebiet» zu sammeln.[121]

1955 richtete der ASM einen Appell an seine Mitglieder und präsentierte
einige Resultate der internen Erhebung. Die Geschäftsstelle zeigte sich insgesamt
erfreut, dass die Arbeitsintegration von Menschen mit Behinderung «in das allgemeine Bewusstsein der Unternehmungen vorgedrungen» sei.[122] Sie stellte fest,
dass einige Firmen «bereits eine namhafte Anzahl von Gebrechlichen» beschäftigten. Es wurde darauf hingewiesen, dass es sich überwiegend um Mitarbeitende
handelte, die «ein Gebrechen oder eine Krankheit erlitten haben oder bei ihrer
Arbeit verunfallt und seither in ihrer körperlichen Leistungsfähigkeit behindert sind». In diesen Fällen würden es sich die Unternehmen in der Regel «zur
Pflicht» machen, «solche Arbeiter weiterhin in geeigneter Weise zu beschäftigen,
um ihnen ihre Existenz zu erhalten». Neuanstellungen von Menschen mit Behinderung würden hingegen weniger häufig auftreten.[123] Die Unternehmen bestätigten, dass man mit behinderten Mitarbeitenden «gute bis sehr gute Erfahrungen»
mache. Sie seien mehrheitlich genauso «wirksam, schnell und gewissenhaft» wie
nicht behinderte Arbeitskräfte. Zudem würden sie sorgfältiger mit Maschinen
und Werkzeugen umgehen, seien pünktlicher und hätten weniger Absenzen.
Dieses vorbildliche Verhalten wurde damit begründet, dass sich diese Mitarbeitenden besonders anstrengten, weil sie das «Entgegenkommen der Firma» zu
schätzen wüssten und sich für die Unterstützung «als dankbar» erweisen möchten. Berufliche Eingliederung wurde nicht bloss als «fürsorgerische Mildtätig-
keit» interpretiert. Bei einem Einsatz an einer geeigneten Stelle diene das Engagement dem «Nutzen der Betriebe» sowie dem «Segen der Gebrechlichen».[124]
Die Geschäftsstelle des ASM bot interessierten Firmen auch Beratung an und
sorgte sich um den Kontakt zu Vorbereitungs- und Vermittlungsstellen, um eine
geplante berufliche Eingliederung zu erleichtern.

119 Schreiben vom 6. Oktober 1954 «Eingliederung Gebrechlicher in die Betriebe», in: AfZ, Archiv
   ASM, Rundschreiben an Ausschussmitglieder, Nr. 49.
120 Dafür wurden rund 30 mittlere und grössere Betriebe befragt. ASM 1956, S. 90.
121 Schreiben vom 13. November 1954 «Wiedereingliederung Gebrechlicher», in: AfZ, Archiv
   ASM, Rundschreiben an Ausschussmitglieder, Nr. 49.
122 ASM 1956, S. 92.
123 Schreiben vom 18. April 1955 «Eingliederung Gebrechlicher», in: AfZ, Archiv ASM, Rundschreiben an die Mitglieder, Nr. 291.
124 Ebd.

1950 wandte sich der Verein Schweizerische Stätte zur beruflichen Eingliederung Gebrechlicher an die Verbände der Sozialpartner. Die Organisation warb um finanzielle Unterstützung für Arbeitsplatzanpassungen – insbesondere im Bereich der Industrie. Der Verein schlug dafür die Einführung eines «Gesundheitsrappens» vor, der paritätisch von Arbeitgeber- und Arbeitnehmerverbänden entrichtet würde. Obschon verschiedene Verbände, wie etwa der ASM, Interesse an der Idee bekundeten, meldete der ZSAO Zweifel an. Es sei «nicht Sache der Arbeitgeber», die angesprochenen Ziele zu verfolgen, sondern Aufgabe der «Wohltätigkeitsinstitute in Zusammenarbeit mit bereits bestehenden Fürsorgeeinrichtungen».[125] In einer Diskussion des Ausschusses des ZSAO zu besagter Anfrage wurde «von keiner Seite die grundsätzliche Unterstützung der Wiedereingliederung der Invaliden angefochten». Hingegen wurde Skepsis gegenüber einer «Gesundheitssteuer» geäussert, da eine freiwillig entrichtete materielle Unterstützung «präjudizierend wirken könnte».[126] Eine kollektiv über die Sozialpartner organisierte finanzielle Hilfe für Integrationsbemühungen, die über das individuelle Engagement der einzelnen Unternehmen hinausreichte, wurde folglich abgelehnt.[127] «Il est préférable que les patrons agissent indépendamment et ne participent pas à cette contribution spéciale.»[128]

Der Verein Schweizerische Stätte zur beruflichen Eingliederung Gebrechlicher bemühte sich bei den Sozialpartnern ebenfalls um finanzielle Beiträge für die Realisierung der geplanten Eingliederungsstätte in Basel. Das Anliegen wurde 1953 innerhalb des ZSAO thematisiert. Auch gegenüber diesem Vorhaben wurden Bedenken geäussert. Wiederum wurde argumentiert, dass von einer Subventionierung durch die Arbeitgeberverbände «leicht ein Präjudiz für andere ähnliche Werke abgeleitet werden» könne. Letztlich sei der Staat «Nutzniesser» einer solchen Aktion, «da die in einer solchen Umschulungsstätte Beschäftigten in der Folge ihren Lebensunterhalt ganz oder teilweise selbst verdienen könnten und somit nicht zu Lasten des Staates unterhalten werden müssten».[129] Hingegen wurde dem Verein bereits 1949 von den Arbeitgeberverbänden aus einem sozialpartnerschaftlichen «Dispositionsfonds für allgemeine Massnahmen der Arbeitslosigkeit» im Einvernehmen mit den Gewerkschaften ein einmaliger Unterstützungsbeitrag in der Höhe von 50 000 Franken gewährt.[130]

---

125 Protokoll der Sitzung des geschäftsleitenden Ausschusses vom 26. Oktober 1950, in: Archiv SAV, Protokolle.

126 Protokoll der Sitzung des geschäftsleitenden Ausschusses vom 13. März 1951, in: ebd.

127 Das Interesse des ASM am «Gesundheitsrappen» dürfte mit dem Bedarf an angelernten Arbeitskräften in der Industrie zu erklären sein, der partiell durch Menschen mit Behinderung gedeckt werden konnte. Eine kollektiv finanzierte Arbeitsplatzanpassung würde die Eingliederung für die Unternehmen ökonomisch attraktiver machen, da sie die Kosten nicht mehr selbst tragen müssten.

128 Protokoll der Sitzung des geschäftsleitenden Ausschusses vom 13. März 1951, in: Archiv SAV, Protokolle.

129 Protokoll der Sitzung des geschäftsleitenden Ausschusses vom 16. April 1953, in: ebd.

130 ASM. Schreiben an die Mitglieder des Vorstands «Verein Schweizerische Stätte zur beruflichen

Es bestand eine Konvergenz im Hinblick auf die politischen Ziele der Behindertenverbände und der Wirtschaft. Beide Akteure machten sich für eine liberale Lösung der Problematik stark und strebten eine Praxis der beruflichen Eingliederung ohne (sozial)staatliche Einmischung an. Bei den Arbeitgebern trat diese Haltung im Rahmen der Debatten zur Einführung eines «Gesundheitsrappens» besonders deutlich zutage. Die Behindertenhilfe erblickte darin eine Möglichkeit der privaten Finanzierung von Massnahmen zur Arbeitsintegration über die Sozialpartner.[131] Für die Arbeitgeber schoss dieser Vorschlag allerdings über das Ziel hinaus. Die Arbeitsintegration sollte als freiwilliges, individuelles Engagement der Unternehmen erfolgen und in dieser Form auch als praktischer Beweis gelten, dass sozialstaatliche Interventionen nicht notwendig seien.

Die Haltung, die die Arbeitgeberverbände im Rahmen der beruflichen Eingliederung vertraten, lässt sich in einen breiteren Kontext einbetten. Sie ist ein Abbild der politischen Positionen, die die Wirtschaft in jener Zeit zu Fragen der Sozialpartnerschaft und der Sozialpolitik vertrat. Privatwirtschaftliche Selbstregulierung und unternehmerische Selbstverantwortung waren schon immer wichtige Eckpfeiler der Schweizer Wirtschaftspolitik. Die betriebliche Sozialpolitik und kollektivvertragliche Regelungen in Form von Gesamtarbeitsverträgen spielten in diesem Zusammenhang für die Wohlfahrt der Belegschaft eine wichtige Rolle. Aus bürgerlicher Perspektive handelte es sich bei diesen Massnahmen um Alternativen zu staatlich verordneten Lösungen.[132] Nicht von ungefähr sprach der ZSAO bei den Debatten zum «Gesundheitsrappen» bereits von einer potenziellen «Gesundheitssteuer», die es zu vermeiden gelte.

Die systematische Anwerbung von Menschen mit Behinderung durch Unternehmen

Weiterbeschäftigung und Neuanstellung
Die berufliche Eingliederung war nicht nur ein an Bedeutung gewinnendes Thema in den behindertenpolitischen Debatten der Arbeitgeberverbände, sondern fand auch bei den Unternehmen zunehmende Beachtung. Wichtig ist zunächst die Unterscheidung zwischen der Weiterbeschäftigung von invalid gewordenen Mitarbeitenden und der Anstellung von Stellensuchenden mit einer Behinderung. Wie bereits die Umfrage des ASM gezeigt hat, war die Weiterbeschäftigung von verunfallten oder erkrankten Mitarbeitenden bei Unternehmen eine längst gän-

---

Eingliederung Gebrechlicher» vom 5. Juni 1950, in: AfZ, Archiv ASM, Rundschreiben an Vorstandsmitglieder, Nr. 100.

131 Die Parallelen zum «Bauernfranken», der als private Alternativlösung zur Alterssicherung durch die AHV für in der Landwirtschaft tätige Personen vorgeschlagen wurde, basiert auf derselben Idee einer minimalen Einmischung des Staates in Wohlfahrtsfragen. Binswanger 1986, S. 49.

132 Bernet/Tanner 2015, S. 16.; HLS: Arbeiterwohlfahrt. Die erstarkte Sozialpartnerschaft zwischen Gewerkschaften und Arbeitgebern in der Nachkriegszeit hatte diesen Strategien weiteren Auftrieb gegeben. Linder 2005, S. 115.

gige Praxis. Auch das bisherige sozialstaatliche Vorgehen in der Unfall- und in der Militärversicherung fokussierte, wie bereits erläutert, auf die Sicherung einer Arbeitsstelle beim bisherigen Arbeitgeber. Die Bereitschaft der Unternehmen, leistungseingeschränkte Angestellte im Betrieb zu behalten, ist aber nicht primär auf das sozialstaatliche Handeln zurückzuführen, sondern auf die besondere Beziehung, die Arbeitgeber und Mitarbeitende eingingen. Durch die gegenseitige Leistungserbringung wurde ein Abhängigkeitsverhältnis geschaffen, aus dem für die Arbeitgeber die Verpflichtung erwuchs, die Belegschaft zu unterstützen und zu schützen. Die betriebliche Sozialpolitik ist für den Typus «Schweizer Unternehmen» des 20. Jahrhunderts bis in die 1990er-Jahre ein kennzeichnendes Element.[133] Kapitalistische Nützlichkeitserwägungen vermengten sich mit paternalistischem oder patronalem Verantwortungsbewusstsein. Ziel einer solchen Praxis war unter anderem der «Aufbau einer zuverlässigen Stammbelegschaft», die längerfristig an den Betrieb gebunden werden konnte.[134] Die Stärkung der «Betriebsgemeinschaft»[135] sollte zur Förderung eines produktiven Arbeitsklimas beitragen und die Motivation und Loyalität des Personals festigen.

Ein Fabrikarzt des Maschinenbaukonzerns Sulzer bezeichnete 1950 die Weiterbeschäftigung von Mitarbeitenden, die eine Behinderung erlitten hatten, als eine «ethische Grundhaltung». Arbeitgeber stünden in der Verantwortung, «dass niemand infolge körperlicher, resp. gesundheitlicher Mängel entlassen werden darf, dass jedenfalls das Menschenmögliche getan werden muss, um ihn in den Wirtschaftsprozess wieder einzugliedern». Bei Sulzer soll «seit Jahrzehnten kein Fall von Entlassung wegen körperlicher Gebrechlichkeit» vorgekommen sein.[136] Die SBB führten 1943 eine Allgemeine Dienstvorschrift für «Teilinvalide» ein. Das Reglement richtete sich explizit an die eigenen Mitarbeitenden. Es adressierte dasjenige Personal, das «nicht mehr die vollen körperlichen oder geistigen Kräfte besitzt und deshalb den Anforderungen der bisherigen Stelle dauernd nicht mehr oder nicht mehr voll gewachsen ist, aber in einer anderen Stelle noch verwendet werden kann».[137]

Das wichtigste Rechtfertigungsmuster für die Beschäftigung von Menschen mit Behinderung war für Unternehmen folglich die familienweltliche Konvention, wobei der Weiterbeschäftigung von invalid gewordenen Mitarbeitenden eine zentrale Bedeutung zukam. Als Teil der Betriebsfamilie konnten betroffene Mitarbeitende auf den Schutz der Arbeitgeber zählen. Der Wert der Arbeitskraft entsprang der wechselseitigen persönlichen Beziehung von Arbeitgeber und Arbeitnehmenden und zeichnete sich durch Treue, Loyalität und Vertrauen aus. Wie Boltanski und Thévenot erläutern, hätten in der familienweltlichen Welt

---

133 Tanner 2015, S. 185.
134 HLS: Arbeiterwohlfahrt.
135 Bernet/Tanner 2015, S. 16.
136 SAZ 1950, S. 74.
137 Allgemeine Dienstvorschrift über das Dienstverhältnis der Teilinvaliden und Rentenbezüger vom 2. April 1943, in: SBB-Archiv, Reglement 104.1., 101_0293.

«die wahrhaft Grossen *Pflichten* (‹mehr noch als *Rechte*›) gegenüber ihrer *Umgebung* und insbesondere gegenüber jenen, die zu ihnen gehören und für sie folglich *Verantwortung tragen*».[138] Besonders unterstützungswürdig waren verdiente Mitarbeitende, die bereits lange im Betrieb tätig waren und gute Leistungen erbrachten sowie gute Beziehungen zu Vorgesetzten sowie Kolleginnen und Kollegen pflegten.

Während die Weiterbeschäftigung häufig als «Pflicht»[139] eines Unternehmens aufgefasst wurde, kann dies nicht in demselben Ausmass für die Neubeschäftigung behauptet werden. Betriebe stellten bis dahin punktuell Arbeitskräfte mit Behinderung an. Die systematische Anwerbung von Menschen mit Behinderung war hingegen ein neuartiges Phänomen, das um 1950 in einzelnen Unternehmen erstmals praktiziert wurde – insbesondere im Bereich der Industrie. So stellte Peter Högger vom arbeitsärztlichen Dienst des BIGA 1951 fest, dass seit etwa einem Jahr – nicht zuletzt durch die Gründung des Vereins Schweizerische Stätte zur beruflichen Eingliederung Gebrechlicher – «das Interesse an diesen Problemen gewachsen» sei und nun auch zunehmend «Personen mit angeborenen Gebrechen […] in vermehrtem Umfange angestellt» würden.[140]

Grosse Aufmerksamkeit kam in der Schweiz den Bemühungen des Elektrotechnikkonzerns Brown Boveri zu. 1951 wurde im Unternehmen eine Abteilung für Montagearbeiten eröffnet, in der über 20 blinde Arbeitskräfte beschäftigt wurden. Wie ein Ingenieur des Betriebs erläuterte, sollten mit dem Versuch «neue Wege der Blindenbeschäftigung» aufgezeigt werden.[141] Beim Elektrotechnikkonzern Landis & Gyr regte die Direktionskonferenz 1951 an, dass die Prüfung von Beschäftigungsmöglichkeiten für Menschen mit Behinderung weiterverfolgt werden sollte.[142] Die Geschäftsleitung bei Sulzer vertrat ihrerseits den Standpunkt, dass der Betrieb nebst der Wiedereingliederung der eigenen Angestellten «moralisch verpflichtet» sei, «auch einen gewissen Prozentsatz Gebrechlicher in ihre Belegschaft aufzunehmen». Man dürfe nicht nur «die vollwertigen Individuen» anwerben und «die benachteiligten der übrigen Wirtschaft überlassen». Eine innerbetriebliche Schätzung ging von etwa 300 «Gebrechlichen» im Unternehmen aus, was im Verhältnis zur Gesamtbelegschaft einer Quote von etwa 4,5 Prozent entsprach. Ungefähr ein Sechstel dieser Arbeitskräfte waren «Leute, die schon bei der Anstellung gebrechlich waren».[143]

Die Anstellung von Menschen mit Behinderung hatte für die Wirtschaft gegenüber der Weiterbeschäftigung von Mitarbeitenden nur zweitrangige Bedeu-

---

138 Boltanski/Thévenot 2014, S. 237. Hervorhebung im Original.

139 ASM. Rundschreiben vom 18. April 1955 «Eingliederung Gebrechlicher», in: AfZ, Archiv ASM, Rundschreiben an die Mitglieder, Nr. 291.

140 Schreiben an das BIGA vom 19. Juni 1951, in: BAR, Wiedereingliederung Behinderter in das Erwerbsleben 1950–1955, E7170B#1968/105#153*.

141 SAZ 1953, S. 950.

142 Protokoll der Direktionskonferenz vom 12. Oktober 1951, in: AfZ, Archiv Landis & Gyr, Direktionskonferenz, Nr. 186.

143 SAZ 1950, S. 74 f.

tung. Die Praxis war dennoch relevant. Engagierte Unternehmen begründeten und legitimierten ihr Handeln damit, dass sie soziale Verantwortung übernahmen und somit einen gesellschaftlichen Auftrag erfüllten. Die Rechtfertigungsmuster entsprechen der staatsbürgerlichen Konvention. Wichtig werden in diesem Zusammenhang Werte wie Solidarität, Gemeinschaft und Wohltätigkeit. Gemäss Boltanski und Thévenot gelangt man in dieser Welt zu Grösse, «indem man die *partikularen und unmittelbaren Interessen aufgibt, über sich* selbst hinauswächst und die *‹eigenen Interesselagen den kollektiven* hintanstellt›».[144]

Die Post-, Telegrafen- und Telefonverwaltung (PTT) bot seit längerem in Davos, Arosa und St. Moritz Höhenaufenthalte samt Beschäftigung in den ansässigen Dienststellen zur Vorbeugung schwerer Krankheiten oder für die Genesung von Tuberkulose im Zuge ihrer Rehabilitationsbemühungen an.[145] Anfang der 1950er-Jahre entstanden im Anschluss an diese Praxis in Davos zwei «Rekonvaleszenzbureaux». Insbesondere Tuberkulosekranke sollten dort allmählich an ihre ursprüngliche Leistungsfähigkeit herangeführt werden. «Die Rekonvaleszenten bleiben je nach dem Zustand nach der Sanatoriumkur 1 bis 2 Jahre in Davos. Nach dieser Zeit kehren sie als vollwertige Arbeitskräfte an den früheren Arbeitsort zurück.»[146]

Ein Vertreter der Finanzabteilung konstatierte 1950, dass in den Verwaltungen der PTT «bis vor kurzem nur das vorzeitig invalid gewordene, betriebseigene Personal nach Möglichkeit weiterbeschäftigt worden» sei.[147] Nun intensivierte das Unternehmen aber auch seine Eingliederungsaktivitäten im Bereich der Neuanstellungen. Beamte der PTT besuchten im süddeutschen Raum eine Umschulungswerkstätte für «Kriegsbeschädigte und Flüchtlinge» und ein Postamt, in dem Kriegsinvalide arbeiteten. Die Gäste kamen zum Schluss, dass die PTT vermehrt Menschen mit Behinderung einsetzen sollte. Im Herbst 1949 wurden «versuchsweise» behinderte Arbeitskräfte in verschiedenen Abteilungen engagiert.[148] Es bestanden zudem direkte personelle Verbindungen zwischen der PTT und der SAEB, die sich als fruchtbar erweisen sollten. Ernst Kull war als Leiter der Finanzabteilung massgeblich am Aufbau des Lochkartendienstes bei der PTT verantwortlich,[149] während er gleichzeitig die SAEB in ihrer Anfangsphase 1951/52 präsidierte. Kull gab den Anstoss für die bereits erwähnte Lochkartenstation Brunau. Gleichzeitig strebte er die Einsetzung von Menschen mit Behinderung im Lochkartendienst der PTT an.[150]

144 Boltanski/Thévenot 2014, S. 260. Hervorhebung im Original.
145 Diese Aufenthalte waren ursprünglich dem weiblichen Personal vorenthalten.
146 Protokoll über die Konferenz mit den Fürsorgebeamten der Kreispost- und der Telefondirektionen vom 27. und 28. Oktober 1952, in: PTT-Archiv, PC 4-15.
147 Egli 1950, S. 45.
148 Hammer 1951, S. 222 f.
149 PTT. Protokoll der Direktorenkonferenz vom 2. Juni 1949, in: PTT-Archiv, Protokoll der Direktorenkonferenz 1939–1967, P-2.
150 SAEB. Protokoll der Vorstandssitzung vom 15. Juni 1953, in: Archiv Inclusion Handicap, ZV-Protokolle 1951–1985.

1955 wurde die Eingliederungspraxis bei der PTT auf Initiative der Generaldirektion weiter ausgebaut. Die öffentliche Verwaltung «sollte sich im Rahmen des Möglichen mit dem Gebrechlichenproblem befassen», nachdem «aufgeschlossene private Arbeitgeber» schon Bereitschaft zur Arbeitsintegration demonstriert hätten. Laut Generaldirektion waren zu jenem Zeitpunkt 30 Menschen mit Behinderung bei der PTT in der Verwaltung und 20 an Tuberkulose erkrankte Mitarbeitende in den Büros in Davos beschäftigt. Der Appell richtete sich nun an die einzelnen Dienstabteilungen. Sie wurden aufgefordert, systematisch nach geeigneten Arbeitsplätzen für Menschen mit Behinderung zu suchen.[151] Dass der Aufruf nicht wirkungslos blieb, zeigt sich daran, dass bereits für das Jahr 1958 die Zahl der beschäftigten Körperbehinderten im gesamten Unternehmen auf 220 beziffert wurde und zusätzlich 25 weitere Personen mittels Heimarbeit versorgt wurden.[152]

Gleichbehandlung und Leistungslohn

Für den Produktionsprozess in der Industrie war es entscheidend, dass für eine ideale Ausschöpfung des Leistungspotenzials eine den Fähigkeiten möglichst passende Arbeitsstelle zugewiesen werden konnte. Diese Maxime entsprach dem Vorgehen der Berufsberatenden, die sich am Leitmotiv «Der rechte Mann am rechten Platz» orientierten. Der Leiter der Personalstelle für Arbeiter bei Landis & Gyr machte sich für den Standpunkt stark, dass es gar keine Arbeitskräfte gebe, die sich «im ganzen Bereich aller menschlichen Tätigkeiten» durchzusetzen vermöchten. «Alle, auch die, die wir als durchaus normal empfinden, können nur in einem beschränkten Bereich der menschlichen Tätigkeiten mit Nutzen arbeiten, weil ihre physischen, physiologischen, psychischen und intellektuellen Fähigkeiten beschränkt sind.» Folglich gestalte sich die «Personalauslese» sowohl bei nicht behinderten als auch bei behinderten Personen insofern gleich, als «körperliche und geistige Fähigkeiten» mit den «Anforderungen jedes Berufes» abgestimmt werden müssten. Der Unterschied liege bloss darin, dass aufgrund der gesundheitlichen Einschränkungen Menschen mit Behinderung in der Regel «nur eine beschränktere Anzahl und im allgemeinen auch einfachere Tätigkeiten zugewiesen werden» könnten.[153]

Die Unternehmen Brown Boveri und Landis & Gyr beschäftigten Menschen mit Behinderung im Akkordsystem,[154] um eine möglichst präzise Messung der Leistung zu erzielen und eine korrekte Entlohnung nach der effektiv geleisteten Arbeit zu gewährleisten. Dies eröffnete auch Möglichkeiten für den Vergleich mit nicht behinderten Arbeitskräften. So bestätigte ein Ingenieur der Brown Boveri, dass Blinde (auf diese Behindertengruppe fokussierten die Aussagen),

---

151 Kreisschreiben Nr. 5 der Generaldirektion «Vermehrte Verwendung von Behinderten» vom 25. April 1955, in: PTT-Archiv, Kreisschreiben P 1951–1960, P-16-1.
152 PTT 1959 (Geschäftsbericht 1958), S. 24.
153 Küntzel 1951, S. 217.
154 Es handelte sich um eine übliche Vorgehensweise in der Produktion.

«am rechten Platz eingesetzt, viel, sogar mehr leisten können als Sehende». Die Gleichbehandlung von Menschen mit und ohne Behinderung steigere zudem bei den Betroffenen «das Bewusstsein, ein Mensch unter Menschen zu sein».[155] Bei der PTT kam man ebenfalls zum Schluss, dass Arbeitskräfte mit Behinderung «ausserordentlich fleissig» seien und sich bemühten, «rechte Arbeit zu leisten».[156] Schilderungen über den Fleiss und die Produktivität reichten bis zu Trivialstem. Bei Brown Boveri wurde etwa hervorgehoben, dass Sehbehinderte während der Arbeit nicht der Versuchung erliegen würden, aus dem Fenster zu schauen. Dadurch seien sie nicht abgelenkt und gingen «intensiver» und «mit grösserer Ausdauer» zu Werke.[157]

In diesem Argumentationsstrang der Unternehmen kommt die industrielle Konvention zum Vorschein. Analog zu den Vorstellungen der Berufsberatung soll die Arbeitskraft auch innerbetrieblich an der passenden Stelle eingesetzt werden, um ihr Potenzial bestmöglich zu verwerten. Produktiv soll sie in die effiziente Betriebsorganisation eingebunden werden. Gegenüber der staatsbürgerlichen und insbesondere der familienweltlichen Konvention kommt diesem Rechtfertigungsmuster allerdings nur nachrangige Relevanz zu, da es für den Entscheid der Neu- oder Weiterbeschäftigung von Menschen mit Behinderung nicht entscheidend ist und in der Regel erst nachgelagert bei der Auswahl des richtigen Arbeitsplatzes bedeutsam wird.

Die Gleichbehandlung von behinderten und nicht behinderten Angestellten wurde nicht nur im Rahmen der Produktion, sondern auch im Bereich der Lohnpolitik fortgeführt. Bei Brown Boveri entschädige man Menschen mit Behinderung «ihrer Leistung gemäss». Sie würden «unter normalen üblichen Arbeitsbedingungen» zur Verrichtung von «normalen Arbeiten» beigezogen, sodass das Unternehmen keine «Wohltätigkeit» oder ein «blosses Almosen-Geben» praktiziere.[158] Die Generaldirektion der PTT forderte von den Betroffenen ebenfalls «positive Arbeit». Es sollten «nur wirtschaftlich gerechtfertigte Arbeitsplätze geschaffen und besetzt werden» und die Entlohnung müsse «nach dem Ertrag der Arbeit» und nicht nach der «subjektiven Anstrengung» ausgerichtet werden.[159] Auch bei den SBB wurde der Standpunkt vertreten, dass es nicht legitim sei, «unwirtschaftliche Sonderposten zu schaffen» oder Menschen mit Behinderung «als überzählig einem Dienste zuzuweisen».[160]

Aufgrund des Arbeitskräftemangels hatten Menschen mit Behinderung für die Wirtschaft eine ökonomische Funktion. Es bestand – nicht nur in der Indus-

---

155 SAZ 1953, S. 950 f.
156 Kreisschreiben Nr. 5 der Generaldirektion «Vermehrte Verwendung von Behinderten» vom 25. April 1955, in: PTT-Archiv, Kreisschreiben P 1951–1960, P-16-1.
157 SAZ 1953, S. 951.
158 Ebd., S. 950.
159 Kreisschreiben Nr. 5 der Generaldirektion «Vermehrte Verwendung von Behinderten» vom 25. April 1955, in: PTT-Archiv, Kreisschreiben P 1951–1960, P-16-1.
160 Allgemeine Dienstvorschrift über das Dienstverhältnis der Teilinvaliden und Rentenbezüger vom 2. April 1943, in: SBB-Archiv, R 104.1., 101_0293.

trie – die Möglichkeit, sie produktiv an niedrig qualifizierten Stellen einzusetzen und so bestehende Lücken zu füllen. Bei der PTT etwa konnten sie aufgrund des «gegenwärtigen Beamtenmangel[s]» einen wichtigen betrieblichen Zweck erfüllen. Sie wurden an weniger anspruchsvollen Arbeitsplätzen eingesetzt, womit «da und dort allseitig ausgebildete Beamte für andere, qualifizierte Arbeiten» frei würden.[161] Die Mobilisierung des Arbeitskräftereservoirs ermöglichte dem Unternehmen folglich, die gut ausgebildeten Mitarbeitenden intern an Arbeitsstellen mit gehobenen Anforderungsprofilen zu verschieben.

Die Unternehmen blendeten allerdings nicht aus, dass die berufliche Eingliederung häufig auch mit «Schwierigkeiten» verbunden war. Notwendig seien etwa «Rücksicht» und eine «verständnisvolle Einführung» in den Aufgabenbereich.[162] Häufig brauchten Menschen mit Behinderung auch eine längere Anlern- und Einarbeitungszeit als Menschen ohne Behinderung.[163] Zudem konnte die «Krankheitsanfälligkeit» etwas höher ausfallen.[164] Die Integration in einen Betrieb bedeutete folglich in zahlreichen Fällen zunächst einmal einen Mehraufwand und es musste wiederholt mit «Fehlschlägen»[165] gerechnet werden. Auch das Ideal des gleichen Lohns für gleiche Arbeit konnte nicht immer eingehalten werden. Es wurden nicht bloss reine Leistungslöhne gezahlt. So entrichteten auch diejenigen Firmen, die den Leistungslohn propagierten, Sociallohnanteile. Das Unternehmen Brown Boveri bezifferte den finanziellen Mehraufwand, der sich aus der Diskrepanz zwischen den effektiven Leistungslöhnen und den garantierten Löhnen von 24 blinden Arbeitskräften ergab, über einen Zeitraum von sechs Monaten auf 18 000 Franken.[166] Insbesondere bei weiterbeschäftigten Mitarbeitenden waren Betriebe dazu bereit, entstehende Mehrkosten zu decken. Einige Unternehmen setzten Gelder aus speziellen innerbetrieblichen Hilfs- oder Fürsorgefonds ein, um einen existenzsichernden Lohn weiterhin garantieren zu können. In diesem Zusammenhang folgerte der ASM: «Man wird wohl grundsätzlich unterscheiden müssen zwischen Gebrechlichen, die während ihres Dienstverhältnisses invalid geworden sind und solchen, die schon als Gebrechliche eingestellt wurden. Bei den erstern rechtfertigt es sich eher, neben dem Leistungslohn noch soziale Zuschüsse zu gewähren.»[167] Obschon zahlreiche Unternehmen insbesondere bei langjährigen Arbeitnehmenden so verfahren würden,

---

161 Kreisschreiben Nr. 5 der Generaldirektion «Vermehrte Verwendung von Behinderten» vom 25. April 1955, in: PTT-Archiv, Dossier Kreisschreiben P 1951–1960, P-16-1.
162 Ebd.
163 SAZ 1953, S. 951.
164 Kreisschreiben Nr. 5 der Generaldirektion «Vermehrte Verwendung von Behinderten» vom 25. April 1955, in: PTT-Archiv, Kreisschreiben P 1951–1960, P-16-1.
165 Ebd.
166 SAEB. Protokoll der Vorstandssitzung vom 15. Juni 1953, in: Archiv Inclusion Handicap, ZV-Protokolle 1951–1985.
167 Rundschreiben vom 18. April 1955 «Eingliederung Gebrechlicher», in: AfZ, Archiv ASM, Rundschreiben an die Mitglieder, Nr. 291.

monierte der Personalchef bei Landis & Gyr, dass bei einer solchen Praxis der philanthropische Aspekt zu stark hervortrete.[168]

Unter dem Strich verursachte die Beschäftigung von Menschen mit Behinderung bei den Unternehmen in zahlreichen Fällen einen finanziellen, zeitlichen und personellen Mehraufwand, der insbesondere in der Anfangsphase des Engagements auftreten konnte. Arbeitgeber argumentierten, dass Menschen mit Behinderung oft eine längere Einarbeitungszeit brauchten, der Arbeitsplatz bei Bedarf angepasst werden musste, bauliche Massnahmen im Betriebsgebäude die Zugänglichkeit der Räume erleichtern sollten und möglicherweise benötigten Betroffene auch eine regelmässige interne oder externe Betreuung. Je nach gesundheitlicher Problematik war mit Leistungsschwankungen zu rechnen, wiederholte Krankheitsabsenzen konnten auftreten und ein erhöhtes Invaliditätsrisiko bei gesundheitlichen Problemen drohte für die betrieblichen Vorsorgeeinrichtungen zu einer Belastung zu werden. Aus marktwirtschaftlicher Perspektive erschien die Beschäftigung von Menschen mit Behinderung häufig als nicht profitabel.[169]

In zweierlei Hinsicht kam die Marktkonvention aber dennoch im Sinne der behinderten Arbeitskraft zum Tragen: Zum einen wurde von der Wirtschaft postuliert, dass der Wert der Arbeitskraft nach marktwirtschaftlichen Indikatoren errechnet werden müsse, nämlich nach der effektiv geleisteten Arbeit und deren gängiger monetärer Gegenleistung (Leistungslohn). Zum anderen erhöhte sich der Marktwert von behinderten Stellensuchenden in der Hochkonjunktur der Nachkriegszeit aufgrund der hohen Nachfrage nach Arbeitskräften. Sie wurden insbesondere im Niedriglohnsektor der Industrie zu einem gefragten Gut.

Die Gesetze der Marktkonvention wurden aber trotz Leistungslohn durch die Vergabe von Soziallöhnen wiederholt ausgehebelt. Am Salär lässt sich aufzeigen, dass bei der Beschäftigung von Menschen mit Behinderung soziale Motive marktwirtschaftliche Prinzipien überlagerten. Dementsprechend urteilte der bereits erwähnte Ingenieur von Brown Boveri, dass die Beschäftigung der blinden Arbeitskräfte primär «vom sozialen Standpunkt aus zu betrachten» sei: «Was wir da von Glück und Zufriedenheit hören, wird für manchen Fehlschlag entschädigen. Ohne die Industrie als ein Wohltätigkeitsinstitut zu betrachten, lohnen sich die sehr grossen Mühen und Anstrengungen, um dann von einem Menschen, der seine Tatkraft verloren glaubte, zu hören, dass er froh und glücklich sei ...»[170] Die Generaldirektion der PTT hob ebenfalls den moralischen Wert ihres Handelns hervor: «Wenn wir dem körperlich Behinderten Arbeit verschaffen, so befreien wir ihn von einem drückenden Gefühl der Minderwertigkeit und geben ihm wieder Lebensmut. Es fällt damit etwas Licht in sein armes Leben.» Deswegen sei es auch nicht angebracht, aufgrund der Mühen und gelegentlichen Fehlschläge «gleich das Ganze» zu verwerfen. Im selben Atemzug wurde aber auch die volks-

---

168 Küntzel 1951, S. 222.
169 Canonica 2017.
170 SAZ 1953, S. 950.

wirtschaftliche Bedeutung der beruflichen Eingliederung betont, da aus Sozial-leistungsempfängerinnen und -empfängern «Steuerzahler» würden.[171]

Das Engagement der Betriebe lässt sich allerdings nicht hinreichend über ökonomische und soziale Motive begründen. Die berufliche Eingliederung be-sass auch eine politische Dimension. So vertrat der Konzern Brown Boveri den Standpunkt, dass die Beschäftigung von Menschen mit Behinderung aufzeigen solle, dass die Arbeitsintegration «mit gutem Willen – ohne Eingreifen des Staates durch eine Gesetzgebung – gelöst werden» könne.[172] Das Unternehmen verstand sein Engagement auch als Beitrag, verpflichtende staatliche Auflagen zu vermei-den und Lösungen auf privater Basis aufzuzeigen, die von anderen Unternehmen nachgeahmt werden konnten.[173] In diesem Sinne ordnete sich das Unternehmen auch eine Vorbildfunktion gegenüber anderen Arbeitgebern zu.

Die Invalidenversicherung:
Regulierungen eines Eingliederungskonzepts der «Freiwilligkeit»

Im Bereich der beruflichen Eingliederung adaptierte die neu geschaffene IV die bestehenden privaten Strukturen im Kontext der Sozialversicherung. Dabei orientierte sich das Sozialwerk an den liberalen Grundannahmen, die vorherr-schend waren, und führte das Konzept der Freiwilligkeit weiter. Konventionen-theoretisch wurde das institutionalisierte soziale Arrangement der beruflichen Eingliederung von der IV allerdings mit Rechtfertigungsmustern legitimiert, die sich von denjenigen der Arbeitgeber unterschieden.

Die Realisierung des Projekts Invalidenversicherung

Die ersten politischen Forderungen für die Einführung der IV führen zurück in das späte 19. Jahrhundert.[174] Einen ersten richtigen Schub erhielt das Anliegen im Zusammenhang mit dem Generalstreik im November 1918. Eine zunehmend von Armut betroffene Arbeiterschaft lehnte sich gegen die bürgerliche Elite auf. Zu den Forderungen der Demonstranten zählte unter anderem die Einführung einer Alters- und Invalidenversicherung.[175] Die Landesregierung reagierte auf das Begehren und setzte eine Expertenkommission ein. 1919 folgte eine Botschaft

171 Kreisschreiben Nr. 5 der Generaldirektion «Vermehrte Verwendung von Behinderten» vom 25. April 1955, in: PTT-Archiv, Kreisschreiben P 1951–1960, P-16-1.
172 SAZ 1953, S. 951.
173 Dieser sozialpolitische Standpunkt wurde, wie bereits dargestellt, exemplarisch für die Haltung der Arbeitgeber in Bezug auf die berufliche Eingliederung von Menschen mit Behinderung auch im Jahresbericht des ZSAO von 1953 aufgenommen. ZSAO 1954, S. 116 f.
174 Für eine fundierte historische Aufarbeitung der Vorgeschichte der IV mit besonderem Blick auf finanzpolitische Fragen: Fracheboud 2015; vgl. auch Germann 2008.
175 HLS: Landesstreik.

des Bundesrats für die Einführung einer «Invaliditäts-, Alters- und Hinterlassenenversicherung». Die neu geforderten Sozialwerke sollten dabei auch Massnahmen umfassen, die der «Erhaltung der Volksgesundheit» dienten.[176] Nebst Renten sollten auch «Naturalleistungen» gewährt werden, die der «Vorbeugung gegen vorzeitige Invalidität und frühzeitigen Tod» dienen sollten.[177] Die Idee einer IV, die nicht nur auf die Entrichtung von Renten ausgelegt ist, war also bereits in dieser frühen Konzeption des Bundesrats angelegt. Insgesamt blieb die Vorlage im Parlament umstritten.[178] Im Anschluss veröffentlichte der Bundesrat 1924 einen Nachtragsbericht zur «Alters-, Invaliden- und Hinterlassenenversicherung». Aufgrund veränderter Vorzeichen wurde der Bundesversammlung ein neuer Gesetzesentwurf vorgelegt. Das Schreiben war eine Reaktion auf die Unstimmigkeiten im Parlament, aber auch einer delikaten finanziellen Situation des Bundes geschuldet, wie die Landesregierung erläuterte. Der Bundesrat schlug «einen stufenweisen Ausbau der Sozialversicherung» vor. Er mass der Alters- und Hinterlassenenversicherung nun Priorität bei und wollte von einer Einführung der Invalidenversicherung vorläufig absehen.[179]

Als Hauptargument gegen die Implementierung der IV führte der Bundesrat die Gefahr des Missbrauchs ins Feld,[180] da Invalidität schwierig zu bestimmen sei. Ausserdem würden sich die Funktionslogiken der IV und der AHV unterscheiden. Sozial wertvoller als Renten sei bei der IV die «Erleichterung der Verwertung der restlichen Arbeitskraft». Dieses prioritäre Ziel könne aber «unter den heutigen [wirtschaftlichen] Verhältnissen» nicht in zufriedenstellendem Masse erfüllt werden. Das Modell einer IV als Eingliederungsversicherung ist in ihren Grundzügen bereits in den 1920er-Jahren vorgezeichnet worden.[181]

Im Anschluss an die Gesetzesvorlage des Bundesrats verabschiedete die Bundesversammlung 1925 ein «Kompromissgebilde», das noch im selben Jahr von der Stimmbevölkerung angenommen wurde. Artikel 34^{quater} BV erteilte dem Bund die Befugnis, eine Alters- und Hinterlassenenversicherung (AHV) und «auf einen späteren Zeitpunkt» eine IV zu implementieren.[182] Die Vorarbeiten zur Schaffung der AHV wurden umgehend eingeleitet, allerdings scheiterte der Gesetzesvorschlag in der Volksabstimmung von 1931, was die beiden Sozialwerke, aber insbesondere die IV wiederum in weitere Ferne rückte. Erst in der Nachkriegszeit wurde ein Gesetzesentwurf zur AHV vom Souverän per Abstimmung angenommen, sodass das Sozialwerk 1948 eingeführt werden konnte.[183] Der Weg für die IV war nun, zumindest vom gesetzlichen Blickpunkt aus gesehen, frei.

---

176 Bundesrat 1919, S. 129.
177 Ebd., S. 142.
178 Bundesrat 1924, S. 684 f.
179 Ebd., S. 685.
180 Canonica 2012.
181 Bundesrat 1924, S. 688 f.
182 Sommer 1978, S. 138 f.
183 Degen 2006, S. 33–35.

Es kursierten verschiedene Vorstellungen über die Ausgestaltung der IV. Während die einen eine eigenständige Sozialversicherung wünschten, präferierten andere eine Anbindung an die AHV oder an die Krankenversicherung.[184] Auch wurde die Dringlichkeit des Sozialwerks unterschiedlich bewertet. Während die einen die Schaffung der IV in unmittelbarem Anschluss an die Einführung der AHV verlangten, erkannten andere Kreise keine Dringlichkeit. Besonders die Behinderten-Selbsthilfe setzte sich schon seit geraumer Zeit für die Einführung der IV ein. Der 1930 gegründete Schweizerische Invalidenverband (SIV, heute Procap) machte sich von Beginn an für eine Invalidenversicherung und ein Recht auf Arbeit für Menschen mit Behinderung stark.[185] Demgegenüber verhielt sich etwa Pro Infirmis in den Debatten bis in die frühen 1950er-Jahre eher zurückhaltend und fokussierte auf die Förderung der privaten Behindertenhilfe und den Ausbau der beruflichen Eingliederung. Während der SIV 1951 eine Volksinitiative zur Einführung der IV plante,[186] gründete Pro Infirmis etwa zeitgleich die liberale Grundsätze vertretende SAEB.[187] Ernst Kull, Vorsteher der SAEB, vertrat die Meinung, dass die IV, «gemessen an der Bedeutung der Eingliederung, in den zweiten Rang» gehöre: «Wenn einmal ein Überblick über die Eingliederungsbestrebungen gewonnen ist, wird sich die Frage der Invalidenversicherung neu stellen für den Rest der Behinderten, welcher nicht oder nicht voll eingegliedert werden kann.»[188] Im Anschluss an eine Tagung zur beruflichen Eingliederung 1951 stellte der Fabrikarzt des BIGA Peter Högger fest, dass die Vorstellungen über die IV bei den Behindertenverbänden noch unausgereift wirkten und selbst vonseiten der Betroffenen der Förderung der beruflichen Eingliederung mehr Gewicht beigemessen werde.[189]

Ausgehend von dieser Haltung der Behindertenhilfe ist auch der parlamentarische Vorstoss des katholisch-konservativen Nationalrats und Vorstandsmitglieds von Pro Infirmis Karl Wick im Jahr 1949 zu deuten. Die Motion zielte auf eine Stärkung der Position der privaten Behindertenhilfe gegenüber sozialstaatlichen Massnahmen. Wick forderte einen Ausbau der «Gebrechlichen-Fürsorge». Er stellte die berufliche Eingliederung durch private Organisationen in den Vordergrund, während die IV in seinen Überlegungen nur eine untergeordnete Rolle spielte. Er monierte einen Mangel an «genügender ärztlicher, erzieherischer und beruflicher Förderung». Damit entgingen der Volkswirtschaft potenzielle Arbeitskräfte, die stattdessen aufgrund fürsorgerischer Leistungen «eine schwere

---

184 Vgl. Fracheboud 2015.

185 Ebd., S. 27.

186 Der Plan verschwand dann aber wieder in der Schublade, da die Unterstützung für das Vorhaben ausserhalb der Selbsthilfeorganisationen eher bescheiden ausfiel. SIV. Protokoll über die orientierende Sitzung für eine schweizerische Invalidenversicherung vom 19. Mai 1951, in: BAR, Erhebungen über die Invaliden in der Schweiz 1951–1955, E3340B#1987/62#458*.

187 Vgl. zu den unterschiedlichen behindertenpolitischen Positionen: Fracheboud 2015, S. 54–58.

188 Kull 1951, S. 152.

189 Schreiben an das BIGA vom 10. September 1951, in: BAR, Wiedereingliederung Behinderter in das Erwerbsleben 1950–1955, E7170B#1968/105#153*.

Belastung der Allgemeinheit» seien. Wick stellte das Begehren, «einen bestimmten Bundesbeitrag» per Bundesbeschluss festzulegen, sodass die Subventionen für die Behindertenhilfe bei der jährlichen Budgetberatung des Bundes unbestritten blieben und Pro Infirmis auf «eine einigermassen gesicherte finanzielle Basis» zählen könne. Er interpretierte die materielle Unterstützung als staatliche Investition mit entsprechendem Ertrag: Menschen mit Behinderung könne man «zu nützlichen Gliedern der Wirtschaft» erziehen, «wodurch unserer Volkswirtschaft wertvolle Kräfte zugeführt» würden. «Gebrechlichenhilfe» sei geradezu eine «Kapitalanlage» oder «zum mindesten eine weit besser[e] Kapitalnutzung», als wenn Betroffene ihr Arbeitspotenzial nicht ausschöpfen könnten und der Fürsorge zur Last fielen.[190] Das Budget wurde daraufhin vom Bund von 350 000 auf 700 000 Franken verdoppelt. Ein bindender Bundesbeschluss erfolgte allerdings nicht.[191]

Politisch linke Kreise hingegen forderten nach der Einführung der AHV die Aufnahme von Vorarbeiten für die Schaffung der IV. Der Bundesrat und das Bundesamt für Sozialversicherungen (BSV) räumten der IV aber keine sozialpolitische Priorität ein. Der Bundesrat argumentierte 1950, dass die Arbeiten zur Krankenversicherung, Mutterschaftsversicherung, Arbeitslosenversicherung und zum Wehrmannsschutz Vorrang geniessen würden, und führte zusätzlich die ungelöste Finanzierungsfrage als Argument gegen die IV an.[192]

Als auf eine Kleine Anfrage der PdA und auf ein Postulat der SP im Parlament in den Jahren 1953 und 1954 der Bundesrat die Einführung der IV argumentativ erneut auf die lange Bank schob, wuchs bei den Linken die Ungeduld, ob der – so der Vorwurf – dilatorischen Strategie bürgerlicher Kreise. Die Antwort auf die Kleine Anfrage der PdA legt den Standpunkt der Landesregierung offen: «Solange die Frage der Neuordnung der Krankenversicherung und die Einführung der Mutterschaftsversicherung nicht gelöst und deren Finanzierung nicht gesichert ist, ist an eine Anhandnahme der Vorarbeiten für die Einführung der Invalidenversicherung nicht zu denken. Ein Zeitpunkt für die Vorlage eines Gesetzesentwurfes kann infolgedessen nicht angegeben werden.»[193] Die PdA entschied sich daraufhin, selbst aktiv zu werden, und lancierte im Herbst 1954 eine Volksinitiative «zur Schaffung einer eidgenössischen Invalidenversicherung». Die Partei forderte eine IV, «die körperlich und geistig Behinderten ausreichenden Lebensunterhalt» garantiert.[194]

Im November 1954 begann die SP ihrerseits mit der Unterschriftensammlung für eine Volksinitiative zur «Einführung der Invalidenversicherung». Aus-

---

190 Amtl. Bull. NR (21. September 1949), Bd. 33, 1949, S. 92–94.
191 Fracheboud 2015, S. 48. Ab 1966 erhielten die Pro-Organisationen Pro Senectute, Pro Infirmis und Pro Juventute fixe Pauschalsubventionen des Bunds. Ruoss 2017, S. 37.
192 Bundesrat 1950. Für den Standpunkt des BSV vgl. Basler Nachrichten, Nr. 500, 24. November 1952, in: SWA, Zeitungsausschnitte Erwerbsunfähigkeit, Vo K XIII 5.
193 Bundesrat 1954a.
194 Schweizerische Bundeskanzlei. Volksinitiativen.

löser dieses Vorstosses waren insbesondere beunruhigte Behindertenverbände, die sich an die SP wandten.[195] Die Verbände monierten, dass «jede Initiative der Partei der Arbeit, welches auch ihr Inhalt sein möge, […] durch die grosse Mehrheit der Stimmbürger im Hinblick auf ihre Urheberschaft abgelehnt» würde. Der Alleingang der kommunistisch geprägten PdA drohe die Einführung der IV auf Jahre hinaus zu verzögern.[196] Aus Sicht der Sozialdemokratie gefährdete die PdA «eines unserer wichtigsten Postulate».[197] Es kam zu einer Kooperation zwischen SP, den Gewerkschaften und den Behindertenverbänden. Der Initiativtext sah im Gegensatz zur PdA-Initiative nicht nur den Lebensunterhalt sichernde Renten vor, sondern forderte auch Massnahmen zur beruflichen Eingliederung sowie die Bereitstellung notwendiger Prothesen und/oder Hilfsmittel.[198] Im Februar 1955 reichte die SP bei der Bundeskanzlei die notwendigen Unterschriften ein, die unter aktiver Mithilfe der Behindertenverbände gesammelt worden waren.[199] Im März desselben Jahres lieferte die PdA ihre Unterschriften ab.[200]

Auch die Bürgerlichen beteiligten sich an den Debatten zur IV. Sie stellten dem soeben beschriebenen grosszügigen Modell der SP eine schlanke und kostengünstige Lösung entgegen. Vonseiten der FDP wurde eine «Kombinations-Lösung»[201] propagiert: medizinische und berufliche Massnahmen kombiniert mit Renten, aber auch staatliche Invalidenhilfe kombiniert mit privater Behindertenhilfe.[202] Die berufliche Eingliederung sollte dabci Aufgabe der Behindertenhilfe bleiben.[203] Dank einer erfolgreichen Praxis der Arbeitsintegration und der Einbindung der privaten Behindertenhilfe würden die Ausgaben des Sozialwerks gering gehalten.

Zum Zeitpunkt dieser sozialpolitischen Debatten änderten die Bundesbehörden zwischen Herbst 1954 und Frühling 1955 ihre Haltung gegenüber der IV grundlegend.[204] Im September 1954 veröffentlichte der Bundesrat eine Botschaft an die Bundesversammlung für eine Neuzuteilung des Bundesamts für Sozialversicherungen weg vom Eidgenössischen Volkswirtschaftsdepartement (EVD) hin zum Eidgenössischen Departement des Innern (EDI). Bemerkenswert sind in

195 Dieser Aktivismus der Behindertenverbände ist auch ein Indiz dafür, dass gegen Mitte der 1950cr-Jahre die Einführung der IV auch für sie nun zuoberst auf der behindertenpolitischen Agenda stand.
196 Arbeiter-Zeitung (Basel), Nr. 456, 2. November 1954, in: SWA, Zeitungsausschnitte Erwerbsunfähigkeit, Vo K XIII 5.
197 Arbeiter-Zeitung (Basel), Nr. 468, 16. November 1954, in: ebd.
198 Schweizerische Bundeskanzlei. Volksinitiativen.
199 Volksrecht, Nr. 27, 2. Februar 1955, in: SWA, Zeitungsausschnitte Erwerbsunfähigkeit, Vo K XIII 5.
200 Es ist in diesem Zusammenhang zu bemerken, dass die Initiative der PdA damit zur «Wirkungslosigkeit verurteilt» wurde, da nie gleichzeitig zwei Initiativen zum selben Gegenstand behandelt werden können. Basler Nachrichten, Nr. 305, 21. Juli 1955, in: ebd.
201 Amtl. Bull. NR (28. September 1955), Bd. 34, 1955, S. 324.
202 Der Umgang mit den Termini «Invalidenhilfe» und «Invalidenversicherung» wirkt kryptisch und lässt erahnen, dass nicht zwingend eine Versicherungslösung angestrebt wurde.
203 Amtl. Bull. NR (28. September 1955), Bd. 34, 1955, S. 324.
204 Fracheboud 2015, S. 69.

dem Schreiben die Ausführungen zur IV, die der bisherigen Haltung des Bundesrats diametral entgegenstanden. Die IV sei «seit bald drei Dezennien» in der Verfassung verankert, «ohne dass dieser Versicherungszweig bis heute verwirklicht
worden» sei. «Es ist deshalb notwendig, dass auch die Einführung der Invalidenversicherung vorbereitet wird.»[205] Sonderbar wirkt an der Botschaft, dass kurz
zuvor die erwähnten Vorstösse der PdA und der SP im Parlament vom Bundesrat
klar abgewiesen wurden.

Bundesrat Etter, Vorsteher des EDI, sagte, dass er sich nach der Zuteilung
des BSV an das EDI eingehend mit BSV-Direktor Arnold Saxer über die Einführung der IV ausgetauscht habe. Gemeinsam seien sie zum Schluss gekommen,
«dass dieses Problem allen Ernstes angepackt werden» müsse. Auch sie waren
von einer «Kombinations-Lösung» überzeugt. Die IV müsse zwingend auch
Massnahmen zur Arbeitsintegration bereitstellen. Die Leistungen «einer nach
modernen Grundsätzen auszugestaltenden Invalidenversicherung» sollten die
«Ein- und Wiedereingliederung der Invaliden in das Erwerbsleben in gesundheitlicher und beruflicher Hinsicht sowie die Ausrichtung von Geldleistungen»
umfassen.[206] Das Leitkonzept «Eingliederung vor Rente» nahm in dieser Entstehungsphase der IV deutlichere Konturen an. Die Entwicklungen im Bereich der
Arbeitsintegration von Menschen mit Behinderung in den 1950er-Jahren hatten
offensichtlich auf die Behörden abgefärbt. Gleichzeitig gewann auch die IV als
Sozialversicherung an Bedeutung. So bezeichnete das EDI das Fehlen einer IV
Mitte der 1950er-Jahre nun als *grösste sozialpolitische Lücke der schweizerischen
Gesetzgebung»*.[207]

Das EDI strebte die Ausarbeitung einer Vorlage für die Bundesversammlung bis spätestens Ende 1956 an, sodass die Volksinitiative der SP bei positivem
Verlauf der Verhandlungen zurückgezogen würde.[208] Die Behörden störte im Initiativtext sowohl die bereits vorgeschriebene Massnahmenpalette als auch die
Forderung nach existenzsichernden Renten. Es müsse sich erst noch erweisen,
«ob es […] finanziell möglich sein wird, Invalidenrenten zu gewähren, welche
in allen Fällen den Lebensunterhalt der Invaliden decken».[209] Die Ursache für
diesen plötzlichen Sinneswandel bei Bundesrat und Behörden ist nicht schlüssig
zu klären. Fracheboud benennt jedoch zwei Gründe, die ihr zentral erscheinen:
Zum einen sollte ein kostengünstiges Gegenprojekt zu den linken Volksinitiativen entwickelt werden, die existenzsichernde IV-Renten forderten. Zum anderen
sollten – insbesondere im Interesse der Arbeitgeber – für die Finanzierung der IV
und der Erwerbsersatzordnung Lösungen vorgeschlagen werden, die die Wirtschaft möglichst wenig belasteten (etwa durch die Verwendung der damaligen

205 Bundesrat 1954b, S. 391.
206 Amtl. Bull. NR (28. September 1955), Bd. 34, 1955, S. 327.
207 Bundesrat 1955. Hervorhebung im Original.
208 Ebd.
209 Ebd.

AHV-Überschüsse).[210] Der Bundesrat setzte 1955 eine Expertenkommission für die Ausarbeitung einer IV-Gesetzesvorlage ein.

1954 und 1955 hatte sich die berufliche Eingliederung zum zentralen Element der IV entwickelt – eine Vision, die sowohl in politisch linken als auch rechten Kreisen Anklang fand und auch von den Behörden gestützt wurde. Die Maxime «Eingliederung vor Rente» gewann zunehmend an Popularität. Die Arbeitsintegration war der Schlüssel zu einem breit abgestützten politischen Konsens geworden unter Verabschiedung des reinen «Rentendenkens».[211] Fracheboud diskutiert in ihrer Analyse die Ambivalenzen dieser propagierten Kombinationslösung. Auf der einen Seite deutet das Primat der beruflichen Eingliederung auf eine progressive Konzeption der IV hin, die der sozioökonomischen Integration von Menschen mit Behinderung hohe Bedeutung beimass. Auf der anderen Seite war diese Ausrichtung aber auch Ausdruck einer erfolgreichen bürgerlichen Politik, deren Exponenten sich im Verbund mit der Behindertenhilfe für eine möglichst auf privaten und freiwilligen Grundsätzen beruhende IV starkmachten und eine kostengünstige Minimallösung anstrebten.[212] Bundesrat Etter begrüsste die schlanke Struktur der IV. Er vertrat den Standpunkt, dass der «grundlegende Sinn» der Sozialversicherungen, oder hier in concreto der IV, nicht die Sicherung der Existenz sein könne, sondern «subsidiär zu helfen».[213] Er interpretierte die Vorarbeiten zur IV im Sinne einer Schweizer Tugend: «Es ist doch gut schweizerisch, mit jedem grossen Werk bescheiden anzufangen, um dann das Werk auszubauen und gross werden zu lassen.»[214]

Die IV als Eingliederungsversicherung

Kernstück der neuen Invalidenversicherung war die Arbeitsintegration. Der Bundesrat erläuterte in seiner Botschaft an die Bundesversammlung zur Einführung der IV, dass sich eine zeitgemässe Invalidenhilfe nicht in Geldleistungen allein erschöpfen könne. Diese sei erst «sozialpolitisch wertvoll», wenn sie sich mit der «Behebung des Schadens» befasse.[215] Gegenüber Rentenleistungen gebühre der beruflichen Eingliederung das «Primat».[216] Die Landesregierung rückte dabei ethische Argumente in den Vordergrund. Es bestehe eine gesellschaftliche Verpflichtung zur Solidarität gegenüber Menschen mit Behinderung und die berufliche Eingliederung garantiere Autonomie und soziale Teilhabe.

210 Fracheboud 2015, S. 86 f.
211 Schaffhauser Nachrichten, Nr. 128, 4. Juni 1956, in: SWA, Zeitungsausschnitte Erwerbsunfähigkeit, Vo K XIII 5.
212 Fracheboud 2015, S. 79 f.
213 Kommission NR Protokoll 1. Sitzung, Beilage 1 (1958), in: BAR, Nationalrätliche Kommission 1958–1959, E3340B#1987/62#408*, S. 22.
214 Amtl. Bull. NR (11. April 1959), Bd. 1, 1959, S. 102.
215 Bundesrat 1958, S. 1152.
216 Ebd., S. 1198.

> Die geplanten Massnahmen zur beruflichen Eingliederung sollen den Behinderten
> Gelegenheit bieten, ihren Lebensunterhalt ganz oder teilweise aus eigener Kraft zu
> erwerben und dadurch von den Mitmenschen im Rahmen des Möglichen unabhän-
> gig zu werden. Durch die Unterstützung und Stärkung des Selbstbehauptungswil-
> lens und des Bewusstseins, ein nützliches Glied der Gesellschaft zu sein, verliert der
> Behinderte die Gefühle der Minderwertigkeit und gewinnt gleichzeitig die Möglich-
> keit einer eigenen, freien Lebensgestaltung.[217]

Diese Ausrichtung des Sozialwerks wurde aber auch aus einer ökonomischen Perspektive begrüsst. Die Expertenkommission zur Gesetzgebung der IV beurteilte es
als volkswirtschaftlich «unzweckmässig», Berentungen auszusprechen und «damit
Kräfte brachliegen zu lassen, die durch geeignete Massnahmen dem Produktionsprozess erhalten oder ihm wieder zugeführt werden können». Zusätzlich führe
die Arbeitsintegration von Menschen mit Behinderung zu Kosteneinsparungen.[218]
Renten sollten gemäss Bundesrat nur dann gewährt werden, wenn die Eingliederung «nicht oder nur in ungenügendem Mass» realisiert werden könne.[219]

Da sich die IV als Eingliederungsversicherung auf den Arbeitsmarkt auszurichten hatte, wählte die Expertenkommission einen Invaliditätsbegriff, der
sich am Grad der Erwerbsunfähigkeit orientierte.[220] Invalidität wurde als die
durch einen körperlichen oder geistigen Gesundheitsschaden als Folge von Geburtsgebrechen, Krankheit oder Unfall verursachte, voraussichtlich bleibende
oder längere Zeit dauernde Erwerbsunfähigkeit bezeichnet. Der Invaliditätsgrad sollte «durch den Vergleich zwischen dem Verdienst des Versicherten vor
dem schädigenden Ereignis und dem Verdienst, den der Versicherte nach dem
schädigenden Ereignis erzielen kann durch eine ihm unter billiger Berücksichtigung seiner Ausbildung, seines bisherigen Berufes und der für ihn in Frage
kommenden Wiedereingliederungsmassnahmen zumutbaren Erwerbstätigkeit»,
bestimmt werden.[221] Die Festlegung des Invaliditätsgrads müsse dabei immer bei
(hypothetisch) «normaler Arbeitsmarktlage» erfolgen, da externe Faktoren, die
die Eingliederungschancen schmälern könnten, wie etwa hohe Arbeitslosigkeit,
nicht in die Berechnung einbezogen werden dürften.[222] Abgelehnt wurden Inva-
liditätskonzepte, die etwa Invalidität an der Unfähigkeit bemessen, am «gesellschaftlichen und kulturellen Leben der Gesunden» teilzunehmen.[223]

217 Ebd., S. 1152.
218 Eidgenössische Expertenkommission für die Einführung der Invalidenversicherung 1956, S. 31.
219 Bundesrat 1958, S. 1152.
220 Eidgenössische Expertenkommission für die Einführung der Invalidenversicherung 1956,
    S. 22 f.
221 Peter Binswanger. Referat «Besondere Anspruchsvoraussetzungen» vor der Expertenkommis-
    sion (Oktober 1955), in: BAR, Sitzungsakten (Teil 1) 1955, E3340B#1987/62#699*
222 Bundesrat 1958, S. 1162.
223 Ernst Kaiser. Referat «Massnahmen der Invalidenversicherung» vor der Expertenkommission
    (Oktober 1955), in: BAR, Sitzungsakten (Teil 1) 1955, E3340B#1987/62#699*.

Für die berufliche Eingliederung galt auch für die IV das Konzept der Freiwilligkeit, das von der Wirtschaft und der Behindertenhilfe propagiert wurde. Der Bundesrat hielt «ausdrücklich» fest, «dass der Anspruch auf Arbeitsvermittlung kein Recht auf Arbeit bedeutet und dass weder die Vertragsfreiheit der Arbeitgeber noch die der Arbeitnehmer beeinträchtigt werden darf».[224] Behindertenquoten waren für die Landesregierung folglich kein Thema.[225] Hingegen konnte die Sozialversicherung Druck auf die versicherten Personen ausüben. Laut Gesetz war es der IV erlaubt, ihre Leistungen einzustellen, «wenn der Anspruchsberechtigte die Eingliederung erschwert oder verunmöglicht».[226] Für Betroffene galt folglich nur eine eingeschränkte Freiwilligkeit und ein Arbeitsimperativ, wie er bereits von der Berufsberatung postuliert wurde. Formen der Aktivierung unter Sanktionsandrohung, wie sie insbesondere von den Sozialwissenschaften für den Sozialstaat seit den 1990er-Jahren beschrieben werden, finden sich bereits in dieser frühen Phase der IV. Die berufliche Eingliederung fügte sich somit in die «vorherrschende [schweizerische] politische Kultur des Liberalismus und der Subsidiarität» ein.[227]

Die Pflicht zur Erwerbsarbeit galt primär für Männer.[228] Als typischer Invalide galt der erwachsene und erwerbstätige Familienvater, dessen Erwerbsfähigkeit sich durch Unfall oder Erkrankung vermindert hatte[229] und der sich als Alleinernährer nun vor die Aufgabe gestellt sah, trotz Beeinträchtigungen die Existenz seiner Familie zu sichern. In der Zwischenkriegszeit hatte sich in der Schweiz ein Familienmodell durchgesetzt, dass für den Mann die Einkommensgenerierung und für die Frau die Care- und Haushaltsarbeit vorsah. Die steigenden Einkommen ermöglichten eine solche Aufgabenteilung in der Familie.[230] Dieses Geschlechtermodell fand in den Gesetzgebungen des Sozialstaats seine Übersetzung. Im IVG waren ledige Frauen den Männern gleichgestellt, da auch für diese Versichertengruppe der Arbeitsimperativ galt. Einen Sonderstatus hatte hingegen der Typus der nicht erwerbstätigen Hausfrau.[231] Die Expertenkommission für die Einführung der IV meinte, dass die berufliche Eingliederung für Hausfrauen nicht zumutbar sei, weil sie dem vorherrschenden Rollenverständnis widerspräch. Man dürfe «einer invaliden Hausfrau die Invalidenrente nicht

224 Bundesrat 1958, S. 1181.
225 Die PdA forderte im Parlament im Rahmen der Debatten zur Gesetzesvorlage der IV ein Recht auf Arbeit für Menschen mit Behinderung. Das Anliegen wurde im Nationalrat deutlich abgelehnt. Amtl. Bull. NR (11. März 1959), Bd. 1, 1959, S. 111.
226 Nüscheler 1980, S. 33.
227 Linder 2005, S. 117.
228 In dieser Studie wird nur punktuell auf geschlechtsspezifische Fragen in Bezug auf den Arbeitsmarkt und die IV eingegangen. Mit Geschlechterfragen im Rahmen des Sozialwerks befassen sich: Baumann/Lauterburg 1998; dies. 2001; Baumann 2006; Wicki 2018.
229 Personen mit Geburtsgebrechen spielten in den Überlegungen der gesetzgebenden Instanzen nur eine untergeordnete Rolle.
230 Magnin 1999.
231 Der Invaliditätsgrad sollte über die Arbeitsunfähigkeit im bisherigen Aufgabenbereich bestimmt werden. Baumann/Lauterburg 1998, S. 87.

etwa deswegen verweigern […], weil es vielleicht möglich wäre, ihr in einer mit Rollstuhl erreichbaren Fabrik eine leichtere Arbeit zuzuweisen. Eine solche Regelung widerspräche der Bedeutung, die man in der Schweiz dem Familienleben beimisst.»[232]

Als individuelle Eingliederungsmassnahmen wurden für die IV medizinische und berufliche Massnahmen sowie Sonderschulung und Hilfsmittel (worunter auch Arbeitsplatzanpassungen subsumiert wurden) beschlossen. Die beruflichen Massnahmen umfassten Berufsberatung, erstmalige berufliche Ausbildung, Umschulung, Arbeitsvermittlung und Kapitalhilfe.[233] Zu den individuellen kamen noch allgemeine Eingliederungsmassnahmen hinzu. Es handelte sich um Beiträge an Institutionen und Organisationen, die Eingliederungsmassnahmen durchführten oder sich anderweitig im Bereich der Behindertenhilfe engagierten.[234] Auch hier zeigt sich die liberale Grundhaltung, da die IV auf die Initiative privater Akteure vertraute und sich auf die Subventionierung von Projekten, wie etwa Eingliederungseinrichtungen, beschränkte, selbst aber nicht für die Erweiterung des Angebots zuständig war.

Mit den Rentenleistungen sollten bei der IV keine «falschen» Anreize gesetzt werden. Erwerbsunfähigkeit im Alter wurde sowohl von der Expertenkommission als auch vom Bundesrat als eine spezifische Form von Invalidität beurteilt. Dies rechtfertige die Angleichung der IV-Renten an die Höhe der bestehenden AHV-Renten.[235] Eine halbe Rente sollte ab einer Erwerbsunfähigkeit von 50 Prozent und eine volle Rente ab einer Erwerbsunfähigkeit von 66 2/3 Prozent zugesichert werden.[236] Da die AHV-Renten tief angesetzt waren, sprach die Expertenkommission von «Basisrenten», die «nicht den Sinn» haben könnten, den Lebensunterhalt zu finanzieren.[237] Der Bundesrat dazu:

Wir sind uns mit der Expertenkommission bewusst, dass diese Renten nicht ausreichen, um den Lebensunterhalt eines Invaliden und seiner Familie in jedem Einzelfall sicherzustellen. Sie werden jedoch in der Regel einen wertvollen Grundstock bilden, um zusammen mit weitern Einkünften, namentlich kantonalen und kommunalen Invalidenbeihilfen, Leistungen von Pensions- und Hilfskassen sowie allenfalls aus dem eigenen, wenn auch reduzierten Erwerbseinkommen des Invaliden ein hinreichendes Auskommen zu sichern.[238]

---

232 Eidgenössische Expertenkommission für die Einführung der Invalidenversicherung 1956, S. 116.
233 Bundesrat 1958, S. 1166.
234 Ebd., S. 1219 f.
235 Eidgenössische Expertenkommission für die Einführung der Invalidenversicherung 1956, S. 108.
236 Bundesrat 1958, S. 1194. In der Bundesversammlung wurde zusätzlich eine halbe Rente für «Härtefälle» ab einem Invaliditätsgrad von 40 Prozent beschlossen.
237 Eidgenössische Expertenkommission für die Einführung der Invalidenversicherung 1956, S. 110.
238 Bundesrat 1958, S. 1193 f.

Die Landesregierung betonte, dass es aus «psychologischen Gründen» angezeigt sei, die Renten tief anzusetzen, damit «ein Anreiz bestehen bleibt, eine zumutbare Erwerbstätigkeit auszuüben». Die Expertenkommission warnte ihrerseits, dass grosszügige Renten «sehr leicht zu Rentenpsychosen» führen könnten.[239]

Für die IV war das Volksobligatorium vorgesehen und die Finanzierung sollte über die öffentliche Hand und Lohnprozente von Arbeitgebern und Arbeitnehmenden sichergestellt werden. Organisatorisch sollte für das Sozialwerk kein «besonderer Verwaltungsapparat» gebildet werden, wie der Bundesrat ausführte. Anstehende Aufgaben sollten, so weit wie möglich, bestehenden Verwaltungen und Organisationen übertragen werden.[240] Dies betraf insbesondere die AHV-Ausgleichskassen. Da aber für bestimmte Aufgaben spezifisches Fachwissen erforderlich war, kamen die Behörden nicht umhin, auch zusätzliche Verwaltungseinheiten zu implementieren. Es handelte sich dabei in erster Linie um die IV-Kommissionen (IVK) und die IV-Regionalstellen (IVR).

Die Bemessung des Invaliditätsgrads und die Auswahl der erforderlichen Massnahmen für eine berufliche Eingliederung bedingten eine besondere Expertise. In den Gremien der dafür zuständigen kantonalen IVK sollten je eine Ärztin oder ein Arzt, eine Juristin oder ein Jurist, eine Fachperson für die Eingliederung, eine Fachperson für Fragen des Arbeitsmarkts und eine Fürsorgerin oder ein Fürsorger amten. Mindestens ein Mitglied der IVK musste weiblichen Geschlechts sein.[241] Den IVK waren für administrative Aufgaben IV-Sekretariate (IVS) angegliedert.

Für die Berufsberatung und Arbeitsvermittlung wurde an die Vorarbeiten der SAEB angeknüpft. Bereits bestehende Regionalstellen sollten zu IVR umfunktioniert und, wo notwendig, zusätzliche Einrichtungen geschaffen werden. 1960 waren schweizweit zehn IVR aktiv. In diesen Stellen musste speziell für die Berufsberatung von Menschen mit Behinderung geschultes Personal eingesetzt werden. Die IVR wurden in der Regel als regionale, folglich kantonsübergreifende Organisationen konzipiert, die einen gesamten Wirtschaftsraum abzudecken vermochten. Nebst der Berufsberatung und Arbeitsvermittlung wurde den IVR die Funktion eines Dreh- und Angelpunkts im Eingliederungsprozess zugewiesen, da sie einerseits bei der Abklärung der Erwerbsfähigkeit mitwirken und vor allem die «Koordination der im einzelnen Fall durchzuführenden Eingliederungsmassnahmen beruflicher Art» übernehmen sollten. Ein solches Vorgehen ermögliche gemäss Bundesrat eine «gewisse Konzentration» bei der Arbeitsvermittlung, sodass Arbeitgeber «nicht von den verschiedensten Seiten mit den gleichen Anliegen behelligt» würden. Die Stellen der Behindertenhilfe könnten, wenn erforderlich, zugezogen werden. Ihr Kernauftrag blieb aber die

239 Eidgenössische Expertenkommission für die Einführung der Invalidenversicherung 1956, S. 111.
240 Bundesrat 1958, S. 1205.
241 Ebd., S. 1209. Es wurde in der Regel erwartet, dass insbesondere der Fachbereich Fürsorge von einer Frau vertreten wurde.

fürsorgerische Beratung und Betreuung, die nicht in den Zuständigkeitsbereich der IV gehörte.[242]

Rhetorisch dominierten in der Entstehungsphase der IV auf staatlicher Seite zivilgesellschaftliche Argumente. Die berufliche und soziale Integration von Menschen mit Behinderung wurde als gesamtgesellschaftliche Aufgabe aufgefasst. Die Unterstützung von Betroffenen durch ein Sozialwerk mit Volksobligatorium unterstreicht die kollektive Solidarität, die dem Projekt zugrunde liegt. Auf der ideellen Ebene dominierte die staatsbürgerliche Konvention. Handlungspraktisch traten dann aber die stärker ‹ökonomisch›[243] ausgerichteten Konventionen in den Mittelpunkt. Bei der Bestimmung der Invalidität orientiert sich die IV an der Konvention des Markts. Der Grad der Erwerbsunfähigkeit bestimmt sich über die Wertminderung der Arbeitskraft nach marktwirtschaftlichen Paramatern. Die versicherungsrechtliche Kalkulation nimmt den reinen Leistungslohn als Richtlinie. Für die Arbeitsintegration in den IVR waren zudem Berufsberatende zuständig. Damit übernahm die IV die Rechtfertigungslogik der Berufsberatung, die sich primär nach der industriellen Konvention ausrichtete, indem sie eine optimale Verwertung des vorhandenen Leistungspotenzials der Klientinnen und Klienten im (industriellen) Produktionsprozess anstrebte.

Aufseiten des Sozialstaats war im Prinzip klar, dass Arbeitsintegration nur gelingen konnte, wenn die Arbeitgeber ein soziales Anliegen damit verbanden, da in der Regel ein rein ökonomisches Motiv kaum ausreichend war. Dennoch wurde die Wirtschaft ausschliesslich mit im engeren Sinn ökonomischen Argumenten adressiert.[244] Die IV verfolgte das Ziel, ihre Versicherten als wertvolle «Ware» zu verkaufen. Letztlich wurde der Wirtschaft ein Handlungsmuster nach reinem Kosten-Nutzen-Kalkül unterstellt und die Anstellung von behinderten Arbeitskräften sollte sich für die Unternehmen wirtschaftlich lohnen. Vergleicht man die sozialstaatliche Haltung, die sich auf die marktwirtschaftliche und industrielle Welt abstützt, mit den Rechtfertigungsmustern der Arbeitgeber, die primär mit familienweltlichen und staatbürgerlichen Legitimationsformen operierten, dann scheint eine Diskrepanz auf, die die künftige Koordinationsarbeit zwischen IV und Wirtschaft gefährden könnte.

242 Ebd., S. 1211 f.
243 Nach dem Verständnis der EC begründen alle Konventionen ökonomisches Handeln bezogen auf bestimmte Legitimationsmuster und alle Konventionen sind gleichzeitig moralische Ordnungen, die nach Gerechtigkeit streben. Die Marktkonvention und die industrielle Konvention können aber als typische Konventionen im engeren ökonomischen Sinne verstanden werden. Vgl. Canonica 2017, S. 245 f.
244 Vgl. Nadai/Canonica 2019, S. 96 f.

Die Arbeitgeberverbände im Entstehungsprozess der IV

Die Debatten zur IV lassen sich historisch in der sozialstaatlichen «Take-off-Phase» der Nachkriegszeit situieren.[245] Die Arbeitgeberverbände nahmen gegenüber dem sozialstaatlichen Ausbau eine kritische Haltung ein. Sie trugen die bürgerliche Politik als konservative «Neuauflage der geistigen Landesverteidigung» mit, die in der Phase des Kalten Kriegs antietatistische Züge aufwies und auf den Kampf gegen die «kalte Sozialisierung», den «sozialistischen Zentralismus» und den drohenden «Staatssozialismus» ausgerichtet war.[246] Dieser politische Standpunkt zeigte sich auch bei den sozialpolitischen Aushandlungen zur beruflichen Eingliederung von Menschen mit Behinderung und insbesondere zur Einführung der IV.

Die Arbeitgeberverbände hatten gegenüber der IV eine ambivalente Haltung.[247] Die gesellschaftliche Verpflichtung, Menschen mit Behinderung zu unterstützen, wurde nicht infrage gestellt. Der Verband Schweizerischer Kunstseidefabriken beurteilte die Invalidität als «grosses Unglück». Dieses könne «Menschen in allen Altersstufen und Lebenslagen befallen». Deswegen dürfe es «keine Diskussion darüber geben, dass man das Los dieser Unglücklichen nach Möglichkeit erleichtern» sollte.[248] Einer staatlichen Invalidenversicherung begegneten die Arbeitgeberverbände allerdings mit Skepsis.

Während auf der einen Seite etwa die Solothurnische Handelskammer die Einführung der IV als Schliessung einer «Lücke in unserer Sozialgesetzgebung» einstufte, wurden auf der anderen Seite übermässige Eingriffe des Staats in Wirtschaft und Gesellschaft kritisiert. Es wurde moniert, dass der Ausbau des Systems sozialer Sicherung in der Nachkriegszeit sozialistische Tendenzen fördere.

> Seit Ende des zweiten […] Weltkrieges hat die Sozialversicherung und Sozialfürsorge, die gesamte Sozialpolitik unseres Landes, einen starken Ausbau erfahren. Politiker und Linksparteien, welche das Heil des Einzelnen sowie von Wirtschaft und Gesellschaft von einem alles mit Zwangsvorschriften ordnenden und umhegenden Staat erwarten, werden selbstverständlich nicht ruhen, bis auch die wenigen noch frei gebliebenen Gebiete vom Staat in umfassender Weise geregelt werden.[249]

Der Exportverband der Schweizerischen Bekleidungsindustrie bezeichnete die Implementierung von Sozialversicherungen als Instrument, um «den Etatismus voranzutreiben». Beim Verein Schweizerischer Aluminium-Industrieller wurden

---

245 Studer 2012, S. 941–952.
246 Imhof 1996, S. 181.
247 Die dargestellten Standpunkte stammen primär aus den internen Vernehmlassungsverfahren der Spitzenverbände der Arbeitgeber im Entstehungsprozess des IVG.
248 Brief an den Vorort vom 18. Mai 1957, in: AfZ, Vorort-Archiv, Umfrage über den Bericht der Expertenkommission zur Einführung der Invalidenversicherung, 96.1.2.3.
249 Verband Schweizerischer Kunstseidefabriken. Brief an den Vorort vom 18. Mai 1957, in: ebd.

«die grössten Bedenken» geäussert, weil eine IV als Volksobligatorium «einen weiteren und zwar entscheidenden Schritt auf dem Wege zur Sozialisierung der Wirtschaft» bilde. An die Spitzenverbände wurde der Appell gerichtet, «so rasch wie möglich mit den politischen Vertretern einer freiheitlichen Wirtschaftsordnung Kontakt aufzunehmen, um gemeinsam der scheinbar unaufhaltsamen Entwicklung zur kalten Sozialisierung unseres Staates gerade in diesem konkreten Fall entgegenzuarbeiten».[250]

Wiederholt wurde die Meinung geäussert, dass ein Ausbau der Unterstützung auf privater Basis einer sozialstaatlichen Lösung vorzuziehen sei. Die Basler Handelskammer gab «einem Ausbau der Invaliden*fürsorge* gegenüber einer schematischen Invaliden*versicherung* den Vorzug».[251] Solche Anliegen entbehrten eigentlich jeder Grundlage, da gemäss Bundesverfassung Artikel 34[quater] explizit die Bildung einer Invalidenversicherung vorgesehen war. Zudem hätte von einer energischen Opposition gegen das Sozialwerk die politische Konkurrenz profitieren können, wie die Solothurnische Handelskammer mutmasste:

> Es wäre wohl auch politisch unklug, die Invalidenversicherung abzulehnen. Es bestände nämlich die grosse Gefahr, dass die sozialdemokratische Initiative vom Volke angenommen würde, woraus die Linke zweifellos politisches Kapital schlagen würde. Man darf deshalb das Vorgehen des Bundesrates, die Angelegenheit selber voranzutreiben und so den sozialistischen Initianten gewissermassen den Wind aus den Segeln zu nehmen, sicher nur begrüssen.[252]

Der Ausbau des Sozialstaats über die IV würde nach Ansicht der Arbeitgeberverbände zudem die Bereitschaft zu eigenverantwortlichem Handeln schwächen. In diesem Zusammenhang war von «Rentenerschleichungen» oder «Rentenpsychosen» die Rede.[253] Der Sekretär des Schweizerischen Handels- und Industrieverein (SHIV/Vorort) Hans Herold bedauerte, dass die Gefahr des Missbrauchs bei der IV im Bericht der Expertenkommission keinerlei Erwähnung fand. Dabei bezog er sich nicht allein auf die Versicherten, sondern verwies auch auf die für die Bestimmung des Invaliditätsgrads verantwortlichen Instanzen. Im Einzelfall herrsche bereits bei der Kranken-, der Unfall- und der Arbeitslosenversicherung eine «mangelnde Strenge», was «sehr leicht zu einer vermeidbaren Überbeanspruchung der Kasse» führe. Doch nirgends bestehe «eine so grosse Gefahr wie bei der Invalidenversicherung, weil hier dem Ermessen der grösste Spielraum belassen» sei. Insbesondere Ärztinnen und Ärzte sowie Fürsorgestellen würden ihre Urteile häufig zu stark im Sinne der Betroffenen fällen.[254] Der Verband

250 Brief an den Vorort vom 25. Mai 1957, in: ebd.
251 Brief an den Vorort vom 8. Mai 1957, in: ebd. Hervorhebung im Original.
252 Brief an den Vorort vom 31. Mai 1957, in: ebd.
253 Verband Schweizerischer Kunstseidefabriken, Brief an den Vorort vom 18. Mai 1957, in: ebd.
254 Hans Herold. Zusammenfassung der internen Vernehmlassung (1958), in: AfZ, Vorort-Archiv, Korrespondenz und Notizen zur Einführung einer Invalidenversicherung, 96.1.2.4., S. 7.

Schweizerischer Kunstseidefabriken gab zu bedenken, dass man sich keinen «Illusionen» hingeben dürfe «über das Ausmass der möglichen Eingliederung, da der gesetzliche Rentenanspruch den Eingliederungswillen der Invaliden schwächen» werde.[255]

Im Zentrum der Debatten stand allerdings die Kostenfrage. Die Finanzierung der IV war für die Zürcher Handelskammer die «Kardinalfrage».[256] Die Arbeitgeberverbände bekämpften weitere materielle Belastungen für Unternehmen mittels Beiträgen und es wurden alternative Finanzierungsmodelle vorgeschlagen (Verwendung von AHV-Überschüssen, Erschliessung neuer Einnahmequellen durch die Einführung einer Getränkesteuer). Mit einer eigentümlichen Wortwahl äusserte sich der Exportverband der Schweizerischen Bekleidungsindustrie dazu: «Angesichts der enormen Aufwendungen, die in nächster Zeit für die Sozialversicherungen noch erforderlich werden, ist zu betonen, dass der vielerorts in den Vordergrund gerückte Gedanke der Solidarität nicht dadurch vergewaltigt wird, dass die Finanzierung auf Grund der Lohnprozente erfolgt.»[257] Hingegen wurde von den Arbeitgeberverbänden mit Wohlwollen konstatiert, dass die Expertenkommission eine möglichst schlanke IV konzipiert hatte (insbesondere durch die Vereinigung mit den AHV-Ausgleichskassen), die die Bildung neuer Verwaltungseinheiten nur dort vorsah, wo es sich als unumgänglich erwies. Mit der Anbindung an die AHV habe die Expertenkommission «gewisse Garantien gegen einen übermässigen Verwaltungsapparat» geschaffen, so die Zürcher Handelskammer.[258]

Ebenfalls positiv wurden die tiefen IV-Renten als «Basisrenten» und das Konzept «Eingliederung vor Rente» beurteilt. Die Arbeitsintegration versprach Einsparungen für das Sozialwerk und das Konzept der Freiwilligkeit sah für Unternehmen keine bindenden Verpflichtungen bei der Beschäftigung von Menschen mit Behinderung vor. Der Schweizerische Verband für privatwirtschaftliche Personalfürsorge wies auf das «Bestreben» vonseiten der Wirtschaft hin, behinderte Arbeitskräfte zu beschäftigen. Doch müsse «die Einstellung von Personen, welche sich dem Eingliederungsverfahren unterzogen haben, Sache der Freiwilligkeit bleiben». Von der IV dürfe «ein wie immer gearteter Druck» nicht ausgeübt werden.[259] Zudem wurde – wenn auch nur sekundär – ins Feld geführt, dass es volkswirtschaftlich unklug sei, «bei unzureichenden Massnahmen wertvolle Kräfte brachliegen» zu lassen, wie der Verein Schweizerischer Aluminium-Industrieller betonte.[260]

255 Verband Schweizerischer Kunstseidefabriken, Brief an den Vorort vom 18. Mai 1957, in: AfZ, Vorort-Archiv, Umfrage über den Bericht der Expertenkommission zur Einführung der Invalidenversicherung, 96.1.2.3.
256 Brief an den Vorort vom 22. Mai 1957, in: ebd.
257 Brief an den Vorort vom 22. Juni 1957, in: ebd.
258 Brief an den Vorort vom 22. Mai 1957, in: ebd.
259 Brief an das BSV vom 19. Juni 1957, in: ebd.
260 Brief an den Vorort vom 25. Mai 1957, in: ebd.

Im Bereich der beruflichen Eingliederung wurden hingegen wiederholt Vorbehalte gegen die Bildung von IV-Regionalstellen geäussert. Es sei angebrachter, die private Invalidenhilfe zu fördern.[261] Neue Stellen sollten nur dort eingerichtet werden, «wo eine absolute Notwendigkeit» bestehe, wie die Solothurnische Handelskammer wünschte. Zum einen könnten mit dieser Vorgehensweise zusätzliche Kosten vermieden werden,[262] zum anderen seien bei der beruflichen Eingliederung zwischenmenschliche Beziehungen einer administrativ-bürokratischen Abwicklung vorzuziehen. Eine sozialstaatliche Lösung der Arbeitsintegration würde einer «Verbürokratisierung der Hilfe an behinderten Mitmenschen» gleichkommen. Dies führe zum Verfall ethischer Werte und überschatte den Solidaritätsgedanken, weil «viel menschliche Hilfsbereitschaft und freiwillige Gebefreudigkeit» überflüssig würden.[263] Die Aargauische Handelskammer vertrat folgenden Standpunkt:

> Wird die bisherige, auf schönsten menschlichen Motiven beruhende und vielseitige Hilfsbereitschaft in ein Versicherungs- und Versorgungsinstitut mit gesetzlichen Rechtsansprüchen umgewandelt, gehen beträchtliche ethische Werte verloren. Das ist auch vom Standpunkt der Privatwirtschaft aus zunächst zu bedauern, weil sie ihre besten Kräfte aus der persönlichen Anstrengung und Verantwortlichkeit zieht.[264]

Eingliederungspraktiken über private Kanäle wurden günstigere Aussichten auf Erfolg beschieden. Einerseits führten administrative Prozeduren zu einem Mehraufwand, der auf an Arbeitsintegration interessierte Arbeitgeber abschreckend wirken könnte. Andererseits erhöhe der private Kontakt mit Unternehmen die Bereitschaft zur Kooperation. «Invalide sind in unseren Betrieben auf persönliche Fürsprache hin ohne Zweifel leichter zu placieren, als wenn hiefür ein Beamtenapparat in Bewegung gesetzt werden muss», wie Herold erläuterte.[265] Im Grunde propagierten die Arbeitgeberverbände ein auf privater Basis und Freiwilligkeit beruhendes Konzept bürgerlicher Wohltätigkeit und Philanthropie[266] klassischer Prägung, das den einzelnen Unternehmen die Entscheidung überliess, ob und in welchem Ausmass sie solidarisch handeln sollten. Es zeigt sich erneut deutlich, dass die Wirtschaft entgegen der Haltung der IV einem solidarischen Unterstützungskonzept der moralischen Selbstregulierung stärkere Bedeutung beimass, während marktwirtschaftliche Überlegungen nur eine untergeordnete Rolle spielten. Ökonomische Fragen wurden vor allem in Bezug auf die Finanzierung der IV und die Kosten, die das Sozialwerk verursachte, behandelt.

---

261 Zürcher Handelskammer. Brief an den Vorort vom 22. Mai 1957, in: ebd.
262 Aargauische Handelskammer. Brief an den Vorort vom 3. Mai 1957, in: ebd.
263 Brief an den Vorort vom 22. Mai 1957, in: ebd.
264 Brief an den Vorort vom 3. Mai 1957, in: ebd.
265 Hans Herold. Zusammenfassung der internen Vernehmlassung (1958), in: AfZ, Vorort-Archiv, Korrespondenz und Notizen zur Einführung einer Invalidenversicherung, 96.1.2.4., S. 6.
266 Zur Philanthropie in der Schweiz vgl. Schumacher 2010; Heiniger/Matter/Ginalski 2017.

Obschon die Arbeitgeberverbände im Gesetzgebungsprozess gewisse Konzessionen akzeptieren mussten, verliefen die Verhandlungen in der Expertenkommission aus ihrer Sicht im Grossen und Ganzen positiv. Beim ZSAO wurde mit Genugtuung festgestellt, dass sich das Ausmass der Forderungen in Grenzen hielt, weil in der Expertenkommission ein allgemeines Interesse bestehe, möglichst geringe Widerstände zu produzieren, die eine Verzögerung des Projekts bewirkt hätten. Die Behindertenverbände ihrerseits seien «bisher so zersplittert» vorgegangen, «dass sie gegenüber den festen Plänen des Bundesamtes wenig auszurichten vermochten».[267] Einzig bei den Massnahmen zur beruflichen Eingliederung ging die Expertenkommission nach dem Gusto der Arbeitgeberverbände etwas zu weit. So urteilte Jean-Louis de Coulon, der als Vertreter des SHIV in der Subkommission für berufliche Eingliederung mitwirkte, dass die hohe Zahl an Delegierten der Behindertenhilfe in jener Subkommission zu viele Forderungen durchgesetzt habe: «Cela explique certaines décisions prises qui ne sont peut-être pas toutes conformes aux intentions du milieux de l'économie privée.» Nichtsdestotrotz hielt sich das Gremium aber weitgehend an die Vorschläge des BSV, «lesquelles restent dans des limites relativement raisonnables».[268] Auch die darauf aufbauende Gesetzesvorlage, die der Bundesrat in seiner Botschaft vorlegte, barg aus der Sicht des ZSAO «keine wesentlichen Überraschungen».[269] In der gemeinsamen Eingabe der Spitzenverbände im Vernehmlassungsverfahren des Expertenberichts wurde eine generelle Zustimmung für die Einführung der IV zum Ausdruck gebracht. Allerdings gab man zu verstehen, dass nun eine sozialstaatliche Grenze des Machbaren erreicht worden sei. Versuchen, «weitere Gebiete in die Sozialversicherung einzubeziehen», werde man sich mit «Entschiedenheit widersetzen» und auch der kontinuierliche Leistungsausbau könne «nicht unbegrenzt weitergehen».[270]

Insgesamt konnten die Arbeitgeberverbände ihren Einfluss zur Geltung bringen, wobei ein IV-Gesetz ausgearbeitet wurde, das in seinen Grundzügen im Sinne der Privatwirtschaft war und deswegen auf keine grundlegende Opposition vonseiten der Wirtschaft stiess. In den IV-Debatten blieb ein zentraler Akteur mehrheitlich stumm: Menschen mit Behinderung, über deren Schicksal verhandelt wurde, traten als handelnde Akteure kaum in Erscheinung. Die Referendumsfrist gegen die Gesetzesvorlage lief im September 1959 ungenutzt ab, sodass das IVG auf den 1. Januar 1960 in Kraft treten konnte.

---

267 Protokoll der Konferenz der Geschäftsführer der Mitgliedschaftsverbände des ZSAO vom 15. und 16. Dezember 1955, in: Archiv SAV, Protokolle.

268 Brief an den Vorort vom 2. Dezember 1955, in: AfZ, Vorort-Archiv, Korrespondenz und Notizen zur Einführung einer Invalidenversicherung, 96.1.2.1.

269 Protokoll des Vorstands des ZSAO vom 5. Dezember 1958, in: Archiv SAV, Protokolle.

270 Brief an das EDI vom 15. September 1957, in: AfZ, Vorort-Archiv, Umfrage über den Bericht der Expertenkommission zur Einführung der Invalidenversicherung, 96.1.2.3.

Die Beschäftigung von Menschen mit Behinderung in der Hochkonjunktur (1960–1973)

«Wenn sich das wirtschaftliche Wachstum weiterhin in den gegenwärtigen Proportionen entwickelt, dürften die Engpässe auf dem Arbeitsmarkt auch in den nächsten Jahren und Jahrzehnten bestehen bleiben.» Diese Befürchtung äusserte der Direktor des ZSAO Heinz Allenspach 1971. Es stellte sich die Frage, woher die benötigten Arbeitskräfte kommen könnten. Seine Antwort auf dieses Problem lautete: «Es geht darum, die unsichtbaren, potentiellen Arbeitskraftreserven zu mobilisieren.»[1] Zu den Reserven zählte Allenspach unter anderem Menschen mit Behinderung, die in Zeiten der Knappheit wertvolle Arbeitskräfte waren. Dementsprechend erfolgreich gestalteten sich die Vermittlungsbemühungen der IV.

Die IV, als Produkt der Hochkonjunktur, avancierte in dieser wirtschaftlich günstigen Phase zu einem Vorzeigemodell im Bereich der sozialen Sicherung. Die Arbeitsintegration funktionierte äusserst gut. Der Eingliederungsbegriff wurde mit der 1. IVG-Revision in der zweiten Hälfte der 1960er-Jahre zusätzlich erweitert. Er beschränkte sich nicht mehr nur auf die Integration in den ersten Arbeitsmarkt, sondern umfasste neu auch Massnahmen, die in einem allgemeineren Sinne die soziale Teilhabe der Betroffenen fördern sollten. Gleichzeitig sah sich die IV aber bereits in ihrer Anfangsphase mit einigen Problemen konfrontiert. Das Sozialwerk nahm rasch Dimensionen an, die insbesondere im Hinblick auf die Anzahl der Anmeldungen und der anfallenden Kosten in dieser Grössenordnung nicht erwartet worden waren. Das Personal war aufgrund der hohen Fallzahlen häufig überlastet und überfordert. Zudem wurde aufseiten der Behörden um 1970 erstmals die Besorgnis zum Ausdruck gebracht, dass aufgrund von betrieblichen Rationalisierungsprozessen, höheren Leistungserwartungen an Mitarbeitende und gestiegenen Anforderungen an die Qualifikationen der Bewerberinnen und Bewerber weitreichende Integrationserfolge in Zukunft ausbleiben könnten.

Die Invalidenversicherung als Erfolgsmodell

Anhand der ersten Vermittlungserfahrungen der IVR lassen sich Informationen über das Verhalten von Unternehmen bei der Anstellung und Weiterbeschäftigung von Menschen mit Behinderung erschliessen. Die finanziellen Möglichkei-

---

1 Allenspach 1971, S. 142.

ten des Sozialwerks förderten zudem einen starken Ausbau der Eingliederungsmassnahmen und -einrichtungen. Die 1. IVG-Revision diente dazu, Probleme
oder Unzulänglichkeiten im Vollzug des neu geschaffenen Gesetzes zu korrigie-
ren. Die Grundstrukturen der Sozialversicherung hatten sich in der Praxis insgesamt bewährt.

Erste Vermittlungserfahrungen der IV-Regionalstellen

Das Konzept «Eingliederung vor Rente» bewährte sich in der Anfangsphase
der IV. Die sehr gute wirtschaftliche Situation und der hohe Arbeitskräftebedarf
der Wirtschaft ermöglichten den IVR zahlreiche Vermittlungserfolge. Aufgrund des akuten Arbeitskräftemangels wurden auch Personen mit Leistungseinschränkungen für Arbeitgeber interessant. Zwischen 1961 und 1974 betrug
die Arbeitslosenquote durchgehend 0,0 Prozent.[2] In der Schweiz herrschte Voll-
beschäftigung. Lobend äusserten sich die IVR über die Arbeitgeber. Die IVR Basel bemerkte, dass sich diese «überraschend aufgeschlossen» für die Anliegen der
Menschen mit Behinderung zeigten.[3] Die SAEB ihrerseits stellte mit Genugtuung
fest, dass sich «immer mehr Firmen» bereit erklärten, Menschen mit Behinderung
anzustellen, «sofern diese ausreichend geschult und vorbereitet» seien.[4] Die IVR
hoben die Bedeutung intensiver Arbeitgeberkontakte für die Stellenvermittlung
hervor und berichteten, dass Arbeitgeber zuweilen sogar aktiv auf die Ämter zu-
gingen, um sich nach Arbeitskräften zu erkundigen.[5]
  Insgesamt schien aufgrund der ersten Rückmeldungen der IVR die Eingliederung in den ersten Arbeitsmarkt gut zu gelingen.[6] Von diesem positiven
Grundtenor wurde allerdings der Bund als Arbeitgeber ausgenommen: Die IVR
Lausanne bedauerte, dass die öffentlichen Verwaltungen aufgrund ihrer starren
Personalreglemente einen zu geringen Beitrag an die berufliche Eingliederung
leisten würden.[7] Die IVK und IVR hatten diesbezüglich sogar direkt mit dem
BSV Kontakt aufgenommen, um ihren Unmut kundzutun, dass der Bund als
Arbeitgeber verschiedentlich «hinsichtlich der Eingliederung Invalider zu zu-
rückhaltend» sei.[8] Diese Erkenntnis verwundert auf den ersten Blick, da man

2 Tabin/Togni 2013, S. 219 f.
3 BSV. Auswertung der Jahresberichte der IV-Regionalstellen (1961), in: BAR, Regionalstellen:
   Laufende Korrespondenzen und Verschiedenes (Teil 1) 1955–1962, E3340B#1987/62#211*,
   S. 48.
4 SAEB 1961 (Tätigkeitsbericht 1960), S. 1.
5 BSV. Auswertung der Jahresberichte der IVR (1961), in: BAR, E3340B#1987/62#211*, S. 50.
6 André Stalder, Leiter der IVR Lausanne, gab an, bloss 15 Prozent der Klientinnen und Klienten
   gehörten zu den «irrécupérables» und müssten folglich in geschützten Werkstätten beschäftigt
   werden. SAZ 1962, S. 348. Statistisch lässt sich diese Aussage aber nicht schlüssig belegen, da
   die erhobenen Zahlen der IVR ungenau und wenig zuverlässig erscheinen. Eine konkrete Ein-
   gliederungsstatistik wurde vom BSV erst Jahrzehnte später vorgelegt.
7 BSV. Auswertung der Jahresberichte der IVR (1961), in: BAR, E3340B#1987/62#211*, S. 52.
8 BSV. Aktennotiz über eine Besprechung mit dem stellvertretenden Direktor des Eidgenössi-

erwarten dürfte, dass die öffentlichen Organe mit gutem Vorbild für die Privatwirtschaft vorangehen würden.

Verwundern mag auch die Erkenntnis der IVR, dass sich die Stellenvermittlung bei kleinen und mittleren Unternehmen (KMU) erfolgreicher gestaltete als bei Grossunternehmen, die aufgrund starker Arbeitsteilung eigentlich
über die besseren Eingliederungsmöglichkeiten verfügten. Als Begründung für
diesen Sachverhalt wurde von den IVR angeführt, dass die Grossbetriebe geeignete Arbeitsplätze für erkrankte und verunfallte Mitarbeitende frei halten
würden, die sie längerfristig an sich binden wollten. Es habe sich so eine innerbetriebliche Eingliederungspraxis entwickelt.[9] Der Fokus lag also bei der Weiterbeschäftigung des eigenen Personals. Die Zurückhaltung der Grossbetriebe bei
Neuanstellungen wurde auch damit erklärt, dass Menschen mit Behinderung als
Risiko für die betriebliche Pensionskasse betrachtet wurden.[10]

Die wirtschaftliche Struktur der Einzugsgebiete der IVR war ein wichtiger
Faktor für die berufliche Eingliederung.[11] Ämter, die in eher strukturschwa-
chen Räumen agierten, bekundeten grössere Mühe bei der Stellenvermittlung.
Die IVR Bellinzona etwa beklagte die geringe Anzahl geeigneter Betriebe für
die Arbeitsintegration im Kanton Tessin.[12] Mit Bedauern konstatierte das Amt,
dass eine Zusammenarbeit mit den Arbeitgebern trotz intensiver Bemühungen
kaum stattgefunden habe. Deswegen forderte die IVR Bellinzona als gesetzliche
Massnahme die Zusicherung einer Ausbildung und später einer Arbeitsstelle für
versicherte Personen.[13] Sowohl in der französischen als auch in der italienischen
Schweiz wurde das unzureichende Angebot an Eingliederungs- und Beobach-
tungsstätten moniert.[14]

Die IVR vermeldeten viel Positives, allerdings wurden auch Problemfelder
angesprochen. So stellte die IVR Lausanne fest, dass sich die Vermittlung von
Ausbildungsplätzen in der freien Wirtschaft schwierig gestaltete; die Arbeitgeber
seien da eher zurückhaltend. Hingegen könnten Arbeitsstellen, die bloss eine
kurze Einarbeitung erforderten, problemlos für die Klientinnen und Klienten
organisiert werden.[15] Die Nachhaltigkeit dieser Eingliederungen sei ungewiss, da
Stellen für unqualifizierte und repetitive Arbeit in Rezessionszeiten besonders
bedroht seien. Die IVR Lausanne warf in diesem Zusammenhang die Frage auf,
ob es nicht auch in einer Phase der Hochkonjunktur angebracht sei, Versicherte

---

schen Personalamtes vom 14. September 1961, in: BAR, Berufliche Eingliederung: Verschiedene Dossiers (Teil 2) 1962–1964, E3340B#1987/62#86*.

9 BSV. Auswertung der Jahresberichte der IVR (1961), in: BAR, E3340B#1987/62#211*, S. 50.

10 BSV. Protokoll der Sitzung mit den Regionalstellenleitern vom 16. Dezember 1960, in: BAR,
Regionalstellen: Sitzungsakten (Teil 1) 1958–1960, E3340B#1987/62#220*.

11 Zur Wirtschaftsstruktur der Schweiz siehe: Hiestand/Müller/Woitek 2012, S. 753–819.

12 BSV. Auswertung der Jahresberichte der IVR (1961), in: BAR, E3340B#1987/62#211*, S. 51 f.

13 Ebd., S. 73.

14 Ebd., S. 23.

15 Ebd., S. 58.

umfassender auszubilden, statt ihnen prekäre Jobs anzubieten.[16] Ein primäres Anliegen der SAEB lautete im Sinne einer Kompensation, «nicht nur eine gleichwertige, sondern eine bessere Ausbildung» für Menschen mit Behinderung zu gewährleisten.[17] Dieses Postulat wurde in der IV-Praxis offensichtlich nicht eingelöst; vielmehr berücksichtigte die Stellenvermittlung offenbar in erster Linie den dringenden Bedarf an Arbeitskräften in der industriellen Produktion. Im Gegenzug zu diesen kritischen Stimmen wertete die AHV/IV-Kommission diesen Sachverhalt mit Blick auf den Etat des Sozialwerks positiv: Der dringliche Arbeitskräftemangel biete die Möglichkeit, kurze Anlehren direkt am Arbeitsplatz durchzuführen. Somit würden kostspielige Umschulungen vermieden, was letztlich zu Kosteneinsparungen führe.[18]

Unterschiede stellten die IVR bei den Klientinnen und Klienten fest. Keine Vermittlungsschwierigkeiten bereiteten gut qualifizierte, (nur leicht) körperbehinderte Personen. Als schwer vermittelbar galten hingegen ältere und/oder «charakterlich schwierige» Personen sowie Versicherte mit geringen Qualifikationen. «Moralische und charakterliche Mängel» wurden als wichtige Faktoren bezeichnet, die eine berufliche Eingliederung beeinträchtigen konnten.[19] Die «charakterlichen Voraussetzungen» seien, so die IVR Basel, wesentlich «entscheidender als die effektive Invalidität».[20] Diese Argumentation schloss an den bereits dargestellten Fachdiskurs der Eingliederungsfachleute an, die die Wichtigkeit des (Arbeits-)Charakters für die Arbeitsintegration hervorhoben.

Von Bedeutung war auch das Alter der versicherten Personen. Die IVR Freiburg konstatierte, dass bei den Arbeitgebern ab einem bestimmten Alter der Stellensuchenden das Interesse für eine Anstellung abnehme. «Etant donné les possibilités limitées de notre industrie, artisanat et commerce, des essais répétés où même un seul essai avec des cas difficiles (plus de cinquante ans ou caractériels) sont parfois impossibles.»[21] Das Alter spielte aber auch bei der Fallarbeit eine wichtige Rolle. Die IVR Bern erläuterte, dass bei jüngeren Versicherten «eine gründliche Vorbereitung auf das zukünftige Leben» notwendig sei. Für 30- bis 40-Jährige sei hingegen eine verkürzte Umschulung angezeigt, während ab dem 45. Lebensjahr Bildungs- und Qualifikationsmassnahmen in der Regel nicht mehr durchgeführt würden, «weil die Anpassungs- und spätere Vermittlungsfähigkeit mit dem Alter» häufig abnehme.[22] Als problematisch wurde auch

---

16 Ebd., S. 64, 89 f.
17 Fritz Nüscheler. Grundsätzliches zur Eingliederung Schwerbehinderter (o. J.), in: Archiv Inclusion Handicap, Referate Nüscheler 1956–1967.
18 Ausschuss für IV-Fragen. Beilage zum Protokoll vom 15. Mai 1962, in: BAR, Sitzungsakten (Teil 1) 1962–1976, E3340B#1987/62#741*. Die Eidgenössische AHV/IV-Kommission ist ein ausserparlamentarisches Gremium, das den Bundesrat in Fragen der AHV und IV berät. Vertreten sind unter anderem auch die Wirtschaftsverbände. Informationsstelle AHV/IV.
19 BSV. Auswertung der Jahresberichte der IVR (1961), in: BAR, E3340B#1987/62#211*, S. 35.
20 Ebd., S. 12.
21 Ebd., S. 74.
22 Ebd., S. 63 f. Aktuell wird in der Schweiz in Bezug auf den Arbeitsmarkt über die Problemgruppe «50+» debattiert. Offenbar handelt es sich aber um ein Klientensegment, das von den

die Heimarbeit bezeichnet, die eigentlich als wichtiges Integrationsfeld für Menschen mit Behinderung galt. Die Vermittlung bereite in diesem Bereich «erhebliche Mühe».[23]

Eine besondere Herausforderung stellten für die IVR schliesslich Klientinnen und Klienten mit einer geistigen Behinderung dar. Im IVG wurde diese Versichertengruppe den körperlich behinderten Personen gesetzlich gleichgestellt. Allerdings fehlten die notwendigen Eingliederungsstrukturen, die auf die spezifischen Bedürfnisse dieser Klientel zugeschnitten waren. Männer mit einer geistigen Behinderung wurden früher in der Regel in der Landwirtschaft oder Gärtnerei eingesetzt, Frauen überwiegend als Haushaltshilfen beschäftigt. Nun wurde allmählich auch für Menschen mit einer geistigen Behinderung die Integration in die Industrie forciert.[24] Dafür fehlten allerdings noch die entsprechenden Ausbildungsstätten.[25]

Ausbau des Eingliederungsapparats

Die Einführung der IV stellte die Behindertenhilfe auf eine grundlegend neue Basis. Die finanzielle Subvention privater Projekte durch den Sozialstaat begünstigte einen starken Ausbau unterschiedlicher Einrichtungen und Angebote. Insbesondere die (Weiter-)Entwicklung von Massnahmen zur Vorbereitung auf die Arbeitsintegration war für eine auf die berufliche Eingliederung ausgerichtete Sozialversicherung von eminenter Bedeutung.

Die materielle Unterstützung durch den Sozialstaat eröffnete in den 1960er-Jahren völlig neue Perspektiven für die Behindertenhilfe, wo eben noch in weiten Kreisen Geldmangel geherrscht hatte. Aus dem Umfeld des BSV war zu vernehmen, dass nun die «biblisch fetten Jahre» für Heime und Anstalten angebrochen seien.[26] Pro Infirmis stellte fest, dass heute Millionen zur Verfügung stünden, wo früher noch «um 1000 Fr. gemarktet» werden musste.[27] Im Bereich des Sozialwesens hatte sich ein umfangreicher neuer Markt gebildet. Um die formulierten Ziele der IV zu realisieren, war dieser Markt auch dringend notwendig, da das Angebot für (Sonder-)Schulung, Wohnen, Betreuung und Arbeitsintegration noch nicht ausreichend ausgebaut war.

Bei der beruflichen Eingliederung machte sich für die IVR insbesondere der Mangel an verfügbaren Plätzen in den Eingliederungsstätten bemerkbar. Die lan-

---

Sozialverwaltungen fortwährend als schwer vermittelbar eingestuft wurde. Vgl. dazu die 2011 vom damaligen Bundesrat Johann N. Schneider-Ammann lancierte Fachkräfteinitiative, www.fachkraefte-schweiz.ch, Stand 20. Oktober 2019.

23 BSV 1962 (Jahresbericht 1961), S. 38.
24 BSV. Auswertung der Jahresberichte der IVR (1961), in: BAR, E3340B#1987/62#211*, S. 60 f.
25 Ebd., S. 62.
26 Frauenfelder 1962, S. 76.
27 Neue Zürcher Zeitung, Nr. 1013, 26. März 1960, in: SWA, Zeitungsausschnitte Erwerbsunfähigkeit, Vo K XIII 5.

gen Wartezeiten bis zu einer Überweisung würden die Eingliederungsprozesse empfindlich verzögern.[28] Mitte der 1960er-Jahre konnte aber bereits mit Genugtuung festgestellt werden, dass die IV «eine eigentliche Anstaltsrenaissance ausgelöst» habe.[29] Die Eigeninitiative der privaten Behindertenhilfe war dabei unerlässliche Voraussetzung für das Funktionieren der IV, da das Sozialwerk, wie es der Direktor des BSV Max Frauenfelder ausdrückte, zwar über einen «vielgestaltigen Sachleistungskatalog» verfüge, diesem aber «keinen entsprechenden Sachleistungsapparat» zur Seite gestellt habe.[30] Mit kritischem Unterton strich die Schweizerische Stiftung für das zerebral gelähmte Kind pointiert die Bedeutung der privaten Behindertenhilfe ex negativo hervor: «Die Invalidenversicherung baut nicht, führt nicht und betreut nicht.»[31]

Relevanz kam im Konzept der IV auch den geschützten Werkstätten zu. Sie boten denjenigen Personen eine Arbeitsstelle an, die aufgrund ihrer gesundheitlichen Einschränkungen nicht in den ersten Arbeitsmarkt vermittelbar waren. Die Werkstätten leisteten folglich einen subsidiären Beitrag zur beruflichen Eingliederung. In den 1950er-Jahren vollzog sich in den Werkstätten ein Wertewandel. Ihr Anspruch erschöpfte sich nicht mehr darin, «Beschäftigungstherapie» zu betreiben;[32] das Ziel lautete vielmehr, sinnvolle Arbeit anzubieten, die den Mitarbeitenden das Bewusstsein vermittelte, Teil eines nützlichen und wertschöpfenden Produktionsprozesses zu sein. Für dieses Anliegen mussten zu Kooperationszwecken Unternehmen gewonnen werden. Die Arbeit in den Werkstätten sollte insbesondere auf Werkaufträge aus der Industrie ausgerichtet sein, was gleichzeitig eine Distanzierung von den typischen «Invalidenarbeiten» bedeutete.[33] Bestimmte betriebliche Produktionsschritte sollten von den Unternehmen an die Werkstätten ausgelagert werden, womit diese als «Regiebetriebe» agierten. Sollte es gelingen, sich direkt in den Produktionsprozess der Firmen einzubinden, würde ein «gegenseitiges Abhängigkeitsverhältnis» geschaffen, das den Werkstätten langfristig Arbeitsaufträge sicherte.[34] Diese Entwicklung hatte

28 Protokoll der Konferenz der deutschsprachigen Regionalstellenleiter vom 25. Februar 1960, in: BAR, Regionalstellen: Sitzungsakten (Teil 1) 1958–1960, E3340B#1987/62#220*.

29 ZAK 1965, S. 217.

30 Im Übrigen bezeichnete Frauenfelder die Inanspruchnahme versicherungsferner Einrichtungen für die Durchführung sozialstaatlicher Massnahmen als «echt schweizerische Lösung». Abend-Zeitung (Basel), Nr. 264, 12. November 1969, in: SWA, Zeitungsausschnitte Erwerbsunfähigkeit, Vo K XIII 5. Vgl. zu diesem Konzept der sozialen Sicherung in der Schweiz: Leimgruber/Lengwiler 2009, S. 23; Matter/Ruoss/Studer 2015; Ruoss 2017.

31 Basler Nachrichten, Nr. 294, 18. Juli 1969, in: SWA, Zeitungsausschnitte Erwerbsunfähigkeit, Vo K XIII 5.

32 Lüthy 1966, S. 344.

33 Nyffeler 1962, S. 61. Dieser Prozess setzte insbesondere in der zweiten Hälfte der 1950er-Jahre ein. Vermehrt waren nun Werkmeister aus der Elektroindustrie in den Werkstätten tätig, die meist der Gewerkschaft des Schweizerischen Metall- und Uhrenarbeiterverbands (SMUV) angehörten. SAEB. Mitteilungsblatt, Nr. 311, 29. August 1980, in: Archiv Inclusion Handicap, Mitteilungsblatt 1972–1988.

34 Lüthy 1966, S. 346. Die SAEB informierte 1964, bereits 50 Prozent der Produktion in den Werkstätten seien Werkaufträge. Dabei seien 80 bis 90 Prozent der Mitarbeitenden IV-Voll-

aber auch einen ganz praktischen Hintergrund: Die Hochkonjunktur hatte dazu geführt, dass nur noch Menschen mit starken Leistungseinschränkungen im zweiten Arbeitsmarkt tätig waren, während die übrigen Menschen mit Behinderung Zugang in die freie Marktwirtschaft fanden. Die Werkstätten waren nicht mehr in der Lage, anspruchsvolle Produkte für den Einzelverkauf herzustellen, weil die Mitarbeitenden häufig nicht die benötigten Fertigkeiten aufwiesen. Auch dieser Umstand trug dazu bei, dass sich Werkstätten vermehrt auf (einfache) externe Aufträge konzentrierten.[35]

Folglich wurde der industriellen Produktion nicht nur für die berufliche Eingliederung in den ersten, sondern auch in den zweiten Arbeitsmarkt eine Schlüsselfunktion zuerkannt. Für Menschen mit Behinderung sollte die Anbindung an die Privatwirtschaft im geschützten Rahmen eine «Brücke zur Arbeitswelt der Gesunden» vermitteln.[36] Die Herstellung von Gütern, die dann von Haustür zu Haustür verkauft wurden, galt als Auslaufmodell. Die in die Wirtschaft eingebundene und auf ökonomischen Prinzipien aufbauende Werkstatt wurde einem Geschäftstyp gegenübergestellt, der beim Einzelverkauf auf die Wohltätigkeit und das Mitleid der Mitmenschen setzte. Zum einen konnte die Privatwirtschaft durch die Vergabe von Aufträgen einen wichtigen Beitrag an die berufliche Eingliederung im zweiten Arbeitsmarkt leisten. Zum anderen bestand für Unternehmen die Möglichkeit, weitere Unterstützung zu leisten, indem sie bei der Arbeitsplatzgestaltung in den Werkstätten mithalfen oder Kleinmaschinen und Material den Werkstätten zur Verfügung stellten.[37]

Eine besondere Herausforderung für die IV und die private Behindertenhilfe war die berufliche Eingliederung von Menschen mit einer geistigen Behinderung. Wie bereits dargelegt, fehlten in der Frühphase der IV die passenden Angebote für diese Klientel. Die Gleichstellung mit den Körperbehinderungen sei ein «Schritt vorwärts», allerdings eile man mit diesem Novum der «allgemeinen Mentalität» voraus.[38] Bis dahin galten die Landwirtschafts- und die Haushaltshilfe als typische Berufe für Menschen mit einer geistigen Behinderung. In Zukunft sollte die Vermittlung stärker auf die Industrie ausgerichtet sein. Sie eigneten sich häufig für eine Anlehre für eine «einfache Verrichtung», wo «mechanische und schematische Arbeiten und Handgriffe» genügten.[39] Allerdings fehlten noch die dazu notwendigen Eingliederungsstätten, in denen die Betroffenen auf die Industriearbeit vorbereitet werden konnten.[40] Die Subventionen der IV dienten als Anstoss für diesen Ausbau. Francis Sandmeier, Leiter der IVR

---

rentner/-innen. SAEB. Mitteilungsblatt, Nr. 87, 28. August 1964, in: Archiv Inclusion Handicap, Mitteilungsblatt 1952–1971.

35 Seiz et al. 1992, S. 31–34.

36 Lüthy 1966, S. 346.

37 Nyffeler 1962, S. 62.

38 Zolliker 1960, S. 93.

39 Neue Zürcher Zeitung, Nr. 1824, 25. April 1966, in: SWA, Zeitungsausschnitte Invalide, Vo M Invalide.

40 Augsbourger 1965, S. 220.

Bern, schätzte die Situation 1967 folgendermassen ein: «Aujourd'hui, après 6 ans d'évolution, ils [die Eingliederungsstätten] s'efforcent de créer des programmes de formation répondant aux exigences des méthodes nouvelles et de s'adjoindre une équipe de spécialistes, tels que psychiatres, psychologues, éducateurs, pédagogues et maîtres d'apprentissage capables de doser, pour chaque sujet, le programme individuel de formation.» Der Bedarf an einem weiteren Ausbau der Angebote sei aber weiterhin gegeben.[41]

1. IVG-Revision: Der beruflichen folgt die soziale Integration

Förderung sozialer Teilhabe im IVG
Die Behindertenverbände hatten sich in den 1940er- und 1950er-Jahren für die berufliche Eingliederung starkgemacht. Die Einführung der IV verhalf diesem Anliegen zum endgültigen Durchbruch. Die zunehmenden Forderungen nach sozialer Teilhabe seit den 1960er-Jahren stehen im Kontext der gesellschaftlichen Emanzipationsbewegungen.[42] Während Menschen mit Behinderung im Gesetzgebungsprozess der IV nur wenig Einfluss geltend machen konnten, so war nun ein stärkerer politischer Aktivismus bemerkbar.[43] Die Eigeninteressenvertretung war für die «neuen sozialen Bewegungen»[44] ein wichtiges Fundament. So formierten sich auch in der Schweiz zu jener Zeit Behindertenbewegungen, die vornehmlich ein anderes Verständnis von Behinderung propagierten und eine Verbesserung der Stellung von Menschen mit Behinderung in der Gesellschaft anstrebten.[45]

Im letzten Kapitel wurde aufgezeigt, wie Eingliederungsfachleute die medizinische, berufliche und soziale Eingliederung als chronologischen Prozess verstanden, bei dem die einzelnen Eingliederungsschritte auf die vorangehenden aufbauten. Die Behinderten-Selbsthilfeorganisationen forderten im Widerspruch zu den Vertretern dieses dreistufigen Rehabilitationsmodells eine Gleichstellung der medizinischen, wirtschaftlichen und sozialen Eingliederung, die auch Eingang in die Gesetzgebung finden sollte.[46] Es wurde eine stärkere Anpassung der Mehrheitsgesellschaft an die Bedürfnisse der Menschen mit Behinderung gefordert, um «ein höheres Mass an Lebensqualität» gewährleisten zu können.[47]

Der politische Aktivismus war Ausdruck eines Anspruchs auf innere Befreiung, einer «Infirmenbefreiung».[48] Der blinde Schriftsteller Heinz Appenzel-

---

41 Sandmeier 1967, S. 41 f.
42 Kaba 2010, S. 86.
43 Bertels 2016, S. 80 f.
44 Vgl. Dahinden 1987.
45 McGowan 2011, S. 13.
46 Berner Tagwacht, Nr. 279, 29. November 1964, in: SWA, Zeitungsausschnitte Invalide, Vo M Invalide.
47 Bösl 2005, S. 125.
48 Die Tat, Nr. 73, 14. März 1964, in: SWA, Zeitungsausschnitte Invalide, Vo M Invalide.

ler argumentierte, dass nicht die wirtschaftliche Gleichstellung allein wichtig sei, sondern eine breiter gefasste Befreiung des Infirmen auf dem Weg zu mündigen Bürgerinnen und Bürgern. Es gehe «vor allem um die geistige Förderung, um die Schulung seiner Intelligenz, der Bewusst- und Innewerdung seiner selbst, um die Steigerung seiner Erinnerungs- und Erkenntnisfähigkeit. Es geht um verstärkte Verinnerlichung des Infirmen, die allein hinzuleiten vermag zur Selbstachtung, zur Würde der Persönlichkeit, zur geistigen Unabhängigkeit und wahren Freiheit.»[49] Diese Argumentationsstruktur griff weit über das hinaus, was im Rahmen der Debatten zur Einführung der Invalidenversicherung als Förderung von Selbstvertrauen, Selbstbestimmung und sozialer Teilhabe primär über Erwerbsarbeit verhandelt wurde. Die anstehenden Reformen in der IV können mit diesen behindertenpolitischen Prozessen in Verbindung gebracht werden.

Verschiedentlich wurde das Sozialwerk, insbesondere aufgrund der bescheidenen Leistungen, bereits als revisionsbedürftig beurteilt, bevor das IVG überhaupt erst in Kraft war. Es dauerte auch nicht lange, bis die ersten Gesetzesrevisionsbegehren formuliert wurden. Im Parlament wurden seit 1961 verschiedene Postulate vorgetragen, die Gesetzesüberarbeitungen anregten.[50] Das EDI und das BSV erreichten darüber hinaus entsprechende Eingaben, etwa vonseiten der Behindertenverbände. Der SIV forderte Ende 1962 ein umfassenderes Verständnis von Eingliederung, wobei eine gesetzliche Verankerung des Grundsatzes der gesellschaftlichen Eingliederung eingeführt werden sollte.[51] Ein knappes Jahr später präsentierte Pro Infirmis ein Bündel Vorschläge für eine Revision des IVG und der Vollzugsverordnungen. Im Fokus standen konkrete Vorschläge zur Überwindung von Problemen oder Ungerechtigkeiten, die sich in der alltäglichen Praxis bei der Umsetzung des neuen Gesetzes zeigten.[52]

Im November 1964 fasste das EDI den Entschluss, eine Expertenkommission für die Revision des IVG einzuberufen. Im Februar 1967 folgte die Botschaft des Bundesrats zum Gesetzesentwurf. Die Landesregierung rühmte das gute Funktionieren der IV und konstatierte, dass die Sozialversicherung auf den richtigen Grundsätzen fusse.[53] Da es sich allerdings um ein neu eingeführtes Gesetzeswerk handle, seien «einige Lücken und Unebenheiten im Versicherungssystem» aufgetreten und in der Öffentlichkeit wurde «auf das Ungenügen dieser oder jener Leistung hingewiesen».[54] Aufgrund der bisher, nach seiner Ansicht, insgesamt erfreulichen Erfahrungen sah sich der Bundesrat allerdings nicht dazu veranlasst, strukturelle Veränderungen an der IV vorzunehmen. Die Gesetzesrevision solle vielmehr im Bereich der Versicherungsleistungen – so lautete die

49 National-Zeitung, Nr. 353, 3. August 1967, in: ebd.
50 Bundesrat 1967, S. 656.
51 Neue Zürcher Zeitung, Nr. 121, 12. Januar 1963, in: SWA, Zeitungsausschnitte Erwerbsunfähigkeit, Vo K XIII 5.
52 Pro Infirmis 1964.
53 Bundesrat 1967, S. 657.
54 Ebd., S. 655 f.

oft verwendete Losung für die 1. IVG-Revision – vorhandene «Lücken und Härten»[55] eliminieren und zusätzlich einige Vereinfachungen auf organisatorischer Ebene ermöglichen.

Neben Massnahmen zur Verbesserung der Erwerbsfähigkeit wurden nun auch Leistungen für die Förderung der sozialen Integration vorgeschlagen. Folglich wurde der Eingliederungsgedanke im Rahmen der 1. IVG-Revision erweitert. Sowohl die Expertenkommission als auch der Bundesrat kamen zum Schluss, dass es gerechtfertigt sei, «bestimmte Leistungen auch ohne Rücksicht auf die Erwerbsfähigkeit zu gewähren, namentlich um Schwerstinvaliden die Selbstsorge und allenfalls den Kontakt mit der Umwelt zu erleichtern».[56] Die sozial-integrativen Elemente bedeuteten eine zaghafte Abkehr von der bisherigen Praxis. Diese Reform fand etwa im Bereich der Sonderschulung ihren Niederschlag.[57] Die Expertenkommission teilte «einhellig» die Auffassung, «dass die Behandlung der Geburtsgebrechen ohne Rücksicht auf die Eingliederungsfähigkeit des Versicherten von der IV übernommen werden sollte, und dass die Sonderschulbeiträge immer dann zu gewähren sind, wenn Aussicht auf eine, wenn auch nur lebenspraktische, Förderung besteht».[58] Des Weiteren sollten nun Versicherte, die nicht eingliederungsfähig waren, Anspruch auf Hilfsmittel erheben können, da diese «ihre Selbständigkeit in den täglichen Verrichtungen und im Kontakt mit der Umwelt verbessern».[59] Konventionentheoretisch wurde im Zuge der Gesetzesrevision die staatsbürgerliche Rechtfertigungsordnung stärker betont, die rhetorisch bereits in den Debatten zur Einführung des Sozialwerks formuliert, aber nicht in den Gesetzeskorpus überführt wurde. Die neuen Eingliederungsmassnahmen sollten die Einbindung von Menschen mit Behinderung – auch fernab der Erwerbsarbeit – in das gesellschaftliche Kollektiv begünstigen.

Die Rolle der Arbeitgeberverbände bei der Gesetzesrevision
Für die Arbeitgeberverbände stand, parallel zu den Debatten zur Einführung der IV, die Frage der (Mehr-)Kosten der geplanten Massnahmen im Vordergrund. Der ZSAO beabsichtigte, dem der Expertenkommission zur Diskussion vorgelegten – so die Beurteilung des ZSAO – «Maximalprogramm» ein «Minimalprogramm» gegenüberzustellen,[60] wobei «die Frage der Finanzierung der Revision Angelpunkt künftiger Diskussionen» sein werde.[61] Anfänglich wurde in

55 Ebd., S. 658.
56 Ebd., S. 668 f.
57 Das Eidgenössische Versicherungsgericht hatte nach Einführung des IVG beschlossen, dass die IV Beiträge an die Sonderschulung ablehnen könne, wenn feststehe, dass die betroffenen Kinder und Jugendlichen nie einer Erwerbsarbeit nachgehen könnten. St. Galler Tagblatt, Nr. 36, 22. Januar 1965, in: SWA, Zeitungsausschnitte Erwerbsunfähigkeit, Vo K XIII 5.
58 Eidgenössische Expertenkommission für die Revision der Invalidenversicherung 1966, S. 28 f.
59 Ebd., S. 55.
60 Das Diskussionsprogramm der Expertenkommission umfasste über 80 Revisionsvorschläge.
61 Protokoll der Konferenz der Geschäftsführer der Mitgliedschaftsverbände vom 18. und 19. März 1965, in: Archiv SAV, Protokolle.

Erwägung gezogen, dass die Arbeitgebervertreter bei der Eintretensdebatte die Notwendigkeit der Gesetzesrevision insgesamt infrage stellen würden. Man kam dann aber zum Schluss, dass das Vorhaben keine Aussicht auf Erfolg hätte. Die Vertreter der Arbeitgeberverbände sollten «gewisse Zugeständnisse» machen, um sich in der Expertenkommission nicht zu isolieren. «Mit einer rein negativen Haltung liefen wir nämlich Gefahr, in der 46-köpfigen Expertenkommission überfahren zu werden, in der die fünf Arbeitgebervertreter samt zugewandten Orten sehr stark in der Minderheit sind, während ein gewisses Entgegenkommen bei der Behandlung von Härtefällen einen gewissen Goodwill schaffen mag, welcher sich bei der Ablehnung von überspannten Forderungen zu unsern Gunsten auswirken dürfte.» Der ZSAO verfolgte deshalb eine Strategie des Kompromisses, da seiner Ansicht nach die Expertenkommission der einzige Ort war, wo man die eigenen Anliegen effektiv einbringen konnte: «Da sich kaum ein Gebiet wie die IV so dazu eignet, unter Berufung auf Einzelfälle an das Mitleid der Bevölkerung zu appellieren, bestehen wenig Chancen, vor einem andern Gremium als der Expertenkommission mit unsern Postulaten Gehör zu finden.»[62] Die Arbeitgeberverbände verfolgten zunächst das Ziel, «das Revisionsprogramm zu komprimieren». Sollten sich schwerwiegende finanzielle Auswirkungen abzeichnen, würden die Arbeitgebervertreter den Vorschlag einer Erhöhung der Beitragssätze (Lohnprozente für Arbeitgeber und -nehmende) «vorerst ablehnen und versuchen, auf Grund dieser Ablehnung das Revisionsprogramm noch einmal zu komprimieren».[63]

Da einige finanziell gewichtige Revisionsvorschläge von der Expertenkommission abgelehnt wurden (zum Beispiel die Gewährung von Eingliederungsmassnahmen und Hilflosenentschädigungen an Altersrentnerinnen und -rentner), verliefen die Verhandlungen im Grossen und Ganzen im Sinne der Arbeitgeberverbände. Das beschlossene Revisionspaket bewegte sich in einem (finanziell) überschaubaren Rahmen. Deswegen teilte der ZSAO seinen Mitgliedern in einem Kreisschreiben mit, «dass die im Expertenbericht in Aussicht genommenen Leistungsverbesserungen sowie deren Finanzierung annehmbar» seien.[64]

In der Vernehmlassung erteilten der ZSAO und der Vorort gemeinsam ihre Zustimmung zum Gesetzesentwurf des Bundesrats. Diese Zustimmung galt nicht nur den angenommenen Revisionsvorschlägen, sondern explizit auch der Ablehnung der verworfenen Änderungsanträge. Die beiden Spitzenverbände monierten drohende bevorstehende «Ausgabenüberschüsse des Bundes», die wesentlich auch der bisherigen «Wohlfahrtseuphorie» geschuldet seien. Kritisch befasste man sich auch mit der Ausdehnung des Eingliederungsbegriffs, die nicht dazu führen dürfe, dass Massnahmen nun inflationär gewährt würden. «Der Ver-

62 Protokoll des Vorstands vom 10. Februar 1965, in: ebd.
63 Protokoll der Konferenz der Geschäftsführer der Mitgliedschaftsverbände vom 18. und 19. März 1965, in: ebd.
64 Kreisschreiben Nr. 23 vom 8. September 1966, in: Archiv SAV, Zirkulare.

zicht auf eine Verbesserung der Erwerbsfähigkeit als Anspruchsvoraussetzung kann […] nicht den Sinn haben, dass die erwähnten Leistungen den Ansprechern nach der Revision voraussetzungslos gewährt werden sollen.»[65] Die Arbeitgeberverbände befürchteten schliesslich, dass das Parlament bei der Behandlung der Gesetzesvorlage weiteren, bisher nicht berücksichtigten Revisionsbegehren zustimmen könnte, womit zusätzliche Kosten entstehen würden.[66] Letztlich erwies sich diese Sorge als unbegründet, da die Bundesversammlung keine bedeutenden Veränderungen an der Gesetzesvorlage vorschlug. Das revidierte IVG trat per 1. Januar 1968 in Kraft.

Mobilisierung der «Arbeitskraftreserven»

Die «Arbeitskraftreserven» sollten dazu beitragen, die hohe Nachfrage nach Mitarbeitenden in den Unternehmen zu decken. Obschon die Weiterbeschäftigung der eigenen invalid gewordenen Mitarbeitenden weiterhin im Vordergrund stand, entwickelte sich in dieser Phase der Hochkonjunktur auch die Rekrutierung von Menschen mit Behinderung zu einem wichtigeren Handlungsfeld für die Arbeitgeber.

Akuter Arbeitskräftemangel in der freien Wirtschaft

Der Arbeitskräftemangel[67] hatte einen positiven Einfluss auf die berufliche Eingliederung von Menschen mit Behinderung. Ihnen kam in dieser Phase des starken wirtschaftlichen Aufschwungs genau die Funktion zu, die ihnen von den Eingliederungsfachleuten in den 1950er-Jahren aufgrund der Hochkonjunktur zugedacht wurde: Sie sollten als Arbeitskräftereservoir fungieren, das von der Wirtschaft eingesetzt werden konnte, um den Personalbedarf – insbesondere im gering qualifizierten Tieflohnsegment – zu decken.

Für die Arbeitgeberverbände nahm die Mangellage auf dem Arbeitsmarkt alarmierende Ausmasse an. In der «Schweizerischen Arbeitgeber-Zeitung» wurde Anfang der 1960er-Jahre der «Arbeitsmarkt zum wohl vordringlichsten und heikelsten wirtschaftlichen Problem der kommenden Jahre», da keine Anzeichen für eine Entspannung der prekären Situation zu erkennen seien.[68] Vielmehr wurde befürchtet, dass die «Engpässe auf dem Arbeitsmarkt» für die

65 Vernehmlassung zur 1. IVG-Revision vom 31. Oktober 1966, in: AfZ, Vorort-Archiv, Umfrage zur ersten Revision der Invalidenversicherung vom 27. Februar 1969, 96.2.3.

66 Vereinigung des Schweizerischen Import- und Grosshandels (Basel). Vernehmlassung des Vororts zur 1. IVG-Revision vom 17. Oktober 1966, in: AfZ, Vorort-Archiv, Umfrage zur ersten Revision der Invalidenversicherung vom 27. Februar 1969, 96.2.3.

67 Für einen Überblick zum historischen Verlauf des Verhältnisses zwischen stellensuchenden Personen und offenen Stellen: Müller/Woitek 2012, S. 139.

68 SAZ 1961, S. 198.

nächsten Jahre oder gar Jahrzehnte anhalten würden.[69] Im Fokus der Arbeitgeber standen primär voll leistungsfähige Personen. Da der Arbeitsmarkt «total ausgetrocknet» sei, müssten Unternehmen, die einheimische Arbeitskräfte anstellen möchten, diese anderen Firmen «wegengagieren». Es werde eine regelrechte «Personaljagd» betrieben.[70] Ausländische Arbeitskräfte waren in dieser Notlage die wichtigste Ressource für die Wirtschaft.[71] Als häufig unqualifizierte Arbeiterschaft trug sie zur «Unterschichtung» des schweizerischen Arbeitsmarkts bei, was gleichzeitig Schweizerinnen und Schweizern zu beruflichen Aufstiegsmöglichkeiten verhalf.[72] Die Arbeitgeberverbände bestätigten, dass die Rekrutierung von ausländischen Arbeitskräften eine «gewisse Erleichterung» gebracht habe und sie entscheidend zum Wachstum des Wirtschaftspotenzials der Schweiz beitragen würde. Allerdings monierten sie bereits in den frühen 1960er-Jahren, dass diese Quelle allmählich zu versiegen drohe, da der Arbeitskräftemangel kein rein schweizerisches, sondern ein europäisches Phänomen sei. Zudem löse die «ungehemmte» Einwanderung zusehends auch staatspolitische und demografische Bedenken aus.[73]

Die Wirtschaft beanstandete aber auch die gestärkte Position der Arbeiterschaft. Für die hohe Personalfluktuation seien nicht allein die Unternehmen verantwortlich. Arbeitnehmende konnten aus dem Vollen schöpfen und wechselten bei Gelegenheit an besser dotierte Stellen.[74] Die Arbeitgeberverbände sorgten sich um die «Qualität der Arbeitsleistungen».[75] Es lastete nur ein geringer Druck auf den Angestellten, was sich negativ auf die Motivation und Arbeitseinstellung auswirken konnte. Sie wussten um den dringenden Bedarf jeder einzelnen Arbeitskraft des Unternehmens und mussten sich auch bei einem allfälligen Stellenverlust keine grösseren Sorgen machen, da sie in der Regel mühelos anderswo eine neue Beschäftigung finden würden. Dieser Schwächung der Arbeitgeber stehe eine aktuelle «Machtposition» der Gewerkschaften gegenüber, so die Arbeitgeberverbände.[76] Als Indiz für diese Prozesse kann die Entwicklung der Reallöhne beigezogen werden. Diese stiegen in der Schweiz zwischen 1960 und 1970 um 40 Prozent.[77]

---

69 Allenspach 1971, S. 142.
70 SAZ 1962, S. 80.
71 Die ausländischen Arbeitskräfte trugen dazu bei, dass in der Schweiz in den 1960er-Jahren die Differenz zwischen Arbeitsnachfrage und -angebot kaum zunahm. Müller/Woitek 2012, S. 139 f.
72 Tanner 2015, S. 399. Vgl. Lorenzetti 2012, S. 248.
73 SAZ 1962, S. 80.
74 Lehmann 1972, S. 18.
75 Schweizerischer Gewerbeverband 1971a, S. 152.
76 SAZ 1962, S. 826. Die zunehmende Bedeutung der Gewerkschaften ist nicht zuletzt auf die Wirtschaftsartikel von 1947 zurückzuführen. Der Bund war nun verpflichtet, sie bei politischen Entscheiden, die die Arbeitnehmenden betrafen, einzubinden. Degen 2012, S. 903.
77 BFS 2019a. Diese Aussage kann aber dahingehend abgeschwächt werden, als die Reallohnentwicklung «deutlich» hinter den Produktionszuwächsen zurückblieb. Tanner/Studer 2012, S. 650.

Kritik von den Arbeitgeberverbänden ernteten auch die öffentlichen Betriebe. Diesen wurde vorgeworfen, sie würden der Privatwirtschaft die benötigten Arbeitskräfte abwerben. Für Arbeiten, «die durch ungelernte und angelernte Arbeitskräfte ebenso gut besorgt werden könnten», würden ausgebildete Berufsleute rekrutiert. So wurde etwa das Verhalten der Verkehrsbetriebe der Stadt Zürich beanstandet, die für die Ausübung des Berufs des Schaffners eine abgeschlossene Berufslehre voraussetzten. Dies komme einer «Verschwendung wertvoller Produktivkräfte» gleich. Der Dienst könne genauso gut von «angelernten Kräften», wie Teilinvaliden oder Frauen, geleistet werden, statt Schlosser oder Mechaniker dafür einzusetzen.[78]

Dieses Beispiel zeigt die Stellung am Rande des Arbeitsmarkts, die Menschen mit Behinderung, gemeinsam mit anderen Gruppen von Arbeitnehmenden, von den Arbeitgeberverbänden zugewiesen wurde. Das Arbeitskräftereservoir sollte quasi die übrig gebliebenen Löcher im Arbeitsmarkt füllen. Für die Arbeitgeber gehörten zu diesen «unsichtbaren Arbeitskraftreserven» (verheiratete) Frauen, Pensionierte, Studierende und Menschen mit Behinderung.[79] Als wichtigste Produktivquelle wurden die (Ehe-)Frauen identifiziert,[80] die sich in dieser Rolle bereits länger «bewährt» hatten. Diese Funktion kam den Frauen schon während des Aktivdiensts im Ersten Weltkrieg zu, wobei diese nach Kriegsende auch schnell wieder «abgebaut» wurden.[81] Es fällt die Ähnlichkeit der Funktion auf, die Menschen mit Behinderung und Frauen auf dem Arbeitsmarkt zugeteilt wurde. Sie hatten eine Konjunkturpufferfunktion. Bei hohem Personalbedarf konnten sie mobilisiert werden. Häufig agierten diese Arbeitsmarktakteure und -akteurinnen unter prekären Arbeitsbedingungen. Ihre Beschäftigung war besonders konjunkturanfällig.

In der «Schweizerischen Gewerbezeitung», der Zeitschrift des Schweizerischen Gewerbeverbands, wurde die Anstellung von Altersrentnerinnen und -rentnern sowie Menschen mit Behinderung hingegen primär aus «sozialpsychologischer Notwendigkeit» begründet.[82] Nichtsdestotrotz konnten auch diese Gesellschaftsgruppen einen wertvollen Beitrag gegen den Arbeitskräftemangel leisten. Der Schweizerische Gewerbeverband fertigte Anfang der 1970er-Jahre ein «Merkblatt» für gewerbliche Unternehmen an, in dem für die Engpässe beim Personal unter anderem das Engagement von Menschen mit Behinderung vorgeschlagen wurde, die bei entsprechender Schulung eine zwar «angepasste, aber vollwertige Arbeit zu leisten vermögen».[83]

78 SAZ 1961, S. 206.
79 Schweizerischer Gewerbeverband 1971a, S. 160.
80 Statistisch erhöhte sich während der Trente Glorieuses die Erwerbsquote der Frauen im Alter zwischen 15 und 64 Jahren. Lorenzetti 2012, 238 f.
81 Tanner 2015, S. 121.
82 Allenspach 1971, S. 143.
83 Schweizerischer Gewerbeverband 1971b, S. 163.

Unternehmen konnten in begrenztem Umfang auch auf den zweiten Arbeitsmarkt zurückgreifen, der sich wie dargelegt verstärkt an industriellen Prozessen orientierte und Produktionsaufträge abwickeln konnte. Mobilisierungspotenzial bestand also selbst bei Arbeitskräften, die nicht in der freien Wirtschaft tätig waren. Der ASM machte seine Mitglieder darauf aufmerksam, «dass im Zeichen der Personalknappheit die in den Werkstätten für Behinderte vorhandenen Arbeitskräfte noch besser ausgewertet werden könnten». Gleichzeitig bestehe die Möglichkeit, in den Werkstätten ausgebildete (mehrheitlich geistig) behinderte Personen von den Betrieben für Arbeiten anzustellen, die in jeder Firma anfallen würden, wie «einfache Hilfsarbeiten, bescheidene Teilarbeiten, Putz- und Aufräumarbeiten oder als Mitfahrer».[84] Der ASM unterstrich die doppelte Bedeutung solcher Aufträge: Zum einen könne die Auslagerung von bestimmten Arbeiten zu einer Entlastung des Unternehmens beitragen, zum anderen erweise man damit einen löblichen Dienst, «car on redonne à des êtres humains la confiance, l'espoir, la dignité de se rendre utiles».[85]

Wie im letzten Kapitel diskutiert, war für die Unternehmen die Bildung einer loyalen Betriebsgemeinschaft ein wichtiges Anliegen. Die Lage des Arbeitsmarkts in der Phase der Hochkonjunktur wurde von den Arbeitgebern allerdings als Gefahr für dieses Ziel aufgefasst. Sie stellten sowohl die Produktivität als auch die Betriebstreue der Angestellten infrage.[86] Die ständige Rekrutierung von neuen Arbeitskräften bei vorangegangenen Abgängen bedeutete auch einen finanziellen, personellen und zeitlichen Mehraufwand, auf den die Betriebe gerne verzichtet hätten. Menschen mit Behinderung konnten in diesem Zusammenhang vom Sozialstaat als wertvolle Arbeitskräfte beworben werden. Die IVR Luzern betonte, dass Menschen mit Behinderung dankbar um ein Engagement seien und deswegen Einsatzfreude zeigten und dem Betrieb auch längerfristig treu bleiben würden. Sie wüssten «einen guten Arbeitsplatz zu schätzen». Solche Vorzüge seien bei voll leistungsfähigen Personen zunehmend Mangelware: «Arbeitnehmer, die einen Arbeitsplatz nicht nur aus dem Gesichtswinkel des hohen Verdienstes betrachten, sondern die innerhalb eines Betriebes auch Verantwortung mitzutragen gewillt sind, werden ja immer seltener.» Die hohe Fluktuation wirke sich dabei ungünstig auf den Produktionsablauf in den Unternehmen aus.[87] Die IVR priesen folglich loyale (und erschwingliche) Mitarbeitende an, die sich mit Hingabe im Betrieb engagierten.

Menschen mit Behinderung nahmen in der Hochkonjunktur für die Wirtschaft eine wichtige Funktion wahr. In Zeiten hoher Personalfluktuation konn-

---

84 Rundschreiben «An unsere Mitgliederfirmen im Kanton Zürich und in den benachbarten Kantonen» vom 15. April 1964, in: AfZ, Archiv ASM, Rundschreiben an einige Mitglieder, Nr. 338.

85 Rundschreiben «Aux entreprises affiliées de la Suisse romande, y compris la région de Bienne» vom 15. April 1969, in: AfZ, Archiv ASM, Rundschreiben an einige Mitglieder, Nr. 340.

86 1969 betrug die Abwanderungsquote in den Betrieben der Maschinen- und Metallindustrie 28,5 Prozent der Gesamtbelegschaften. SAZ 1971, S. 111.

87 BSV. Auswertung der Jahresberichte der IVR (1961), in: BAR, E3340B#1987/62#211*, S. 49.

ten sie einen Beitrag zur Aufrechterhaltung des Produktionsprozesses der Unternehmen beisteuern und Stellen im Niedriglohnsektor besetzen, die für andere Arbeitsmarktakteure unattraktiv waren. Gleichzeitig kann aber auch angenommen werden, dass die wirtschaftlich besonders günstige Lage einen positiven Effekt für die berufliche Eingliederung hatte. Die Unternehmen erlebten eine «Gewinnexplosion»,[88] die es den Arbeitgebern ermöglichte, Personen mit Leistungseinschränkungen zu engagieren, auch wenn diese Anstellungsverhältnisse in manchen Fällen nur bedingt wirtschaftlich rentabel waren.

Auffällig ist schliesslich, wie stark die berufliche Eingliederung als Thema für die Arbeitgeberverbände in den 1960er-Jahren an Bedeutung verloren hatte, während ein Jahrzehnt früher noch intensive Diskussionen darüber geführt wurden. Bei arbeitsmarktlichen Fragen rückten die ausländischen Arbeitskräfte in den Mittelpunkt der Debatten. Mit der Einführung der IV scheint die Angelegenheit für die Arbeitgeber zu einem behindertenpolitischen Abschluss gekommen zu sein.

Der Aufbau innerbetrieblicher Integrationsstrukturen

Die hohe Arbeitskräftenachfrage, die (finanzielle) Unterstützung der IV bei der Arbeitsintegration sowie die hervorragende finanzielle Verfassung zahlreicher Unternehmen begünstigten die berufliche Eingliederung von Menschen mit Behinderung. Im Fokus der Arbeitgeber stand dabei primär die Weiterbeschäftigung der eigenen verunfallten oder erkrankten Mitarbeitenden. Aber auch die Anstellung von Menschen mit Behinderung – zum Teil über gezielte Rekrutierung – wurde populärer. Für diese unterschiedlichen Praktiken entwickelten engagierte Betriebe innerbetriebliche Strukturen der (Weiter-)Beschäftigung.

In der Hochkonjunktur galten Menschen mit Behinderung als wichtiges Reservoir an Produktivkräften, auf das die Wirtschaft bei Bedarf zurückgreifen konnte. Für die Unternehmen dürften zusätzlich die neu implementierten beruflichen Massnahmen der IV einen positiven Impuls auf die berufliche Eingliederung ausgeübt haben. Da die IV die Kosten für Arbeitsplatzanpassungen übernahm, wurde die Beschäftigung von Menschen mit Behinderung auch finanziell attraktiver. Mit dem neu eingeführten Gesetz stand die Wirtschaft zudem in der Pflicht, Kooperationsbereitschaft zu zeigen, da sie sich selbst für eine liberale Lösung starkgemacht hatte.

Es dürfte sich in diesem Zusammenhang nicht um einen Zufall handeln, dass die Betriebsleitung der Firma Landis & Gyr ausgerechnet im Jahr 1960 den Beschluss fasste, etwa 20 blinde Personen in verschiedenen Abteilungen des Unternehmens zu beschäftigen.[89] Das Unternehmen verlangte dafür aktiv

---

88 Tanner 2015, S. 333.
89 Hauszeitschrift Landis & Gyr 1960 (3/4), in: AfZ, Archiv Landis & Gyr, Nr. 2700, S. 78.

die (finanzielle) Unterstützung der IV für die Errichtung von Wohnraum in der Nähe der Produktionsstätten.[90] Bei den SBB wurde die Einführung des IVG als Auftrag aufgefasst, sich intensiver mit der Thematik auseinanderzusetzen. In «Anlehnung an die Bestimmungen des Gesetzes über die Invalidenversicherung» solle der Wiedereingliederung von Menschen mit Behinderung «alle Aufmerksamkeit geschenkt» werden, wie es im Bericht des Geschäftsjahrs 1960 hiess.[91] Für die Direktorenkonferenz wurde der ohnehin bestehenden moralischen Verpflichtung, «invalid gewordene Eisenbahner im eigenen Unternehmen weiterzubeschäftigen», nun auch eine gesetzliche Verpflichtung zur Erfüllung des sozialstaatlichen Eingliederungsimperativs zur Seite gestellt. Die Invalidenversicherung ermögliche und zwinge das Unternehmen zu einer «Intensivierung» der Praktiken im Rahmen der «Invalidenpflege».[92]

Mehrere grössere Unternehmen, die Menschen mit Behinderung beschäftigten, entwickelten für diese Aufgabe innerbetriebliche Eingliederungsstrukturen. Die SBB richteten 1965 einen Dienst für Eingliederung ein. Dieser fungierte als Koordinationsstelle zwischen den involvierten Akteuren (Bahnärztlicher Dienst, Psychologischer Dienst, IV etc.). Als Ergänzung wurden in den einzelnen Dienstabteilungen zusätzlich Sachbearbeiterinnen und -bearbeiter für Eingliederungsfragen eingesetzt. Sie waren unter anderem damit beauftragt, «laufend nach Arbeitsplätzen Umschau zu halten, welche unter den bestehenden Gegebenheiten oder nach entsprechenden Anpassungen für körperlich Behinderte in Frage kommen können».[93] Wie die SBB führte auch die PTT 1972 einen Dienst für Eingliederung ein und bot zusätzlich in der Generaldirektion und in den einzelnen Kreisdirektionen Sachbearbeiterinnen und -bearbeiter für die Eingliederung auf.[94] Bei der Firma Landis & Gyr war in den 1960er-Jahren ein Sachbearbeiter für die Unfallverhütung und Eingliederung von Menschen mit Behinderung tätig. Als ausgebildeter Werkmeister war er mit den Produktionsprozessen vertraut, inspizierte potenzielle Arbeitsstellen im Betrieb und war für die Anpassung der Arbeitsplätze sowie die Instruktion von Vorgesetzten und Betroffenen zuständig. Die verantwortliche Person für die berufliche Eingliederung unterstrich, dass es für ein grosses Unternehmen notwendig sei, die Arbeitsintegration von einer zentralen Stelle aus zu steuern, um die Abteilungsleitungen von dieser Aufgabe zu entlasten.[95]

---

90 Protokoll der Direktionskonferenz vom 3. Februar 1961, in: AfZ, Archiv Landis & Gyr, Protokolle Direktionskonferenz, Nr. 186.
91 SBB 1961 (Geschäftsbericht 1960), S. 23.
92 Protokoll der Direktorenkonferenz vom 15. Dezember 1960, in: SBB-Archiv, Protokolle der Direktoren-Konferenzen 247–255, GD_GS_SBB18_046.
93 Allgemeines Zirkular 24/65 vom 24. Dezember 1965, Eingliederung von körperlich behinderten oder aus gesundheitlichen Gründen für den angestammten Dienst dauernd untauglich erklärten Bediensteten, in: SBB-Archiv, Allgemeine Zirkulare 1965, 101_0177.
94 Reglement über die Eingliederung von Behinderten (1973), in: PTT-Archiv, P-79-30d-1973.
95 Reidy 1965, S. 50 f.

Die Anstrengungen bezogen sich primär auf die Weiterbeschäftigung von verunfallten oder erkrankten Mitarbeitenden. Mit der Einführung der IV 1960 wurde bei den SBB das 1943 eingeführte Reglement für Teilinvalide revidiert. Die Anweisungen zielten vorrangig auf die «Weiterbeschäftigung von Teilinvaliden», nun unter Berücksichtigung der Massnahmen der IV.[96] Die PTT bezeichnete die Weiterbeschäftigung von Menschen mit Behinderung als «moralische Aufgabe», die es bei einem gegenseitigen Abhängigkeitsverhältnis zu erfüllen galt. Wichtig war die Beziehung zwischen Unternehmen und Angestellten: «Die moralische Verpflichtung erwächst aus dem Partnerschaftsverhältnis von Arbeitgeber und Arbeitnehmer, wo jeder Teil bestrebt ist, durch sein Angebot die Nachfrage des andern zu befriedigen.»[97]

Diese Ausführungen decken sich mit den ersten Erfahrungen der IVR. Diese hatten konstatiert, dass die Stellenvermittlung bei KMU erfolgreicher verlaufe als bei Grossbetrieben. Letztere fokussierten primär auf die Weiterbeschäftigung der eigenen verunfallten oder erkrankten Mitarbeitenden und bauten entsprechende Eingliederungsstrukturen auf. Kleinere Betriebe hatten hingegen nicht die Kapazitäten, um solche Strukturen zu kreieren. Es kann folglich angenommen werden, dass sie für die berufliche Eingliederung stärker auf die Unterstützung der IV angewiesen waren und diese deswegen auch häufiger in Anspruch nahmen.[98]

Die Direktorenkonferenz der SBB erwartete, dass mit der Einführung der IV die IVR für die Stellenvermittlung aktiv auf das Unternehmen zugehen würden. Die Möglichkeiten für solche Anliegen seien allerdings «sehr beschränkt», weil «wir […] selber ausserordentlich viele Leute haben, die im Bereiche der Betriebsgefahren nurmehr beschränkt verwendbar sind. […] Viel wichtiger für uns ist nun aber die andere Seite, nämlich die Eingliederung unserer *eigenen Invaliden*.» Schliesslich sei es nicht in Ordnung, «möglichst keine Teilinvaliden übernehmen» und gleichzeitig die eigenen Leute «abschieben» zu wollen.[99] Die Weiterbeschäftigung wurde folglich auch als gesellschaftliche und volkswirtschaftliche Pflicht gedeutet, da Betroffene sonst der Allgemeinheit zur Last fallen würden. Bei den SBB waren verschiedene Massnahmen in Planung. In der ersten Hälfte der 1960er-Jahre wurde in der Oberbauwerkstätte Hägendorf (SO) ein Versuch für eine «gruppenweise Beschäftigung von Invaliden» bei der Sortierung von Kleinmaterial lanciert. Angestellte mit einer Behinderung wurden auch an Ausbildungskurse der Brunau-Stiftung für eine Umschulung im Lochkartenwesen angemeldet.[100] Die (Weiter-)Beschäftigung war für das Unternehmen auch ökonomisch sinnvoll. Bei den SBB wurde der Bahnärztliche Dienst aufgrund

96 Allgemeines Zirkular 39/60 vom 1. September 1960 «Weiterbeschäftigung von Teilinvaliden», in: SBB-Archiv, Allgemeine Zirkulare 1960, 101_0172.

97 Handbuch für die Eingliederung Behinderter (1973), in: PTT-Archiv, P-79-35d-1974, Vorwort.

98 Dieser Befund gilt noch heute; vgl. Nadai et al. 2019.

99 Protokoll der Konferenz der Generaldirektion und der Kreisdirektionen der Schweizerischen Bundesbahnen vom 15. Dezember 1960, in: SBB-Archiv, Protokolle der Direktoren-Konferenzen 247–255, GD_GS_SBB18_046. Hervorhebung im Original.

100 Protokoll der Konferenz der Generaldirektion und der Kreisdirektionen der Schweizerischen

des hohen Personalbedarfs damit betraut, zu untersuchen, ob bei Bewerberinnen und Bewerbern «trotz gewisser gesundheitlicher Mängel und dem damit erhöhten Morbiditäts- und Invaliditätsrisiko» eine Anstellung verantwortet werden könne.[101] Aufgrund der Rekrutierungsschwierigkeiten sei die Anstellung von Menschen mit Behinderung für das Unternehmen eine wirtschaftlich interessante Option.[102]

Unternehmen versuchten zunehmend auch alternative Arbeitsmodelle anzubieten, damit insbesondere Frauen mit Care- und Haushaltsverpflichtungen engagiert werden konnten. Bei Landis & Gyr zum Beispiel wurden die Mitarbeitenden 1960 aufgefordert, in ihrem Verwandten- und Bekanntenkreis Personen auf die bestehenden Beschäftigungsmöglichkeiten des Betriebs aufmerksam zu machen. So wurden für potenzielle Arbeitskräfte, die «sich aus dem einen oder anderen Grunde nicht für die ganze Arbeitszeit freimachen können», Teilzeitarbeitsstellen angeboten.[103] Solche Modelle waren auch für behinderte Personen interessant, die aufgrund ihrer gesundheitlichen Einschränkungen keine Vollzeitarbeit verrichten konnten oder eine IV-Teilrente bezogen. Landis & Gyr verstand die Heimarbeit als weiteren «Puffer», mit dem «Belastungsspitzen» teilweise abgefedert werden konnten.[104] Auch hier standen primär Frauen im Blickpunkt, Heimarbeit konnte aber auch von Menschen mit Behinderung ausgeführt werden.

Für eine gerechte Entschädigung der behinderten Arbeitskräfte eignete sich die industrielle Produktion besonders gut. Bei Landis & Gyr wurde in den Werkstätten im Akkord gearbeitet. So konnte, wie betont wurde, ein «ausgesprochener Leistungslohn» entrichtet werden, der eine präzise Mess- und Vergleichbarkeit sicherstellte.[105] Das Unternehmen konstatierte, dass die Leistungen sehbehinderter Personen beinahe dieselben seien wie bei Sehenden. Im Schnitt liege die quantitative Leistung etwa 10 Prozent unter der Normalleistung.[106]

Bei Unternehmen, die von einem Patron geführt wurden, war die Haltung des Betriebs zu sozialen Anliegen in besonderem Masse von der Einstellung des Chefs abhängig. Verfügte dieser über eine soziale Ader, so drückte sich das auch in der Unternehmenskultur aus. Ein Beispiel ist Walter Franke, der die Küchen-, Sanitär- und Industriefirma Franke von 1935 bis 1975 leitete.[107] Franke zeigte ein

Bundesbahnen vom 17. Februar 1964, in: SBB-Archiv, Protokolle der Direktoren-Konferenzen 256–266, GD_GS_SBB18_047.
101 SBB 1963 (Geschäftsbericht 1962), S. 27.
102 Protokoll der Konferenz der Generaldirektion und der Kreisdirektionen der Schweizerischen Bundesbahnen vom 17. Februar 1964, in: SBB-Archiv, Protokolle der Direktoren-Konferenzen 256–266, GD_GS_SBB18_047.
103 Mitteilung an die Mitarbeiter (1960), in: AfZ, Archiv Landis & Gyr, Mitteilungen und Bekanntmachungen, Nr. 244.
104 Hauszeitschrift Landis & Gyr 1961 (1/2), in: AfZ, Archiv Landis & Gyr, Nr. 2700, S. 16.
105 Informationsschreiben «Sie zählen nun auch zu uns …», in: AfZ, Archiv Landis & Gyr, Nr. 242, S. 15.
106 SAZ 1960, S. 952.
107 Vgl. Franke Artemis Management AG 2011.

starkes soziales Engagement, das sich in unterschiedlichen Formen in seinem regionalen Wirkungsgebiet manifestierte.[108] Er setzte sich auch für die Anliegen von Menschen mit Behinderung ein. Franke war etwa massgeblich an der Gründung des 1962 eröffneten Arbeitszentrums für Behinderte in Strengelbach (AG) beteiligt. Die Einrichtung war als Arbeits- und Ausbildungsstätte mit Wohnmöglichkeiten für Erwachsene konzipiert und besass für die Schweiz Pioniercharakter.[109] Im Übrigen war die IV auch bei diesem Projekt involviert, da sie einen gewichtigen finanziellen Beitrag an die Realisierung des Arbeitszentrums einschoss.[110] Im Unternehmen Franke wurde bestätigt, dass es die Unterstützung des Sozialwerks möglich machte, «ohne eine allzu erdrückende Schuldenlast» zu agieren.[111] Walter Franke hatte eine enge Beziehung zu seinen Mitarbeitenden, von denen er, so wird berichtet, viel verlangte, denen er aber auch viel zurückgab.[112] Auch in seinem Unternehmen waren Menschen mit Behinderung angestellt.

Der SHIV führte in den frühen 1970er-Jahren zum Thema Arbeitskräftemangel eine Umfrage bei Unternehmen durch. Die Erhebung ergab, dass Personal insbesondere in den «untersten Qualifikationsstufen» knapp war. Es handelte sich um Arbeitsfelder, die über ein «geringes Sozialprestige» verfügten. Gemeint waren unattraktive Jobs, die aufgrund des weitreichenden Angebots an freien Stellen niemand wollte. Eine hohe Nachfrage herrschte bei Ungelernten, Angelernten und Hilfskräften. Unbeliebt waren Werkstatt- und Fabrikarbeiten sowie Arbeiten im Akkordsystem.[113] Dies waren diejenigen Arbeitsfelder, die die Eingliederungsfachleute seit den 1950er-Jahren für Menschen mit Behinderung vorsahen. Diese konnten folglich von der Wirtschaft im Niedriglohnsektor angeheuert werden. So zählte der Telekommunikationsbetrieb Hasler (heute Ascom) zu den Hilfsarbeiterinnen und -arbeitern auch Personen, die «infolge Krankheit oder schwerer Leiden ihren Beruf an den Nagel hängen müssen, um dann leichtere Arbeit in einer Fabrik anzunehmen». Der «scheinbar bedeutungslose Hilfsarbeiter» mit niedrigem sozialen Ansehen wurde argumentativ rehabilitiert, indem seine wichtige Bedeutung hervorgehoben wurde, «um das Räderwerk einer Fabrik in Gang zu halten».[114] Menschen mit Behinderung konnten nutzbringend eingesetzt werden, um den Produktionsprozess aufrechtzuerhalten. Die PTT wertete die Ausgangslage bei einer Wiedereingliederung letztlich als Win-win-Situation: Die betroffene Person erhielt eine «Verdienstmöglich-

---

108 Vgl. Franke Holding AG 1992.
109 Stiftung Arbeitszentrum für Behinderte 2012, S. 23.
110 Ebd., S. 17.
111 Werkkurier Franke 1968 (3), in: Franke-Archiv, S. 9.
112 Daniel Heller, Ivan Jäggi. «Mit Chromstahl zum Welterfolg». Die Geschichte des Schweizer Küchenbaukonzerns Franke 1911–2011, 2006 (2., komplett überarbeitete und gekürzte Fassung, nicht publiziert), in: Franke-Archiv, S. 66 f.
113 Zirkular Arbeitskräftemangel und Fremdarbeiterfrage vom 29. Januar 1973, in: AfZ, Vorort-Archiv, Zirkulare des Vororts 1972–1974, 1.6.5.23.
114 Werkzeitung Hasler AG 1957 (2), in: SWA, Zo 239, S. 21 f.

keit» und konnte ihr «Selbstvertrauen» stärken, während dem Unternehmen die «berufliche Erfahrung» seiner Mitarbeitenden erhalten blieb.[115]

Die Verschränkung der moralischen Verpflichtung, eine Möglichkeit der Weiterbeschäftigung zu bieten, mit wirtschaftlichen Kalkülen des Unternehmens soll anhand eines konkreten Einzelfalls aus der PTT illustriert werden.

Der 17-jährige Herr M. bewarb sich 1968 um eine Anstellung als uniformierter Postbeamter. Aufgrund der Aufnahmeprüfung für eine Betriebslehre wurde er abgewiesen («ungenügende Punktzahl, körperlich noch zu wenig entwickelt»). Bis im Februar 1969 war in der Ortschaft R., aus der auch Herr M. stammte, eine 73-jährige Person für den Telegramm-Zustelldienst beim Postamt verantwortlich. Die Aufgabe umfasste Nacht- und Wochenendschichten. Obschon diese Person schon längst zurücktreten wollte, führte sie die Arbeit weiter aus, da «trotz langer und eifriger Bemühungen» kein Ersatz für die Stelle gefunden werden konnte, weil der Job als unattraktiv galt. Als diese Person nun «unwiderruflich» ihren Rücktritt erklärte, konnte die PTT auf den «mit den örtlichen Verhältnissen bestens vertrauten, als sehr zuverlässig, arbeitsam und dienstfertig bekannten»[116] Herrn M. zurückgreifen. Herrn M. kam das Unternehmen insofern entgegen, als er «auch am Tage wenigstens teilweise beschäftigt» wurde.

Im Alter von 20 Jahren musste Herr M. erstmals krankheitshalber den Dienst für drei Wochen aussetzen. Es stellte sich heraus, dass der junge Mann seit seiner Kindheit an epileptischen Anfällen litt. Im selben Jahr folgten zwei Anfälle: «Er spürte jeweils die kommende Schwäche, begab sich in die Garderobe, legte sich zu Boden und fiel dann für einige Minuten in Ohnmacht.» Sein Tätigkeitsfeld wurde auf den Bürodienst eingeschränkt («Auspacken, stempeln, abbinden, versacken, Reinigungsarbeiten, usw.»). Trotz seiner gesundheitlichen Probleme bat die Leitung des Postamts die Kreispostdirektion um die Erlaubnis, Herrn M. weiterzubeschäftigen: «Er ist ausserordentlich dienstfertig, lebt für und mit ‹seiner Post› und ist so etwas wie der gute Geist unseres Amtes geworden. Wir sind nicht sicher, ob sich die Anfälle gelegentlich wiederholen. Aus menschlichen Gründen möchten wir jedoch bitten, uns Herrn M. als Aushilfe zu belassen. […] Es würde für den Jüngling eine sehr grosse Härte bedeuten, wenn er den Dienst bei uns quittieren müsste.»

Der Fall wurde an den Ärztlichen Dienst überwiesen. Dieser kam zum Schluss, dass er «keine Verantwortung» zu übernehmen bereit sei «für das, was geschehen könnte». Die medizinische Abteilung empfahl, «den Jüngling nicht mehr zu beschäftigen». Stattdessen wurde eine «berufliche Neuorientierung» mit Unterstützung der IV empfohlen. Obschon sich der Ärztliche Dienst nicht von seiner Erstbeurteilung abbringen liess, gab die Leitung des Postamts nicht auf: «Alle Bediensteten des Postamtes R. kennen den Fall, schätzen den bedauernswerten Jüngling sehr und würden es nicht begreifen, wenn er seine gewohnte

---

115 Reglement über die Eingliederung von Behinderten (1973), in: PTT-Archiv, P-79-30d-1973.
116 Diese positiven Eigenschaften konnte Herr M. bei seiner 12-tägigen Probearbeit im Rahmen seines Bewerbungsverfahrens unter Beweis stellen.

Arbeit nicht mehr besorgen dürfte. Zudem wäre es nicht leicht, einen Ersatz zu finden, der die nicht beliebten Arbeiten in der zuverlässigen Art von Herrn M. besorgen würde.»

Die Generaldirektion beschloss in Absprache mit dem Dienst für Eingliederung schliesslich, dass Herr M. seinen Bürodienst wie bisher während 5 Stunden und 40 Minuten täglich weiterführen dürfe. Begründet wurde der Entscheid damit, dass Herr M. «vorbildlich gearbeitet» habe. Und weiter schrieb die Generaldirektion: «Auch bedeutet seine Arbeit ihm das Ein und Alles, was in seinem Fall als positive Arbeitstherapie gewertet werden muss. Es wäre u. E. eine harte, ja undankbare Massnahme, wollten wir Herrn M. sofort entlassen.» Deswegen erklärte sich die Generaldirektion bereit, Herrn M. aus «sozialen Überlegungen […] soweit wie möglich entgegenzukommen».[117]

Das Fallbeispiel verdeutlicht die menschliche Komponente, die bei betrieblichen Entscheidungsprozessen mitwirkt. Herr M. konnte auf die Unterstützung seiner Vorgesetzten und Kolleginnen und Kollegen zählen, die sich aufgrund ihrer persönlichen Beziehung zu ihm für ihn einsetzten. Im Sinne der familienweltlichen Konvention wurde die Weiterbeschäftigung des Mitarbeiters im Zeichen von gegenseitiger Loyalität und reziprokem Vertrauen beschlossen. Gleichzeitig war der Unternehmensentscheid auch von marktwirtschaftlichem Interesse geleitet. Herr M. übernahm eher unbeliebte Aufgaben, für deren Erfüllung nur mit grösster Mühe ein Ersatz zu finden gewesen wäre.

Wie die empirischen Ausführungen verdeutlichen, blieb die familienweltliche Konvention das dominierende Rechtfertigungsmuster der Unternehmen. Die Anstrengungen der Unternehmen bezogen sich in erster Linie auf die Weiterbeschäftigung der eigenen Mitarbeitenden, was sich auch an der Schaffung von internen Eingliederungsstrukturen aufzeigen lässt, die zuvorderst auf diese Arbeitskräfte ausgerichtet waren. Weitere Bedeutung erhielt die Konvention, weil in der Hochkonjunktur die Treue und Hingabe der Mitarbeitenden im Sinne einer produktiven Betriebsgemeinschaft gefährdet war. Wie aufgezeigt wurde, bewarben die IVR die versicherten Personen als motivierte Arbeitskräfte, die bereit waren, langfristig Teil der Betriebsfamilie zu werden. Die innerbetrieblichen Strukturen vereinfachten aber auch die Rekrutierung von Menschen mit Behinderung. Die Übernahme von sozialer Verantwortung gemäss staatsbürgerlicher Konvention wurde einerseits durch die neu geschaffenen betrieblichen Prozesse in grösseren Unternehmen und andererseits aufgrund der hervorragenden finanziellen Lage zahlreicher Firmen, die auch einen gewissen Mehraufwand problemlos verkraften konnten, erleichtert. Die Vermittlungserfolge der IVR verdeutlichen diese Entwicklung.

Vor allem war aber die Bedeutungszunahme der Marktkonvention und der industriellen Konvention relevant. Auf dem Arbeitsmarkt nahm der Wert von

---

117 Verschiedene Unterlagen zum Fall M., in: PTT-Archiv, Eingliederung von Behinderten 1972, P-00 C_2450_03.

Arbeitskräften mit Leistungseinschränkungen zu, da die Nachfrage nach Humankapital ausserordentlich hoch war. Seit 1960 finanzierte die IV verschiedene Eingliederungsmassnahmen, wie zum Beispiel Arbeitsplatzanpassungen. Folglich entfielen für die Arbeitgeber auch zusätzliche Kosten, die bei einer Anstellung anfallen konnten. Bezogen die Angestellten zudem eine IV-Teilrente, konnten sich die Unternehmen auf die Entrichtung eines reinen Leistungslohns beschränken. In der industriellen Welt leisteten Menschen mit Behinderung einen Beitrag zur Aufrechterhaltung des Produktionsprozesses, der trotz Arbeitskräftemangel bei gleichzeitig hoher Auftragslage aufrechterhalten werden musste. Sie konnten vor allem im industriellen Sektor für den Einsatz an wenig attraktiven Arbeitsstellen angeworben werden und fungierten als kleine, aber nicht unbedeutende Rädchen im Getriebe der effizienten Produktion.

Konventionentheoretisch bot die Hochkonjunktur eine positive Grundlage für eine gelingende Kooperation zwischen IV und Wirtschaft. Wie bereits dargelegt, orientierte sich das Sozialwerk weniger an moralischen als vielmehr an rein ökonomischen Argumenten. Versicherte Personen sollten den Unternehmen primär als wertvolle «Ware» nach den Parametern der Marktkonvention und der industriellen Konvention verkauft werden. Da sich die Wirtschaft verstärkt an diesen Rechtfertigungsmustern ausrichtete, erleichterte dies die Koordinationsprozesse für die Beschäftigung von Menschen mit Behinderung zwischen den beiden Akteuren. Es zeichnete sich eine stärkere Konvergenz bei der Wertbestimmung von Arbeitskräften mit Behinderung ab.

Latente Krisendiskurse und Wandel des Arbeitsmarkts

Im Hintergrund bildeten sich bei der IV trotz Hochkonjunktur bereits erste kleinere Krisendiskurse. Aufgrund der – nach damaligen Parametern – hohen Fallzahlen und Kosten stiess die als schlanke und kostengünstige Sozialversicherung konzipierte IV rasch an ihre Grenzen. Besondere Aufmerksamkeit kam zudem den kantonalen Unterschieden bei der Berentungspraxis zu. In gewissen Kreisen löste auch der Ausbau der Sozialleistungen Bedenken aus, und bereits in den frühen 1970er-Jahren wurden aufkommende Schwierigkeiten bei der Stellenvermittlung von Menschen mit Behinderung moniert.

Kontingentierung ausländischer Arbeitskräfte als Chance?

Die Folgen der Hochkonjunktur und die zunehmende Einwanderung ausländischer Arbeitskräfte beschäftigten sowohl die Politik als auch die Wirtschaft. ZSAO, Vorort und Gewerbeverband richteten 1962 gemeinsam einen Appell an die Unternehmen, selbständig «marktwidrige Massnahmen» (Beschränkung der

Kapazitätsausweitung, Eindämmung der Personalwerbung, Verzicht auf Preis-
erhöhungen) zu treffen, um einer konjunkturellen Überhitzung zu begegnen
und stete Teuerungstendenzen abzuschwächen[118] – und gleichzeitig öffentlicher
Kritik gegenüber einer übermässigen Einwanderung ausländischer Arbeitskräfte
vorzubeugen.[119] Im selben Jahr forderte auch der ASM seine Mitglieder auf, den
Arbeitskräftebestand in den Betrieben während eines Jahrs nicht zu erhöhen.[120]

Der Bundesrat kam zum Schluss, dass «diese Appelle nicht den gewünsch-
ten Erfolg gehabt» hätten.[121] Die Zahl der ausländischen Mitarbeitenden ging
nicht zurück und die Preise stiegen ungebremst weiter.[122] Deswegen ergriff der
Bund die Initiative. Per Bundesbeschluss wurde in der Schweiz im März 1963
die «einfache Plafonierung» eingeführt, mit dem Ziel, die Einwanderung und das
Wirtschaftswachstum über die Begrenzung des Personalbestands der einzelnen
Unternehmen einzudämmen. Im Februar 1964 erliess der Bund eine weitere
Massnahme: Die Betriebe mussten ihren Personalbestand um drei Prozent senken. Der Erfolg der Verfügungen blieb aus. Zahlreiche Arbeitnehmende schweizerischer Herkunft wechselten in den tertiären Sektor, sodass die Industrie
weiterhin Ausländer rekrutieren konnte, ohne dass der eigene Personalbestand
quantitativ belastet wurde.[123] Die Massnahmen zeigten keine Wirkung und fungierten bloss als «Beruhigungspille für besorgte Bürger».[124] Aus diesem Grund –
und nicht zuletzt wegen eines in der Öffentlichkeit zunehmenden Diskurses der
«Überfremdung» der Schweiz –[125] wurde im Februar 1965 die «doppelte Plafonierung» eingeführt, die eine Reduktion von 5 Prozent der ausländischen Arbeitskräfte in den Unternehmen anordnete und gleichzeitig eine Aufstockung
der Gesamtpersonalbestände verbot.[126]

Die Beschränkungen, die auf eine Begrenzung der Einwanderungs-
bewegung abzielten, führten zu einer staatlich orchestrierten Verknappung des
ohnehin angespannten Arbeitsmarkts. Dies legt die Vermutung nahe, dass einheimische Menschen mit Behinderung zu den Profiteuren dieser Entwicklung gehörten. Stattdessen zeigt die Episode die Randständigkeit zahlreicher Menschen
mit Behinderung als Marktakteure auf. Bereits wenige Tage nachdem der neue
Bundesratsbeschluss in Kraft getreten war, erhoben sich Stimmen, die eine be-
unruhigende Entwicklung feststellten. Schriftlich wandte sich die IVR Zürich an
das BSV:

---

118 SAZ 1962, S. 825.
119 Vgl. Lorenzetti 2012, S. 246 f.
120 SAZ 1962, S. 827.
121 Bundesrat 1965, S. 335.
122 Piguet 2006, S. 24.
123 Ebd., S. 24 f.
124 Tanner 2015, S. 376.
125 Vgl. Buomberger 2004; Skenderovic 2009.
126 Piguet 2006, S. 26.

Unsere praktischen Erfahrungen in der beruflichen Eingliederung Invalider während den vergangenen Tagen, zeigte ein [sic] genereller und beinahe abrupter Widerstand gegen die Anstellung, ja auch gegen die Weiterbeschäftigung von arbeitsfähigen aber infolge ihrer Invalidität nur begrenzt einsetzbaren Invalider. Arbeitgeber, welche bis heute gerne nur begrenzt einsatzfähige, aber am geeigneten Arbeitsplatz normal leistungsfähige Invalide aufnahmen und beschäftigten, lehnen heute solche Bewerbungen strikte ab. Auch wissen wir von Entlassungen von Invaliden, welche trotz ihrer durchschnittlichen Leistungsfähigkeit vielseitiger einsetzbaren Berufsleuten Platz machen mussten und heute ohne Arbeit sind.[127]

Für diesen plötzlichen Einbruch bei der Stellenvermittlung wurden die Plafonierung des Gesamtpersonalbestands und vor allem die dazugehörige Berechnungsmethode verantwortlich gemacht. Die IVR Zürich warf den Behörden vor, dass Verfügungen beschlossen wurden, ohne mögliche Konsequenzen für behinderte Arbeitskräfte mitreflektiert zu haben.[128]

Die Senkung des Ausländeranteils um fünf Prozent bei gleichzeitiger Beschränkung des Gesamtpersonalbestands zwang die Unternehmen, abgewanderte Arbeitskräfte, wenn möglich, durch gleichwertige und nicht leistungseingeschränkte Personen zu ersetzen. Besonders nachteilig wirkte sich für Menschen mit Behinderung aus, dass die Behörden zwar die Berücksichtigung des Invaliditätsgrads bei erwerbstätigen IV-Rentnerinnen und -Rentnern für die Anrechnung an den Gesamtpersonalbestand bedacht hatten, alle anderen Arbeitnehmenden mit Leistungseinschränkungen aber als voll leistungsfähig angerechnet werden mussten.[129] Dies führte dazu, dass ausgebildete oder umgeschulte Menschen mit Behinderung, die an einer angepassten und zumutbaren Stelle eine Erwerbsfähigkeit von über 50 Prozent erreichten, dem Personalbestand wie Arbeitskräfte ohne Erwerbseinschränkung angerechnet werden mussten. Dies erklärt die plötzliche Zurückhaltung der Arbeitgeber.

Gleichzeitig waren auch die Stellen der erkrankten oder verunfallten Mitarbeitenden in Gefahr, die trotz Invalidität im Betrieb weiterbeschäftigt wurden, weil sie ebenfalls als volle Arbeitskraft angerechnet werden mussten. Zudem trafen die Bestimmungen ausländische Arbeitskräfte mit Behinderung besonders hart. Das dem italienischen Gewerkschaftsbund nahestehende und in der Schweiz in Zürich, Basel und Bellinzona ansässige Istituto Nazionale Confederale di Assistenza machte das EVD darauf aufmerksam, dass der vorgeschriebene Höchstbestand an Ausländern in den Betrieben dazu beitragen könnte,

127 IVR Zürich. Brief an das BSV vom 18. März 1965, in: BAR, Berufliche Eingliederung: Verschiedene Dossiers (Teil 3) 1965–1973, E3340B#1987/62#87*.
128 Ebd.
129 Eidgenössisches Volkswirtschaftsdepartement (EVD). Verfügung über den Vollzug des Bundesratsbeschlusses vom 26. Februar 1965 über die Begrenzung und Herabsetzung des Bestandes an ausländischen Arbeitskräften vom 4. März 1965, in: BAR, Berufliche Eingliederung: Verschiedene Dossiers (Teil 3) 1965–1973, E3340B#1987/62#87*.

«dass vorab jene Ausländer entlassen werden, welche nicht voll leistungsfähig sind». Besonders schwerwiegend dürfte sich die neue Ausgangslage für ausländische Stellensuchende mit Behinderung ausgewirkt haben: «Jedenfalls können bei Neuanstellungen nur beschränkt erwerbsfähige Ausländer nicht damit rechnen, berücksichtigt zu werden. Dies ist dann besonders stossend, wenn sich der Ausländer seine Invalidität in der Schweiz zugezogen hat, ganz besonders dann, wenn es sich um einen Betriebsunfall gehandelt hat, der eine Invalidität zurückgelassen hat.»[130]

Das BIGA[131] sah zunächst keinen unmittelbaren Handlungsbedarf.[132] Das BSV monierte hingegen, dass Menschen mit Behinderung ohne IV-Rente «keine Sonderstellung» genössen, was dazu führe, «dass die Arbeitgeber in der Anstellung oder Weiterbeschäftigung Invalider zurückhaltend werden und die Eingliederungsbemühungen der IV auf vermehrte Schwierigkeiten stossen».[133] Das BIGA lenkte nun ein und die beiden Bundesämter beschlossen, gemeinsam eine Lösung auszuarbeiten.[134] Das BIGA unterstrich, dass die «Eingliederung Invalider […] durch die neuen Vorschriften unter keinen Umständen beeinträchtigt werden» sollte. Das Kreisschreiben an die Arbeitsämter wurde nun so formuliert, dass erwerbstätige Invalide generell «nach Massgabe ihrer Leistungsfähigkeit» an den Gesamtpersonalbestand der Betriebe angerechnet werden sollten – also nicht bloss die IV-Rentnerinnen und -Rentner.[135]

Offensichtlich führte auch diese Korrektur nicht zum erwünschten Resultat. Die Konferenz der IV-Regionalstellenleitenden meldete dem BSV eine «alarmierende Situation». Die Begrenzung des Gesamtpersonalbestands habe dazu geführt, dass «bei Neuanstellungen die Frage der Leistungsfähigkeit eines Kandidaten durch die Arbeitgeber vermehrt und gründlicher geprüft» werde. Es mache sich «in der ganzen Schweiz die Tendenz bemerkbar, vermindert Leistungsfähige, auch wenn sie nicht voll im Personalbestand mitgezählt werden müssen, nicht mehr anzustellen». Die IV-Regionalstellenleitenden stellten deswegen den Antrag, «es seien die durch die IV-Regionalstellen oder beauftragten Spezialstellen der Invalidenhilfe und durch die Arbeitsämter vermittelten Invaliden bei der Berechnung des Gesamtpersonalbestandes überhaupt nicht anzurechnen».[136] Selbst Akteure aus der Privatwirtschaft nahmen Kontakt mit dem BSV auf, um auf die neu aufgetretenen Schwierigkeiten hinzuweisen, wie die Behörde bestätigte.[137]

---

130 Brief an das EVD vom 1. März 1965, in: ebd.
131 Das EVD erliess die Verfügungen zum Vollzug der entsprechenden Bundesratsbeschlüsse und das dem EVD angegliederte BIGA unterwies die kantonalen Arbeitsämter.
132 Brief an das BSV vom 17. März 1965, in: BAR, Berufliche Eingliederung: Verschiedene Dossiers (Teil 3) 1965–1973, E3340B#1987/62#87*.
133 Brief an das BIGA vom 24. März 1965, in: ebd.
134 BSV. Brief an Bundespräsident und Vorsteher des EDI Hans-Peter Tschudi vom 24. März 1965, in: ebd.
135 Brief an das BSV vom 25. März 1965, in: ebd.
136 Brief an das BSV vom 30. April 1965, in: ebd.
137 BSV. Brief an das BIGA vom 24. März 1965, in: ebd.

Im Rahmen der neuerlichen Verordnung zur Begrenzung und Herabsetzung des Bestands an ausländischen Arbeitskräften aus dem Frühjahr 1966 instruierte das BIGA die kantonalen Arbeitsämter, dass künftig Menschen mit Behinderung nicht mehr dem Gesamtpersonalbestand angerechnet würden.[138] Diese Verfügung scheint die gewünschte Wirkung erzielt zu haben, da von den IVR keine Beschwerden mehr eingingen. Eine weitere Verbesserung erfuhr die Eingliederungssituation für die in der Schweiz ansässigen Menschen mit Behinderung, als die Landesregierung – auch unter dem Druck der Überfremdungsinitiative –[139] im März 1970 zu einer «Kontingentierungspolitik» überging. Anstelle einer Begrenzung der Personalbestände der einzelnen Unternehmen wurde nun eine Einwanderungspolitik mit generellen, jährlichen Zulassungsquoten eingeführt.[140] Dies machte inländische behinderte Arbeitskräfte für die Wirtschaft noch interessanter, da sich die Lage auf dem Arbeitsmarkt durch die Bestimmungen weiter verschärfen sollte. Einige Wochen nach Einführung der Einwanderungskontingentierung sagte Walter Wälchli, Sektionschef beim BIGA, in einem Referat vor IV-Regionalstellenleitenden:

> Je mehr die Nachfrage nach Arbeitskräften das Angebot übersteigt, desto besser werden die arbeitsmarktlichen Voraussetzungen, um Behinderte in den Arbeitsprozess einzugliedern. Die immer wirksamer werdende Drosselung des Fremdarbeiterzustroms, die im neuen Bundesratsbeschluss ihren vorläufigen Höhepunkt erreicht hat, fördert diese Möglichkeiten. An Stelle des Mitleids bilden heute zeitgemässe Unternehmerüberlegungen den Antrieb zur Heranziehung Invalider. Vom Arbeitsmarkt her sollte also die an sich schwere Arbeit Ihrer Vermittlungsstellen eine weitere Erleichterung erfahren.[141]

Die Vermittlungsschwierigkeiten der IVR, die sich Mitte der 1960er-Jahre im Zusammenhang mit den Plafonierungsbestrebungen des Bundes manifestierten, waren bloss eine eher unbedeutende Episode abseits des dominierenden Diskurses über die «Überfremdung», die in der Öffentlichkeit kaum wahrgenommen wurde. Sie ist aber insofern instruktiv, als sie die Position von Menschen mit Behinderung am Rand des Arbeitsmarkts zu verdeutlichen vermag. Sobald sich die Rahmenbedingungen für die berufliche Eingliederung verschlechterten, wurden die Arbeitgeber bei ihren Anstellungspraktiken zurückhaltend. Es stellt sich zudem die Frage, wie die Tatsache gedeutet werden soll, dass Menschen mit Behinderung nicht mehr zum Gesamtpersonalbestand gerechnet werden mussten.

---

138   Schreiben an die kantonalen Arbeitsämter vom 7. März 1966, in: ebd.
139   Nachdem ein erstes Volksbegehren zur «Überfremdung» zurückgezogen wurde, fand 1970 die Abstimmung zur Überfremdungsinitiative statt, die einen maximalen Ausländeranteil der Gesamtbevölkerung von 10 Prozent forderte. Die Initiative der rechtsgerichteten Partei Nationale Aktion wurde von der Stimmbevölkerung mit 54 Prozent abgelehnt. Skenderovic/D'Amato 2008, S. 35.
140   Piguet 2006, S. 33.
141   ZAK 1970, S. 315.

Auf diese Weise wurden sie zu einer Art Anhängsel der Unternehmen degradiert. Den Ansprüchen nach Gleichwertigkeit auf dem Arbeitsmarkt, wie sie seit den 1950er-Jahren lautstark von der Behindertenhilfe postuliert wurden, konnte so nicht Rechnung getragen werden. Unternehmen waren bereit, Menschen mit Behinderung zu engagieren und soziale Verantwortung zu übernehmen. Allerdings mussten die (ökonomischen) Parameter stimmen, weil ungünstige Verhältnisse zu ernsten Vermittlungserschwernissen führten.

Probleme im Vollzug des IVG

Anmeldeflut bei der IV

Die hypothetischen Zahlen über die Leistungsempfängerinnen und -empfänger bei der IV, die vor Einführung des Sozialwerks zirkulierten, erwiesen sich als Fehlkalkulationen. Die IV-Organe waren von Beginn an überlastet. Es kam zu «Pendenzen» in der Fallbearbeitung und damit verbundenen längeren Wartezeiten für die Antragstellenden.[142] Ein halbes Jahr nach der Einführung der IV war in den Medien bereits von einem «Schwimmfest» der IVK zu lesen,[143] da die Anmeldeflut zu einer Überbeanspruchung der Gremien führte. Selbstredend hatte man sich auf einen anfänglichen Ansturm eingestellt, weil alle neu zu versichernden Personen Anträge stellen würden. Das Problem lag nun aber darin, dass sich die Anzahl der Anmeldungen in den darauffolgenden Jahren nicht auf dem Niveau einpendelte, das das BSV berechnet hatte. Im Jahresbericht 1963 konstatierte die Behörde, dass die Neuanmeldungen «die ursprünglichen Annahmen bei weitem» übertroffen hätten.[144] Albert Granacher, Leiter der Sektion AHV/IV/EO beim BSV, stellte im selben Jahr fest, dass sein Bundesamt von den Ausmassen, die die IV angenommen hatte, überrascht worden sei. Nicht nur die Anmeldungen überstiegen die Prognosen, sondern auch die Kosten. 1962 wurden die im Vorfeld der Gesetzgebung veranschlagten jährlichen finanziellen Belastungen von 140 Millionen Franken mit Ausgaben in der Höhe von 170 Millionen Franken bereits deutlich überschritten.[145] Gleichzeitig fielen auch die Aufwendungen für Eingliederungsmassnahmen höher als budgetiert aus,[146] wobei dieser Umstand als konsequente Umsetzung der Losung «Eingliederung vor Rente» durchaus auch positiv gedeutet werden konnte.

---

142 ZAK 1967, S. 395. Berner Tagwacht, Nr. 70, 24. März 1962, in: SWA, Zeitungsausschnitte Erwerbsunfähigkeit, Vo K XIII 5.

143 Die Tat, Nr. 214, 6. August 1960, in: ebd.

144 BSV 1964 (Jahresbericht 1963), S. 16.

145 Volksrecht, Nr. 32, 7. Februar 1963, in: SWA, Zeitungsausschnitte Erwerbsunfähigkeit, Vo K XIII 5.

146 Protokoll der Eidgenössischen Expertenkommission für die Revision der Invalidenversicherung vom 4. Februar 1965, in: BAR, Expertenkommission für die Revision der IV 1965–1966, E3340B#1987/62#774*.

Diese quantitative Entwicklung bei der IV führte zum einen zu einer Diskrepanz zwischen Anspruch und Realität: Das Sozialwerk wurde in den 1950er-Jahren als schlanke und kostengünstige Versicherung konzipiert, die nun aber wesentlich höhere Ressourcen erforderte als veranschlagt. Zum anderen hatten die gewachsenen Dimensionen der IV auch einen direkten Einfluss auf die Eingliederungsarbeit der dafür zuständigen IV-Organe. Eine eingehende individuelle Beratung konnte aufgrund der hohen Belastung nur bedingt sichergestellt werden. Die IVR bedauerten zudem, dass aufgrund der starken Beanspruchung des Personals kaum zeitliche Ressourcen für Kontaktaufnahmen mit den IVK und ihren Sekretariaten sowie mit Arbeitgebern und Eingliederungsstätten übrig blieben. Sie wiesen deshalb darauf hin, «dass es nicht im Interesse der IV liegen könne, dieses wertvolle Mittel zur Schaffung eines auf der Grundlage des Vertrauens und gegenseitigen Verstehens aufgebauten Arbeitsklimas weiter zu vernachlässigen».[147] Eine Entspannung der Situation zeichnete sich nicht ab: 1970 machte die Konferenz der IV-Regionalstellenleitenden das BSV auf die aus ihrer Sicht unhaltbaren Umstände und auf ein «deutliches Ansteigen der Pendenzen» aufmerksam. Die hohen Fallzahlen erschwerten nicht nur eine für die Versicherten angemessene Abklärung und Beratung, das Schreiben wies auch auf «aufgetretene gesundheitliche Störungen bei den Mitarbeitern» hin, die als «alarmierende Hinweise» auf chronische Überbelastung gedeutet wurden.[148] Mit den Aufträgen seien die IVR «arg im Rückstand», wobei für die Klientinnen und Klienten aufgrund der Wartezeiten zusätzliche Probleme auftreten konnten.[149] Auch die «Kontaktpflege mit der Arbeitgeberschaft» litt unter der Situation. Dabei zeige die Erfahrung, «dass dort, wo ein eigentliches Vertrauensverhältnis zwischen Arbeitgeber und Berufsberater besteht, immer wieder offene Türen auch bei schwierigen Eingliederungsbemühungen zu finden sind». Es fehle die Zeit für «Betriebsbesichtigungen». Das Gremium kam zu folgendem Schluss: «Die Qualität der Arbeit weist unter dem grossen Zeitdruck Mängel auf, die im Interesse der IV, Wirtschaft und Behinderten unbedingt behoben werden müssen. […] Die Konferenz der IV-Regionalstellenleiter ist der Ansicht, dass die heutige Situation nicht länger zu verantworten ist, wenn die IV im Sinne des Gesetzgebers wirksam sein soll.»[150]

Die IVK stiessen auf analoge Probleme. Im Zuge der 1. IVG-Revision wurden deswegen «Präsidialbeschlüsse» eingeführt. Entscheide mussten bis anhin in

147 ZAK 1964, S. 456.

148 Probleme der Tätigkeit der Berufsberater für Behinderte auf den Regionalstellen der eidg. Invalidenversicherung (1970), in: BAR, Regionalstellen: Laufende Korrespondenzen und Verschiedenes (Teil 3) 1970–1973, E3340B#1987/62#213*.

149 Die Konferenz der IV-Regionalstellenleitenden monierte, dass häufig eine «psychologisch gefährliche Wartezeit» bis zu den Eingliederungsmassnahmen entstehe. Situationsanalyse und Vorschläge im Hinblick auf eine Revision der Gesetzgebung über die Invalidenversicherung (1974), in: StABS, Regionalstelle: Einzelnes 1958–1982, DI-REG 1c 13-6-0 (2).

150 Probleme der Tätigkeit der Berufsberater für Behinderte auf den Regionalstellen der eidg. Invalidenversicherung (1970), in: BAR, Regionalstellen: Laufende Korrespondenzen und Verschiedenes (Teil 3) 1970–1973, E3340B#1987/62#213*.

Anwesenheit des gesamten fünfköpfigen Gremiums gefasst werden. Bei «Fällen, in denen die Anspruchsvoraussetzungen offensichtlich erfüllt oder nicht erfüllt sind», konnte nun die Kommissionspräsidentin oder der -präsident, bei medizinischen Fragen unter Anhörung der Kommissionsärztin oder des Kommissionsarztes, Entscheide allein fällen.[151] Die Einführung von Präsidialbeschlüssen trug zu einer Entspannung der Situation bei. Mitte der 1970er-Jahre wurden bereits bis zu 90 Prozent aller Fälle mittels Präsidialbeschlüssen abgewickelt.[152]

Erste Missbrauchsdebatten

Kritik gab es nicht nur wegen überbeanspruchter IV-Organe, sondern auch wegen Versicherten. Moniert wurde ein durch ökonomische Fehlanreize verursachtes Fehlverhalten («Moral Hazard»).[153] Da die IV-Renten an die AHV-Renten gebunden waren, führte eine Rentenerhöhung bei der AHV gleichzeitig zu einer Erhöhung der IV-Renten. Sämtliche Gesetzesrevisionen der AHV in den 1960er-Jahren sahen Leistungsverbesserungen vor (1961, 1964, 1969).[154] Zusätzlich wurden ab 1966 bedarfsabhängige Ergänzungsleistungen zur AHV und IV entrichtet.[155] Mit der Einführung des Drei-Säulen-Konzepts in der Altersvorsorge in der ersten Hälfte der 1970er-Jahre[156] und mit weiteren AHV-Revisionen (1973, 1975) wurden schliesslich die bisherigen «Basisrenten» durch existenzsichernde Grundrenten ersetzt.

Bei den Arbeitgeberverbänden wurde die Meinung vertreten, dass ein direkter Zusammenhang zwischen dem Ausbau der sozialen Sicherung und einer Abnahme an Eigenverantwortung der Versicherten beziehungsweise einer Zunahme des Missbrauchs bestehe. Ähnliche Auffassungen waren auch beim BSV und den IV-Organen verbreitet. Das BSV warnte 1972, dass die Rentenerhöhungen der 8. AHV-Revision dazu beitragen könnten, dass sich die «Eingliederungsbereitschaft» der Versicherten reduziere.[157] An einem Referat beim Berufsverband der Sozialarbeiterinnen und -arbeiter 1974 hob der Direktor des BSV Max Frauenfelder das bewährte Prinzip «Eingliederung vor Rente» hervor, mahnte aber, dass «gelegentlich Befürchtungen» geäussert würden, der Ausbau der IV lähme die Eingliederungsbereitschaft.[158] Bereits 1965 benannte die IVR Basel in Zusammenhang mit der Gesetzesrevision der AHV die angebliche Gefahr: «Wir dürfen [...] die ganz und gar menschliche Tatsache nicht übersehen, dass bei vielen

151 Bundesrat 1967, S. 691 f.
152 Ausschuss für IV-Fragen der Eidgenössischen AHV/IV-Kommission. Sitzungen vom 18. November und 2. Dezember 1975, in: BAR, Sitzungsakten (Teil 1) 1962–1976, E3340B#1987/62#741*.
153 Vgl. Riemer-Kafka 2006.
154 Informationsstelle AHV/IV. Entwicklung AHV. Die Umsetzung der 6. AHV-Revision verursachte bei der IV 1964 einen ersten jährlichen Ausgabenüberschuss in der Höhe von 1,9 Millionen Franken. BSV 1965 (Jahresbericht 1964), S. 82.
155 HLS: AHV.
156 Vgl. Leimgruber 2008; Lengwiler 2003.
157 BSV 1974 (Jahresbericht 1972), S. 26.
158 ZAK 1973, S. 593

Invaliden der Eingliederungswille in dem Masse sinkt, als die Rentenleistungen steigen.»[159]

Nach Ansicht der Konferenz der IV-Regionalstellenleitenden leistete die Einführung von existenzsichernden Renten dieser Entwicklung Vorschub. In den Anfangsjahren der IV habe in Bezug auf die Eingliederung für die Versicherten die Losung «Vogel friss oder stirb» gegolten. Im Hinblick auf die finanzielle Situation könnten sich Klientinnen und Klienten nun hingegen fragen: «Lohnen sich Bemühungen um eine berufliche Eingliederung?» Die verbesserten Geldleistungen würden den Anreiz, «eine zumutbare Erwerbstätigkeit auszuüben», schwächen, während früher die bescheidenen Basisrenten einen gegenteiligen Mechanismus in Gang setzten.[160] Häufig wurden verunfallte oder erkrankte ausländische Arbeitskräfte als problematische Fälle bezeichnet. Die Ausgleichskasse Basel-Stadt orientierte in ihrem Jahresbericht 1970, dass der IVR Basel in besonderem Masse die Eingliederung italienischer Arbeitskräfte Schwierigkeiten bereite, da diese selbst nach einer leichten Invalidität nicht bereit wären, eine andere Berufstätigkeit aufzunehmen. Sie würden es vorziehen, mit einer Suva- oder IV-Rente in ihr Heimatland zurückzukehren.[161]

Eine erste explizite Missbrauchsdebatte[162] wurde 1969 durch einen in der «Neuen Zürcher Zeitung» erschienenen Artikel ausgelöst.[163] Wie Max Frauenfelder einräumte, sei den IVK für die Festlegung von IV-Leistungen im Gesetz grosser Spielraum gewährt worden.[164] Dieser anerkannte Ermessensspielraum diente Kritikerinnen und Kritikern als Angriffsfläche. Im erwähnten Zeitungsartikel wurden die vom BSV für das Jahr 1967 veröffentlichten Rentenzahlen in den einzelnen Kantonen analysiert. Bei den ordentlichen IV-Renten[165] waren bei den kantonalen Pro-Kopf-Ausgaben erhebliche Unterschiede feststellbar. Die Ausgaben je Person beliefen sich für das untersuchte Jahr in Zug auf 21.40 Franken, in Zürich auf 22.60 Franken und im Thurgau auf 23.10 Franken. Am anderen Ende der Tabelle figurierten mit grossem Abstand das Wallis mit 61.40 Franken und das Tessin mit 70.20 Franken. Im Beitrag wurde beanstandet, dass im Gesetzesvollzug Verschiedenes nicht stimmen könne. «Die Voraussetzungen für den Rentenbezug sind teils abschliessend umschrieben, teils ist den Vollzugsorganen, vor allem den Ärzten und den kantonalen Invalidenversicherungskom-

159 IVR Basel. Jahresbericht 1964, Basel 1965, in: StABS, IV Regionalstelle Basel: Finanzielles 1958–1982, DI-REG 1c 13-6-4 (2).

160 Situationsanalyse und Vorschläge im Hinblick auf eine Revision der Gesetzgebung über die Invalidenversicherung (1974), in: StABS, Regionalstelle: Einzelnes 1958–1982, DI-REG 1c 13-6-0 (2).

161 Abend-Zeitung (Basel), Nr. 163, 16. Juli 1971, in: SWA, Zeitungsausschnitte Erwerbsunfähigkeit, Vo K XIII 5.

162 Vgl. Canonica 2012.

163 Neue Zürcher Zeitung, Nr. 111, 20. Februar 1969, in: SWA, Zeitungsausschnitte Erwerbsunfähigkeit, Vo K XIII 5.

164 Frauenfelder 1970, S. 6.

165 Ausserordentliche Renten machten nur einen kleinen Anteil aller Renten aus und kamen in erster Linie Ehefrauen, Kindern und Geburtsinvaliden zu, die keine Beiträge geleistet hatten.

missionen, ein Spielraum belassen, den sie nach pflichtgetreuem Ermessen auszufüllen haben.» Aufgrund der erheblichen kantonalen Unterschiede verstärke sich der «schwerwiegende Verdacht, dass Ärzte, Fürsorger und andere im Vollzug betraute Organe einzelner Kantone zu Lasten der Invalidenversicherung eigenmächtig eine Art Finanzausgleich betreiben».[166]

Urheber des Beitrags war Hans Herold, Sekretär des Vororts und zugleich als Vertreter der Arbeitgeberverbände Mitglied der AHV/IV-Kommission.[167] Noch am selben Tag, an dem der Artikel erschien, wandte sich Herold an Frauenfelder und verlangte eine «behördliche Abklärung» der von ihm aufgedeckten Tatbestände. Sollten sich die Verdächtigungen erhärten, würde er «um Abhilfe gegen die Missbräuche ersuchen».[168] Der Beitrag stiess auf beachtliche Resonanz und löste verschiedene Reaktionen aus. Einige Tage später meldete sich der Direktionssekretär der Eidgenössischen Militärversicherung bei Herold, um auf ähnliche Phänomene in jener Sozialversicherung aufmerksam zu machen.[169] Der Empfänger zeigte sich über die Zuschrift erfreut und stellte in Aussicht, die beigelegten Zahlen zu verwerten, falls er sich «zu einer weitern Attacke entschliesse oder in die Defensive gedrängt» werde.[170] Auch Parlamentarier wurden auf den Artikel aufmerksam. Nationalrat Hermann Wanner (FDP) trat im März 1969 mit einer Kleinen Anfrage an den Bundesrat heran. Die «krassen Unterschiede im Rentenbezug» hätten ihn veranlasst, die Landesregierung zu ersuchen, «über die Gründe der starken Abweichungen der Rentenhöhe pro Kopf der Bevölkerung in einzelnen Kantonen Auskunft zu erteilen».[171] Herold zeigte sich auch über diesen Vorstoss erfreut, wie er den Urheber wiederum in bellizistischer Sprache wissen liess. Es sei erbauend, dass Nationalrat Wanner ihn «einfachen Infanteristen durch parlamentarische Artillerie» unterstütze.[172] Als die Rentenstatistiken für das Jahr 1968 veröffentlicht wurden, gaben auch diese den Medien Anstösse, um die kantonalen Unterschiede zu thematisieren. In der «Abend-Zeitung» wurde der Verdacht geäussert, dass die IV «als eine Art innerschweizerischer Entwick-

166 Neue Zürcher Zeitung, Nr. 111, 20. Februar 1969, in: SWA, Zeitungsausschnitte Erwerbsunfähigkeit, Vo K XIII 5.
167 Wirklich neu war die Erkenntnis Herolds aber nicht. Bereits einige Monate früher erschien im «Bund» ein – weniger polemischer – Artikel zu den unterschiedlichen kantonalen Rentenzahlen. Der Bund, Nr. 231, 2. Oktober 1968, in: ebd.
168 Brief an Max Frauenfelder vom 20. Februar 1969, in: AfZ, Vorort-Archiv, Korrespondenz zur Invalidenversicherung 1968–1972, 96.2.4.
169 Brief an Hans Herold vom 27. Februar 1969, in: AfZ, Vorort-Archiv, Berichte Invalidenversicherungs-Kommission (Teil 1) 1969–1970, 96.2.5.
170 Brief an die Eidgenössische Militärversicherung vom 4. März 1969, in: ebd.
171 Kleine Anfrage Wanner vom 6. März 1969, in: ebd. Protokoll der AHV/IV-Kommission vom 6. Juni 1969, Anhang 1, in: ebd. Es folgten zwei weitere diesbezügliche Anfragen an den Bundesrat von den Nationalräten Erwin Schwendinger (SP, 20. März 1969) und Heinrich Schalcher (EVP, 2. Dezember 1969). BSV 1970 (Jahresbericht 1969), S. 20.
172 Brief an Nationalrat Wanner vom 2. April 1969, in: AfZ, Vorort-Archiv, Berichte Invalidenversicherungs-Kommission (Teil 1) 1969–1970, 96.2.5.

lungshilfe missbraucht» werde. Und die aktuelle Organisation der IV gewährleiste «keineswegs die von der Bundesverfassung garantierte Rechtsgleichheit».[173]

Albert Granacher bot Herold an, das Thema in der AHV/IV-Kommission zu behandeln.[174] Es zeigte sich nun, um in der martialischen Sprache zu bleiben, dass der Sekretär des Vororts nicht nur die IV im Visier hatte, sondern einen Frontalangriff gegen die Sozialversicherungen insgesamt beabsichtigte. Seiner Ansicht nach sollte eine Kommission auf breiter Basis gebildet werden, die die Invaliden-, Militär-, Unfall- und Krankenversicherung sowie den Bund als Arbeitgeber[175] einschliessen sollte. Zudem müsste auch die Gesellschaft Schweizer Ärzte eingebunden werden, da «viele Missbräuche nicht möglich wären, wenn nicht Ärzte dazu helfen würden».[176] Zu einer umfassenden Überprüfung der Sozialversicherungspraktiken kam es zwar nicht, die AHV/IV-Kommission beschloss aber im Juni 1969, «das Problem der angeblich uneinheitlichen Invaliditätsbemessung in den Kantonen» durch den eigenen Ausschuss für IV-Fragen abklären zu lassen.[177]

Der Entwurf zum Abschlussbericht der Untersuchung wurde im Oktober 1970 im angesprochenen Ausschuss diskutiert. Einleitend wurde vonseiten des BSV aufgrund der Resultate betont, dass im Wallis und im Tessin «weder von einer unrichtigen Rechtsanwendung noch von missbräuchlichen Ermessensentscheiden die Rede sein» könne.[178] Im Bericht wurden vor allem objektive Ursachen, wie die demografische oder ökonomische Struktur der Kantone, als Erklärung für die divergierenden Rentenzahlen angeführt. Es gab durchaus auch Beanstandungen gegenüber den beiden IVK, wobei sie sich in erster Linie auf eine unzureichende Praxis der Rentenrevisionen bezogen.[179] Herold sprach von einem «stilistisch vortrefflich abgefassten Bericht» und betonte, dass er «mit seinem Vorstoss niemandem Vorwürfe machen, sondern ein allgemeines Aufhorchen bewirken wollte». Peter Binswanger, im Namen der Versicherungseinrichtungen in der Kommission vertreten, resümierte, «dass man [in den beiden untersuchten Kantonen] wohl an die Grenze des staatspolitisch-föderalistisch Tolerierbaren heranging, nicht aber darüber hinaus». Der Bericht und die daraus

---

173 Abend-Zeitung (Basel), Nr. 14, 20. Januar 1970, in: SWA, Zeitungsausschnitte Erwerbsunfähigkeit, Vo K XIII 5.

174 Der Bundesrat hatte im Anschluss an die Anfragen zu den kantonalen Unterschieden einer Behandlung der Thematik in der AHV/IV-Kommission zugestimmt. BSV 1970 (Jahresbericht 1969), S. 20.

175 Herold machte wiederholt auf die hohe «Morbidität» am Werkplatz Bellinzona – zum Beispiel im Vergleich zum Werkplatz Zürich – bei den SBB aufmerksam.

176 Brief an Albert Granacher vom 16. Mai 1969, in AfZ, Vorort-Archiv, Berichte Invalidenversicherungs-Kommission (Teil 1) 1969–1970, 96.2.5.

177 Brief an den erweiterten Ausschuss für IV-Fragen vom 31. August 1970, in: ebd.

178 Protokoll des erweiterten Ausschusses für IV-Fragen vom 22. Oktober 1970, in: ebd.

179 BSV. Projet de rapport sur les différences, d'un canton à l'autre, dans la statistique des rentes AI (1970), in: ebd., S. 53.

abgeleiteten Massnahmen sollten nun dafür sorgen, dass «diese Grenze etwas zu-
rückgesteckt» werde.[180]

Wesentlich kritischer äusserte sich Renaud Barde, seines Zeichens Generaldirektor der Vereinigung der Westschweizer Unternehmen und im Ausschuss als
Vertreter der Arbeitgeberverbände tätig: Die kantonalen Differenzen im Bericht
seien «loin d'avoir être éclaircies».[181] Seiner Ansicht nach wurde im Bericht zu
stark auf die objektiven Faktoren abgestellt, während die Probleme innerhalb
der IV-Organe zwar benannt, aber heruntergespielt würden.[182] Aus privater Korrespondenz zeigt sich zudem, dass auch Herold, trotz positiver Rückmeldungen
zum Bericht im Kreise des Ausschusses, eigentlich eine abweichende Auffassung
vertrat. In einem Schreiben von 1972 an den Direktor einer Versicherungsgesell-
schaft benannte er Gründe für die kantonalen Unterschiede, die kaum mit denjenigen des offiziellen Berichts korrespondierten. Diese seien zurückzuführen auf

a) einen schlechten Arbeitsethos,
b) eine grössere Wehleidigkeit,
c) auf das Bestreben, ältere Leute teilweise oder vollständig invalid erklären zu lassen, um mit der Rente einen Zustupf [zusätzliche Einnahme] für den Haushalt zu
bekommen,
d) auf die Weitherzigkeit der Ärzte und der Invalidenkommission,
e) auf mangelnde Eingliederungsmöglichkeiten, was selbst dort zu Renten führte,
wo andere Massnahmen besser am Platze (wenn auch u. U. teurer) gewesen wären.[183]

Es handelte sich um den ersten Angriff vonseiten der Arbeitgeberverbände, um
die Leistungen der IV infrage zu stellen beziehungsweise um eine restriktivere
Handhabe des IVG zu erwirken. Die Missbrauchsdebatte erwies sich für diese
Anliegen als probates Mittel und sollte auch zukünftig regelmässig zur Anwendung kommen. Bemerkenswert ist in diesem Zusammenhang, dass mit dieser
Strategie Druck in der AHV/IV-Kommission erzeugt und die Organisation der
IV wiederholt kritisch hinterfragt werden konnte. Zudem hatten die Arbeitgeberverbände Ende der 1960er-Jahre die Debatten um die Problematik der kantonalen Unterschiede endgültig lanciert, die die IV bis in die Gegenwart regelmässig beschäftigen sollten.[184]

180 Protokoll des erweiterten Ausschusses für IV-Fragen vom 22. Oktober 1970, in: ebd.
181 Brief an Max Frauenfelder vom 19. Oktober 1970; Protokoll des erweiterten Ausschusses für
     IV-Fragen vom 22. Oktober 1970, in: ebd.
182 Observations concernant le rapport sur les différences apparaissant, d'un canton à l'autre, dans
     la statistique des rentes de l'AI vom 19. Oktober 1970, in: ebd.
183 Brief an den Direktor einer Lebensversicherungsgesellschaft vom 24. August 1972, in: ebd.
184 Vgl. Guggisberg/Schär Moser/Spycher 2004.

Erste Indizien für eine erschwerte Arbeitsintegration

Zu Beginn der 1970er-Jahre waren bei Behörden und Sozialverwaltungen erste Stimmen zu vernehmen, die noch in der Phase der Hochkonjunktur aufkommende Hindernisse bei der Arbeitsintegration thematisierten[185] und Schwierigkeiten im Umgang mit neuen Behinderungsarten diskutierten.

Einige IVR begannen zu Beginn der 1970er-Jahre zunehmende Erschwernisse beim «Nachweis von Ausbildungs- und Arbeitsplätzen» zu melden, die auf eine «rückläufige Entwicklung der Arbeitsmarktlage» zurückgeführt wurden.[186] Auf der einen Seite wurde vom BSV eine weiterhin hohe Nachfrage nach qualifizierten Arbeitskräften festgestellt, die ohne grössere Schwierigkeiten in der freien Wirtschaft untergebracht werden konnten. Zudem gelinge es den IVR, neue Berufsfelder für Versicherte zu erschliessen, «die man in früheren Jahren als für Behinderte wenig oder nicht geeignet hielt». Diese erfreuliche Entwicklung wurde auf das von «der IV gehandhabte System der rein individuellen und umfassenden Beratungen und Abklärungen» zurückgeführt.[187] Auf der anderen Seite aber konstatierte das BSV, dass das «Ausbildungsklima» in den geschützten Werkstätten problematisch sei, weil «die physischen und psychischen Anforderungen» im ersten Arbeitsmarkt «bedeutend grösser» seien, sodass der Übergang in die freie Wirtschaft nicht immer reibungslos gelinge. Zudem erwies sich trotz des sozialstaatlich subventionierten Ausbaus bei den Eingliederungsstätten die berufliche Eingliederung von Menschen mit einer geistigen Behinderung weiterhin als kompliziert. Oft bleibe nur die Möglichkeit einer «Plazierung in einer Dauerwerkstätte oder an andern geschützten Arbeitsplätzen».[188] Das BSV erörterte schliesslich 1973, dass die IVR im Allgemeinen «immer mehr» Schwierigkeiten antreffen würden, Versicherte in den Arbeitsmarkt zu integrieren.[189]

Das BSV konstatierte auch einen Wandel in der Arbeitswelt, der sich zuungunsten von Menschen mit Behinderung auswirkte.[190] «Rationalisierungsmassnahmen» sowie die «Aufhebung bzw. Konzentration von Betrieben» würden die Auswahl an Arbeitsplätzen einschränken. Zudem würden frei gewordene Stellen «in der Regel nicht durch Invalide, sondern durch spezialisierte Arbeitskräfte besetzt».[191] Die typischen unqualifizierten Arbeiten, die ursprünglich für Menschen mit Behinderung vorgesehen waren, wurden allmählich abgebaut. Die IVR St. Gallen bestätigte diesen Prozess: Durch Rationalisierungsmassnahmen seien

---

185 Vgl. Lengwiler 2015, S. 77.
186 BSV 1973 (Jahresbericht 1971), S. 17.
187 Ebd., S. 27.
188 Ebd.
189 BSV 1974 (Jahresbericht 1973), S. 17.
190 Permanente Veränderungsbereitschaft und Flexibilität waren Arbeitnehmereigenschaften, die aufgrund eines sich wandelnden Arbeitsmarkts seit den 1980er- und insbesondere 1990er-Jahren verstärkt gefordert waren. Diese Entwicklung scheint in der Schweiz bereits zu Beginn der 1970er-Jahre eingesetzt zu haben. Vgl. Tanner 2015, S. 421 f.
191 BSV 1974 (Jahresbericht 1973), S. 17.

wiederholt «einfache Arbeitsvorgänge» weggefallen, «die besonders geeignet waren für die Beschäftigung von nicht mehr voll Leistungsfähigen».[192]

Vonseiten des BIGA wurden aber auch neue Chancen thematisiert, die der Wandel des Arbeitsmarkts bereithielt. Der steigende Arbeitskräftebedarf im Dienstleistungssektor könnte etwa im kaufmännischen Bereich neue Eingliederungsperspektiven eröffnen. Aber auch in der industriellen und gewerblichen Produktion benötige die zunehmende Mechanisierung «vermehrt technisch geschultes Personal». Bei entsprechender Ausbildung könnten auch Menschen mit Behinderung diesen Aufgabenbereich übernehmen.[193] Diese Anpassung an die neuen Bedingungen des Arbeitsmarkts würde allerdings eine Abkehr von der bisherigen sozialstaatlichen Praxis bedingen, die bei der beruflichen Eingliederung vor allem auf einfache, gering qualifizierte Arbeiten fokussierte. Nötig würde eine bessere Qualifizierung der versicherten Personen.

In den 1970er-Jahren wurden zudem die psychischen Behinderungen im Zusammenhang mit der beruflichen Eingliederung verstärkt diskutiert.[194] Die Konferenz der IV-Regionalstellenleitenden benannte diese Form der Behinderung als eines der zukünftigen «Eingliederungsprobleme». Bei der Arbeitsintegration von psychisch beeinträchtigten Personen stünden die IVR «noch weitgehend am Anfang». Die bisher gewonnenen Erfahrungen würden aber zeigen, «dass gerade die Bemühungen um diese Behinderten besonders arbeits- und zeitintensiv sind, wenn sie überhaupt wirksam sein sollen». Thematisiert wurden auch psychosomatische Erkrankungen. Eingliederungsbemühungen seien in solchen Fällen nur dann zielführend, «wenn ausser den körperlichen, auch die seelisch-geistigen Zusammenhänge der Invalidität ins Eingliederungsgeschehen einbezogen werden».[195] Die IVR St. Gallen diagnostizierte 1972 eine «starke Zunahme von psychischen Schwierigkeiten bei den Behinderten». Die Berufsberatenden würden sich mit dieser Klientel bei Abklärungen vor neue Probleme gestellt sehen und es sei häufig notwendig, dass während «der Ausbildung und oft darüber hinaus» mit den Betroffenen ein intensiver Kontakt gepflegt werde, um einen Eingliederungserfolg zu erzielen.[196] Von den Eingliederungsfachleuten wurde bei Menschen mit psychischen Erkrankungen auch die Frage nach potenziellem Missbrauch aufgeworfen: «Will er nicht oder kann er nicht arbeiten?» Diese Problematik trete insbesondere bei den «unsichtbaren Leiden» auf.[197]

192 Niedermann 1972, S. 268.
193 ZAK 1967, S. 297 f.
194 Die Thematik nimmt auch deswegen an Bedeutung zu, weil sich der Umgang mit psychisch kranken Patientinnen und Patienten in der Schweiz seit etwa einem Jahrzehnt im Wandel befand. Anstelle von stationären traten nun vermehrt ambulante Behandlungsmethoden in den Vordergrund, die auch neue Herausforderungen an die berufliche und soziale Integration der Betroffenen stellten. HLS: Psychisch Kranke.
195 Probleme der Tätigkeit der Berufsberater für Behinderte auf den Regionalstellen der eidg. Invalidenversicherung (1970), in: BAR, Regionalstellen: Laufende Korrespondenzen und Verschiedenes (Teil 3) 1970–1973, E3340B#1987/62#213*.
196 Niedermann 1972, S. 264.
197 Ebd., S. 266.

Krisendebatten, Reformagenden und Sparkurse «nach dem Boom» (1974–1991)

Die Rezession Mitte der 1970er-Jahre hatte einen entscheidenden – und negativen – Einfluss auf die Arbeitsintegration von Menschen mit Behinderung. Anselm Doering-Manteuffel und Lutz Raphael sehen im Ende der Trente Glorieuses einen «Strukturbruch», der gleichzeitig auch den Auf- und Umbruch in die Gegenwart kennzeichnet. Die beiden Historiker situieren die erste Hälfte der 1970er-Jahre am Anfang einer neuen historischen Periodisierung, die bis in die Gegenwart reicht und etwa vom Siegeszug des Neoliberalismus geprägt ist. Eine solche Analysekategorie ermöglicht es, die Zeit «nach dem Boom» als Vorgeschichte der Gegenwart zu deuten.[1] Historischer Wandel vollzog sich nicht zuletzt im Bereich der sozialen Sicherung, wo Ökonomisierungstendenzen zu einer «Einschränkung oder sogar Umwandlung der sozialpolitischen Arrangements aus der Zeit vor 1973» geführt haben.[2]

Bei abflauender Konjunktur gerät die sozialstaatliche Leistungserbringung verstärkt in die Kritik und von liberalen Kräften wird mit stärkerer Vehemenz Sozialabbau gefordert. Eine solche Entwicklung ist auch für die IV zu erkennen. Häufig wurden eine restriktivere Gesetzesauslegung und Sparmassnahmen durch geringere Sozialleistungen verlangt. Auch Arbeitgeber gerieten unter Druck, weil ihnen vorgeworfen wurde, ihre soziale Verantwortung nicht (mehr) wahrzunehmen. Sie mussten ihre Rechtfertigungsmuster anpassen, um als Antwort auf die Kritik neue Formen der Legitimation für ihr Handeln zu schaffen. Der Zeitraum dieses Kapitels endet vor den Gesetzesreformen, die die Umstrukturierung der IV einleiteten.

Die «Arbeitskraftreserven» scheiden aus dem Arbeitsmarkt aus

Seit Mitte der 1970er-Jahre war die berufliche Eingliederung deutlich erschwert. Menschen mit Behinderung verloren im Zuge der Rezession die Funktion und Bedeutung als «Arbeitskraftreserve», die sie in der Hochkonjunktur bekommen hatten. Die Bereitschaft der Arbeitgeber, Menschen mit Behinderung zu beschäftigen, nahm ab und auch nach dem wirtschaftlichen Aufschwung fand keine

---

1 Doering-Manteuffel/Raphael 2010, S. 28 f.
2 Doering-Manteuffel und Raphael machen aber darauf aufmerksam, dass diese Prozesse international in der Regel erst in den 1990er-Jahren intensiv einsetzten. Ebd., S. 112 f. Leisering (2016) bestätigt diesen Befund für den Sozialstaat in der Bundesrepublik Deutschland.

merkliche Besserung mehr statt. Die Behörden suchten nach Lösungen, um die Kooperationsbereitschaft der Wirtschaft wieder zu wecken.

Vermittlungsschwierigkeiten bei veränderten Arbeitsmarktbedingungen

Der Arbeitsmarkt verabschiedet sich vom Arbeitskräftereservoir
Der konjunkturelle Rückgang traf diejenigen erwerbstätigen Bevölkerungsgruppen am härtesten, die sich tendenziell am Rande des Arbeitsmarkts bewegten: verheiratete Frauen, ältere Personen, Ausländerinnen und Ausländer, Jugendliche und Menschen mit Behinderung. Es handelte sich um jene Arbeitskräfte, die die Arbeitgeber in den 1960er- und frühen 1970er-Jahren mobilisiert hatten, um die Personalengpässe in den Unternehmen zu überbrücken. Fritz Nüscheler, Sekretär der SAEB, verglich die Rezession metaphorisch mit dem Rheumatismus. So wie dieser zuerst das schwächste Gelenk angreife, so treffe auch die Rezession zunächst die schwächsten Glieder des Arbeitsmarkts.[3] Menschen mit Behinderung galten zunehmend als Bevölkerungsgruppe mit erhöhtem Risiko auf (Langzeit-)Arbeitslosigkeit.

Die Schweiz wurde im internationalen Vergleich «besonders scharf» von der Krise Mitte der 1970er-Jahre erfasst. Ungefähr 340 000 Arbeitsplätze gingen zu jener Zeit verloren.[4] Zwischen 1973 und 1976 sank die Zahl der Stellen um 10 Prozent. Insbesondere ausländische Arbeitskräfte dienten als Konjunkturpuffer. Beinahe eine Viertelmillion von ihnen sahen sich gezwungen, in ihre Heimat zurückzukehren.[5] Dies war auch der Grund, weshalb der starke Rückgang an Erwerbsmöglichkeiten keine Massenarbeitslosigkeit hervorbrachte. Die Arbeitslosenquote stieg in den 1970er-Jahren nicht über den Wert von 0,7 Prozent.[6] Aber auch «schlecht geschützte Schweizerinnen und Schweizer» mussten ihre Arbeit aufgeben.[7]

Zu den Leidtragenden der Rezession gehörten auch behinderte Arbeitskräfte. Die Konferenz der IV-Regionalstellenleitenden stellte ab Mitte 1974 «zunehmende Schwierigkeiten» bei ihren Vermittlungsbemühungen fest. Die Lage spitzte sich gegen Ende des Jahres weiter zu. Das Gremium beklagte eine steigende Zahl von Entlassungen von «nicht voll leistungsfähigen oder versetzbaren Behinderten» und es gelinge «praktisch keine Vermittlung mehr», wenn die Klientinnen und Klienten nicht voll einsatzfähig seien.[8] Francis Sandmeier, Leiter der IVR Bern, bedauerte, dass die Anstrengungen der Fachkräfte «immer seltener

---

3 ZAK 1976, S. 494.
4 Tanner 2015, S. 419 f.
5 Degen 2012, S. 910.
6 Tabin/Togni 2013, S. 219 f.
7 Degen 2012, S. 910.
8 Notiz «Berufliche Eingliederung bei abflauender Konjunktur» (1975), in: BAR, Verschiedene Dossiers 1. Teil 1974–1975, E3340B#1996/313#63*.

von Erfolg gekrönt seien». Seine Stelle musste bei der Arbeitsintegration einen Erfolgsrückgang von 30 Prozent hinnehmen. Er sah sich durch die Vermittlungsschwierigkeiten auf den Stand der späten 1950er-Jahre, also in die Zeit vor der IV, zurückversetzt.[9] Der Abbau der Arbeitsstellen hatte die Konkurrenzsituation unter den Stellensuchenden verschärft. Für Sandmeier sei die Eingliederungsarbeit deswegen in eine «neue Phase» eingetreten, «in welcher sich der behinderte Mitmensch rücksichtslos mit gesunden Berufsleuten wird messen müssen».[10]

Auch auf Bundesebene wurde die berufliche Eingliederung zum Politikum. Ständerat Walter Weber (SP) reichte im März 1975 die Interpellation «Behinderte. Beschäftigungslage» ein und Nationalrat Emil Schaffer (SP) richtete im selben Monat eine Kleine Anfrage betreffend «Arbeitslosigkeit bei Behinderten» an den Bundesrat. Thematisiert wurden in den Vorstössen die Vermittlungshemmnisse und Entlassungen, die Auftragsrückgänge bei den geschützten Werkstätten, die Frage nach der materiellen Unterstützung für arbeitslose Menschen mit Behinderung sowie nach den Möglichkeiten für die Aufrechterhaltung des IV-Leitmotivs «Eingliederung vor Rente» bei erschwerten wirtschaftlichen Rahmenbedingungen. Der Bundesrat versicherte in seinen Stellungnahmen, dass die Problematik erkannt sei und ernst genommen werde. Die zuständigen Behörden würden sich bereits um die Ausarbeitung von Massnahmen kümmern.[11]

Die Fachkräfte in den Ämtern wiesen darauf hin, dass die einsetzende Rezession zwar zu Entlassungen von leistungseingeschränkten Personen geführt habe, bestehende Arbeitsverhältnisse aber eher selten aufgelöst würden. Bereits eingegliederte Menschen mit Behinderung wurden in der Regel von den Unternehmen weiterbeschäftigt.[12] Sorgen bereitete hingegen die Stellenvermittlung Erwachsener sowie der Nachweis von Lehren und Anlehren für junge Menschen mit Behinderung.[13] Arbeitgeber waren bei Anstellungen zurückhaltender geworden oder gar nicht mehr bereit, (weitere) Menschen mit Behinderung in ihren Betrieben aufzunehmen.[14]

Gemäss Karl Bollmann, Leiter der IVR Zürich, seien es «die älteren, beruflich schlecht ausgebildeten Behinderten, die nur eine körperlich leichte Tätigkeit ausführen können und die jugendlichen Behinderten, die infolge der Invalidität schulisch schlecht vorbereitet wurden», die Probleme auf dem Arbeitsmarkt hätten.[15] Von Bedeutung sei zudem die Art der Behinderung. André Stalder, Leiter

---

9 Evangelisch-reformierte Kirche des Kantons Bern 1976, S. 17.
10 Ebd., S. 18.
11 Amtl. Bull. SR (3. März 1975), Bd. III, 1975, S. 259–261; Amtl. Bull. NR (19. März 1975), Bd. III, 1975, S. 1045. Diese behördlichen Arbeiten werden Gegenstand des nächsten Abschnitts sein.
12 Arbeitsamt der Stadt Bern. Protokoll der Sitzung über die «Arbeitsvermittlung für Behinderte und Erwerbsbehinderten-Fürsorge» vom 25. März 1977, in: BAR, Arbeitsgruppe Behinderte 1977, E7175C#1995/259#686*.
13 BSV 1975 (Jahresbericht 1974), S. 29.
14 ZAK 1975, S. 213.
15 Konferenz der IV-Regionalstellenleiter, Gruppe Deutschschweiz. Protokoll der Sitzung vom 12. April 1978, in: BAR, Arbeitsgruppe Behinderte 1978, E7175C#1995/259#687*.

der IVR Lausanne, bezeichnete vor allem Personen mit Behinderungen im «intellektuellen, manuellen, motorischen oder geistigen Bereich» sowie diejenigen mit «charakterlichen Störungen» als benachteiligt.[16] Negativ wirkte sich auf die Arbeitsintegration ein Migrationshintergrund aus. Die IVR Basel konstatierte, dass körperlich behinderte Ausländer «kaum mehr vermittelbar» seien.[17] In den Fokus gerieten zunehmend auch Menschen mit psychischen Beeinträchtigungen.[18] Der Arbeitsverlust drohte folglich primär Menschen mit Behinderung mit spezifischen Beeinträchtigungen, die ihre bisherige Stelle «einer gewissen konjunkturbedingten Grosszügigkeit des Arbeitgebers» verdankten.[19]

Auf die Fallarbeit in den IVR hatte die Rezession unmittelbare Auswirkungen. Für den Berufsberater Gottfried Keller stand die bisherige Beratungspraxis zur Disposition. Bis anhin seien für die Stellenallokation so weit als möglich die Eignungen und Neigungen der Klientinnen und Klienten berücksichtigt worden. Auch für Menschen mit Behinderung habe der «individualistische Idealismus: Der rechte Mann am rechten Platz» gegolten.[20] Bei der vorherrschenden Wirtschaftslage müssten aber die «sozialen wirtschaftlichen Notwendigkeiten» höher gewichtet werden als die subjektiven Neigungen der Versicherten. Berufsberatende seien zu einer Art «Zwangsvollstrecker» geworden. An die Stelle der «Wahlfreiheit der Berufsergreifung» sei eine «verantwortungsbewusste autoritative Eingliederung» durch die Fachkräfte getreten.[21] Die Berufsberatung müsse sich von ihrem «mit gewissen Illusionen behafteten»[22] Berufsideal verabschieden und ihr Handlungsmuster als «vorsätzlich gewollte und human verantwortungsbewusste Lebensdeterminierung» deuten.[23] Damit wurde eine Abkehr von der individuellen Beratung, wie sie seit den 1950er-Jahren postuliert wurde, signalisiert.

Risiko der (Langzeit-)Arbeitslosigkeit

Die zuständigen Bundesbehörden wollten in Erfahrung bringen, wie sich die Situation der Menschen mit Behinderung auf dem Arbeitsmarkt de facto präsentierte. Einzelne Ämter und private Organisationen führten entsprechende Untersuchungen durch. Das BSV erkundigte sich bei den IVR. Diese lieferten ihre Zahlen für die Monate Februar und März 1975. Von 8875 pendenten Fällen[24] wur-

---

16 ZAK 1976, S. 481.

17 Schreiben zu den Eingliederungsmöglichkeiten vom 26. Juni 1975, in: BAR, Verschiedene Dossiers 1. Teil 1974–1975, E3340B#1996/313#63*.

18 Im Rahmen der beruflichen Eingliederung wurden psychisch Behinderte seit den 1970er-Jahren verstärkt als schwer vermittelbar eingestuft. In den 1980er- und insbesondere 1990er-Jahren avancierten Personen mit psychischen Behinderungen für die Fachkräfte zur zentralen Problemgruppe.

19 ZAK 1975, S. 213.

20 Keller 1977, S. 148 f.

21 Ebd., S. 152 f.

22 Ebd., S. 153.

23 Ebd., S. 155 f.

24 Darunter befanden sich auch Versicherte, die Abklärungen, Umschulungen etc. absolvierten.

den 751 (8,5 Prozent) als «erschwerte Vermittlungsfälle» eingestuft – 81 Prozent davon waren Männer. Diese 751 Stellensuchenden[25] wurden folgenden Gruppen zugeordnet: 251 Personen (34 Prozent) waren aufgrund einer Kündigung arbeitslos geworden. 310 (41 Prozent) waren «wegen Invalidität» ohne Arbeit. 52 (7 Prozent) waren «wegen Verhalten» stellenlos.[26] 138 (18 Prozent) waren nach ihrer Ausbildung oder Umschulung auf Stellensuche. Die Zuständigkeitsfrage stellte sich mit Dringlichkeit. Ein hoher Anteil dieser schwer vermittelbaren Personen war zuvor zu mindestens 60 Prozent erwerbstätig gewesen oder bereits von der IV mit einem Invaliditätsgrad unter 50 Prozent eingestuft worden. Sie hatten folglich keinen Anspruch auf IV-Renten, waren aber gleichzeitig kaum auf dem Arbeitsmarkt unterzubringen.[27]

In demselben Zeitraum hatte sich auch Pro Infirmis bei ihren Beratungsstellen über die Situation auf dem Arbeitsmarkt erkundigt. Die Organisation meldete dem BSV 115 Entlassungen (77 Männer, 38 Frauen) aus der Privatwirtschaft. Als Entlassungsgrund wurde bei 29 Betroffenen der allgemeine Konjunkturrückgang angeführt, bei 52 Personen persönliche Eigenschaften («Leistungsfähigkeit, Charakter usw.»).[28] Zudem hätten 13 Angestellte ihre Arbeit in geschützten Werkstätten verloren. Für Pro Infirmis war aber der «erstaunlichste Punkt» ihrer Erhebung, dass von diesen 128 Arbeitslosen nur eine einzige Person gegen Arbeitslosigkeit versichert war.[29] Für die Organisation stellte sich die naheliegende Frage: «Was passiert mit denjenigen, die von keinem Versicherungssystem geschützt werden?»[30] Ebenfalls im Frühjahr 1975 sondierte der Schweizerische Verband von Werken für Behinderte die Lage auf dem zweiten Arbeitsmarkt. Von 106 an der Umfrage teilnehmenden Behindertenwerkstätten meldeten deren 40, dass sie nicht genügend Arbeit hätten. Der Verband führte dies auf den «Rückgang der Arbeitsaufträge aus der Industrie» zurück. Generell wurde ein Auftragsrückgang von etwa 30 Prozent festgestellt.[31]

Das BIGA wollte sich 1978 bei den Arbeitsämtern erkundigen und lancierte eine Umfrage bei sämtlichen Stellen des Kantons Bern in Gemeinden mit mehr als 1000 Einwohnerinnen und Einwohnern. 174 Gemeinden nahmen an der Erhebung teil. Von insgesamt 2306 registrierten Ganzarbeitslosen hatten 651 eine Behinderung (128 Frauen, 523 Männer), was einen Anteil von 28 Prozent

25 Zur quantitativen Orientierung kann darauf hingewiesen werden, dass im Jahr 1975 durchschnittlich 10 170 Personen als arbeitslos gemeldet waren. HLS: Arbeitslosigkeit.

26 Die Kriterien für die Zuteilung zu den Kategorien wurden nicht expliziert, sodass nicht klar ersichtlich ist, welche spezifischen Probleme «wegen Invalidität» und «wegen Verhalten» meinen.

27 Konferenz der IV-Regionalstellenleitenden. Berufliche Eingliederung bei abflauender Konjunktur (1975), in: BAR, Verschiedene Dossiers 1. Teil 1974–1975, E3340B#1996/313#63*.

28 Die Gründe für die übrigen Entlassungen wurden nicht angeführt.

29 Dieser für Pro Infirmis überraschende Befund lässt vermuten, dass die Arbeitslosigkeit von Menschen mit Behinderung als Problematik bis dahin kaum reflektiert wurde.

30 Brief an das BSV vom 3. April 1975, in: BAR, Verschiedene Dossiers 1. Teil 1974–1975, E3340B#1996/313#63*.

31 ZAK 1976, S. 495.

114

bedeutet.[32] Von diesen 651 Personen bezogen 466, was 72 Prozent entspricht, Arbeitslosengeld.[33] 25 Prozent der Betroffenen waren weniger als drei Monate arbeitslos, 38 Prozent drei bis sechs Monate und 37 Prozent länger als sechs Monate.[34] Das Arbeitsamt der Stadt Bern führte im Herbst 1977 eine Untersuchung mit 379 Arbeitslosen durch. Die Stelle eruierte drei Problemgruppen: jüngere Personen (bis 25 Jahre), ältere Personen (ab 50 Jahren) und Menschen mit Behinderung.[35] Im Bericht wurde festgehalten: «Sehr gross ist die Zahl der Arbeitslosen, die angaben, in ihrer Berufstätigkeit dauernd oder vorübergehend behindert zu sein: 28 Prozent!»[36] Zudem seien Menschen mit Behinderung trotz überdurchschnittlich guter beruflicher Ausbildung überdurchschnittlich lange arbeitslos gemeldet.[37]

Die Studien verdeutlichen zwei Aspekte: Zum einen scheint sich die Arbeitslosigkeit bei Menschen mit Behinderung quantitativ noch in einem nicht vollends alarmierenden Rahmen bewegt zu haben. Zum anderen weist der hohe Anteil der Menschen mit Behinderung unter den arbeitslosen Personen aber darauf hin, dass sie in besonderem Masse dem Risiko der (Langzeit-)Arbeitslosigkeit ausgesetzt waren und folglich von den Behörden und Sozialverwaltungen nun als «Problemfälle» wahrgenommen wurden.

Die Behörden ergreifen Massnahmen

Finanzielle Anreize für Unternehmen?
Die erschwerte Situation für Menschen mit Behinderung auf dem Arbeitsmarkt brachte die involvierten Behörden, namentlich das BSV und das BIGA, auf den Plan. Die Bundesämter bildeten Arbeitsgruppen, die sich mit der Thematik auseinandersetzen sollten. Es waren insbesondere zwei zentrale Probleme anzugehen: Zum einen sollten Lösungen ausgearbeitet werden, um die Chancen von Menschen mit Behinderung auf dem Arbeitsmarkt zu verbessern. Zum anderen traten Lücken im System sozialer Sicherung auf; Fragen zur Zuständigkeit be-

32 Berücksichtigt wurden einzig Personen, für die die IV nicht zuständig war.
33 Für diesen im Vergleich zu den zuvor geschilderten Untersuchungen hohen Anteil der gegen Arbeitslosigkeit versicherten Menschen mit Behinderung sind zwei Gründe anzuführen: Zum einen wurde 1977 das provisorische Versicherungsobligatorium für Arbeitnehmende eingeführt. Zum anderen mussten diejenigen Personen, die beim Arbeitsamt gemeldet waren, als auf dem Arbeitsmarkt vermittelbar gelten.
34 Kantonales Arbeitsamt Bern. Die Zahl Behinderter auf dem Arbeitsmarkt. Der Kanton Bern als Testfall (1978), in: BAR, Arbeitsgruppe Behinderte 1978, E7175C#1995/259#687*, S. 3 f.
35 Die Aussagekraft muss insofern relativiert werden, als im Bericht keine klare Begriffsbestimmung von «Behinderung» erfolgt. So werden zum Beispiel auch schwangere Frauen dieser Gruppe zugeordnet.
36 Die befragten Personen mussten folglich selbst einschätzen, ob sie eine Behinderung hatten oder nicht.
37 Arbeitsamt der Stadt Bern. Befragung der Arbeitslosen in der Gemeinde Bern im Herbst 1977, in: BAR, Arbeitsgruppe Behinderte 1977, E7175C#1995/259#686*, S. 11.

züglich der finanziellen Unterstützung und der Hilfe bei der Stellenvermittlung waren offen.

Die Konferenz der IV-Regionalstellenleitenden forderte das BSV aufgrund der Auswirkungen der Rezession im Dezember 1974 dazu auf, eine Arbeitsgruppe einzuberufen, um organisatorische Zuständigkeitsprobleme und die korrekte Umsetzung gesetzlicher Vorgaben unter gewandelten arbeitsmarktlichen Bedingungen zu bearbeiten. Begründet wurde das Anliegen damit, dass nur «ein kleiner Teil» der arbeitslos gewordenen Menschen mit Behinderung bei den Arbeitslosenkassen versichert sei und materiell unterstützt werde. Gleichzeitig sei die Gewährung einer IV-Rente bei ehemals Erwerbstätigen aber «weder möglich noch sinnvoll» und zudem die «teuerste Lösung».[38] Es stellte sich folglich die Frage, wer im Einzelfall für die Existenzsicherung der Betroffenen zu sorgen habe. Für arbeitslose Menschen mit Behinderung müsse die «eine oder andere Instanz Leistungen erbringen, ohne dass eine zeitraubende Hin- und Herschieberei der Zuständigkeit» vorangehe.[39] Auch der Schweizerische Gewerkschaftsbund monierte in einem Schreiben an das BSV und das BIGA «Lücken zwischen den verschiedenen Sozialversicherungszweigen». Er vertrat den Standpunkt, dass die Arbeitslosenversicherung für alle Personen, die zuvor erwerbstätig gewesen waren, zuständig sein sollte: «Nach unserer Meinung sollte jedem Arbeitnehmer, der während der Hochkonjunktur seine Arbeitskraft der Wirtschaft zur Verfügung stellte, auch der Status der Vermittlungsfähigkeit zuerkannt werden.»[40] Das BSV reagierte darauf und organisierte im April 1975 eine «Konferenz über die Beschäftigungslage Invalider».[41] Im Juni 1976 fand eine Nachfolgeveranstaltung statt.

Das BIGA schenkte der beruflichen Eingliederung von Menschen mit Behinderung seit der Rezession stärkere Aufmerksamkeit. Nach Einführung der IV trat das Bundesamt bei der Thematik kaum noch in Erscheinung. Es gab aufgrund der günstigen Wirtschaftslage auch keinen dringlichen Anlass dazu. So scheint etwa die Frage nach der Absicherung von arbeitslos gewordenen Menschen mit Behinderung von den zuständigen Behörden und ausführenden Ämtern bis anhin kaum reflektiert worden zu sein. Die IV wurde in der Hochkonjunktur auf die Arbeitsintegration ausgerichtet. Mögliche Rückkoppelungen auf das System sozialer Sicherung bei wirtschaftlichem Rückgang standen nicht zuoberst auf der

---

38 Konferenz der IV-Regionalstellenleitenden. Brief an das BSV vom 23. Dezember 1974, in: BAR, Verschiedene Dossiers 1. Teil 1974–1975, E3340B#1996/313#63*.

39 Konferenz der IV-Regionalstellenleitenden. Arbeitslosigkeit – Invalidität. Thesen zur Arbeitsvermittlung Invalider (Entwurf, 1975), in: ebd.

40 Brief an das BSV und BIGA vom 13. Mai 1975, in: ebd.

41 An der Veranstaltung nahmen Vertreterinnen und Vertreter des BSV, des BIGA, der MV, der kantonalen Ausgleichskassen, der Verbandsausgleichskassen, der IVK und der IVR sowie der Behindertenverbände teil. Das BSV erliess darauf provisorische Richtlinien zu den beruflichen Massnahmen und Renten für die IV-Organe. BSV. Kreisschreiben betreffend Eingliederungsmassnahmen und Rentenanspruch bei Invaliden, die zufolge Änderung in der Wirtschaftslage ihren Arbeitsplatz verloren haben, vom 30. Mai 1975, in: ebd.

Planungsagenda. Zudem wurden die Vermittlungsbemühungen der Arbeitsämter nach der Einführung der IV offenbar mehrheitlich eingestellt.[42] Das Arbeitsamt der Stadt Bern bezeichnete die aufgrund der Wirtschaftskrise «bereits in die Wege geleitete Reaktivierung der Stellenvermittlung für Behinderte» als dringende Notwendigkeit.[43] Fritz Nüscheler, Sekretär der SAEB, forderte, dass die in der Hochkonjunktur «zu einem Stillstand» gekommene Beziehung zwischen IVR und Arbeitsämtern «wieder reaktiviert» werden müsse.[44] Als 1977 bei der Arbeitslosenversicherung das provisorische Obligatorium für Arbeitnehmende eingeführt wurde, gewann die Thematik weiter an Bedeutung, da nun auch erwerbstätige Menschen mit Behinderung dem Versicherungszwang unterstanden.

Gemäss BIGA gestaltete sich die Stellenvermittlung für Menschen mit Behinderung «immer problematischer». Deshalb wurde die Abteilung «Arbeitskraft und Auswanderung» 1977[45] beauftragt, eine Arbeitsgruppe[46] zusammenzustellen, die ein «konkretes Massnahmenpaket» zur Verbesserung der Arbeitsmarktchancen erarbeiten sollte.[47] Die Eingliederungssituation wurde als angespannt eingestuft: «Der Wirtschaftsrückgang und die andauernden Schwierigkeiten auf dem Arbeitsmarkt haben dazu geführt, dass neben den jugendlichen und älteren Arbeitnehmern immer mehr Behinderte Mühe haben, einen ihnen entsprechenden Arbeitsplatz zu finden.» Solche Schilderungen kämen bei den Arbeitsämtern auf kantonaler und kommunaler Ebene «immer häufiger» vor.[48] Zwar seien die Arbeitslosenzahlen seit dem Frühjahr 1976 wieder rückläufig, diese Entwicklung habe sich auf stellensuchende Menschen mit Behinderung aber nicht positiv ausgewirkt. Es bestehe die Gefahr von Langzeitarbeitslosigkeit.[49] Die Arbeitsgruppe zur Verbesserung der Chancen Behinderter auf dem Arbeitsmarkt traf sich zwischen August 1977 und Mai 1978 zu vier Sitzungen und legte im Juni 1978 ihren Schlussbericht vor.

---

42 Es ist anzunehmen, dass die Arbeitsämter regelmässig mit Klientinnen und Klienten mit leichter Behinderung zu tun hatten, sie in der Hochkonjunktur aber ohne Schwierigkeiten vermittelt werden konnten. Folglich wurden sie auch nicht als eigenständige Klientenkategorie aufgefasst, die einer besonderen Behandlung bedurfte.

43 Arbeitsamt der Stadt Bern. Befragung der Arbeitslosen in der Gemeinde Bern im Herbst 1977, in: BAR, Arbeitsgruppe Behinderte 1977, E7175C#1995/259#686*, S. 13.

44 Brief an die Abteilung Arbeitskraft und Auswanderung BIGA vom 12. Dezember 1977, in: ebd.

45 Der Zeitpunkt der Einberufung des Gremiums kann aufgrund des neu eingeführten Versicherungsobligatoriums bei der ALV kaum als zufällig bezeichnet werden.

46 Es handelte sich um die dritte Arbeitsgruppe des BIGA, nach derjenigen für die Förderung der Heimarbeit (vor allem Sicherstellung der Heimarbeit in Berggebieten) und für das Problem der Jugendarbeitslosigkeit. Abteilung Arbeitskraft und Auswanderung BIGA. Arbeitspapier Nr. 1 für die Arbeitsgruppe zur Verbesserung der Chancen Behinderter auf dem Arbeitsmarkt vom 23. August 1977, in: ebd.

47 Abteilung Arbeitskraft und Auswanderung BIGA. Notiz an den Administrativen Dienst BIGA vom 16. Juni 1977, in: ebd.

48 BIGA. Notiz an Bundesrat Ernst Brugger vom 15. August 1977, in: ebd.

49 Abteilung Arbeitskraft und Auswanderung BIGA. Arbeitspapier Nr. 1 für die Arbeitsgruppe zur Verbesserung der Chancen Behinderter auf dem Arbeitsmarkt vom 23. August 1977, in: ebd.

Während das BSV primär auf Zuständigkeits- und Gesetzesfragen fokussierte, stand beim BIGA die Arbeitsvermittlung im Zentrum.[50] Beide Arbeitsgruppen diskutierten über die Einführung von Behindertenquoten. Die Implementierung eines solchen Systems wurde aber klar abgelehnt. Fritz Nüscheler war als Vertreter der SAEB in der BIGA-Arbeitsgruppe tätig. Er äusserte den Standpunkt, dass eine «Zwangszuteilung der Behinderten nicht als Fortschritt, sondern als Diskriminierung» einzuordnen sei. «Ein Land mit freiem Arbeitsmarkt muss hier andere Lösungen finden.»[51] Das Konzept der Freiwilligkeit blieb unangetastet.

Beide Arbeitsgruppen setzten sich für einen Ausbau finanzieller Anreize für Unternehmen ein. Bei der BSV-Arbeitsgruppe wurde die Einführung von «Lohnzuschüssen» während der Einarbeitungszeit am Arbeitsplatz diskutiert. Mithilfe solcher zusätzlichen Leistungen würde die Bereitschaft der Unternehmen, «Invalide bei vorerst reduzierter Entlöhnung in den Dienst zu nehmen, spürbar erhöht».[52] Analog forderte die BIGA-Arbeitsgruppe den Ausbau von Zuschüssen für Arbeitgeber während der Anlernzeit.[53] Gefordert wurden zudem feinere Rentenabstufungen.[54] Es sollte bereits bei geringen Invaliditätsgraden eine Teilrente gewährt werden.[55] Das Begehren würde Arbeitgeber davon entlasten, Soziallöhne zu entrichten. Francis Sandmeier, Leiter der IVR Bern, stellte fest, dass die Unternehmen seit der Rezession begonnen hätten, klarer zwischen Leistungslohn und Soziallohn zu unterscheiden. Sie zahlten Saläre zunehmend nur noch für effektiv geleistete Arbeit. Anstelle des wegfallenden Soziallohns müsse nun für Personen, die kein Anrecht auf eine IV-Teilrente hatten, ein «Ersatzeinkommen» garantiert werden.[56] Die Konferenz der IV-Regionalstellenleitenden beklagte sich, dass ihr Postulat für einen Ausgleich des Leistungslohnaus-

50 Die Arbeitsgruppe des BIGA orientierte sich stärker an Fragen des Arbeitsmarkts als diejenige des BSV. Dies lässt sich daran ablesen, dass die Sozialpartner (je ein Vertreter des ZSAO und des Schweizerischen Gewerkschaftsbunds) sowie je ein Vertreter der Eingliederungsdienste der SBB und der PTT eingeladen wurden. Weiter wirkten Exponentinnen und Exponenten des BIGA, des BSV, des Eidgenössischen Personalamts, der IVR, des kantonalen Arbeitsamts Bern, des städtischen Arbeitsamts Bern und von privaten Verbänden und Organisationen mit.

51 Brief an die Abteilung Arbeitskraft und Auswanderung BIGA vom 23. März 1978, in: BAR, Arbeitsgruppe Behinderte 1978, E7175C#1995/259#687*.

52 ZAK 1976, S. 486.

53 Arbeitsgruppe Verbesserung der Chancen von Behinderten auf dem Arbeitsmarkt. Schlussbericht (1978), in: PTT-Archiv, PA 196-243, S. 15 f.

54 Diese Forderung wurde von der AHV/IV-Kommission bereits im Rahmen der 9. AHV-Revision diskutiert, aber nicht berücksichtigt. Bundesrat 1976, S. 41.

55 Eine IV-Rente wurde erst ab einer Erwerbsunfähigkeit von 50 Prozent gewährt.

56 Arbeitsgruppe Verbesserung der Chancen von Behinderten auf dem Arbeitsmarkt. Protokoll der 1. Sitzung vom 30. August 1977, in: BAR, Arbeitsgruppe Behinderte 1977, E7175C#1995/259#686*.

falls durch die IV «nie ernstgenommen» wurde.[57] Auch die SAEB unterstrich, dass sie sich bereits seit Jahren für ein neues Rentenmodell einsetze.[58]

Nach Ansicht der beiden Arbeitsgruppen waren für die Wirtschaft also primär ökonomische Argumente massgeblich: Der Eingliederungsprozess sollte mithilfe sozialstaatlicher Subventionen für die Betriebe finanziell attraktiver werden.[59] Dass die Arbeitgeber zumindest eine Mitschuld an der schwierigen Situation trugen, wurde im Übrigen von den Arbeitsgruppen nicht thematisiert. Es macht den Anschein, als hätten sich die Gremien davor gehütet, kritische Töne anzuschlagen. Der Sozialstaat war auf die freiwillige Kooperationsbereitschaft der Wirtschaft angewiesen und ging einer offenen Konfrontation aus dem Weg. Stattdessen wurde das Verhalten der Arbeitgeber gewürdigt, weil diese kaum Menschen mit Behinderung entlassen hätten und auch weiterhin Personen mit Leistungseinschränkungen rekrutierten.[60] Im Schlussbericht der BIGA-Arbeitsgruppe wurde die «verständnisvolle Haltung» der Arbeitgeber ausdrücklich gelobt.[61]

Auch wenn die vorgeschlagenen finanziellen Anreize für Arbeitgeber nicht umgesetzt wurden, dienen sie dazu, die Haltung des Sozialstaats gegenüber der Wirtschaft zu verdeutlichen. Letzterer wurde weiterhin unterstellt, dass sie sich bei der beruflichen Eingliederung an klassischen Kosten-Nutzen-Kalkülen orientierte. Entsprechend wurde nach der Logik der Marktkonvention in den Arbeitsgruppen diskutiert, wie sich die Beschäftigung von Menschen mit Behinderung für die Unternehmen marktwirtschaftlich besser lohnen könnte. Die angedachte Lösung lautete, die behinderte Arbeitskraft durch Lohnzuschüsse auf dem Arbeitsmarkt günstiger zu machen. Argumente, die die staatsbürgerliche Konvention zum Inhalt gehabt hätten, wurden nicht bemüht. Vonseiten des Sozialstaats wurde keine Kritik an die Arbeitgeber gerichtet, sie würden ihre soziale Verantwortung nicht genügend erfüllen. Die Rechtfertigungsmuster des Sozialstaats beschränkten sich auf im engeren Sinne ökonomische Aspekte.

Zuständigkeitsgerangel zwischen den Zweigen sozialer Sicherung

Das IV-Leitmotiv «Eingliederung vor Rente» wurde trotz Rezession weiterhin propagiert. Bemerkenswert ist allerdings, wie das BSV diese Maxime bei schlechterer Wirtschaftslage neu auslegte. Das Bundesamt empfahl einen selektiven

---

57 Brief an die Abteilung Arbeitskraft und Auswanderung BIGA vom 31. Januar 1978, in: BAR, Arbeitsgruppe Behinderte 1978, E7175C#1995/259#687*.

58 Brief an die Abteilung Arbeitskraft und Auswanderung BIGA vom 23. März 1978, in: ebd.

59 Unmittelbar umgesetzt wurden Forderungen nach finanziellen Anreizen nicht. Die Arbeitsgruppe machte aber auf die bereits vorhandene Möglichkeit aufmerksam, für maximal 180 Tage IV-Taggelder für die Einarbeitung zu entrichten. Arbeitsgruppe Verbesserung der Chancen von Behinderten auf dem Arbeitsmarkt. Schlussbericht (1978), in: PTT-Archiv, PA 196-243, S. 15 f.

60 SAEB. Brief an die Abteilung Arbeitskraft und Auswanderung BIGA vom 23. März 1978, in: BAR, Arbeitsgruppe Behinderte 1978, E7175C#1995/259#687*.

61 Arbeitsgruppe Verbesserung der Chancen von Behinderten auf dem Arbeitsmarkt. Schlussbericht (1978), in: PTT-Archiv, PA 196-243, S. 31.

Einsatz von Eingliederungsmassnahmen. Besondere Zurückhaltung wurde bei schwer vermittelbaren Personen angeordnet. Die IVR sollten von den IVK mit der Erledigung «von eigentlichen Eingliederungsfällen», also gut vermittelbaren Versicherten, beauftragt werden. Die neue Arbeitsmarktlage erfordere bereits für diese Klientinnen und Klienten einen grösseren Aufwand, sodass die Ressourcen gezielter für die aussichtsreichen Fälle eingesetzt werden sollten. Das bedeutete allerdings nicht, dass der Arbeitsimperativ abgeschwächt beziehungsweise mehr IV-Renten gewährt wurden. Gemäss BSV müsse «in jedem Fall geprüft werden, ob sämtliche Voraussetzungen für einen Rentenanspruch erfüllt» seien.[62] Es stellt sich in diesem Zusammenhang die Frage, was mit versicherten Personen geschah, die keine Berechtigung auf eine IV-Rente hatten und gleichzeitig beruflich nicht gefördert wurden. Zu vermuten ist, dass sich Betroffene, insbesondere nach Einführung des ALV-Obligatoriums, bei den Arbeitsämtern als vermittlungsfähige Personen mit nicht IV-relevantem Invaliditätsgrad anmeldeten.[63]

Bei der Klärung von Zuständigkeiten bei arbeitslosen Menschen mit Behinderung scheint nicht unerhebliches Konfliktpotenzial bestanden zu haben. Die Konferenz der IV-Regionalstellenleitenden drückte ihre Besorgnis aus, dass die Interessen der Menschen mit Behinderung gegenüber einer «Auseinandersetzung über den Kompetenzbereich der einzelnen Bundesämter» in den Hintergrund rückten.[64] Obschon sich das BSV entschieden gegen solche Vorwürfe zur Wehr setzte,[65] deutet einiges darauf hin, dass die Aushandlungen zwischen dem BSV und dem BIGA nicht reibungslos verliefen. In einer internen Notiz des BIGA wird dem BSV und den IV-Organen eine Strategie der unlauteren Abschiebung von Fällen an die ALV und die Arbeitsämter vorgeworfen, nachdem das provisorische ALV-Obligatorium eingeführt war. Die angestrebte Kooperation mit den Arbeitsämtern gründe nach Auffassung des BIGA aufseiten der IV auf folgenden Überlegungen:

a) Gewinnung von Zeit (über die Wartezeit von 360 Tagen hinaus) für die Abklärung der Rentenfälle (verstecktes Ziel!);

b) Entlastung der IV-Regionalstellen;

c) aus der tatsächlich erfolgten Eingliederung (durch Vermittlung) in den Arbeits- und Erwerbsprozess [durch die Arbeitsämter]: Erkenntnisse bezüglich des Grades der effektiven Arbeitsfähigkeit bzw. Arbeitsunfähigkeit des Versicherten (Test; mehr oder weniger verstecktes Ziel!);

62 BSV. Kreisschreiben betreffend Eingliederungsmassnahmen und Rentenanspruch bei Invaliden, die zufolge Änderung in der Wirtschaftslage ihren Arbeitsplatz verloren haben, vom 30. Mai 1975, in: BAR, Verschiedene Dossiers 1. Teil 1974–1975, E3340B#1996/313#63*.

63 Ein Indiz dafür könnten die Umfrageresultate im Kanton Bern sein, die im letzten Abschnitt diskutiert wurden. Der Anteil der Menschen mit Behinderung unter den arbeitslos gemeldeten Personen war hoch.

64 Brief an die Abteilung Arbeitskraft und Auswanderung BIGA vom 31. Januar 1978, in: BAR, Arbeitsgruppe Behinderte 1978, E7175C#1995/259#687*.

65 Brief an die Konferenz der IV-Regionalstellenleitenden vom 13. Februar 1978, in: ebd.

d) Beschränkung der Zahl der Rentenfälle auf die «echten» Fälle mit Anspruch auf eine halbe oder ganze IV-Rente, – zwecks Schonung der Mittel der IV;

e) a priori-Zuweisung aller vermittlungsfähig «erscheinender» Behinderter, denen vermutlich kein IV-Rentenanspruch zukommen wird, an die *Arbeitsvermittlung* und ggf. betreffend finanzieller Leistungen an die *Arbeitslosenversicherung*.[66]

Das BIGA folgerte, die IV ziele durch ihr Vorgehen darauf ab, dass die Arbeitsvermittlung und die ALV ihr die «Problemfälle […] mehr oder weniger unbesehen» abnehme.[67]

Das Kreisschreiben des BSV «über das Zusammenwirken der Invalidenversicherung mit den Arbeitsämtern und den Arbeitslosenkassen» erschien im August 1978. Der zentrale Anspruch des Dokuments lautete, Betroffene «in einem raschen und einfachen Verfahren» den ihnen zustehenden Leistungen zuzuführen. Zusätzlich sollten sozialstaatliche Lücken im Leistungssystem überbrückt werden. Bei Fällen, bei denen ein allfälliger Anspruch auf eine halbe oder ganze IV-Rente noch offen war, sollte die Vermittlungsfähigkeit auf dem Arbeitsmarkt im Austausch zwischen IV-Kommissionen und Arbeitsämtern bestimmt werden, damit die Organe nicht zu unterschiedlichen Resultaten gelangten, woraus Nachteile für die Klientinnen und Klienten erwachsen könnten. «Damit soll vermieden werden, dass die IV den Versicherten als vermittlungsfähig betrachtet, ein Anspruch auf Arbeitslosenentschädigung jedoch mangels Vermittlungsfähigkeit abgelehnt wird.» Grossen Wert legte das BSV auf die Kooperation von IV-Regionalstellen und Arbeitsämtern in der konkreten Fallarbeit.[68]

Die dargestellten Unklarheiten und Konflikte zwischen IV und ALV in Bezug auf die Thematik Behinderung können auf die unterschiedlichen Systemlogiken der Sozialverwaltungen zurückgeführt werden.[69] Das BIGA und die Arbeitsämter operierten nicht mit dem von der IV geprägten Begriff «Invalide», sondern verwendeten den umfassenderen Terminus «Behinderte».[70] Während die IV Invalidität über eine körperliche oder geistige Behinderung, die zu einer länger andauernden Erwerbsunfähigkeit führte, bestimmte, stand für die ALV die Vermittelbarkeit auf dem Arbeitsmarkt im Zentrum. Dementsprechend bekundeten die Arbeitsämter Mühe zu klären, wer «tatsächlich behindert» war, sodass das kantonale Arbeitsamt Bern von «arbeitsmarktlich behinderten Stel-

---

66 Abteilung Arbeitslosenversicherung BIGA. Notiz zu einer BIGA-internen Informationszusammenkunft vom 15. März 1978, in: ebd. Hervorhebungen im Original.

67 Ebd.

68 Kreisschreiben über das Zusammenwirken der Invalidenversicherung mit den Arbeitsämtern und den Arbeitslosenkassen vom 23. August 1978, in: ebd.

69 Vgl. Nadai/Canonica/Koch 2015, S. 25–36.

70 BSV. Aktennotiz zu einer Besprechung zwischen BSV, BIGA und Fachkommission für Invaliditätsfragen vom 22. Februar 1978, in: BAR, Arbeitsgruppe Behinderte 1978, E7175C#1995/259#687*.

lensuchenden» sprach.[71] Für das BIGA lag letztlich nicht eine grundlegende Problematik «Behinderte» vor, sondern im Fokus standen vielmehr zahlreiche Versicherte, «die nicht oder nur zum Teil» als vermittlungsfähig bezeichnet werden konnten.[72] Die Aufmerksamkeit wurde folglich in einem allgemeineren Sinne auf Personen gelenkt, die in irgendeiner Form aus arbeitsmarktlicher Perspektive als behindert eingestuft werden konnten. Das BIGA rückte so den Begriff «Behinderte» in die Nähe der umfassenderen Kategorie der «schwer Vermittelbaren», deren Kennzeichen das erhöhte Risiko der Langzeitarbeitslosigkeit war. Aus der Perspektive der ALV ging es im Kern darum, Arbeitslose in den Wirtschaftsprozess zu (re)integrieren, gleichgültig, welche Ursache die Vermittlungshemmnisse hervorrief. Bezeichnend ist etwa, dass Roland Baggenstoss als Mitglied der BIGA-Arbeitsgruppe und Chef des Dienstes für Eingliederung der SBB die extensive Auslegung des Begriffs «behindert» begrüsste und er selbst zum Beispiel auch Strafentlassene unter diese Kategorie subsumierte.[73]

2. IVG-Revision: Viertelrenten anstelle von «Soziallöhnen»

Eine feinere Abstufung der Renten war ein Postulat, das von verschiedenen Kreisen bereits in den 1970er-Jahren vorgebracht wurde.[74] Die bisherigen Beschränkungen auf ganze und halbe Renten wurden, so die Begründung der Verfechterinnen und Verfechter einer weiteren Auffächerung der Rentenniveaus, als Hindernis für die berufliche Eingliederung beurteilt. Die feinere Rentenabstufung sollte nun zum Kernstück der zweiten Gesetzesrevision der IV von 1987/88 werden.

Eine Gesetzesrevision wurde von verschiedenen Akteuren gefordert.[75] Die Beschränkung auf zwei grobe Rentenstufen wurde in zweierlei Hinsicht kritisiert: Erstens könnte in bestimmten Situationen bereits eine leichte Verbesserung der Erwerbsfähigkeit und eine damit zusammenhängende Erhöhung des Lohns fatale Folgen zeigen, wenn eine Person einen Invaliditätsgrad von knapp über 50 Prozent habe. Die Verbesserung würde dazu führen, dass die versicherte Person plötzlich zu mehr als 50 Prozent erwerbsfähig wäre, womit jegliche materielle Unterstützung der IV hinfällig würde. In einer solchen Situation bestünde

71 Kantonales Arbeitsamt Bern. Die Zahl Behinderter auf dem Arbeitsmarkt. Der Kanton Bern als Testfall, in: ebd., S. 2.

72 Abteilung Arbeitskraft und Auswanderung BIGA. Arbeitspapier Nr. 1 für die Arbeitsgruppe zur Verbesserung der Chancen Behinderter auf dem Arbeitsmarkt vom 23. August 1977, in: BAR, Arbeitsgruppe Behinderte 1977, E7175C#1995/259#686*.

73 Brief an die Abteilung Arbeitskraft und Auswanderung BIGA vom 14. März 1978, in: BAR, Arbeitsgruppe Behinderte 1978, E7175C#1995/259#687*.

74 1978 reichte Nationalrat Kaspar Meier (FDP) den ersten parlamentarischen Vorstoss zu den Rentenabstufungen ein. Bundesrat 1985, S. 18.

75 Es handelte sich unter anderem um parlamentarische Vorstösse, Eingaben der Behindertenverbände sowie Standesinitiativen. Basler Zeitung, Nr. 25, 30. Januar 1982, in: SWA, Zeitungsausschnitte Erwerbsunfähigkeit, Vo K XIII 5.

für Betroffene überhaupt kein Anreiz, ihre Erwerbslage zu verbessern, da der Rentenausfall einer Einkommenseinbusse gleichkäme.[76] Zweitens lähme die grobe Rentenabstufung die Bereitschaft der Arbeitgeber, Menschen mit Behinderung anzustellen. Sollte zum Beispiel eine Person mit einer Erwerbsfähigkeit von 60 Prozent keinen existenzsichernden Lohn verdienen, dann würde sich allenfalls der Betrieb verpflichtet fühlen, zusätzlich zum Leistungslohn auch einen Soziallohn zu entrichten. Damit würden für den Arbeitgeber aber Mehrkosten entstehen, die ihn möglicherweise davon abhielten, leistungseingeschränkte Personen überhaupt erst zu engagieren.[77] Und wenn Betriebe in einer solchen Situation keinen Soziallohn bezahlten, dann bliebe den Betroffenen nur der entwürdigende Gang zur Fürsorge, obschon sie einer Erwerbstätigkeit nachgingen.[78] Ein mehrstufiges Rentensystem sollte folglich dafür sorgen, dass bei einer Änderung des Rentenanspruchs das Gesamteinkommen der versicherten Person nicht mehr so stark variierte.[79] Die feinere Rentenabstufung fügte sich folglich nahtlos in die bisherige Praxis der IV ein, die die berufliche Eingliederung primär aus marktwirtschaftlichen Überlegungen gestaltete. Die geplanten Teilrenten wurden gleichsam als eine Art sozialstaatliche Subvention verstanden, mit der Arbeitgeber Menschen mit Behinderung im Sinne der Marktkonvention zu besseren Konditionen in die Betriebe aufnehmen konnten, da sie sich nicht verpflichtet fühlen mussten, soziale Lohnanteile zu bezahlen, sondern sich auf die Gewährung des reinen Leistungslohns beschränken konnten.

Das BSV, so dessen Direktor Adelrich Schuler, habe sich jahrelang gegen die Forderung nach feineren Rentenabstufungen gestellt, musste sich schliesslich aber aufgrund der breiten Unterstützung des Begehrens fügen. Während die Löhne von Menschen mit Behinderung in der Hochkonjunktur noch «teilweise ansehnliche Sozialkomponenten enthielten», die die Arbeitgeber freiwillig bezahlten, wie Schuler konstatierte, seien die groben Rentenabstufungen in wirtschaftlich schwierigen Zeiten einer erfolgreichen beruflichen Eingliederung eher abträglich.[80] Die Betriebe waren offenbar häufig nicht mehr bereit, Saläre zu bezahlen, die sich nicht nur auf die Vergütung der effektiv geleisteten Arbeit bezogen. Das ist bemerkenswert: Das BSV bestätigte, dass Unternehmen in zahlreichen Fällen Löhne mit solidarischen Anteilen entrichteten. Dies bedeutet, dass die Wirtschaft eine Art Quersubventionierung für die IV betrieb, indem sie dem Sozialwerk Rentenfälle entzog und Menschen mit Behinderung über ihre tatsächliche Arbeitsfähigkeit hinaus materiell versorgte.[81] Die Konferenz

---

76 Schweizerische Vereinigung der Gelähmten. Brief an Bundesrat Hans Hürlimann vom 25. September 1980, in: BAR, Allgemeines 1980–1986, E3340B#2011/57#1091*.
77 Bundesrat 1985, S. 34.
78 SIV. Brief an das EDI vom 29. März 1983, in: BAR, Allgemeines 1980–1986, E3340B#2011/57#1091*.
79 Bundesrat 1985, S. 33.
80 Kommission des Ständerats zur 2. Revision der Invalidenversicherung. Protokoll der Sitzung vom 8. November 1985, in: BAR, Allgemeines 1985–1986, E3340B#2011/57#1093*, S. 11.
81 Man könnte dieses Verhalten der Arbeitgeber als Weiterführung der in den 1950er-Jahren pro-

der IV-Regionalstellenleitenden vertrat bei Ausbruch der Rezession ebenfalls die Ansicht, dass zahlreiche rentenberechtigte Personen in der Hochkonjunktur mithilfe von Soziallohnanteilen «über ihre effektive Leistungsmöglichkeit hinaus» verdient hätten.[82]

Im bereits erwähnten Kreisschreiben des BSV von 1975 zur veränderten Wirtschaftslage erlaubte das Bundesamt die Aufhebung der 360-tägigen Wartefrist bis zur Rentenprüfung, wenn Versicherte bis anhin einer Beschäftigung «nur dank besonders günstiger Gegebenheiten im Einzelfall und der ausserordentlich guten Konjunkturlage» nachgingen. Diesen Personen konnte nach der Weisung des BSV unmittelbar nach dem Stellenverlust eine Rente zugesprochen werden, weil sie trotz Erwerbsarbeit eigentlich eindeutig rentenberechtigt waren.[83] Diese Bestimmung ist ein untrügliches Indiz dafür, dass es Menschen mit Behinderung gab, die in der Hochkonjunktur trotz IV-relevanten Invaliditätsgrads auf dem ersten Arbeitsmarkt erwerbstätig waren und einen Lohn erhielten, der die Vergütung der effektiv geleisteten Arbeit überstieg.[84] Dies könnte auch der Grund gewesen sein, weshalb sich das BSV so lange einer feineren Rentenabstufung widersetzte: Der Bund sparte dank der von der Wirtschaft geleisteten Soziallöhne Kosten ein.

Bundesrat und Behörden strebten eine möglichst kostenneutrale Gesetzesrevision an. Von bürgerlicher Seite wurde angemahnt, dass die Landesregierung im Bericht über die Regierungspolitik von 1983 bis 1987 erklärt habe, dass keine Mehrbelastung des Haushalts durch AHV- und IV-Revisionen verursacht werden dürfe.[85] Die vorgeschlagene Lösung des Bundesrats stiess allerdings auf starken Widerstand, insbesondere vonseiten der Behindertenorganisationen, da in erster Linie schwerbehinderte Personen als Leidtragende der geplanten Gesetzesrevision ausgemacht wurden.[86] Im politischen Findungsprozess kursierte eine Vielzahl von Vorschlägen, wie die feinere Rentenabstufung konkret ausgestaltet werden könnte. Letztlich einigte man sich auf eine Kompromisslösung, die niemanden so richtig zu überzeugen vermochte, aber zumindest einen politischen Konsens erzeugte und Mehrkosten verursachte, die sich in einem für alle erträg-

---

pagierten individuellen Hilfe interpretieren, die sich auf privates Engagement und Solidarität berief, während sozialstaatliche Unterstützung verpönt war.

82 Berufliche Eingliederung bei abflauender Konjunktur (22. April 1975), in: BAR, Verschiedene Dossiers 1. Teil 1974–1975, E3340B#1996/313#63*.

83 BSV. Kreisschreiben betreffend Eingliederungsmassnahmen und Rentenanspruch bei Invaliden, die zufolge Änderung in der Wirtschaftslage ihren Arbeitsplatz verloren haben, 30. Mai 1975, in: ebd.

84 Diese Folgerung ist allerdings insofern zu relativieren, als ein Jahr nach Herausgabe der Weisung lediglich in neun Fällen eine IV-Rente direkt nach der Entlassung gewährt wurde. ZAK 1976, S. 487.

85 Tages-Anzeiger (Zürich), Nr. 296, 20. Dezember 1985, in: SWA, Zeitungsausschnitte Erwerbsunfähigkeit, Vo K XIII 5.

86 Die AHV/IV-Kommission und die Landesregierung propagierten ein vierstufiges Rentenmodell, wobei eine Vollrente erst ab 80 Prozent Erwerbsunfähigkeit vorgesehen war. Damit wurden Personen mit schwereren Behinderungen benachteiligt, da bis anhin eine Vollrente bereits ab einer Erwerbsunfähigkeit von zwei Dritteln gewährt wurde. Bundesrat 1985, S. 34.

lichen Rahmen bewegten. Von einer feineren Rentenabstufung im engeren Sinne konnte aber nicht mehr gesprochen werden, da die beiden bestehenden Niveaus bloss um eine zusätzliche Stufe ergänzt wurden.[87]

Die Arbeitgeberverbände spielten bei der 2. IVG-Revision keine entscheidende Rolle. Grundsätzlich wurde die Thematik der groben Rentenabstufungen auch von der Wirtschaft als problematisch beurteilt. So wurde an einer Vorstandssitzung des ZSAO 1983 festgehalten, die geltende Regelung verleite «Arbeitgeber zu Einkommensmanipulationen», um die Verminderung einer IV-Rente zu umgehen. Zudem könnte die Bereitschaft bei Unternehmen gestärkt werden, leicht behinderte Personen weiter zu beschäftigen oder anzustellen, «wenn bei der Lohnfestsetzung eine Rente einkalkuliert werden kann». Der Zuspruch für eine feinere Rentenabstufung hielt sich aber in überschaubaren Grenzen, da neben den positiven Effekten steigende Rentenkosten und ein Zuwachs an Verwaltungsaufgaben moniert wurden.[88] Wie bei der Einführung des IVG und bei der ersten Gesetzesrevision in den 1960er-Jahren stand für die Arbeitgeber weniger der konkrete Inhalt als vielmehr die Kostenfrage – und damit auch die Erhöhung der Lohnprozente für die Finanzierung der Reformen – im Vordergrund. Vonseiten der Arbeitgeberverbände gab es insgesamt aber keine fundamentale Opposition gegen die vom Parlament ausgearbeitete Gesetzesvorlage, auch wenn sie eine kostengünstige Minimallösung einem Mittelweg vorgezogen hätten.[89]

Der Bundesrat prognostizierte aufgrund der Senkung des minimalen Rentengrads für einen Rentenanspruch «ein spürbares Anwachsen des Rentnerbestandes» und einen deshalb steigenden Verwaltungsaufwand.[90] Die Viertelrenten wurden im Januar 1988 eingeführt.[91] Bereits ein Jahr später urteilte die «Basler Zeitung», dass sich die Massnahme «weitgehend als nutzlos erwiesen» habe. Im Kanton Basel-Stadt wurden im Einführungsjahr nur 37 Viertelrenten gewährt gegenüber insgesamt 848 halben und ganzen Renten in demselben Zeitraum.[92] Auch das BSV konstatierte, dass die Anzahl der Viertelrenten «deutlich

---

87 Die ganze Rente wurde ab zwei Dritteln Erwerbsunfähigkeit belassen. Genauso wurde die halbe Rente ab 50 Prozent (bei Härtefällen ab 40 Prozent) beibehalten. Neu wurde eine Viertelrente ab 40 Prozent Erwerbsunfähigkeit eingeführt. Hingegen wurde die halbe Rente für Härtefälle ab einer Erwerbsunfähigkeit von einem Drittel abgeschafft. Die jährlichen von der Gesetzesrevision verursachten Mehrkosten wurden auf 133 Millionen Franken veranschlagt. Tages-Anzeiger (Zürich), Nr. 232, 7. Oktober 1986, in: SWA, Zeitungsausschnitte Erwerbsunfähigkeit, Vo K XIII 5.

88 Protokoll der Sitzung des Vorstands vom 23. November 1983, in: Archiv SAV, Protokolle.

89 SAZ 1986, S. 471; Tages-Anzeiger, Nr. 232, 7. Oktober 1986, in: SWA, Zeitungsausschnitte Erwerbsunfähigkeit, Vo K XIII 5.

90 Bundesrat 1985, S. 34 f.

91 Zusätzlich wurden als Neuerungen unter anderem Taggelder für Jugendliche in Ausbildung eingeführt und die IV-Sekretariate erhielten grössere Entscheidungskompetenzen bei der Beurteilung von Leistungsansprüchen. Damit sollte das Verwaltungsverfahren beschleunigt werden. Bereits 1986 wurde ein Anhörungsverfahren für Versicherte bei abschlägigen Bescheiden implementiert. Bollier 2010, S. 12.

92 Basler Zeitung, Nr. 107, 10. Mai 1989, in: SWA, Zeitungsausschnitte Erwerbsunfähigkeit, Vo K XIII 5.

hinter den Erwartungen» zurückgeblieben sei.[93] Die Gesetzesänderung hätte die berufliche Eingliederung erleichtern sollen. Letztlich blieb die Massnahme aber ohne besondere Wirkung, weil der Umfang an Viertelrenten quantitativ unbedeutend blieb.[94]

Die Arbeitgeber unter öffentlichem Druck

Da die Bemühungen im Bereich der beruflichen Eingliederung auch bei verbesserter Wirtschaftslage nicht mehr an die Erfolge der Hochkonjunktur der 1960er- und frühen 1970er-Jahre anknüpfen konnten, wurde der Arbeitsmarkt zu einem behindertenpolitischen Leitthema. Zunehmend wurde auch die Rolle der Arbeitgeber kritisch beurteilt. Diese Prozesse erzeugten bei den Arbeitgeberverbänden Handlungsdruck und veranlassten sie zu einer Anpassung der Rechtfertigungsmuster.

Der Arbeitsmarkt rückt in den Fokus der behindertenpolitischen Debatten

Die berufliche Eingliederung von Menschen mit Behinderung hatte sich seit der Rezession Mitte der 1970er-Jahre zu einem ernsten Problem entwickelt. Der Wandel des Arbeitsmarkts wirkte sich nachteilig auf leistungseingeschränkte Personen aus und die Vermittlungsschwierigkeiten beschäftigten die Fachkräfte, die Behörden und die Politik. Dabei änderte sich auch das Bild, das die Öffentlichkeit von den Arbeitgebern hatte. Wurden diese früher für ihre Kooperationsbereitschaft gelobt, so standen sie nun zunehmend in der Kritik, ihre soziale Verantwortung unzureichend wahrzunehmen.

Rationalisierung und Automation, die sich stark im industriellen Sektor auswirkten, wurden zunehmend als Gefahr für die Arbeitsintegration beurteilt. Das BSV befand 1977, dass Unternehmen in verstärktem Masse nach spezialisierten Arbeitskräften suchten. Es herrsche eine «ausgeprägte Tendenz», in den Betrieben «qualifizierte und polyvalent einsetzbare Arbeitskräfte auf Kosten von weniger leistungsfähigen Mitarbeitern» zu selektiert.[95] Im internationalen Vergleich gehört die Schweiz zu denjenigen Wirtschaftssystemen, die seit den 1970er-Jahren ein stetes Wachstum bei den (hoch) qualifizierten Arbeitsstellen verzeichneten.[96] Diese Entwicklung war kaum mit den bisherigen Integrationszielen der Eingliederungsfachleute zu vereinbaren, die primär auf den tief qualifizierten Niedriglohnsektor fokussierten.

---

93 BSV 1990 (Jahresbericht 1989), S. 46.
94 Für eine Erklärung, warum die Zahl der Viertelrenten nach der Einführung so tief blieb, fehlen entsprechende Untersuchungen.
95 BSV 1977 (Jahresbericht 1976), S. 30 f. Vgl. Tanner 2015, S. 421 f.
96 Eurofound 2015, S. 47.

Der Soziologe Franz-Xaver Kaufmann diagnostizierte Anfang der 1980er-Jahre eine Verschlechterung der Chancen für Menschen mit Behinderung gegenüber voll leistungsfähigen Personen auf dem Arbeitsmarkt. Da Arbeitsplätze immer kapitalintensiver würden, steige parallel die Erwartung an die Arbeitsproduktivität der Angestellten. Der zunehmende Bedarf an flexiblen und vielseitig einsetzbaren Arbeitskräften benachteilige Menschen mit Behinderung besonders, da diese in der Regel genau solche Erwartungen nicht einzulösen imstande seien. Dennoch sei eine gleichwertige Arbeitsleistung von Menschen mit Behinderung im Vergleich zur übrigen Belegschaft durchaus möglich. Die Integration in den Betrieb sei aber häufig mit einem Mehraufwand verbunden, den die Unternehmen nicht auf sich zu nehmen bereit seien. Kaufmann warf der Wirtschaft eine «volkswirtschaftliche Vergeudung von Arbeitsvermögen» vor.[97]

Die Anforderungen am Arbeitsplatz nahmen parallel zum technologischen Fortschritt und zum gesteigerten Arbeitstempo zu.[98] Für Körper- oder Sinnesbehinderte mit gutem Intellekt eröffneten sich mithilfe entsprechender Qualifikationen neue Möglichkeiten. Für eher leistungsschwächere Personen, wie Menschen mit geistigen Beeinträchtigungen, wirkte sich der Wegfall von einfachen, repetitiven Arbeiten negativ aus. Als Option blieb häufig bloss die Beschäftigung im zweiten Arbeitsmarkt übrig. Einfache industrielle und gewerbliche Arbeit war das von den Eingliederungsfachleuten bevorzugte Arbeitsumfeld für behinderte Personen. Die Anzahl Angestellter im sekundären Sektor war allerdings in der Schweiz seit den 1960er-Jahren rückläufig und gemessen an der prozentualen Verteilung der Erwerbsbevölkerung wurde dieser in den 1970er-Jahren quantitativ endgültig vom tertiären Sektor überholt.[99]

Nicht nur der Wandel des Arbeitsmarkts bedeutete eine neue Herausforderung für die Arbeitsintegration von Menschen mit Behinderung. Das Verhalten der Arbeitgeber wurde ab der ersten Hälfte der 1970er-Jahre zunehmend kritisch beurteilt. Die SAEB, die bis anhin stets wirtschaftsfreundlich argumentiert hatte, beanstandete nun die Zurückhaltung der Unternehmen. In der Hochkonjunktur sei die Privatwirtschaft «an der Arbeitsleistung der Behinderten ausgesprochen interessiert» gewesen und geschützte Werkstätten hätten «grosszügige Arbeitsaufträge» erhalten. Die Situation habe sich aufgrund der Rezession aber «leider erheblich geändert».[100] Konsterniert stellte auch Pro Infirmis fest, «dass die Mitmenschlichkeit auf dem Arbeitsmarkt, welche viele Behinderte in den letzten Jahren zu spüren glaubten, etwas unecht war»; Menschen mit Behinderung seien vor allem eingestellt worden, «weil keine andere Arbeitskraft zu finden war». Die Unternehmen hätten sich zudem strategisch vom hohen innerbetrieblichen Arbeitsaufkommen entlastet, indem sie geschützten Werkstätten zahlreiche Auf-

---

97 Kaufmann 1981, S. 83 f.
98 Tages-Anzeiger (Zürich), Nr. 171, 25. Juli 1980, in: SWA, Zeitungsausschnitte Invalide, Vo M Invalide.
99 HLS: Industrialisierung.
100 SAEB 1976 (Tätigkeitsbericht 1975), S. 3.

träge erteilten.[101] Richard Laich, Leiter der IVR Basel, bedauerte den grösser werdenden Spardruck im Personalsektor sowohl in der Privatwirtschaft als auch in den öffentlichen Verwaltungen, der «offenbar immer weniger soziales Entgegenkommen» ermögliche.[102]

Den Arbeitgebern wurde zusätzlich vorgeworfen, sie wollten sich in der aktuell schwierigen wirtschaftlichen Situation ihrer schwächeren Mitarbeitenden entledigen. Angestellte mit krankheitsbedingten «Marotten» würden von den Betrieben abgestossen. Unternehmen könnten sich so auf Kosten der IV finanzielle Entlastung verschaffen.[103] Francis Sandmeier, Leiter der IVR Bern, beobachtete die Tendenz, dass «unproduktive Arbeitskräfte» nun «unter irgendeinem Vorwand» bei der IV gemeldet würden.[104] Die geschützten Werkstätten kritisierten ihrerseits, dass die unbefriedigende Auftragslage der Behindertenwerkstätten von den Unternehmen ausgenutzt werde. Einzelne Betriebe, so die Anschuldigung, erteilten «wegen finanzieller Überlegungen» schlecht dotierte Aufträge an die Werkstätten. Häufig würden diese unattraktiven Angebote trotzdem akzeptiert, da im zweiten Arbeitsmarkt ein Mangel an Arbeit bestehe. Gewisse Aufträge seien aber gar als «nicht annehmbar» zurückgewiesen worden, weil sie sich für die Werkstätten nicht rechneten.[105]

Ein weiterer Faktor für die erschwerte Arbeitsintegration könnte eine gewisse «Sättigung» an Arbeitskräften mit Behinderung in den Unternehmen gewesen sein. Erst mit der Einführung der IV 1960 konnte ein vernünftiges Ausbildungssystem aufgebaut werden, mit dem zahlreiche Betroffene angemessen auf den ersten Arbeitsmarkt vorbereitet wurden. So konnte sich der «Reformstau» entladen und Unternehmen bot sich die Möglichkeit, geeignete Stellen mit Menschen mit Behinderung zu besetzen. Ab den frühen 1970er-Jahren pendelten sich die zunächst sehr hohen Eingliederungszahlen längerfristig auf einem tieferen Niveau ein.[106]

Die Situation auf dem Arbeitsmarkt blieb für Menschen mit Behinderung trotz wirtschaftlicher Erholung in der zweiten Hälfte der 1970er-Jahre angespannt.[107] Zwar meinte das BIGA 1981, dass sich aufgrund der «erfreulichen Entwicklung der Arbeitsmarktlage» für Menschen mit Behinderung vieles zum Besseren gewendet habe.[108] Das Arbeitsamt Bern schätzte die Lage hingegen

---

101 Brief an das BSV vom 3. April 1975, in: BAR, Verschiedene Dossiers 1. Teil 1974–1975, E3340B#1996/313#63*.

102 ZAK 1974, S. 500.

103 Tages-Anzeiger (Zürich), Nr. 203, 1. September 1976, in: SWA, Zeitungsausschnitte Erwerbsunfähigkeit, Vo K XIII 5.

104 Arbeitsamt der Stadt Bern. Protokoll der Sitzung über die «Arbeitsvermittlung für Behinderte und Erwerbsbehinderten-Fürsorge» vom 25. März 1977, in: BAR, Arbeitsgruppe Behinderte 1977, E7175C#1995/259#686*.

105 Luzerner Neuste Nachrichten, Nr. 241, 15. Oktober 1976, in: SWA, Zeitungsausschnitte Invalide, Vo M Invalide.

106 Stiftung Arbeitszentrum für Behinderte 2012, S. 24.

107 Seit 1977 sanken die Arbeitslosenzahlen in der Schweiz wieder. HLS: Arbeitslosigkeit.

108 Brief an die Mitglieder der Arbeitsgruppe für die Verbesserung der Chancen von Behinder-

pessimistischer ein: Zahlreiche Betroffene hätten «grosse Mühe [...], einen ihren Fähigkeiten angemessenen Arbeitsplatz zu finden». Die Auswirkungen der verbesserten konjunkturellen Situation seien für diese Klientel weit weniger positiv ausgefallen als für voll leistungsfähige Arbeitskräfte. Die Anzahl der Stellensuchenden habe sich zwar reduziert, der Anteil der Menschen mit Behinderung unter den Arbeitslosen habe hingegen «deutlich» zugenommen.[109] Eine Rezessionsphase zu Beginn der 1980er-Jahre[110] wirkte sich zudem erneut negativ auf die Integrationschancen aus.[111] Von den Behindertenorganisationen wurde die Lage auf dem Arbeitsmarkt nun wiederholt mit dem Attribut «hoffnungslos» versehen.[112] Die Haltung der Behindertenverbände oszillierte in den 1980er-Jahren zwischen Ratlosigkeit und Resignation. Die IVR Zürich bedauerte ihrerseits, dass die Bereitschaft der Arbeitgeber, behinderte Arbeitskräfte anzustellen, «betrüblich gering» sei.[113] Zudem trat mit den psychischen Behinderungen eine neue Problematik in den Vordergrund. Richard Laich, Leiter der IVR Basel, bemerkte 1982, dass selbst «psychisch leicht geschädigte Arbeitnehmer» aktuell «praktisch nicht mehr vermittelt» werden könnten. Entmutigt hielt er fest: «[...] wir wissen nicht, was wir mit diesen Leuten anfangen sollen.»[114]

Einen starken öffentlichen Druck auf die Wirtschaft erzeugte 1981 das UNO-Jahr der Behinderten. Bereits 1979 wurde in der Schweiz das Aktionskomitee für das Jahr der Behinderten Schweiz (AKBS 81) gegründet. Ehrenpräsident war Bundesrat Hans Hürlimann.[115] Die Stellungnahmen und Forderungen des AKBS 81 wurden von den Medien breit rezipiert und hatten auch einen sichtbaren Einfluss auf die Behindertenpolitik in der Schweiz.[116] Eine Arbeitsgruppe widmete sich dem Thema «Arbeitgeber/Gewerkschaften».[117] Das Verhalten der Arbeitgeber wurde kritisch geprüft und das AKBS richtete Vorwürfe an die Wirtschaft, die ihre soziale Verantwortung nicht in genügendem Masse wahrnehme. In Zusammenhang mit dem UNO-Jahr wurde zudem in der Schweiz erstmals eine (qualitativ-sozialwissenschaftliche) Untersuchung zum Thema «Behinderte auf dem Arbeitsmarkt» durchgeführt, die unter anderem die Rolle der Arbeitgeber beleuchtete.[118] Der Studienleiter Günter Latzel und sein

---

ten auf dem Arbeitsmarkt vom 27. Mai 1981, in: BAR, Arbeitsgruppe Behinderte 1979–1983, E7175C#1995/259#688*.

109 Brief an das BIGA Abteilung Arbeitskraft und Auswanderung vom 24. Juni 1981, in: ebd.

110 Die Arbeitslosenzahlen stiegen in der ersten Hälfte der 1980er-Jahre deutlich an. HLS: Arbeitslosigkeit.

111 Institut für Politikwissenschaft Universität Bern 1984 (Année politique suisse 1983), S. 145.

112 Basler Zeitung, Nr. 257, 3. November 1982, in: SWA, Zeitungsausschnitte Invalide, Vo M Invalide.

113 Die «Weltwoche» diagnostizierte auch bei den IV-Regionalstellen «Anzeichen von Resignation». Die Weltwoche, Nr. 1/2, 7. Januar 1981, in: ebd.

114 Basler Volksblatt, Nr. 147, 29. Juni 1982, in: ebd.

115 Die Weltwoche, Nr. 1/2, 7. Januar 1981, in: ebd.

116 Es wurden etwa im Hinblick auf die 2. IVG-Revision verschiedene Postulate vom AKBS 81 aufgegriffen.

117 Neue Zürcher Zeitung, Nr. 6, 9. Januar 1981, in: ebd.

118 Latzel et al. 1983. Im selben Jahr publizierte Meinrad Stöckli seine Dissertation «Die Beschäfti-

Forschungsteam fällten ein eher kritisches Urteil. Aufgrund der an sich guten Wirtschaftslage hätten von der Wirtschaft «grössere Anstrengungen» bei der beruflichen Eingliederung erwartet werden dürfen; doch die Realität sehe anders aus, weil sich die Lage von Menschen mit Behinderung auf dem Arbeitsmarkt trotz konjunktureller Erholung seit Mitte der 1970er-Jahre nicht wesentlich verbessert habe: Der «Rezessionsschock scheint noch nicht überwunden, jedenfalls wenn es darum geht, die restriktive Personalpolitik gegenüber Behinderten zu rechtfertigen». Auch die Arbeitgeberverbände blieben nicht verschont. Diesen wurde zu viel Passivität vorgeworfen. Sie müssten «einmal an ihre sozial- und wirtschafts(!)politische Verantwortung» erinnert werden.[119] Nachdem das Verhalten der Wirtschaft bei der beruflichen Eingliederung in der Hochkonjunktur als vorbildlich bezeichnet wurde, hatte sich die Stimmung nun spürbar verändert.

Die 1970er-Jahre sind in Bezug auf die Beschäftigung von Menschen mit Behinderung insofern instruktiv, als sich die berufliche Eingliederung als konjunkturabhängig erwiesen hat.[120] Dies bedeutet, dass die ökonomischen Rahmenbedingungen stimmen mussten, damit Unternehmen bereit waren, Menschen mit Behinderung anzustellen. Die sozialen Motive der Arbeitgeber können nicht abgekoppelt von marktwirtschaftlichen Überlegungen betrachtet werden, da sich Unternehmen innerhalb einer «ökonomischen Realität»[121] bewegen.

Der gute Wille der Arbeitgeber schwindet

Die Rezession setzte den Unternehmen in der Schweiz schwer zu,[122] was einen Abbau zahlreicher Arbeitsstellen nach sich zog. In der Hochkonjunktur beklagten Arbeitgeber eine Machtzunahme der Gewerkschaften und der Arbeitnehmenden aufgrund des hohen Bedarfs an Arbeitskräften. Der Druck auf die Arbeiterschaft konnte seit der Rezession wieder erhöht werden. Die geschwächte Finanzlage des Bundes ermöglichte zudem auf politischer Ebene eine wirkungsvolle Bekämpfung von weiteren sozialstaatlichen Ausbauplänen. Gleichzeitig standen die Unternehmen seit der wirtschaftlichen Abschwächung Mitte der 1970er-Jahre in der Öffentlichkeit aber unter besonderer Beobachtung. Es drohte ein Verlust an Ansehen, wenn etwa Entlassungspraktiken als ungerechtfertigt wahrgenommen wurden.

Bereits 1974 befand der Sekretär des ZSAO Kurt Sovilla, dass die «Wachstumseuphorie» bei der Wohlfahrt verflogen sei. Der vorangegangene volkswirt-

---

gung Leistungsbehinderter als Aufgabe des Personalwesens». Der Autor führte unter anderem eine Umfrage bei Unternehmen durch. Stöckli 1981.

119 Latzel et al. 1983, S. 50 f.
120 Vgl. Canonica 2017.
121 Latzel et al. 1983, S. 18.
122 Die Nachfrage nach Gütern ging in der Rezession um 8 Prozent zurück, die Industrieproduktion um 6 Prozent. Tanner 2015, S. 419.

schaftliche Aufschwung habe einem steten Ausbau des Sozialstaats Vorschub geleistet, was beim Bund zu einer «Kostenexplosion» geführt habe. Sovilla vertrat die Ansicht, dass Sozialversicherungen «vordergründig» ein Mittel für die Absicherung sozialer Risiken, letztlich aber auch ein «Instrument der Umverteilungsstrategie» seien. Für ihn stand das liberale Postulat der individuellen Eigenverantwortung zur Disposition: «Eine Folge dieser Entwicklung ist, dass die Leistungswilligen bestraft werden und sich mehr und mehr als die Dummen vorkommen.»[123] 1977 forderte Nationalrat André Gautier (Liberale Partei) in einer Ansprache an der Delegiertenversammlung des ZSAO, dass nach einem Vierteljahrhundert sozialstaatlicher Erweiterung nun dessen Grenzen festgelegt werden müssten. Dieser Schritt sei wichtig, damit das individuelle Verantwortungsgefühl nicht «abgetötet» werde. Sonst drohe das System sozialer Sicherung zu einem «Fürsorgestaat» zu mutieren.[124] Der ZSAO verfolgte eine Strategie der «Kostenstabilisierung», um eine finanzielle «Überbeanspruchung der Wirtschaft» zu vermeiden.[125] Es handelte sich keineswegs um neue Forderungen, sondern um altbekannte politische Positionen.[126] Solche Anliegen konnten nun aber mit Nachdruck vertreten werden. Der geschäftsleitende Ausschuss des ZSAO stellte Anfang der 1980er-Jahre mit Genugtuung fest, dass bei den Sozialversicherungen Ruhe eingekehrt sei, da beim Bund eine Politik der «Mässigung» Einzug gehalten habe.[127]

Seit der Rezession befanden sich die Arbeitgeber auch gegenüber den Arbeitnehmenden in einer stärkeren Position. In der Hochkonjunktur beklagte die Wirtschaft übertriebene Forderungen vonseiten der Belegschaft, die aufgrund des Arbeitskräftemangels auch häufig durchgesetzt werden konnten. Die schwierige wirtschaftliche Situation schwächte die Lage der Arbeitnehmenden. Der Direktor des ZSAO Heinz Allenspach befand in diesem Zusammenhang 1975, dass die Leistungsbereitschaft der Angestellten wieder gestiegen sei,[128] weil sich der Druck auf dem Arbeitsmarkt erhöht habe.[129]

Die Arbeitgeber sahen sich aber auch vor neue Herausforderungen gestellt. In der Öffentlichkeit war Unmut wegen des Verhaltens der Wirtschaft in der Rezession spürbar. In einem Zirkular warnte der ZSAO seine Mitglieder 1974, dass der Staat, die Gewerkschaften, die Massenmedien und die Öffentlichkeit Unternehmen insgesamt sehr kritisch beobachteten – vor allem in Bezug auf Fir-

---

123 Protokoll des Geschäftsleitenden Ausschusses vom 16. Januar 1974, in: Archiv SAV, Protokolle.
124 SAZ 1977, S. 397.
125 Protokoll der Sitzung des Vorstands vom 8. Februar 1978, in: Archiv SAV, Protokolle.
126 ZSAO. Zirkular Nr. 9 vom 28. Februar 1978, in: Archiv SAV, Zirkulare.
127 Protokoll des geschäftsleitenden Ausschusses vom 14. Januar 1981, in: Archiv SAV, Protokolle.
128 Dies könnte auch als Problem für Menschen mit Behinderung gedeutet werden, die in der Hochkonjunktur von den Berufsberatenden als besonders motivierte Arbeitskräfte angepriesen wurden, während nicht behinderten Personen mangelnde Leistungsbereitschaft unterstellt wurde.
129 SAZ 1975, S. 457.

menschliessungen, Entlassungen, Kurzarbeit, Zwangsferien etc. Damit die Wirtschaft nicht in Ungnade falle, solle inadäquates Handeln vermieden werden. Es sei notwendig, bei den einzelnen Verbänden und in den Betrieben «zweckmässige Lösungen» zu erarbeiten, um eine «unnötige Dramatisierung der Situation» zu verhindern.[130] Öffentliche Kritik konnte auch im Zusammenhang mit behinderten Arbeitskräften auftreten. Ein vorsichtiges Vorgehen war für die Arbeitgeber wichtig, weil insbesondere politische Massnahmen zuungunsten der Wirtschaft abgewendet werden sollten.

Der ZSAO gab seinen Mitgliedern Empfehlungen, wie sie «im Falle personeller Beschränkungsmassnahmen aus wirtschaftlichen Gründen» vorgehen sollten. Es seien stets Lösungen vorzuziehen, die «*mit den geringstmöglichen sozialen Nachteilen*» auskämen. So sei besondere Rücksicht auf «Arbeitnehmer mit stark beschränkter beruflicher oder geographischer Mobilität» zu nehmen. Menschen mit Behinderung wurden nicht explizit erwähnt, es ist aber davon auszugehen, dass auch ihnen besonderer Schutz zukommen sollte. In einer «Checklist» für Betriebe, die Entlassungen planten, empfahl der ZSAO, bei den Personalentscheiden soziale Überlegungen einfliessen zu lassen.[131] Auch dieser Vorschlag legt eine besondere Nachsicht bei Angestellten mit einer Behinderung nahe.[132]

Das Thema Behinderung löste Druck bei den Arbeitgebern aus. Insbesondere das UNO-Jahr der Behinderten streute bei den Arbeitgeberverbänden Verunsicherung. Ernst Schwarb stellte an einer Vorstandssitzung des ZSAO fest, dass das AKBS 81 einen starken Akzent auf die berufliche Eingliederung gelegt habe. Die Geschäftsstelle des ZSAO wollte sich «rechtzeitig» informieren, was die Wirtschaft in diesem Bereich bereits leiste.[133] Die Erkenntnisse sollten einerseits dem ZSAO dazu dienen, «bei der Lösung der Probleme der Behinderten behilflich» zu sein, andererseits die Arbeitgeber gegen Angriffe wappnen. Besonders gefürchtet waren politische Vorstösse, die nach deutschem Vorbild ein Quotensystem für die Schweiz forderten. Sie müssten, so Schwarb, aufs «schärfste» bekämpft werden. Dazu müssten die Arbeitgeberverbände über die aktuellen Eingliederungspraktiken der Wirtschaft im Bilde sein: «[…] wir müssen […] darlegen können, dass unsere *schweizerische Konzeption* der weitgehenden *Eingliederung der Invaliden in das Erwerbsleben* auch in der Praxis funktioniert, was bedingt, dass wir auch wissen, weshalb die Eingliederung manchmal nur beschränkt oder gar nicht möglich ist».[134]

---

130 ZSAO. Zirkular o. Nr. vom 26. November 1974, in: Archiv SAV, Zirkulare.

131 SAZ 1975, S. 344–346. Hervorhebung im Original.

132 Die Tatsache, dass Arbeitgeber nur gelegentlich Mitarbeitende mit Behinderung entliessen, scheint diese Vermutung zu bestätigen.

133 Dies kann als Hinweis dafür gedeutet werden, dass die Thematik bei den Arbeitgeberverbänden von der Einführung der IV bis zur Rezession Mitte der 1970er-Jahre keine besondere Bedeutung mehr hatte und Unwissenheit über diesbezügliche betriebliche Praktiken herrschte.

134 Protokoll der Sitzung des Vorstands vom 8. April 1981, in: Archiv SAV, Protokolle. Hervorhebung im Original.

Der ZSAO lancierte eine interne Umfrage zur Beschäftigung von Menschen mit Behinderung in Unternehmen[135] und Schwarb kündigte zusätzlich Beiträge in der «Schweizerischen Arbeitgeber-Zeitung» an, die zum einen den «guten Willen» dokumentieren und zum anderen auch «auf die Probleme und gewisse Lösungsmöglichkeiten aus Arbeitgebersicht» hinweisen sollten. Zum einen galt es also, die Aufmerksamkeit der Mitglieder auf die Thematik zu richten und gleichzeitig die Öffentlichkeit davon zu überzeugen, dass das Thema von den Arbeitgeberverbänden ernst genommen werde. Zum anderen sollte überzeugend dargelegt werden, weshalb in zahlreichen Fällen die Arbeitsintegration von Menschen mit Behinderung scheiterte oder die Beschäftigung nicht möglich sei.

Die Sensibilisierung der Mitglieder für die Anliegen von Menschen mit Behinderung hatte zu jenem Zeitpunkt bereits eingesetzt. Der Anstoss war von der BIGA-Arbeitsgruppe zur Verbesserung der Chancen Behinderter auf dem Arbeitsmarkt ausgegangen.[136] Rhetorisch hatte sich der ZSAO eine neue Strategie zurechtgelegt. Gegen Ende der 1970er-Jahre wandelte sich bei der Thematik die Argumentationsstruktur. Das Rechtfertigungsmuster für die öffentlich als ungenügend beurteilte berufliche Eingliederung von Menschen mit Behinderung stützte sich zentral auf zwei Aspekte. Zum einen handelte es sich um ökonomische Argumente, die am liberalen Prinzip ausgerichtet waren. In der Hochkonjunktur dominierten die bekannten Schlagworte: soziale Integration, Hebung des Selbstwertgefühls der Betroffenen, Möglichkeit der eigenständigen Existenzsicherung und volkswirtschaftliche Bedeutung der Beschäftigungspraktiken. Zum anderen beschränkte man sich neu nicht mehr nur auf die Betonung der positiven Aspekte, sondern thematisierte zunehmend auch Probleme, Schwierigkeiten und Hürden bei der beruflichen Eingliederung. Anhand dieses neuen rhetorischen Musters sollten sich die Arbeitgeber aus der Schusslinie der öffentlichen Kritik nehmen.

Einerseits wurde die Schuld für die unbefriedigende Situation primär den arbeitssuchenden Personen zugeschoben, die zu wenig Eigenverantwortung übernähmen und mangelnden Arbeitswillen zeigten. Andererseits wurden betriebsspezifische Hindernisse diskutiert, die Unternehmen davon abhielten, Menschen mit Behinderung anzustellen. Schwarb wandte diese neue Strategie 1979 exemplarisch in einem Beitrag in der «Schweizerischen Arbeitgeber-Zeitung» zum Thema «Die Eingliederung Behinderter» an. Darin diskutierte er, wer als behindert einzustufen sei:

---

135 Die Resultate wurden in einem nicht sonderlich aussagekräftigen Beitrag diskutiert in: SAZ 1981, S. 497.

136 Ernst Schwarb war Mitglied der Arbeitsgruppe und signalisierte bereits dort die Bereitschaft des ZSAO, stärker propagandistisch vorzugehen. Ein erster Appell folgte im Anschluss an den Schlussbericht der Arbeitsgruppe unter dem Titel «Behinderte brauchen Arbeitsplätze» in: SAZ 1978, S. 740.

Unbestritten sind die Kategorien der körperlich und geistig Behinderten. *Problematisch* wird es aber bei der Ausweitung des Begriffs auf die psychisch Behinderten, auf Simulanten, auf Leute mit abnormen Verhaltensweisen, Psychopathen, psychisch Leistungsgehemmte, ferner auf unstete oder unverträgliche Charaktere, Sonderlinge aller Art, Frustrierte und schliesslich auf eindeutig Arbeitsscheue.[137]

Schwarb sprach Betroffenen den Behindertenstatus bei psychischen Problemen ab, ja er rückte sie in die Nähe der Kategorie der Arbeitsunwilligen. Er vertrat den Standpunkt, dass «in vielen Fällen» die Grenzen «zwischen wirklichem ‹Nicht-Können› und ‹Nicht-Bereitsein› fliessend» seien.[138] Damit übernahm er in gewisser Weise die Logik der Behörden. Es wurde bereits dargelegt, dass beim BIGA der Begriff «Behinderung» ebenfalls sehr offen interpretiert wurde. Eine nicht klar umgrenzte Definition, wie sie auch vonseiten der Behörden gepflegt wurde, ermöglichte es, die Frage ungerechtfertigter Leistungsansprüche in den Vordergrund zu stellen, da die Grenzen zwischen behindert und nicht behindert diffus blieben und Interpretationsspielraum zuliessen.[139] Die Verantwortung für misslungene Arbeitsintegration sprach Schwarb überwiegend den betroffenen Personen selbst zu, da letztlich der «Arbeitscharakter» für eine erfolgreiche berufliche Eingliederung entscheidend sei.[140] Die Gefahr von Langzeitarbeitslosigkeit sei primär weder auf den Arbeitsmarkt noch auf objektive Behinderungen zurückzuführen, sondern auf die persönliche Einstellung der Stellensuchenden. Deshalb sei eine gesellschaftliche «Um- und Nacherziehung dieser Personen» angezeigt.[141] Die Missbrauchsdebatte wurde von den Arbeitgeberverbänden erneut lanciert.

Aus betrieblicher Perspektive argumentierte Schwarb, dass zum einen der «gestiegene Konkurrenzdruck» die Arbeitgeber dazu dränge, bei der Personalrekrutierung «die Spreu vom Weizen zu sondern». Zum anderen betonte er, dass die Wiedereingliederung invalid gewordener Mitarbeitender «fast eine Selbstverständlichkeit» sei, was allerdings die Chancen für stellensuchende Menschen mit Behinderung einschränke.[142] Der Autor liess einen Katalog von Problemen folgen, mit denen Unternehmen bei der Beschäftigung und Eingliederung von Menschen mit Behinderung konfrontiert seien. Im Frühjahr 1981 organisierte der Basler Volkswirtschaftsbund die Tagung «Behinderte am Arbeitsplatz».[143] Als

---

137 SAZ 1979, S. 143. Hervorhebung im Original.
138 Brief an die Abteilung Arbeitskraft und Auswanderung BIGA vom 10. März 1978, in: BAR, Arbeitsgruppe Behinderte 1978, E7175C#1995/259#687*.
139 Paradoxerweise begünstigten auch die erstarkenden Behindertenbewegungen und später die Disability Studies diesen Sachverhalt. «Behinderung» als sozial konstruiertes Differenzierungsmodell (soziales Modell von Behinderung) löste die bereits diffusen Grenzen zwischen behindert und nicht behindert weiter auf.
140 Der Autor übernahm in gewisser Weise das seit den 1950er-Jahren verwendete klassische Argumentarium der Eingliederungsexpertinnen und -experten.
141 SAZ 1979, S. 144.
142 Ebd., S. 144 f.
143 Die Veranstaltung kann als weiteres Indiz für das gesteigerte Engagement der Wirtschaft im Hinblick auf die berufliche Eingliederung von Menschen mit Behinderung gedeutet werden.

Redner trat Fritz Halm, Präsident des ZSAO, auf.[144] Sein Referat widerspiegelte
die neuen rhetorischen Leilinien. Er hob die soziale Verantwortung des Unternehmens als «Teil der allgemein menschlichen Verantwortung dem Mitmenschen
gegenüber» hervor. Gleichzeitig thematisierte er aber auch bestehende Hindernisse bei der Arbeitsintegration.[145] Ein Strategiewechsel ist deutlich zu erkennen.
Moralische Aspekte und soziale Motive wurden weiterhin betont. Neu kamen
aber auch wirtschaftliche Argumente hinzu, die das zurückhaltende Verhalten
der Arbeitgeber legitimieren sollten.

Marktwirtschaftliche Argumente verfingen bei den Arbeitgeberverbänden
allerdings nicht, wenn sie vom Sozialstaat formuliert wurden. Es wurde bereits
aufgezeigt, dass die Behörden seit der Rezession die berufliche Eingliederung
mithilfe von finanziellen Anreizen für Unternehmen ankurbeln wollten, was die
Arbeitgeberverbände zurückwiesen. Gemäss Schwarb waren diese Vorschläge
«kategorisch abzulehnen»;[146] solche kollektiven Massnahmen seien nicht zielführend, da sie «kaum etwas Nutzbringendes» bewirkten. Stattdessen propagierte er,
wie es die Arbeitgeberverbände schon vor Einführung der IV taten, eine Lösung
auf «eng umgrenztem lokalen Boden».[147] Betont wurden folglich der persönliche
Kontakt und die individuelle Solidarität. Soziale Verantwortung wurde abseits
von wirtschaftlichen Überlegungen verortet. Ökonomische Argumente standen
bei der beruflichen Eingliederung – abseits der neuen Rhetorik – weiterhin nicht
im Vordergrund. Zudem waren finanzielle Anreize für Unternehmen mit zusätzlichen Kosten für den Sozialstaat verbunden, was vonseiten der Wirtschaft konsequent bekämpft wurde. So plädierte Schwarb für Lösungsansätze, ohne dass
«ein grosser administrativer und finanzieller Aufwand» entstehe.[148]

Den Bemühungen der Arbeitgeberverbände, die Beschäftigung von Menschen mit Behinderung in den Unternehmen stärker voranzutreiben, hatten keinen nennenswerten Erfolg. Die Wirtschaft stand in den 1980er-Jahren nach wie
vor unter öffentlichem Druck. Die Gesellschaft zur Förderung der schweizerischen Wirtschaft (Wirtschaftsförderung, wf) wagte 1986 einen weiteren Versuch. In Kooperation zwischen Industrie und Behindertenhilfe (unter anderem
SAEB) entstand die Broschüre «Behinderte Mitarbeiter».[149] In den vorherge-
henden Kampagnen wurden Appelle zur Übernahme von sozialer Verantwortung
an die Wirtschaft gerichtet, die Unternehmen sollten für die Thematik sensibi-
siert werden. Nun erschien erstmals ein Leitfaden für Betriebe, der konkrete und

---

144 An der Veranstaltung nahmen etwa 200 Personen aus Betrieben sowie eine Gruppe von Betroffenen teil. Basellandschaftliche Zeitung, Nr. 65, 18. März 1981, in: SWA, Zeitungsausschnitte
Invalide, Vo M Invalide.

145 SAZ 1981, S. 275 f.

146 Brief an die Abteilung Arbeitskraft und Auswanderung BIGA vom 10. März 1978, in: BAR,
Arbeitsgruppe Behinderte 1978, E7175C#1995/259#687*.

147 Brief an die Abteilung Arbeitskraft und Auswanderung BIGA vom 12. Dezember 1977, in:
BAR, Arbeitsgruppe Behinderte 1977, E7175C#1995/259#686*.

148 Ebd.

149 wf 1986.

praxisnahe Fragen behandelte. So wurde etwa das angemessene Verhalten in Bewerbungsverfahren diskutiert oder potenzielle Dienstleistungen der IV im Rahmen der Arbeitsintegration aufgezählt. Die Entstehung der Broschüre ist unter anderem dem politischen Druck auf die Arbeitgeber zuzuschreiben. So wird in der Publikation prominent erwähnt, dass die Verhinderung eines Quotensystems ein Motiv für die Erstellung des Leitfadens gewesen sei. Eine solche gesetzliche Massnahme wurde explizit abgelehnt, wobei es Aufgabe der Wirtschaft sei zu zeigen, «dass ein solches System mit Zwangszuteilung von behinderten Arbeitnehmern weder erwünscht noch notwendig ist».[150] Ein solcher Beweis konnte einzig durch die Integration von Menschen mit Behinderung in die freie Marktwirtschaft erbracht werden.

Wie aufgezeigt, wollte die IV den Wert der behinderten Arbeitskraft durch finanzielle Unterstützung von Unternehmen nach Richtlinien der Marktkonvention steigern. Sie zielte darauf ab, die gängige Praxis weiter zu akzentuieren. Das Sozialwerk verfehlte aber ihr Ziel, weil die Arbeitgeber den Wert anders konstruierten. Für sie waren Menschen mit Behinderung marktwirtschaftlich weiterhin wenig profitable Investitionsobjekte. Die Koordination zwischen den beiden Akteuren wurde erschwert, weil sie sich auf unterschiedlichen Rechtfertigungsebenen bewegten. Eine Verhaltensänderung lösten vielmehr die Medien oder die Behindertenverbände aus. Kritik ist gemäss der EC das entscheidende Vehikel für gesellschaftlichen, institutionellen und historischen Wandel.[151] Da die Arbeitgeber bei der Beschäftigung von Menschen mit Behinderung durchgehend mit moralischen Argumenten wie sozialer Verantwortung und Solidarität operierten, waren sie gerade an diesem Punkt verwundbar. Weil das Engagement der Wirtschaft abnahm, konnte ihnen vorgeworfen werden, dass sie ihren selbst deklarierten Dienst am Kollektiv im Sinne der staatsbürgerlichen Konvention nur unzureichend erfüllten. Die Öffentlichkeit konnte die Arbeitgeber auf genau derjenigen Legitimationsebene angreifen, die diese selbst als Orientierungsrahmen gesetzt hatten. Als Folge davon passten die Arbeitgeber ihre Legitimationsmuster an. Sie begannen, marktspezifische Argumente anzuführen, die sie mit den üblichen moralischen Begründungen kombinierten.

Bedeutungsverlust der Beschäftigung von Menschen mit Behinderung für die Unternehmen

Das Verhalten von Unternehmen bei der Beschäftigung von Menschen mit Behinderung in der Rezession und der darauffolgenden wirtschaftlichen Erholung war ambivalent. Auf der einen Seite sank die Bereitschaft, behinderte Arbeitskräfte zu rekrutieren. Auf der anderen blieb das Gefühl der Pflicht zur Übernahme

---

150 Ebd., S. 5.
151 Vgl. Boltanski/Chiapello 2006.

von sozialer Verantwortung bestehen – insbesondere wenn es um die eigenen Mitarbeitenden ging –, und Arbeitsintegration war letztlich das einzig erfolgsversprechende Mittel, um sich öffentlicher Kritik zu entziehen beziehungsweise um politische Forderungen nach sozialstaatlichen Massnahmen wie etwa Behindertenquoten abzuwenden.

Grundsätzlich wäre es wohl verfehlt zu behaupten, das Verhalten der Arbeitgeber gegenüber Menschen mit Behinderung habe sich grundlegend gewandelt. Vielmehr war die allgemein restriktivere Personalpolitik der Unternehmen dafür verantwortlich, dass auch leistungseingeschränkte Personen auf dem Arbeitsmarkt unter Druck gerieten.[152] Auf Bundesebene trat 1974 das Bundesgesetz über Massnahmen zur Verbesserung des Bundeshaushalts in Kraft. Es wurde ein befristeter Personalstopp für die Bundesverwaltungen und die öffentlichen Betriebe verfügt.[153] Eine solche Massnahme traf nicht nur, aber eben auch behinderte Personen. Die PTT, die stets ein engagierter Akteur war, musste ihre bisherige Praxis überdenken. Die IVR Basel wollte einer Klientin bei der Kreistelefondirektion Basel eine kaufmännische Lehre vermitteln. Aufgrund des parlamentarisch auferlegten Personalstopps informierte die PTT ablehnend, dass «[wir] unsere bisherige grosszüge [grosszügige] Haltung bei der Eingliederung Behinderter – so bedauerlich dies für die Betroffenen sein wird – überprüfen müssen».[154]

Solche Zurückhaltung galt zunehmend auch gegenüber den bereits Eingegliederten. 1983 stellte der Ärztliche Dienst der SBB fest, «dass einem schicksalsmässig anfallenden *Angebot* an Behinderten keine entsprechende *Nachfrage* gegenübersteht».[155] Bereits früher wurde in der SBB-Führungskonferenz ein mangelndes Interesse in den Abteilungen an Eingliederungsfragen festgestellt; weiter, dass die Zahl an «Schonposten» – gemeint sind Nischenarbeitsplätze – abnehme. Ein Vorschlag lautete, die Problematik durch die Einrichtung von verpflichtenden innerbetrieblichen Kontingenten für die einzelnen Abteilungen anzugehen. Wiederholt wurde in den öffentlichen Betrieben, und so auch bei den SBB, die Anrechnung von Menschen mit Behinderung an den regulären Personalbestand als problematisch beurteilt. Es wurde vorgeschlagen, dass leistungseingeschränkte Personen die Personalkontingente nicht belasten sollten.[156] Ro-

---

152 Die Quellenlage zur Beschäftigung von Menschen mit Behinderung in den Betrieben gestaltet sich für den hier interessierenden Zeitraum schwierig. Die Vermutung ist naheliegend, dass die berufliche Eingliederung bei der veränderten Wirtschaftslage an Bedeutung einbüsste und andere Unternehmensfragen prioritär verhandelt wurden.

153 Konferenz der IV-Regionalstellenleitenden. Brief an das BSV vom 23. Dezember 1974, in: BAR, Verschiedene Dossiers 1. Teil 1974–1975, E3340B#1996/313#63*.

154 Brief an die IVR Basel vom 12. September 1974, in: ebd.

155 Protokoll Geschäftsleitungskonferenz. Schreiben des Ärztlichen Dienstes vom 7. September 1983, in: SBB-Archiv, Geschäftsleitungskonferenz 1982–1985, Nr. 338–369.

156 Protokoll der Führungskonferenz vom 12. Oktober 1981, in: SBB-Archiv, Führungskonferenz Protokolle 1972–1983, Nr. 1–50. Ein solches Vorgehen hätte möglicherweise die Beschäftigungschancen von Menschen mit Behinderung verbessern können. Eine Sonderstellung innerhalb des Betriebs beziehungsweise ausserhalb des regulären Personalbestands würde al-

land Baggenstoss, Leiter des internen Eingliederungsdienstes, informierte 1981, dass die Quote geglückter Wiedereingliederungen im Vergleich zur Phase der Hochkonjunktur von 60 auf 40 Prozent gesunken sei.[157]

Menschen mit Behinderung, die sich bereits in einem Anstellungsverhältnis befanden, genossen dennoch weiterhin einen besonderen Schutz vor Kündigungen. Die Generaldirektion der PTT diktierte 1976 aufgrund der nachlassenden Nachfrage mach ihren Dienstleistungen eine Anpassung des Personalbestands. Zu den besonders gefährdeten Personalgruppen gehörten die Hilfskräfte, darunter zahlreiche Menschen mit Behinderung. Die Generaldirektion wies aber ausdrücklich darauf hin, dass bei den Restrukturierungen auf behindertes Personal besondere Rücksicht genommen werden sollte.[158] Arbeitgeber bemühten sich in der Regel, Personalanpassungen über natürliche Fluktuationen zu steuern. So betonte etwa der Personalchef des Chemiekonzerns Ciba-Geigy, dass es im eigenen Unternehmen bisher zu keinen krisenbedingten Entlassungen gekommen sei. Sollten Freistellungen unabdingbar werden, dann würden nicht zuerst Menschen mit Behinderung davon betroffen sein, da der Betrieb keine sozialen Härtefälle verursachen wolle.[159] Diese Positionen decken sich mit den Erfahrungen der Berufsberatenden in den IVR, die zwar Erschwernisse bei der Stellenvermittlung feststellten, aber nur wenige Auflösungen bestehender Arbeitsverhältnisse beklagten.

Die berufliche Eingliederung blieb für die Arbeitgeber insgesamt ein ernstes Anliegen, das auch zielstrebig verfolgt wurde – insbesondere, wenn es sich um die Wiedereingliederung der eigenen Angestellten handelte. Als Beispiel dafür können die Führungsrichtlinien von Landis & Gyr von 1979 angeführt werden: Konnten Mitarbeitende nicht mehr an ihrer angestammten Arbeitsstelle tätig sein, dann war die Personalpolitik des Unternehmens darauf ausgerichtet, Betroffenen eine passende Einsatzmöglichkeit zu organisieren.[160] Die PTT ging noch einen Schritt weiter. Der Betrieb führte Ende der 1970er-Jahre einen Sonderposten für die Eingliederung von Menschen mit Behinderung («Kredit für Hilfskräfte») in der Höhe von 500 000 Franken ein, der 1981 auf 1 Million Franken erhöht wurde.[161] Die Arbeitsintegration sollte trotz der restriktiven Personalauflagen des Bundes weiter gefördert werden. Eine ähnliche Massnahme wurde bei den öffentlichen Verwaltungen eingeleitet. Nach dem Personalstoppbeschluss wandte

---

lerdings – wie bereits mehrfach diskutiert – die allseits angestrebte Gleichbehandlung auf dem Arbeitsmarkt aushebeln.

157 Ebd.

158 Generaldirektion. Dienstliche Weisung Nr. 7 vom 21. Juli 1976, in: PTT-Archiv, Dienstliche Weisungen GD 1976–1984, P 16-63.

159 Basler Nachrichten, Nr. 271, 20. November 1975, in: Archiv SWA, Zeitungsausschnitte Invalide, Vo M Invalide.

160 Personalpolitik LGZ Landis & Gyr Zug AG (1979), in: AfZ, Archiv Landis & Gyr, Nr. 250.

161 Mit dem Kredit wurden Stellen geschaffen, die nicht in der Personalstatistik aufgeführt wurden. Das mittel- bis längerfristige Ziel lautete, anschliessend Menschen mit Behinderung an reguläre Planstellen zu überführen.

sich die Konferenz der IV-Regionalstellenleitenden mit der Bitte an Bundesrat Hans Hürlimann, Vorsteher des EDI, die Satzung für Teilerwerbsfähige zu lockern, um die ohnehin erschwerte Stellenvermittlung ein wenig zu erleichtern.[162] Das Eidgenössische Finanz- und Zolldepartement gewährte 1977 mit den Richtlinien betreffend die Eingliederung von Invaliden und Strafentlassenen einen Betrag von 500 000 Franken im Rahmen des Hilfskräftekredits für die berufliche Eingliederung von Menschen mit Behinderung.[163] Die öffentlichen Verwaltungen standen seit jeher – auch in der Hochkonjunktur – im Verdacht, in diesem Bereich zu wenig zu unternehmen. Bis 1979 wurden mit dem gewährten Kredit 40 bis 50 Personen rekrutiert. Die Bundesverwaltung beschäftigte rund 32 000 Angestellte, was viele Beobachterinnen und Beobachter zum Schluss kommen liess, dass die Bemühungen des Bundes ein Tropfen auf den heissen Stein seien.[164] Zudem kritisierten die Behindertenverbände, dass die mit dem Kredit vom Bund vorgenommene Gleichsetzung von Menschen mit Behinderung mit Strafentlassenen eine nicht zu akzeptierende Diskriminierung darstelle.[165] Konkrete Eingliederungsziele wurden auch in der Privatwirtschaft verfolgt. Ciba-Geigy nahm jedes Jahr sechs bis acht behinderte Personen in den Betrieb auf, um einen aktiven Beitrag für die berufliche Eingliederung zu leisten.[166] Die Beschäftigung von Menschen mit Behinderung war mit der Rezession folglich nicht zum Erliegen gekommen, doch war sie in verstärktem Mass vom Willen zur Übernahme sozialer Verantwortung durch die Arbeitgeber geleitet, während in der Hochkonjunktur bei bestehendem Arbeitskräftemangel wirtschaftliche Aspekte stärker gewichtet wurden.

Eine soziale Einstellung konnte sich auch bei der Entlohnung zeigen. Auch wenn Fachkräfte für die berufliche Eingliederung zunehmend bedauerten, dass Arbeitgeber nicht mehr in demselben Masse wie in der Hochkonjunktur bereit seien, Soziallöhne zu bezahlen, wurde diese Praxis von einigen Betrieben weitergeführt.[167] Im bereits erwähnten, von der wf herausgegebenen Leitfaden zur beruflichen Eingliederung für Arbeitgeber von 1986 wurde die Entrichtung von Soziallöhnen unter «besonderen Umständen» als Option diskutiert, wobei als Gründe für die Gewährung eines solchen solidarischen Beitrags «verwandtschaftliche, freundschaftliche oder geschäftliche Beziehungen zwischen Arbeitgeber und Arbeitnehmer, lange Dauer des Arbeitsverhältnisses, soziale Erwägungen» angeführt wurden. Das Industrieunternehmen Georg Fischer

---

162 Brief an Bundesrat Hans Hürlimann vom 18. Dezember 1974, in: BAR, Verschiedene Dossiers 1. Teil 1974–1975, E3340B#1996/313#63*.
163 Der Betrag wurde dann kontinuierlich erhöht.
164 Berner Tagwacht, o. Nr., 6. März 1979, in: BAR, Allgemeines 1978–1987, E7175C#1995/259#685*.
165 SAEB. Schreiben an das BIGA vom 12. Dezember 1977, in: BAR, Arbeitsgruppe Behinderte 1977, E7175C#1995/259#686*.
166 Neue Zürcher Zeitung, Nr. 37, 14./15. Februar 1981, in: SWA, Zeitungsausschnitte Invalide, Vo M Invalide.
167 Mancherorts wurde folglich diese Form der Quersubventionierung der IV auch nach der Rezession der 1970er-Jahre beibehalten.

praktizierte ein «Prinzip der Aufzahlung». Anfang der 1980er-Jahre profitierten gegen 40 Mitarbeitende von «versteckten Sozialleistungen». Bei eingetretener Teilinvalidität wurde das Gehalt auf dem ursprünglichen Niveau «eingefroren», obschon die Leistungsfähigkeit vermindert war oder die Angestellten aufgrund ihrer Einschränkungen an einer schlechter dotierten Stelle eingesetzt werden mussten. Auch die Aufzug- und Fahrtreppenfirma Schindler führte für solche Fälle eine «Gehaltsersatzversicherung». Gleichzeitig räumte der Betrieb aber ein, dass aufgrund von Rationalisierung, Technisierung und Spezialisierung keine Menschen mit Behinderung mehr angestellt würden. Die Annahme, dass der Wandel des Arbeitsmarkts auch neue Chancen und Perspektiven für Betroffene (an qualifizierten Stellen) eröffne, konnte bei Schindler nicht bestätigt werden.[168] Ähnlich lautete eine Einschätzung aus der Uhrenindustrie. Die manuelle Zusammensetzung von Uhren galt als passendes Arbeitsfeld für Menschen mit Behinderung. Mit der abnehmenden Fabrikation klassischer Uhren, für die unzählige Einzelteile hergestellt und zusammengesetzt werden mussten, fielen auch viele Einsatzmöglichkeiten weg. Die technische Entwicklung erfordere nun zunehmend «hochqualifizierte Spezialisten», so der Direktionspräsident des Uhrenherstellers Omega.[169] Die gewandelten Anforderungen an den Arbeitsstellen scheinen also in der Tat die Arbeitsintegration von Menschen mit Behinderung erschwert zu haben, wie dies auch von Eingliederungsfachleuten und vom BSV moniert wurde.

Unternehmen unterstützten weiterhin den Ausbau des zweiten Arbeitsmarkts. Die Firma Landis & Gyr – um ein Beispiel zu benennen – beteiligte sich an der Finanzierung einer neuen Werkstätte samt Wohnheim, das vom Verein Zugerische Werkstätte für Behinderte geplant und 1977 eröffnet wurde. Unternehmen aus der Region erteilten Arbeitsaufträge an die Einrichtung.[170] Solche Engagements aus der Privatwirtschaft hinterliessen aber einen zwiespältigen Eindruck. Zwar wurden Beschäftigungsplätze für Personen mit schwereren Beeinträchtigungen geschaffen. Kritisierbar daran war, dass man sich damit aus der Verantwortung stehlen konnte, Menschen mit Behinderung im eigenen Betrieb anzustellen, und sich gleichzeitig als soziales Unternehmen präsentieren.[171] Arbeitgeber konnten argumentierten, dass sie Steuern und Lohnprozente für die IV zahlen und geschützte Werkstätten fördern, womit sie genügend Verantwortung übernähmen und nicht zusätzlich auch noch behinderte Personen ausbilden und rekrutieren müssten.[172] Zudem konnten Arbeitgeber anführen, dass nun ein ausgebautes System des zweiten Arbeitsmarkts bestand, sodass Betroffene in diesem

168 Neue Zürcher Zeitung, Nr. 37, 14./15. Februar 1981, in: SWA, Zeitungsausschnitte Invalide, Vo M Invalide.

169 Charles L. Brandt. Behinderte in der Uhrenbranche, in: IV-Regionalstelle Bern. Jahresbericht 1980, Bern 1981, in: BAR, Arbeitsgruppe Behinderte 1979–1983, E7175C#1995/259#688*, 11 f.

170 Hauszeitschrift Landis & Gyr, 1978 (1), in: AfZ, Archiv Landis & Gyr, Nr. 2705, S. 23–26.

171 Tages-Anzeiger (Zürich), Nr. 244, 20. Oktober 1982, in: SWA, Zeitungsausschnitte Invalide, Vo M Invalide.

172 Vgl. Latzel et al. 1983.

geschützten Rahmen beschäftigt werden könnten und nicht mehr Stellen in der freien Wirtschaft für sie gesucht werden müssten. Die Haltung der IV zum zweiten Arbeitsmarkt wirkt eigentümlich. Im Prinzip sind beim Sozialwerk für jene Zeit zwei unterschiedliche Handlungslogiken zu beobachten, die nebeneinander Bestand hatten. Mit sozialstaatlicher Unterstützung wurde eine parallele Arbeitswelt geschaffen und kontinuierlich ausgebaut, die dem eigentlichen Grundgedanken des Sozialwerks – die Integration der Klientinnen und Klienten in den allgemeinen Arbeitsmarkt – zuwiderlief.

Besondere Schwierigkeiten bereiteten den Unternehmen nach eigenen Angaben Personen mit psychischen Behinderungen. Bei der PTT vertrat man den Standpunkt, dass die Eingliederung von Personen mit psychischen Erkrankungen im eigenen Betrieb «unzweckmässig, nicht sinnvoll und nicht zielgerichtet» sei. Hingegen wurden die «wenigen, einigermassen geeigneten Arbeitsmöglichkeiten» für das eigene Personal, das «in dieser Richtung krank» wurde, genutzt. «[…] solche Patienten wollen wir ja dann nicht einfach entlassen.»[173] Es ist davon auszugehen, dass der Standpunkt der PTT die Haltung zahlreicher Unternehmen widerspiegelte. Aus diesem Grund stiess ein Projekt des Einrichtungshauses Möbel Pfister auf reges öffentliches Interesse. Der Betrieb begann 1981 ein Konzept für die Eingliederung von Menschen mit psychischer Behinderung zu erarbeiten, aus Anlass des 100-jährigen Firmenjubiläums.[174] 1983 waren zehn Psychiatriepatientinnen und -patienten in der Firma beschäftigt, die nach ihrer «wirtschaftlichen Leistung» entlohnt wurden.[175] Die für das Projekt gebildete Fachgruppe veröffentlichte ein «Handbuch», das auch als Leitfaden für weitere Unternehmen dienen sollte, die Ähnliches planten. Auch diese Initiative verfolgte unter anderem das Ziel, Forderungen nach einer Quotenregelung abzuwenden: «Sofern ein vom Staat aufgezwungenes Quotensystem vermieden werden soll, muss die Privatwirtschaft trotz schwieriger Zeiten die Initiative ergreifen und ihre Arbeitsplätze auch behinderten Stellenbewerbern öffnen.»[176] Obschon das Pilotprojekt mediale Aufmerksamkeit erhielt, blieb dem Anspruch, weitere Unternehmungen für dasselbe Anliegen einzuspannen, nur ein geringer Erfolg beschieden, wie der «Tages-Anzeiger» urteilte.[177] Im Rahmen dieses Integrationsmodells fand zudem ein neuer Begriff Eingang in den Eingliederungsjargon. Der Terminus «beschützende Arbeitsplätze» bezeichnete Stellen, die in einem Raum zwischen freiem Arbeitsmarkt und geschützten Arbeitsplätzen anzusiedeln waren. Damit waren

173 Interne Notiz «Einsatz von Behinderten» vom 5. März 1980, in: PTT-Archiv, Sozialwesen PTT, DK-B, PRD Reg. 351.816.088.3.
174 Bütler/Gentinetta 2007, S. 81.
175 Basler Zeitung, Nr. 143, 22. Juni 1983, in: SWA, Zeitungsausschnitte Invalide, Vo M Invalide.
176 Tages-Anzeiger, Nr. 245, 20. Oktober 1983, in: ebd.
177 Tages-Anzeiger, Nr. 26, 1. Februar 1986, in: ebd. Das Projekt wurde bei Möbel Pfister weiterverfolgt. Doch Bütler und Gentinetta befanden auch noch im Jahr 2007, dass das Vorhaben «keine direkte Nachahmung» erfahren habe. Bütler/Gentinetta 2007, S. 81.

«Freiplätze» im Betrieb gemeint, die den eigentlichen Personalbestand nicht tangierten.[178]

Für die Unternehmen war auch bei erschwerter Wirtschaftslage die familienweltliche Konvention die wichtigste Rechtfertigungsordnung. Es lässt sich folglich eine Persistenz der zentralen Legitimationsmuster erkennen. Gemäss der Maxime der loyalen Betriebsgemeinschaft durften Menschen mit Behinderung, die in einem Unternehmen angestellt waren, weiterhin auf besondere Protektion vertrauen. Dies lässt sich daran zeigen, dass es kaum zu Entlassungen kam. Neben der staatsbürgerlichen Konvention – auf die sich primär die öffentliche Kritik bezog – verloren auch die Marktkonvention und die industrielle Konvention an Bedeutung, nachdem diese beiden Wertigkeitsordnungen in der Hochkonjunktur einen Wertanstieg der behinderten Arbeitskraft begünstigten. Die Nachfrage nach dem Arbeitskräftereservoir auf dem Arbeitsmarkt war sichtlich zurückgegangen und in der Industrie und im Gewerbe herrschte kein akuter Personalmangel mehr, der den effizienten Produktionsprozess gefährdete. Zudem stiegen die Erwartungen an Qualifikation und Expertise im Bereich des Gewerbes und der Industrie. Dies minderte die Chancen von vielen gering qualifizierten Menschen mit Behinderung. Das anspruchsvollere Anforderungsprofil im zweiten Sektor traf aus konventionentheoretischer Sicht vor allem die Kleinen in der Welt der Industrie. Dies kann auch die Koordinationsschwierigkeiten der IV erklären, die die versicherten Personen der Wirtschaft primär als wertvolle «Ware» in den Welten des Markts und der Industrie verkaufen wollte.

Die Rezession Mitte der 1970er-Jahre bedeutete für die berufliche Eingliederung von Menschen mit Behinderung fraglos eine Zäsur. Es machte sich vonseiten der Arbeitgeber eine zunehmende Zurückhaltung bemerkbar, die auch mit der wirtschaftlichen Erholung anhielt. Gleichzeitig blieb aber der Zusammenhang zwischen wirtschaftlicher Entwicklung und erfolgreicher beziehungsweise -loser Arbeitsintegration bestehen. In der zweiten Hälfte der 1980er-Jahre stieg der Bedarf an Arbeitskräften wieder an, was auch Menschen mit Behinderung für die Wirtschaft wieder attraktiver machte. So strebte die PTT aufgrund der schwierigen Personalsituation 1990 die «Reaktivierung von Rentenbezügern» (AHV- und IV-Rentnerinnen und -Rentnern) an, womit «erfahrene Arbeitskräfte» in den Erwerbsprozess zurückgeholt werden sollten.[179]

---

178 Es handelte sich um Arbeitsplätze, die «unsichere und beeinträchtigte Menschen beschützen, indem sie menschliche Anteilnahme, Freiraum zur persönlichen Entfaltung, Verständnis und Hilfsbereitschaft bieten», gleichzeitig aber auch «marktwirtschaftlichen Gesetzmässigkeiten unterliegen». Solothurner Zeitung, Nr. 145, 25. Juni 1983, in: SWA, Zeitungsausschnitte Invalide, Vo M Invalide.

179 Generaldirektion. Dienstliche Weisung PA Nr. 24 vom 21. Dezember 1990, in: PTT-Archiv, Dienstliche Weisungen PA 1990–1991, P 16-93.

Die ersten Krisendiskurse

In der öffentlichen Wahrnehmung entwickelte sich die IV immer mehr zum Sorgenkind unter den Sozialversicherungen. Die Strukturen und Praktiken des Sozialwerks wurden kritisch hinterfragt – und schliesslich auch einer offiziellen Prüfung unterzogen. Die Suche nach Lösungen, um die Kosten bei der IV zu senken, fand ihren Ausgangspunkt. Doch auch die versicherten Personen waren schwerwiegenden Vorwürfen ausgesetzt.

Freiwilligkeit versus Behindertenquoten

Zunehmend wurde in den behindertenpolitischen Debatten über ein Quotensystem diskutiert. Dieser Lösungsansatz hatte den Anstrich einer Ultima Ratio. Behindertenorganisationen, die die Situation häufig als hoffnungslos bezeichneten, forderten teils radikale Massnahmen. Die Einführung eines solchen Konzepts hätte das in der Schweiz praktizierte liberale Modell der beruflichen Eingliederung regelrecht auf den Kopf gestellt. Es hätte das Ende des Prinzips der Freiwilligkeit bedeutet, das die IV bis anhin massgeblich prägte.

Seit Mitte der 1970er-Jahre wurde vermehrt über Behindertenquoten debattiert. Die bereits vorgestellten Arbeitsgruppen des BSV und des BIGA zur beruflichen Eingliederung befassten sich mit dem Ansatz, stuften ihn letztlich aber als untauglich und nicht erstrebenswert ein. Bei den Behindertenverbänden wurden gesetzliche Verpflichtungen für Unternehmen intensiv diskutiert. Bei Pro Infirmis etwa wurden aufgrund der Entwicklungen auf dem Arbeitsmarkt seit der Rezession entsprechende Überlegungen angestellt,[180] während Quoten in der Hochkonjunktur grundsätzlich abgelehnt worden waren. Einen Anstoss für die Debatte lieferte, insbesondere im deutschsprachigen Raum der Schweiz, das 1974 in Deutschland eingeführte Schwerbehindertengesetz, welches das frühere Schwerbeschädigtengesetz abgelöst hatte und mit dem die Quotenlösung bestätigt wurde.

Da in den 1980er-Jahren die berufliche Eingliederung trotz verbesserter Wirtschaftslage nicht entsprechend erfolgreich gestaltet werden konnte, kam man bei den Behindertenverbänden zur Einsicht, dass auch bei sinkenden Arbeitslosenzahlen der Zustand der Hochkonjunktur der 1960er-Jahre nicht mehr wiederkehren werde. Während die private Behindertenhilfe über ein Quotensystem nachdachte, aber letztlich eher skeptisch war und auf politischer Ebene keine entsprechenden Forderungen stellte, wurde in den Selbsthilfeorganisationen der Ruf nach gesetzlichen Regelungen deutlich artikuliert. Eine im Frühling 1984 neu gegründete Kleinstpartei, die Schweizerische Partei der Behinderten und So-

---

180 Pro Infirmis 1975, S. 1.

zialbenachteiligten (SPBS),[181] gab zudem bekannt, dass sie im Herbst desselben Jahrs eine Volksinitiative[182] für ein Recht auf Arbeit für Menschen mit Behinderung lancieren wolle.[183] Diese Ankündigung veranlasste den ZSAO umgehend zu einer Reaktion, da sich eine solche Forderung «direkt an die *Arbeitgeber*» richte. Die berufliche Eingliederung wurde aus menschlicher Sicht und auf freiwilliger Basis begrüsst, eine Verpflichtung zur Beschäftigung von Menschen mit Behinderung aber strikt abgelehnt.[184]

Die ASKIO lud 1985 zu einem Seminar mit dem Titel «Gesucht: Arbeitsplätze für Behinderte», an dem Vertreterinnen und Vertreter der Arbeitgeber, der Gewerkschaften, der IVR und der Behindertenorganisationen teilnahmen.[185] Behindertenorganisationen stuften die Beschäftigungschancen als miserabel ein. Das vernichtende Urteil lautete, dass das Prinzip der Freiwilligkeit «bislang deutlich versagt» habe, was neue Lösungsansätze erforderlich mache.[186] Quoten wurden von den referierenden Personen kontrovers diskutiert, wobei insbesondere Stephan Hegner, Sekretär des ZSAO, dezidiert gegen gesetzliche Regulierungen opponierte.[187] Er argumentierte, dass in der Europäischen Gemeinschaft diejenigen Staaten, die ein Quotensystem eingeführt hatten, allesamt mit der Problematik der Kriegsinvaliden konfrontiert seien. Für die Schweiz gebe es dementsprechend «kein[en] Anlass, eine derart drastische und einseitige Massnahme zu ergreifen». Der Redner kritisierte, ein solcher Ansatz gehe von der Annahme aus, dass die Privatwirtschaft allein für die Lösung des Eingliederungsproblems verantwortlich sei, obschon es sich um eine gesamtgesellschaftliche Herausforderung handle. Dabei werde ausgeklammert, dass Arbeitgeber über Steuern und Sozialversicherungsbeiträge bereits massgeblich zur Stützung des Systems sozialer Sicherheit beitrügen. Zudem werde die Vertragsfreiheit durch einen «Kontrahierungszwang» ersetzt. Implizit räumte Hegner allerdings auch ein, dass die heutige Situation nicht zufriedenstellend sei, wenn er einen «Gegenentwurf zum Quotensystem» propagierte und nicht am Status quo festhalten wollte. Der Referent unterstrich, dass Unternehmen die Frage der Weiterbeschäftigung von Mitarbeitenden, die eine Behinderung erlitten hatten, prioritär behandeln würden. Häufig erfolge trotz Leistungseinbussen keine Lohnreduktion, was die Betriebe teuer zu stehen komme. Entgegen anderslautender Stellungnahmen vonseiten der Arbeitgeber begrüsste Hegner finanzielle Unterstützungen durch

---

181 Die Partei sollte eine Randnotiz der schweizerischen Parteienlandschaft bleiben.

182 Diese wurde dann allerdings nicht realisiert.

183 Die ASKIO, der Dachverband der Behinderten-Selbsthilfeorganisationen, äusserte sich von Beginn an skeptisch gegenüber der SPBS, da sie die Partei als potenzielles Sammelbecken für Unzufriedene anderer Verbände beurteilte. Neue Zürcher Zeitung, Nr. 73, 27. März 1984, in: SWA, Zeitungsausschnitte Invalide, Vo M Invalide.

184 SAZ 1984, S. 292. Hervorhebung im Original.

185 Pro Infirmis widmete im Anschluss an die Veranstaltung eine Ausgabe ihrer Zeitschrift dem Thema «Arbeit durch Gesetze». Pro Infirmis 1985 (3).

186 Stirnimann 1985a, S. 3.

187 Hegner 1985.

Dritte in Kombination mit reinen Leistungslöhnen zur Förderung der beruflichen Eingliederung. Er forderte zudem – etwa von der Behindertenselbsthilfe – externe Betreuerinnen und Betreuer, die bei Schwierigkeiten mit neu angestellten Menschen mit Behinderung von den Unternehmen beigezogen werden könnten. Eine von Arbeitgebern sehr häufig geäusserte Befürchtung (ob berechtigt oder nicht, sei dahingestellt) lautete, dass bei einer Entlassung wegen missglückter Arbeitsintegration öffentliche und insbesondere mediale Kritik auf sie niederprasseln könnte, was zahlreiche Betriebe davon abhalte, überhaupt erst das Risiko einzugehen, Menschen mit Behinderung anzustellen. Hegner schlug in diesem Zusammenhang «Modellarbeitsverträge» vor, mit denen die vermittelnde Stelle die Betroffenen, die sich als nicht geeignet erwiesen, «ohne Aufsehen» wieder zurücknehmen könne.

Behindertenquoten konnten einerseits als konkretes politisches Programm propagiert werden; mit einem Argumentationsschema, das primär gewisse Kreise der Behindertenselbsthilfe praktizierten. Andererseits dienten sie aber – vielleicht sogar hauptsächlich – als imaginäres Drohszenario, das gegen die Wirtschaft eingesetzt werden konnte, um zusätzlichen Druck auszuüben, ohne dass das Anliegen Bestandteil einer real verfolgten behindertenpolitischen Agenda war.[188] So wurde im Nachgang zum UNO-Jahr der Behinderten vonseiten der Behindertenhilfe gedroht, dass bei mangelnder Bereitschaft der Wirtschaft «vermehrt staatliche Interventionen zur Verbesserung der Beschäftigungschancen Behinderter unumgänglich» seien. Auf diese Warnung folgte der Appell, die Arbeitgeber hätten es in der Hand, solche Forderungen abzuwenden. «Staatlich gesteuerte Lösungen können nur durch eine Verbesserung der freiwilligen Aufnahmebereitschaft des Arbeitsmarktes überflüssig gemacht werden.»[189] Empirisch wurde zur Genüge aufgezeigt, dass solche Argumente bei den Arbeitgeberverbänden tatsächlich verfingen, da die Behindertenquoten intern als reale Bedrohung aufgefasst wurden und mit aller Entschlossenheit bekämpft werden sollten.

Objektiv betrachtet ist es kaum vorstellbar, dass die Einführung eines Quotensystems auf politischer Ebene mehrheitsfähig gewesen wäre, sodass eine diesbezügliche imminente Gefahr für die Arbeitgeber nie bestand. Es herrschte zwar ein breiter Konsens vor, dass sich die berufliche Eingliederung zu einem ernsthaften gesellschaftlichen Problem entwickelt hatte. Die Aufgabe der liberalen Grundwerte stand allerdings nicht ernsthaft zur Disposition. Wesentlich realistischer erschienen Lösungsansätze, die das Prinzip der Freiwilligkeit nicht aushebelten. So schlug die ASKIO als Alternative zu den Quoten Anreizsysteme für Arbeitgeber vor, wie zum Beispiel staatliche Lohnsubventionen über einen

---

188 Wie bereits mehrfach dargelegt, wurden Behindertenquoten in zahlreichen Wortmeldungen als diskriminierend beurteilt, weil sie die Gleichwertigkeit von Arbeitskräften mit Behinderung negierten. So bezeichnete der Leiter der IVR Basel Richard Laich das Quotensystem als «Strafbestimmung», mit der weder Arbeitgebern noch Betroffenen gedient sei. Laich 1985, S. 48–50.

189 Kennel 1982, S. 30.

längeren Zeitraum bei erfolgten Anstellungen oder Steuerreduktionen als Ausgleich für Mehrkosten bei der Rekrutierung von Menschen mit Behinderung.[190]

Die Kritik an der IV nimmt zu

Nicht nur die Wirtschaft geriet seit der Rezession Mitte der 1970er-Jahre unter Druck. Auch die IV sah sich zunehmend mit Kritik konfrontiert. In der Hochkonjunktur wurde das Sozialwerk aufgrund seiner ausgeprägten Eingliederungsorientierung als grosser Wurf gefeiert. Die IV mutierte in der öffentlichen Wahrnehmung allerdings von der Musterschülerin nach und nach zum «Sorgenkind» unter den Sozialversicherungen.[191] Sowohl die Organisationsstrukturen des Sozialwerks als auch die Praktiken der beruflichen Eingliederung standen auf dem öffentlichen und politischen Prüfstand.

Die Eingliederungspraxis der IV löste bereits in der Hochkonjunktur Bedenken aus. Als problematisch wurde etwa das Vorgehen des Sozialwerks bei Aus- und Weiterbildungen sowie Umschulungen bezeichnet. In zahlreichen Fällen war als Vorbereitung auf eine Arbeitsintegration an einem Hilfs- oder Nischenarbeitsplatz eine kurze und kostengünstige Anlehre oder ein Arbeitstraining vorgesehen. Umfassende Ausbildungen waren tendenziell die Ausnahme. Die IV agierte nach dem Grundsatz der Zweckmässigkeit und Einfachheit. In der Hochkonjunktur waren solche Massnahmen ausreichend, um Versicherte im Arbeitsmarkt unterzubringen. Es war folglich nicht das Ziel der Sozialversicherung, für die Betroffenen das Optimum auf dem Arbeitsmarkt herauszuholen, sondern mit dem Nötigsten an Leistungen eine eigenständige Existenz durch Erwerbsarbeit sicherzustellen.[192] Kritische Stimmen aus den Behindertenorganisationen meinten, dass «zweckmässig und einfach» eher eine nette Umschreibung für «möglichst billig» und «sowenig wie möglich» sei. Eine solche Haltung der IV führe nicht selten zu «Schmalspur-Ausbildungen».[193] Bei einsetzender Rezession zählten gering qualifizierte Personen zu den Risikogruppen für Arbeitslosigkeit. Rudolf Haller, Leiter des Arbeitszentrums für Behinderte in Strengelbach, ordnete 1978 viele Menschen mit Behinderung der «Schar der Ungelernten in allen möglichen Branchen» zu.[194] Sie gehörten zu jenen Arbeitsmarktakteurinnen und -akteuren, die bei verschlechterter Wirtschaftslage in Schwierigkeiten gerieten. Eine gewisse Verantwortung für diesen Umstand trug die IV, die nicht auf eine genügende Qualifikation der versicherten Personen ausgerichtet war.

190 Stirnimann 1985b, S. 27.
191 Berner Zeitung, Nr. 109, 11. Mai 1979, in: SWA, Zeitungsausschnitte Erwerbsunfähigkeit, Vo K XIII 5.
192 R. Felber. Referat «Zu den beruflichen Massnahmen der Invalidenversicherung» vom 26. August 1977, in: BAR, Berufliche Eingliederung / Laufende Korrespondenzen 1. Teil 1974–1977, E3340B#1996/313#52*.
193 Ilg 1982, S. 88.
194 Haller 1978, S. 108.

Während Menschen mit Behinderung in der Hochkonjunktur häufig keine angemessene Ausbildung erhielten, weil eine solche für die berufliche Eingliederung nicht notwendig erschien, konnten die IVK bei erschwerten Verhältnissen auf dem Arbeitsmarkt nun argumentieren, eine teure Qualifikation lohne sich nicht, weil die Chancen auf eine erfolgreiche Arbeitsintegration zu gering seien.[195] Da die IV Bildungsmassnahmen nur auf dem bestehenden Ausbildungsniveau finanzieren konnte (das «Abstandsgebot»[196] kam hier zum Tragen), waren besonders niedrig oder nicht qualifizierte Versicherte diskriminiert, obschon diese Personen eigentlich den dringendsten Bedarf hatten. «Wer vor Eintritt der Behinderung keinen Beruf erlernen konnte, der soll auch nachher keinen eigentlichen, qualifizierten Lehrberuf mit Hilfe der IV vermittelt erhalten», so die kritische Stellungnahme eines Vertreters der Behindertenorganisationen.[197]

Die IVK standen bereits in der Hochkonjunktur unter besonderer behördlicher und öffentlicher Beobachtung, vor allem aufgrund der teils deutlichen kantonalen Unterschiede bei der Gewährung von Renten. Die Einführung von existenzsichernden Renten im Zuge der 8. AHV-Revision bedeutete für die IV einen starken Kostenanstieg.[198] Rentenleistungen wurden für das Sozialwerk deutlich teurer. Dies bewog das BSV, die Beschlüsse der IVK genauer zu begutachten.[199] Das Bundesamt kritisierte, dass die IVK «verschiedentlich nicht genau nach den Vorschriften» handelten: «Es besteht dabei die Gefahr, dass zu rasch und zu grosszügig Renten zugesprochen werden, was bei den nun geltenden Ansätzen schon in wenigen Fällen zu sehr hohen Beiträgen führen kann.»[200] Das BSV warf den IVK folglich vor, Renten für Personen zu gewähren, die eigentlich erwerbsfähig waren und in den Arbeitsmarkt integriert werden müssten. Die Leistungsverbesserungen führten zu einer regelrechten Kostenexplosion bei der IV und die jährlichen Fehlbeträge summierten sich zu einem Schuldenberg. Während die Kosten des Sozialwerks 1972 758 Millionen Franken betrugen, erreichten die Ausgaben 1975 bereits die Höhe von 1622 Millionen Franken. Sie hatten sich innerhalb von drei Jahren mehr als verdoppelt.[201]

---

195 In diesem Zusammenhang sei nochmals auf die bereits erwähnten Richtlinien des BSV von 1975 hingewiesen. Das Bundesamt forderte, berufliche Massnahmen prioritär für arbeitsmarktnahe Versicherte zu sprechen.

196 Nadai/Canonica 2014, S. 354.

197 Ilg 1982, S. 88.

198 Bis 1975 wurde die Höhe der AHV- und IV-Renten im Zeitraum von drei Jahren mehr als verdoppelt. Die IV-Renten sind an die AHV-Renten gekoppelt. Werden die AHV-Renten erhöht, erhöhen sich automatisch auch die IV-Renten. HLS: AHV.

199 Zudem wurden bei den Renten die Revisionsfristen verkürzt, sodass Überprüfungen häufiger durchgeführt wurden. Tages-Anzeiger, Nr. 149, 1. Juli 1981, in: SWA, Zeitungsausschnitte Erwerbsunfähigkeit, Vo K XIII 5.

200 BSV 1975 (Jahresbericht 1974), S. 21.

201 Tages-Anzeiger, Nr. 204, 2. September 1976, in: SWA, Zeitungsausschnitte Erwerbsunfähigkeit, Vo K XIII 5.

Die veränderte Wirtschaftslage führte auch zu einer Zunahme an IV-Anmeldungen, die die Organe des Sozialwerks überlasteten.[202] Besonders in Mitleidenschaft gezogen wurde die Schweizerische Ausgleichskasse in Genf, die für die Leistungsbegehren aus dem Ausland zuständig war. Die Gesuche hatten sich zwischen 1970 und 1975 etwa verdreifacht. Der Arbeitsrückstand betrug ungefähr drei Jahre,[203] weshalb in den Medien von «gigantischen Rückständen» die Rede war.[204] Aufgrund des Personalstopps konnte die Belegschaft trotz höheren Arbeitsanfalls nicht aufgestockt werden, um den Berg von pendenten Fällen zügiger zu erledigen. In Genf wurde deswegen eine «Aktion-Arbeitslose» gestartet, bei der 28 Stellensuchende[205] in der Ausgleichskasse engagiert und angelernt wurden, um dem überforderten Stammpersonal unter die Arme zu greifen.[206] Die IVR waren ebenfalls von steigenden Fallzahlen betroffen. Deswegen überliessen sie einen Teil der Klientinnen und Klienten für die Abklärung und Stellenvermittlung den Sozialarbeitenden der Behindertenhilfe. Erika Liniger, Zentralsekretärin von Pro Infirmis, warnte in diesem Zusammenhang, dass Sozialarbeitende im Vergleich zu den spezialisierten IVR-Beraterinnen und -Beratern «relativ wenig Erfahrung» in der Arbeitsvermittlung hätten.[207]

Verschiedentlich wurde der Verdacht geäussert, die IV habe unter Spardruck begonnen, bei der Gewährung von Leistungen restriktiver vorzugehen als bis anhin. Diese Zurückhaltung sei insbesondere bei den Eingliederungsmassnahmen erkennbar. So beanstandete etwa der Soziologe Peter Atteslander eine strengere Auslegung des Gesetzes durch das Sozialwerk. Die Beschlüsse des Eidgenössischen Versicherungsgerichts (EVG) würden diese Entwicklung bestärken.[208] Fritz Nüscheler, Sekretär der SAEB,[209] hegte aufgrund verschiedener «Erscheinungen und Vorkommnisse» den Verdacht, dass die Bundesbehörden eine *Tendenzänderung* anstrebten. Statt vom «Primat der Eingliederung» werde dort «plötzlich nur noch von einem Gleichgewicht zwischen Eingliederung und Rente» gesprochen. Das Prinzip «Eingliederung vor Rente» stehe zur Disposition.[210] Unter dem Spardruck seien das BSV und die IVK versucht, «dort zu sparen, wo es zuerst sichtbar wird, nämlich bei den Eingliederungsmassnahmen». Zudem bereite die Zusprechung von Renten für die Verwaltung «administrativ bedeutend

---

202 ZAK 1976, S. 167 f.

203 Tages-Anzeiger, Nr. 203, 1. September 1976, in: SWA, Zeitungsausschnitte Erwerbsunfähigkeit, Vo K XIII 5.

204 National-Zeitung, Nr. 163, 26. Mai 1976, in: ebd.

205 Aus den Quellen ist nicht ersichtlich, ob sich darunter auch Menschen mit Behinderung befanden.

206 Tages-Anzeiger, Nr. 203, 1. September 1976, in: SWA, Zeitungsausschnitte Erwerbsunfähigkeit, Vo K XIII 5.

207 ZAK 1976, S. 493.

208 Die Weltwoche, Nr. 34, 25. August 1976, in: SWA, Zeitungsausschnitte Erwerbsunfähigkeit, Vo K XIII 5.

209 Die Organisation nahm nicht nur gegenüber dem Verhalten der Arbeitgeber, sondern auch gegenüber demjenigen der IV eine zunehmend missbilligende Haltung ein.

210 Nüscheler 1980, S. 31. Hervorhebung im Original.

weniger Arbeit und Umtriebe».[211] Selbst innerhalb der IV wurden ähnliche Vorwürfe vorgetragen. Die Konferenz der IV-Regionalstellenleitenden kritisierte eine eingetretene «Spartendenz» bei den IVK. Diese würden bei Ausbildungen, Weiterbildungen und Umschulungen restriktiver vorgehen.[212]

In der Tat gingen die jährlichen Ausgaben der IV für Eingliederungsmassnahmen seit 1977 zurück. Eine solche Entwicklung erscheint höchst ungewöhnlich, da die Kosten seit Einführung der IV in allen Bereichen kontinuierlich anstiegen.[213] Insbesondere die Haltung der IV bei den medizinischen Massnahmen und den Hilfsmitteln gab Anlass zu Diskussionen. So übernahm die IV, gestützt auf einen Entscheid des EVG, seit Mitte der 1970er-Jahre nur noch in seltenen Fällen die Kosten für teure Hüftgelenkoperationen, weil diese in der Regel nicht (mehr) als Eingliederungsmassnahmen, die zur Erhöhung der Erwerbsfähigkeit beitrugen, eingestuft wurden.[214]

Ähnliche Vorwürfe wurden auch im Bundesparlament geäussert. Der freisinnige Ständerat Peter Knüsel kritisierte an der IV, deren finanzielle Entlastung durch den Abbau der medizinischen Massnahmen für die berufliche Eingliederung gehe auf Kosten der Krankenversicherungen.[215] Nationalrat Albert Eggli (SP) beanstandete, dass das Sozialwerk bei der beruflichen Qualifikation Jugendlicher «Sparmassnahmen» anwende, die «eine sinnvolle Ausbildung» verhinderten.[216] Nationalrat Kurt Reiniger (SP) monierte, dass die Sparübungen bei den Eingliederungsmassnahmen eine kontraproduktive Wirkung hätten, da längerfristig die Zusprechung von Renten höhere Kosten verursache als die kurzfristige Einsparung bei den Eingliederungsmassnahmen.[217]

Es ist schwierig zu beurteilen, ob die IV ihr Engagement bei der beruflichen Eingliederung tatsächlich gemindert hat. Es ist nicht auszuschliessen, dass die Überlastung der IV-Organe und kurzfristige Sparintentionen dazu führten, dass ein restriktiverer Umgang im Rahmen der Eingliederungsmassnahmen einsetzte. Ein Trend zur Verrentung bei der IV kann einerseits durch Tendenzen der Dekommodifizierung[218] aufgrund der steigenden Rentenleistungen und andererseits

---

211 Ebd., S. 35 f.
212 Konferenz der IV-Regionalstellenleitenden. Arbeitslosigkeit – Invalidität. Thesen zur Arbeitsvermittlung Invalider (Entwurf, 1978), in: BAR, Verschiedene Dossiers 1. Teil 1974–1975, E3340B#1996/313#63*.
213 Die Kosten für individuelle Massnahmen sanken von 371,9 Millionen Franken im Jahr 1976 auf 346,6 Millionen Franken 1977, also um 25,3 Millionen Franken. Die Gesamtausgaben der IV hingegen stiegen um 124,6 Millionen Franken. Die Auslagen für individuelle Massnahmen sanken auch 1978 und stiegen erst 1979 wieder leicht an. BSV. Jahresberichte 1977–1979.
214 Stattdessen wurden die Kosten den Krankenkassen aufgebürdet. Wer ungenügend oder gar nicht krankenversichert war, gehörte zu den Leidtragenden dieser Entwicklung. Tages-Anzeiger, Nr. 204, 2. September 1976, in: SWA, Zeitungsausschnitte Erwerbsunfähigkeit, Vo K XIII 5.
215 Postulat vom 24. Juni 1976. BSV 1977 (Jahresbericht 1976), S. 77 f.
216 Interpellation vom 20. September 1976. Ebd., S. 80.
217 Einfache Anfrage vom 26. September 1978. BSV 1979 (Jahresbericht 1978), S. 80–82.
218 Vgl. Esping-Andersen 1990.

mittels Einsparungen im Integrationsbereich und Erschwernissen bei der Stellenvermittlung vermutet werden.

Erklärungen und Responsibilisierung für die Schwierigkeiten der IV

Die Organisation der IV wird überprüft
Die Arbeitgeberverbände äusserten sich stets kritisch gegenüber den Organisationsstrukturen der IV. Die erschwerte Lage von Menschen mit Behinderung auf
dem Arbeitsmarkt und die Zunahme an IV-Anmeldungen gaben ihnen neuen
(argumentativen) Auftrieb. Die Vertreter der Wirtschaft hielten den Druck in der
AHV/IV-Kommission aufrecht. Renaud Barde, Delegierter der Arbeitgeber aus
der französischen Schweiz, verlangte bereits 1970 die Einberufung einer Arbeitsgruppe zur Überprüfung der IV-Organe.[219] Diese Forderung wurde in Zusammenhang mit den Diskussionen zu den kantonalen Rentenunterschieden gestellt.
Nach mehreren Jahren erschienen in der zweiten Hälfte der 1970er-Jahre wieder umfangreichere statistische Daten zur IV.[220] Der Sekretär des Vororts Hans
Herold nahm sie zum Anlass, um erneut auf die, so seine Ansicht, Missstände
bei der IV hinzuweisen. Er betonte, dass die Zahl der IV-Renten zwischen 1969
und 1976 um 52,9 Prozent angestiegen sei, während die Wohnbevölkerung in
jenem Zeitraum nur um 3 Prozent zugenommen habe.[221] Zudem war er der Meinung, dass das «*Kostenbewusstsein von Norden nach Süden abnimmt*».[222] In einigen Kantonen seien «Begehrlichkeiten, Versicherungsneurosen und mangelnde
Kontrolle» besonders ausgeprägt. Herold folgerte: «Möge gerade diese neue
Statistik eine Waffe sein, um gegen dieses Grundübel der Sozialversicherung an-
zukämpfen!»[223]
Die Behörden wurden aufgrund der jüngsten Entwicklungen der IV aktiv.
Bundesrat Georges-André Chevallaz, Vorsteher des Eidgenössischen Finanz-
und Zolldepartements, drückte 1976 seine Bedenken in Bezug auf die Ausgaben-
entwicklung der IV aus. Das EDI entgegnete übereinstimmend, dass die «Entwicklung mit grosser Sorge» verfolgt und «ernsthaft nach wirksamen Mitteln
für eine Verbesserung» gesucht werde.[224] Zu diesem Zeitpunkt hatte das BSV
gemeinsam mit dem Ausschuss für IV-Fragen der AHV/IV-Kommission bereits
beantragt, eine Arbeitsgruppe für die Untersuchung der IV-Strukturen einzuset-

---

219 Observations concernant le rapport sur les différences apparaissant, d'un canton à l'autre, dans
la statistique des rentes de l'AI vom 19. Oktober 1970, in: AfZ, Vorort-Archiv, Berichte Invalidenversicherungs-Kommission (Teil 1) 1969–1970, 96.2.5.
220 BSV 1977.
221 Herold 1977, S. 172.
222 Diese Schlussfolgerung überzeugt nur bedingt, da Herold in seinem Beitrag verschiedene Aus-
nahmen benennt.
223 Herold 1977, S. 174. Hervorhebung im Original.
224 Brief an Bundesrat Chevallaz vom 18. Februar 1976, in: BAR, Allgemeines 1974–1982,
E3340B#1996/313#4*.

zen.[225] Im März 1976 nahm die Arbeitsgruppe für die Überprüfung der Organisation der Invalidenversicherung unter dem Vorsitz des Ökonomen Benno Lutz auf Weisung des EDI ihre Arbeit auf.[226] Der Auftrag lautete, die Organisation und Arbeitsweise der IV-Kommissionen, IV-Sekretariate, IV-Regionalstellen, des Ärztlichen Dienstes der IV und das Verfahren für die Einführung des Rückgriffs auf haftpflichtige Dritte zu überprüfen. Ende 1977 wurde der Schlussbericht, der als «Bericht Lutz» Bekanntheit erlangte, veröffentlicht. Die Frage des Missbrauchs wurde im Bericht Lutz stark in den Vordergrund gerückt und die «Verhinderung von Missbräuchen» wurde als wichtiges Mittel für Kosteneinsparungen bezeichnet.[227] Die Arbeitsgruppe wurde zwar für die Überprüfung der IV-Organe und ihrer Arbeitsweisen eingesetzt, dennoch wurden auch die Versicherten prominent thematisiert.[228]

Die Kritik richtete sich zunächst gegen die kantonalen IVK,[229] die «die strenge und einheitliche Anwendung der Vorschriften nicht in genügendem Masse» einhielten. Bei Ermessensfragen werde «in Zweifelsfällen vornehmlich aus fürsorgerischen Überlegungen eher zugunsten der Versicherten» entschieden. Die Arbeitsgruppe war der Meinung, dass die Unabhängigkeit insbesondere bei den Sozialarbeitenden «nicht durchwegs voll gewährleistet» sei.

> So liegt etwa der Fachbereich «Fürsorge» häufig bei Angehörigen von Organisationen, die den Versicherten betreuen oder unterstützen. Die Kommission wird zwar durch diese Personen über die Verhältnisse des Versicherten gut informiert. Sie setzen sich jedoch oft zu stark im Sinne einer Parteivertretung ein, worunter die objektive Beurteilung leiden kann.[230]

Folglich wurde den Sozialarbeitenden vorgeworfen, sie würden gleichsam Fälle konstruieren, für die sie dann selbst die Zuständigkeit reklamierten.[231] Auch die Fachbereiche «Eingliederung» und «Arbeitsmarkt» wurden als «nicht […] genügend effizient» eingestuft.[232] Die Mehrheit der Arbeitsgruppe sprach sich deshalb dafür aus, die IVK von fünf auf drei Mitglieder zu reduzieren. Die Fachbereiche

---

225 BSV. Notiz «Organisation der IV-Kommissionen und Vereinfachung des Verfahrens (Art. 6obis IVG)» vom 29. Oktober 1975, in: BAR, Sitzungsakten (Teil 1) 1962–1976, E3340B#1987/62#741*. Vgl. dazu auch Badertscher 2016.

226 Die Arbeitsgruppe konstituierte sich aus Vertreterinnen und Vertretern des BSV, der Versicherungsorgane, der Eidgenössischen AHV/IV-Kommission, der Kantone, der Ärzteschaft, der Eidgenössischen Finanzkontrolle, der Eidgenössischen Finanzverwaltung, der Zentralstelle für Organisationsfragen der Bundesverwaltung, der Suva, der MV, der Zentralen Ausgleichsstelle, der Behindertenhilfe und einem Organisationsexperten.

227 ZAK 1978, S. 289.

228 Überhaupt keine Erwähnung fanden hingegen die Arbeitgeber, die als wichtige Akteure ausgespart blieben.

229 Diese waren insbesondere für die Bestimmung des Invaliditätsgrads zuständig.

230 ZAK 1978, S. 275.

231 Canonica 2012, S. 32.

232 ZAK 1978, S. 275.

«Arbeitsmarkt» und «Fürsorge» sollten eliminiert werden.[233] Des Weiteren sollten die IV-Sekretariate zur Entlastung der IVK selbständig Entscheide fällen
dürfen, wenn die Faktenlage eindeutig sei, «weil die Verwaltung selbst über das
erforderliche Sachwissen» verfüge.[234]

Die Arbeitsgruppe machte sich für eine Stärkung der medizinischen Perspektive stark.[235] Der Ärzteschaft wurde vorgeworfen, die Arbeitsfähigkeit
der Patientinnen und Patienten «hie und da bewusst zu wohlwollend» einzu-
schätzen.[236] Deswegen sollten die IVK-Ärztinnen und -Ärzte Präsidialbefugnis
erhalten. Dies würde ihnen ermöglichen, mit ihrer medizinischen Expertise eigenmächtig im Sinne des Präsidialbeschlussverfahrens über die Fälle zu urteilen.
Weiter sollte «eine Art von Konsiliarärztesystem» eingeführt werden, das den
IVK bei Unsicherheiten beratend zur Seite stehen könnte.[237] 1974 wurde zudem
in Basel die erste Medizinische Abklärungsstelle der IV (MEDAS) eingerichtet.
Die MEDAS führten bei schwierigen und komplexen Fällen Abklärungen zur
Arbeitsfähigkeit und Zumutbarkeit einer Erwerbstätigkeit durch. Die Arbeitsgruppe forderte nun die Implementierung weiterer solcher Stellen, weil diese
einen Beitrag zur Kostenreduktion leisteten: «1976 hat sie [die MEDAS Basel]
189 Untersuchungen durchgeführt und konnte aufgrund der Untersuchungs-
ergebnisse in der Mehrzahl der Fälle die Herabsetzung oder Ablehnung des Rentenanspruchs empfehlen.»[238]

Strengere Vorschriften bei der Gewährung von Renten bedeuteten gleichzeitig, dass mehr Personen in den Arbeitsprozess zurückgeführt werden mussten. Die Arbeitsgruppe bezeichnete aber ausgerechnet den Arbeits- und Eingliederungswillen der Versicherten als besonderes Problem: «Es kommt darauf an,
einer in der Bevölkerung offensichtlich aufkommenden Mentalität vorzubeugen,
das Erschleichen von Rentenleistungen zum Gentleman-Delikt herabzuspie-
len.»[239] Besondere Erwähnung fanden dabei die «arbeitsmüden Gastarbeiter
[...] mit diffusen Rückenschmerzen», der 60-jährige Selbständigerwerbende,
der seinen Betrieb dem Sohn übergibt oder ganz aufgibt, und die Hausfrau mit
«normalen altersbedingten Beschwerden».[240] Der Fokus der Arbeitsgruppe lag

---

233 Ebd., S. 278.
234 Ebd., S. 277.
235 Diese Haltung widerspiegelt die Position der AHV/IV-Kommission, die feststellte, «dass
    die ärztliche Beurteilung der Einzelfälle von grösserer Bedeutung» sei, als man ursprüng-
    lich angenommen habe. Deswegen müsse die «medizinische Komponente in der Abklä-
    rungs- und Entscheidungsphase» verstärkt werden. Bundesrat Hans Hürlimann. Brief an
    Bundesrat Georges-André Chevallaz vom 18. Februar 1976. BAR, Allgemeines 1974–1982,
    E3340B#1996/313#4*.
236 ZAK 1978, S. 279.
237 Ebd., S. 270 f.
238 Ebd., S. 271.
239 Ebd., S. 279.
240 Ebd., S. 279 f. Problematisch erscheint in diesem Zusammenhang, dass die Arbeitsgruppe nicht
    ausführte (und sehr wahrscheinlich auch nicht ausführen konnte), woher diese Anschuldigun-
    gen herrührten. Es scheint sich eher um willkürliche Pauschalisierungen gehandelt zu haben,
    die sich nicht auf empirische Daten beriefen. Badertscher 2016, S. 10 f.

ursprünglich bei der Überprüfung der IV-Organe. Das Gremium weitete die Debatte aber auf die berufliche Eingliederung aus. Bezeichnenderweise – und dies weist wiederum auf die Bedeutung hin, die dieser Aspekt erhielt – endete der Bericht Lutz wie folgt:

> Der invalide Versicherte hat ein Recht darauf, dass seine Begehren in einer respektvollen menschlichen Haltung eingehend und rasch geprüft werden. Doch muss ihm auch immer wieder klar gemacht werden, dass in einer gesunden Gesellschaft Eingliederungsbereitschaft und aufrichtiger Arbeitswille nicht erlahmen dürfen und dass egoistisches Rentenkonsum-Denken bekämpft werden muss. Diese geistige Bereitschaft zu wecken ist allen für die IV Verantwortlichen aufgetragen.[241]

Funktionslogik der IV

Der Bericht Lutz löste heftige – und zumeist kritische – Reaktionen in den Medien, in der Politik und vor allem bei den Behindertenorganisationen aus.[242] Die Missbrauchsdebatte wurde erstmals offen und auf breiter Basis geführt. Die Auseinandersetzung erreichte eine neue Dimension, weil eine vonseiten der Behörden in Auftrag gegebene Studie versicherte Personen explizit des Missbrauchs bezichtigte. Exemplarisch dafür steht die Kleine Anfrage an den Bundesrat von Nationalrat Roger Dafflon (PdA), der sich insbesondere über den Tonfall im Bericht Lutz irritiert zeigte: «Gewisse Erwägungen und Beobachtungen dieses Berichts lassen jedes Feingefühl vermissen und sind für die Invaliden und selbst die Mitglieder der kantonalen IV-Kommissionen verletzend. Sämtliche Verantwortliche der Institutionen und Organisationen, die mit der Betreuung von Invaliden betraut sind, sind zu Recht über diese Äusserungen entrüstet.» Selbst die Hausfrauen nehme man «aufs Korn».[243] Der Bundesrat stärkte der Arbeitsgruppe aber den Rücken und betonte, dass es in der Studie um die Verbesserung der Leistungsfähigkeit der IV und um die rechtsgleiche Anwendung des Gesetzes in sämtlichen Kantonen gehe. Aus Sicht der Landesregierung sei es nicht verwerflich, auch den Missbrauch zu thematisieren, «denn der Bezug von Versicherungsleistungen durch Personen, die im Sinne unserer Gesetzgebung gar nicht invalid sind, verdient keinen Schutz». Es gehe keineswegs um «einen Abbau der Versicherungsleistungen für Invalide».[244]

Sehr emotional fielen die Reaktionen der Menschen mit Behinderung und ihrer Verbände aus. In der französischen Schweiz bildete sich ein «Komitee gegen den Bericht Lutz». Es wandte sich mit einem von 1700 Personen unter-

241 ZAK 1978, S. 289.
242 Badertscher 2016.
243 Kleine Anfrage vom 20. März 1979. BSV 1980 (Jahresbericht 1979), S. 79 f.
244 Antwort des Bundesrats auf die Interpellation Bratschi vom 13. Dezember 1979. Ebd., S. 75 f.

zeichneten Brief an die Landesregierung.[245] Ein Aktionskomitee «Behinderte auf die Strasse» rief im Juni 1979 zu einer «Parlamentarier-Besichtigung» auf dem Bundesplatz in Bern auf. Da Menschen mit Behinderung keine Lobby hätten, wollten sie, veranlasst durch den Bericht Lutz, bei der Eröffnung der parlamentarischen Sommersession selbst mit den Volksvertreterinnen und Volksvertretern über ihre Anliegen diskutieren.[246]

Pro Infirmis und der Berufsverband diplomierter Sozialarbeiter und Erzieher wendeten sich besorgt an den Bundesrat. Sie sahen ihren professionellen Zuständigkeitsbereich bedroht. Die beiden Organisationen betonten, dass Menschen mit Behinderung ein Recht darauf hätten, dass ihre «sozialmenschlichen Probleme wahrgenommen werden».[247] Die Zentralsekretärin von Pro Infirmis, Erika Liniger, die als einzige Vertreterin der Behindertenverbände in der Arbeitsgruppe tätig war, stellte einen unmittelbaren Zusammenhang ihrer Profession mit dem Grundsatz «Eingliederung vor Rente» her. Die subjektive Bewertung der Eingliederungschancen der Klientinnen und Klienten spiele eine wichtige Rolle für den Eingliederungsprozess und eine Fürsprecherin oder ein Fürsprecher der Menschen mit Behinderung in einem Fünfergremium sei notwendig.[248]

Die Diskussionen um den Bericht Lutz können als Abbild der Grundsatzfrage interpretiert werden, nach welcher Funktionslogik die IV agiere. Benno Lutz war der Ansicht, dass «eine weit verbreitete, falsche Auffassung über die IV» vorliege: «Die IV ist eine Versicherung und keine Fürsorginstitution. Wo soziale Notlagen vorhanden sind, muss demzufolge nicht die Versicherung beigezogen werden, sondern die Fürsorge.»[249] Er vertrat eine genuin versicherungsmedizinische Position und negierte eine soziale Dimension des Sozialwerks. Die Entwicklung der IV in den davorliegenden rund 15 Jahren deutet allerdings darauf hin, dass ein solches Interpretationsmuster nicht alle Facetten der IV abzudecken vermag. Mit der 1. IVG-Revision wurden sozialintegrative Massnahmen in den Leistungskatalog aufgenommen und die Subventionen an die Invalidenhilfe waren unter anderem für die Förderung der gesellschaftlichen Teilhabe der versicherten Personen vorgesehen. 1971 wurde in der «Zeitschrift für die Ausgleichskassen» ein Auszug aus dem Jahresbericht einer IVK publiziert, der genau diese Ambivalenz im Hinblick auf die Funktion der IV thematisierte:

> Nicht alle, die täglich am Schalter anklopfen, kommen mit einem konkreten Begehren. Viele wollen sich vor allem mit jemandem aussprechen und sich ganz allgemein erkundigen, ob die Invalidenversicherung in ihrem speziellen Anliegen helfen kann und wie. Wir denken hier an jenen Bauern, dessen einziger 16-jähriger Sohn durch

245 Tages-Anzeiger, Nr. 49, 28. Februar 1979, in: SWA, Zeitungsausschnitte Erwerbsunfähigkeit, Vo K XIII 5.
246 Berner Tagwacht, Nr. 126, 1. Juni 1979, in: ebd.
247 Berner Zeitung, Nr. 109, 11. Mai 1979, in: ebd.
248 Ebd.
249 Ebd.

Unfall den Daumen der rechten Hand verloren hat und nicht mehr melken kann. Wie soll das nun weitergehen? […] Es geht in solchen Fällen primär nicht darum, ob irgendeine Institution eine Geldleistung erbringen wird, sondern darum, ob jemand da ist, der in der Lage ist, das Schicksal meistern zu helfen. Ähnliches liesse sich von der Mutter jenes autistischen Knaben sagen, der von Stelle zu Stelle vertröstet, dem aber von niemandem wirklich geholfen wird. Dieser Mutter, die ihr Letztes für ihre Familie hergibt, bleibt als einziger Zufluchtsort nur noch das IV-Sekretariat, um mit ihm zusammen doch noch nach einer Lösung zu suchen. Solche Beispiele liessen sich beliebig vermehren.

Wir sind uns bewusst: die IV ist eine Versicherung und keine Fürsorgestelle. Administration und menschliches Wohlwollen dürfen aber in der Sozialversicherung keine sich gegenseitig ausschliessenden Elemente sein.[250]

Die Tatsache, dass diese Stellungnahme unkommentiert wiedergegeben wurde, lässt darauf schliessen, dass der Text auch die Ansicht des BSV als Herausgeber des Periodikums widerspiegelte. Erst Mitte der 1970er-Jahre erhielt die «Medizinalisierung» der IV einen starken Schub, womit die fürsorgerischen Elemente zunehmend infrage gestellt wurden. Da der Bericht Lutz von der Eidgenössischen AHV/IV-Kommission «mit geringen Abweichungen» befürwortet wurde[251] und sich auch der Bundesrat hinter die Arbeitsgruppe stellte, scheint dieser Kurs im Bereich der Steuerungsgremien auf Bundesebene auf Zustimmung gestossen zu sein. Es zeichneten sich zwei divergente Positionen ab, die auch die zukünftige Behindertenpolitik prägen sollten. Die eine zeichnete sich dadurch aus, dass eine finanziell gesunde IV über eine strenge gesetzliche Handhabe und eine Verhinderung eines Leistungsausbaus erreicht werden sollte. Eine restriktivere Praxis wurde von den Befürworterinnen und Befürwortern dieser Position primär durch den (angeblich) überhandnehmenden Missbrauch begründet. Die zweite stand für einen Ausbau der Eingliederungsmassnahmen, um die bestehenden Vermittlungshemmnisse zu beseitigen. Gleichzeitig sollte erwerbsunfähigen Personen eine ausreichende materielle Unterstützung bereitgestellt und das Angebot an Massnahmen zur sozialen Integration ausgedehnt werden. Nach dieser Logik konnte der Etat des Sozialwerks dadurch gesunden, dass der Ausbau der Eingliederungsbemühungen kurzfristig zwar Mehrkosten verursachen, längerfristig durch zahlreiche Arbeitsintegrationen aber Einsparungen für die IV realisiert würden.

250 ZAK 1971, S. 569.
251 Der Bund, Nr. 171, 25. Juli 1978, in: SWA, Zeitungsausschnitte Erwerbsunfähigkeit, Vo K XIII 5.

Berufliche Eingliederung im Zeichen der Wirtschaftlichkeit (1992–2008)

«Während noch vor zehn Jahren der Grossteil arbeitsfähiger behinderter Menschen in der Schweiz eine Arbeitsstelle auf dem freien Arbeitsmarkt finden konnte, hat in den letzten Jahren ein Prozess eingesetzt, der in zunehmendem Masse Behinderte aus dem Erwerbsleben ausschliesst.»[1] So äusserten sich die beiden Vertreter der SAEB Thomas Bickel und Georges Pestalozzi im Jahr 1998. Ihrer Ansicht nach hatte sich die Lage auf dem Arbeitsmarkt aufgrund der jüngsten wirtschaftlichen Entwicklungen deutlich verschlechtert. Die IV verzeichnete einen starken Anstieg bei den Anmeldungen und war von massiven Kostensteigerungen betroffen. Das Sozialwerk durchlief in der Folge – insbesondere in den 2000er-Jahren – grundlegende Reformen, die ihren Ausgangspunkt in der 3. IVG-Revision von 1992 hatten, mit der die Organisationsstrukturen der IV erneuert wurden. Die IV wurde nach Parametern der Wirtschaftlichkeit und Effizienz umgebaut.

Vonseiten der Unternehmen wurde der Gesundheit von Angestellten mehr Beachtung geschenkt. Gesundheitskosten wurden zunehmend als ernsthafte Problematik aufgefasst und Unternehmen entwickelten Lösungen, um in diesem Bereich Ausgabensenkungen zu erzielen. Da Invalidität sowohl für die IV als auch für die Wirtschaft zuvorderst zu einer Kostenfrage wurde, hat dieser Umstand dazu geführt, dass sich die Arbeitgeberverbände in den 2000er-Jahren allmählich für eine Kooperation mit dem Sozialstaat bei der beruflichen Eingliederung öffneten, nachdem sie sich in der Tendenz jahrzehntelang gegen staatliche Einmischung gewehrt hatten. Nun sollten die kontinuierlich steigenden Gesundheitskosten gemeinsam und beiderseits unter Kontrolle gebracht werden.

Die IV wird reformiert

Die 3. IVG-Revision hatte die Schaffung der kantonalen IV-Stellen zur Folge, womit die Organisationstrukturen des Sozialwerks reformiert wurden. Die IVG-Revisionen Nummer vier und fünf führten in den 2000er-Jahren zu einem Wandel der Kultur der Sozialversicherung. Sie sollte als Dienstleistungsbetrieb und nicht mehr als Rentenversicherung agieren, die primär die Arbeitsintegration der versicherten Personen fördert und folglich an die Ursprungsidee «Eingliederung vor Rente» anknüpft. Die Reformen haben zu einem massiven Rückgang der Neurenten beigetragen.

---

1 Schweizer Arbeitgeber 1998, S. 196.

3. IVG-Revision: Reorganisation mit kantonalen IV-Stellen

Die Organisation der IV wurde insbesondere aus zwei Gründen kritisiert: Zum einen erschien die weitverzweigte Struktur des Sozialwerks kompliziert, undurchsichtig und wenig effizient, zum anderen wurden die starken kantonalen Unterschiede bei der Gewährung von Renten beanstandet, weil sie den Verdacht schürten, dass das IVG in den verschiedenen Landesteilen nicht einheitlich umgesetzt würde.

In dieser Studie wurde bereits mehrfach dargelegt, wie sich seit der zweiten Hälfte der 1960er-Jahre bestimmte Kreise – prominent auch die Arbeitgeberverbände – für eine Reorganisation der IV starkmachten und in den einflussreichen Gremien, wie der AHV/IV-Kommission, entsprechende Vorstösse lancierten. Zunächst führten diese Bemühungen zu einer Begutachtung der Funktionsweisen des Sozialwerks 1976/77 und dem daraus resultierenden Bericht Lutz, der eine lebhafte politische Diskussion anstiess. Die Planungen für eine Neuverteilung der Aufgaben zwischen Bund und Kantonen boten schliesslich die geeignete politische Plattform für Reformprozesse bei der IV. Deswegen ist ein kurzer Rückblick notwendig, um die Reformen der 1990er-Jahre nachvollziehen zu können. In den frühen 1970er-Jahren begann die Überprüfung der föderalistischen Strukturen des Bundesstaats. Rückblickend urteilte der Bundesrat 1988, dass diese Debatten angeregt wurden, weil im Hinblick auf das Verhältnis zwischen Bund und Kantonen ungelöste Probleme vorgelegen hätten und «die Verteilung der Zuständigkeiten zwischen Bund und Kantonen […] klarer Prinzipien» entbehrt habe.[2]

Das Justiz- und Polizeidepartement wurde von der Landesregierung mit der Aufgabe einer Entflechtung und Klärung der Zuständigkeiten betraut. Es wurde eine Studienkommission einberufen, die in der zweiten Hälfte der 1970er-Jahre erste Vorschläge für eine Neuverteilung der Aufgaben präsentierte. Vorgesehen war auch eine Restrukturierung der IV. Die Kommission schlug zwei Varianten für die Reorganisation des Sozialwerks vor. Der erste Ansatz sah eine Zentralisierung der IV durch den Bund bei gleichzeitiger Entlastung der Kantone vor. Der zweite Ansatz würde den Kantonen eine stärkere Mitverantwortung bei der Durchführung und Finanzierung des Sozialwerks einräumen. Mit der ersten Option sollte die Schaffung regionaler Zentren des Bundes – ähnlich den Einrichtungen der Unfallversicherung – begünstigt werden, die die Aufgaben der IVK und IVR übernehmen sollten. Die präsentierte Alternative würde hingegen die Kompetenzen der Kantone weiter stärken, etwa hinsichtlich der Aufsicht der IVK.[3] 1977/78 ging der Bericht in die Vernehmlassung. Die Vorschläge zur IV wirkten unausgereift und wurden wiederholt kritisiert. Die beiden Ansätze erweckten zudem den Eindruck, als seien sie primär entwickelt worden, um die

2 Bundesrat 1988, S. 1334.
3 Studienkommission für die Neuverteilung der Aufgaben zwischen Bund und Kantonen 1979, S. 72 f.

Kosten des Sozialwerks zu reduzieren. Dies sollte entweder mittels einer einheitlichen, strengeren Auslegung des Gesetzes durch die regionalen Bundesstellen erfolgen oder indem den Kantonen weitere finanzielle Verpflichtungen erwachsen würden, wodurch eine stärkere Zurückhaltung bei der Leistungserbringung erwartet werden durfte. Die Behindertenorganisationen beschwerten sich, dass die Ansätze eine Sparübung auf dem Rücken von Menschen mit Behinderung seien, wobei insbesondere Kürzungen bei den (kantonalen) Subventionen für die Invalidenhilfe befürchtet wurden. Zudem beanstandeten sie, dass keine Person in die Studienkommission einberufen wurde, die spezielle Kenntnisse im Themenbereich Behinderung aufwies.[4] Schliesslich wurde ein erstes Massnahmenpaket geschnürt, bei dem die IV ausgespart blieb.[5] Die Landesregierung gelangte zur Überzeugung, dass die Reformvorhaben der IV «einer eingehenden Bearbeitung verschiedener Einzelfragen» bedurften, für die eine längere Vorbereitungsphase notwendig sei.[6]

1984 veröffentlichte die Studienkommission Vorschläge für ein zweites Paket zur Neuverteilung der Aufgaben. Sie regte die Schaffung von «IV-Vollzugsstellen» an, die «als dezentrale Durchführungsorgane des Bundes ausgestaltet» werden sollten und die Aufgaben der IV-Kommissionen, IV-Regionalstellen und IV-Sekretariate zusammenfassten.[7] Die Studienkommission machte sich folglich für diejenige Variante stark, die dem Bund stärkere Kompetenzen erteilte. Dafür hatte sich auch in der vorherigen Vernehmlassung eine «klare Mehrheit» ausgesprochen.[8] Der Bund würde sich eine bessere Kontrolle der Praxis sichern und es sollte «eine Behandlung aller Versicherten nach denselben Kriterien» gewährleistet werden. Diese Organe sollten kantonal agieren,[9] was einer «bürgernahen Behandlung»[10] zuträglich sei sowie «einen optimalen Kontakt zu den Behinderten» ermögliche. Die notwendige Kooperation mit weiteren kantonalen Stellen, zum Beispiel mit den Ausgleichskassen, würde schliesslich erleichtert.[11] Die Studienkommission strebte mit dieser Lösung eine Konzentration der Aufgaben, die die Sozialversicherung betrafen, beim Bund an, während die Zuständigkeit für die Behindertenhilfe gemäss dem «Subsidiaritätsprinzip» den Kantonen zu-

4 Vorwärts, Nr. 31, 5. August 1982, in: SWA, Zeitungsausschnitte Erwerbsunfähigkeit, Vo K XIII 5.

5 Bundesrat 1981.

6 Studienkommission für eine Neuverteilung der Aufgaben zwischen Bund und Kantonen 1984, S. 94.

7 Ebd., S. 99 f.

8 Bundesrat 1988, S. 1380.

9 Für kleinere Kantone wurde eine interkantonale Lösung angeregt.

10 Der Trend zu versichertenfreundlichen Abläufen setzte bereits ein, als mit der 2. IVG-Revision per Gesetzesverordnung ein Anhörungsverfahren eingeführt wurde. Klientinnen und Klienten konnten sich von da an mündlich oder schriftlich äussern, bevor ein negativer Bescheid der IV zu Leistungsbegehren der Betroffenen gefällt wurde. Die Fallabwicklung «sur dossier» der IVK wurde folglich gelockert. Der Kontakt zu den Versicherten sollte mit den nun vorgesehenen Massnahmen weiter begünstigt werden.

11 Studienkommission für eine Neuverteilung der Aufgaben zwischen Bund und Kantonen (1984), S. 100 f.

fiele.[12] Zahlreiche Kantone waren mit diesem Vorschlag nicht einverstanden, weil er die kantonalen Kompetenzen einschränkte.[13] Die Behindertenorganisationen kritisierten den Plan, die (finanzielle) Verantwortung der Kantone bei der Invalidenhilfe zu erhöhen, weil sie befürchteten, dass die Leistungen aus Spargründen zurückgefahren würden.

Im Anschluss an diese Debatten veröffentlichte der Bundesrat 1988 seine Botschaft über ein zweites Paket von Massnahmen zur Neuverteilung der Aufgaben zwischen Bund und Kantonen. Er machte auf die Probleme der IV aufmerksam. Die Landesregierung bezeichnete die Organisation der IV als «zweifellos kompliziert», beurteilte die «Zersplitterung der Zuständigkeiten [als] unzweckmässig» und beanstandete, dass die Versicherten einem Apparat mit zahlreichen Organen gegenüberstanden, die allesamt unter dem Label IV operierten.[14] Die kantonalen Unterschiede in Bezug auf die «Rentendichte» wurden ebenfalls thematisiert. Die Differenzen seien unter anderem auf den «verhältnismässig weiten Ermessensspielraum der IV-Kommissionen» zurückzuführen. Andiskutiert wurde in diesem Zusammenhang auch der Bericht Lutz, der zweifelsohne einen wichtigen Einfluss auf die geplanten Restrukturierungen ausgeübt hatte.[15]

Historisch lässt sich ein kontinuierlicher Trend zu einer stärkeren Kantonalisierung und zu einer zunehmenden Zusammenführung der unterschiedlichen Stellen der IV nachzeichnen. Die Zahl der IVR, die einen gesamten Wirtschaftsraum abdeckten, nahm stetig ab. Es entstanden immer mehr Beratungsstellen, die kantonal agierten. In der zweiten Hälfte der 1980er-Jahre existierten bereits 17 Regionalstellen (1960 waren es zehn). Nur noch bei fünf Stellen erstreckte sich der Tätigkeitsbereich über mehrere Kantone.[16] Die Bedeutung der IVK hatte seit Einführung des Präsidialbeschlussverfahrens deutlich abgenommen. Der Bundesrat konstatierte, dass sich das Gremium in manchen Kantonen nur noch ein- bis zweimal jährlich einfand. Gleichzeitig nahm der Einfluss der IVS in den Verfahren zu. Die 2. IVG-Revision erteilte den IVS in klaren Fällen die Befugnis zu selbständigen Beschlüssen. Die Landesregierung urteilte in diesem Zusammenhang, dass die Sekretariate bereits eine «wichtige Entscheidungszuständigkeit» hätten.[17] Bereits seit den 1970er-Jahren bestand zudem die Tendenz, die beratenden IVR stärker an die für administrative Tätigkeiten zuständigen IVS zu binden. Als Replik auf ein Postulat von Nationalrat Max Chopard (SP) aus dem Jahr 1974 hatte der Bundesrat bereits damals die Genehmigung für solche Zusammenführungen erteilt.[18]

---

12 Ebd., S. 113.
13 Bundesrat 1988, S. 1342.
14 Ebd., S. 1383.
15 Ebd., S. 1381.
16 Ebd., S. 1382.
17 Ebd., S. 1383.
18 Amtl. Bull. NR (23. September 1974), Bd. IV, 1974, S. 1274 f.

Die ursprünglich vorgesehene organisatorische und professionelle Autonomie der IVR[19] stand einem geäusserten Bedarf nach strengerer administrativer
Kontrolle entgegen. So wurde bereits im Bericht Lutz eine Fusion der IVS mit
den IVR nahegelegt, was zu einer administrativen Vereinfachung und «möglicherweise» auch zu Kostenersparnissen führen könne. Damit wäre für die
Berufsberatenden ein Funktionswechsel vorgesehen gewesen, weil sie dann zu
«Angestellten der kantonalen Ausgleichskassen» geworden wären.[20] Die Entwicklung der IV bewegte sich in Richtung einer administrativ dominierten Sozialverwaltung. Martin Stamm, Zentralsekretär der ASKIO, sprach von einem
«Machtspiel der Ausgleichskassenleiter», bei dem um die Zuständigkeiten in den
neu zu schaffenden IV-Organisationen gerungen werde.[21]

Aufgrund der zahlreichen kritischen Voten beschloss der Bundesrat letztlich
eine Reorganisation der IV mit kantonalem Übergewicht und verzichtete gleichzeitig auf eine Neuverteilung der Zuständigkeiten im Bereich der Invalidenhilfe.
In den neu zu schaffenden kantonalen IV-Stellen sollten die IVS und die IVR
zusammengeführt werden.[22] Gleichzeitig würden die IVK aufgehoben, wobei für
die Mitglieder die Möglichkeit einer Anstellung in den IV-Stellen bestünde.[23] Die
IV-Stellen unterstünden zwar der Aufsicht des Bundes, den Kantonen sollte aber
genug Spielraum bei der Gestaltung der Organisationen gewährt werden. Für
die Leitung der IV-Stelle war eine Spezialistin oder ein Spezialist für IV-Fragen
vorgesehen (analog der Vorsteherin oder dem Vorsteher der früheren IVK).[24] Bis
spätestens 1995 mussten die entsprechenden Einrichtungen schweizweit implementiert sein. Damit wurde das Organisationsmodell der IV vorgezeichnet, das
bis heute Bestand hat. Die Arbeitgeberverbände traten als politischer Akteur im
Reformprozess kaum in Erscheinung. Man darf annehmen, dass sie grundsätzlich
mit den Entwicklungen einverstanden waren; sie gehörten ja zu den Mitinitiato-
ren dieses Strukturwandels. Allerdings hätten sie sich eine stärkere (finanzielle)
Verantwortung der Kantone gewünscht, was aus ihrer Sicht zu einer strengeren
Auslegung des Gesetzes geführt hätte.[25] Dieses Postulat fand allerdings keine
konkrete Umsetzung.

Die beschlossenen Reformen erstaunen. Letztlich wurde eine IV-Struktur
konzipiert, die mit den ursprünglichen Anliegen der Behörden auf Bundesebene
nicht kongruent war. Eigentlich sollte eine Zentralisierung des Sozialwerks an-

---

19 Wie in dieser Studie aufgezeigt wurde, entstanden verschiedene IVR direkt aus den Beratungsstellen der privaten Behindertenhilfe und wurden auch nach Einführung der IV von diesen weitergeführt.
20 ZAK 1978, S. 283.
21 Basler Zeitung, Nr. 274, 22. November 1985, in: SWA, Zeitungsausschnitte Erwerbsunfähigkeit, Vo K XIII 5.
22 Die relativ autonom handelnden IVR bekleideten in der IV-Organisation stets eine Sonderstellung und wirkten systemfremd. Wiederholt wurden Bemühungen unternommen, die IVR stärker unter administrative Kontrolle zu bringen.
23 Bundesrat 1988, S. 1383.
24 Ebd., S. 1383 f.
25 Bundesamt für Justiz 1980, S. 115.

gestrebt werden, die eine bessere Kontrolle der Tätigkeiten bei der IV ermöglicht hätte. Das ausgearbeitete Modell sah hingegen relativ unabhängige kantonale IV-Stellen vor, ohne dass die Kantone zusätzliche finanzielle Belastungen tragen mussten. Es erscheint paradox, dass auf Bundesebene das föderalistische System als Kernproblem identifiziert wurde, das bestehende System nun aber noch weiter gestärkt wurde. Der Bundesrat fügte sich in seiner Botschaft den Begehren und Wünschen der Kantone. Mit den neu geschaffenen IV-Stellen gab es zudem in der sozialpolitischen Arena einen neuen, einflussreichen Akteur. Die Konferenz der IV-Stellenleitenden konnte geschlossen die Interessen der kantonalen IV-Stellen gegenüber dem Bund vertreten und gewann rasch an Gewicht bei der (Mit-)Gestaltung des Sozialwerks.[26]

Dennoch wurden mit der 3. IVG-Revision verschiedene Anliegen realisiert. Die einzelnen IV-Organe wurden durch die Schaffung von IV-Stellen physisch an einem Ort konzentriert. Davon versprachen sich die Behörden zum einen effizientere Abläufe im Vergleich zum bisherigen weitverzweigten Modell, zum anderen sollte die Schaffung einer einzigen Anlaufstelle einen besseren Kontakt zu den Versicherten ermöglichen. «Bürgernähe» avancierte zu einem entscheidenden Schlagwort für die 3. IVG-Revision.

4. und 5. IVG-Revision: Die IV erfindet sich neu

Ärztliche Dienste und Vermittlungsstellen

Die finanzielle Entwicklung der IV verlief in den 1990er-Jahren desaströs. Kurzfristige Massnahmen, wie die Überführung von Kapital aus anderen Sozialversicherungen zur Tilgung der Schulden, konnten diesen Prozess nicht aufhalten, sondern dienten bloss dazu, die finanzielle Schieflage der IV ein wenig zu mildern.[27] Es entstand ein Krisendiskurs[28] und Forderungen nach tiefgreifenden Reformen wurden artikuliert. Die Vorarbeiten für eine vierte Gesetzesrevision liessen nicht lange auf sich warten. 1997 veröffentlichte der Bundesrat eine Botschaft für die 4. IVG-Revision. Als primäres Ziel der Reformen nannte er die finanzielle Konsolidierung des Sozialwerks.[29] Erstmals seit der Einführung der IV war dafür auch ein empfindlicher Abbau der Versicherungsleistungen vorgesehen. Der Bundesrat plante die Aufhebung der Zusatz-, der Härtefall- und der Viertelrenten.

---

26 So erhob die Konferenz der IV-Stellenleitenden sogleich den Anspruch, die 4. IVG-Revision aktiv mitzugestalten. Brief an das BSV vom 21. Oktober 1996, in: BAR, IV-Stellen-Konferenz IVSK: IVSK-Vorstandssitzungen 1994–1997, E3340B#2011/57#398*.

27 So wurden per 1. Januar 1998 2,2 Milliarden Franken aus dem Ausgleichsfonds der Erwerbsersatzordnung an die IV überwiesen. Bundesrat 2001, S. 3206.

28 Vgl. Lengwiler 2007.

29 Bundesrat 1997, S. 150.

Die Landesregierung beabsichtigte eine zweistufige Revision. Behindertenorganisationen ergriffen gegen den ersten Teil der Gesetzesrevision das Referendum. Sie protestierten insbesondere gegen die vorgesehene Aufhebung der Viertelrenten. Damit würde ausgerechnet eine Leistung wegfallen, die explizit zur Förderung der beruflichen Eingliederung eingeführt wurde. Im Parlament wurde die Streichung der Viertelrente von den (rechts)bürgerlichen Parteien FDP und SVP gefordert und letztlich für die Gesetzesvorlage durchgesetzt. Im Vorfeld der Abstimmung verhielten sich diese Kreise allerdings zurückhaltend, da niemand für Sozialabbau verantwortlich gemacht werden wollte. Die Befürworterinnen und Befürworter der Abschaffung nahmen im Abstimmungskampf eine passive Rolle ein.[30] Auch die Vorsteherin des EDI, Bundesrätin Ruth Dreifuss (SP), hielt sich bedeckt, obschon sie für das Dossier zuständig war und im Namen der Landesregierung das Reformbegehren vertreten sollte.[31] Die Vorlage wurde von der Stimmbevölkerung letztlich mit rund 70 Prozent klar abgelehnt. Es wurde deutlich, dass eine Konsolidierung des Etats mittels Leistungseinschränkungen auf Kosten von Menschen mit Behinderung bei der Stimmbevölkerung nicht mehrheitsfähig war. Einsparungen mussten auf anderem Wege bewerkstelligt werden. Nach dem Fehlschlag beschloss der Bundesrat aufgrund des dringenden Reformbedarfs eine einheitliche Revision voranzutreiben. Dabei mussten die notwendigen Lehren aus der Niederlage gezogen werden. 2001 erschien die überarbeitete Botschaft der Landesregierung für eine 4. IVG-Revision.[32]

Die Schaffung von Regionalen Ärztlichen Diensten (RAD) war ein Kernelement der Revision. Damit wurde der IV erstmals ermöglicht, Versicherte von eigenen Ärztinnen und Ärzten untersuchen zu lassen.[33] Die RAD sollten ihre Gutachten angeblichen Gefälligkeitsattesten der behandelnden Ärztinnen und Ärzten gegenüberstellen. Die Ärzteschaft – so lauteten die Vorwürfe – würde bei ihren Diagnosen zu stark im Interesse ihrer Patientinnen und Patienten urteilen. Zudem wurde ihnen mangelnde Expertise bei der Einschätzung der voraussichtlichen Arbeitsfähigkeit der Versicherten unterstellt.[34] Die RAD sollten zur Förderung einer strengen und einheitlichen Praxis beitragen, die zur Vermeidung von kantonalen Unterschieden führen würde.[35] Damit könne auch der Zuwachs an Neurenten abgebremst werden. Die RAD waren auch als Reaktion auf eine in den 1990er-Jahren stärker aufkommende Debatte über Missbräuche zu interpre

---

30 St. Galler-Tagblatt, Nr. 103, 5. Mai 1999, in: SWA, Zeitungsausschnitte Erwerbsunfähigkeit, Vo K XIII 5.

31 Solothurner Zeitung, Nr. 117, 22. Mai 1999, in: ebd.

32 Bundesrat 2001.

33 Bis anhin beurteilte das ärztliche Personal der IV-Stellen den Gesundheitszustand der Versicherten einzig über Akten. Als Option konnte es eine eingehendere Abklärung in einer Medizinischen Abklärungsstelle (MEDAS) vorschlagen.

34 Bütler/Gentinetta 2007, S. 68 f.

35 Es wurde im Hinblick auf diese Problematik weiter beschlossen, dass das BSV als Aufsichtsorgan neu jährlich bei den IV-Stellen Geschäftsprüfungen durchführen müsse. Bundesrat 2001, S. 3260.

tieren.[36] Das neue IV-Organ sollte dafür sorgen, dass der (angeblich) ungerechtfertigte Bezug von IV-Leistungen bestmöglich unterbunden würde.[37]

Die Missbrauchsdebatte hing stark mit der Zunahme von psychischen Erkrankungen zusammen, bei denen von verschiedener Seite – namentlich auch von den Arbeitgeberverbänden – die Erfüllung der Anforderungen für einen Anspruch auf IV-Leistungen infrage gestellt wurde. 1999 belegten psychische Probleme unter den Krankheiten, die zu einem Rentenbezug führten, mit einem Anteil von 36 Prozent den Spitzenplatz. Der Bundesrat erklärte die steigende Bedeutung der psychischen Behinderungen für die IV mit der wachsenden medizinischen und gesellschaftlichen Akzeptanz für solche Krankheitsbilder.[38] Er sprach von einer grundlegenden Veränderung der «typischen» Klientel der IV «vom älteren, an Muskeln oder Knochen erkrankten Mann zur jüngeren, an einer psychischen Krankheit leidenden Frau».[39] Aufgrund dieser Entwicklung schlug die Landesregierung vor, psychische Beeinträchtigungen auf Gesetzesebene neben körperlichen und geistigen Behinderungen äquivalent zu berücksichtigen, was gesetzlich dann auch umgesetzt wurde.[40]

Für die Förderung der beruflichen Eingliederung wurde mit der 4. IVG-Revision das Recht der Versicherten auf Arbeitsvermittlung im Gesetzeskorpus betont.[41] Nachdem die Abschaffung der Viertelrente gescheitert war, wurde stattdessen eine weitere Verfeinerung bei den Rentenabstufungen vorgenommen, um die Eingliederung in den Arbeitsmarkt zu erleichtern. Zusätzlich zu den bisherigen Renten wurde die Dreiviertelrente eingeführt.[42] Als weiteres Instrument für die Förderung der beruflichen Eingliederung galt das in der Schweiz um die Jahrtausendwende neu eingeführte Modell der Interinstitutionellen Zusammenarbeit (IIZ).[43] Ziel war eine verbesserte Kooperation und Koordination der einzelnen Zweige der sozialen Sicherheit im Hinblick auf die Arbeitsintegration von Leistungsbeziehenden, die bei mehreren Stellen anhängig waren.[44] Unterschiedliche Anreizmodelle für Arbeitgeber wurden diskutiert (zum Beispiel finanzielle Unterstützung bei Eingliederungen oder steuerliche Entlastungen für die Beschäftigung von Menschen mit Behinderung), letztlich aber, insbesondere

---

36 Vgl. Canonica 2012.

37 Institut für Politikwissenschaft Universität Bern 1998 (Année politique suisse 1997), S. 160.

38 Bundesrat 2001, S. 3218.

39 Ebd., S. 3216 f.

40 Bis anhin waren die psychischen Behinderungen unter dem Oberbegriff geistige Behinderungen subsumiert. Ebd., S. 3225.

41 Gemäss IVG vom 21. März 2003 haben Versicherte «Anspruch auf aktive Unterstützung bei der Suche eines geeigneten Arbeitsplatzes» (Art. 18 Abs. 1).

42 Eine Viertelrente wird bis heute ab einem Invaliditätsgrad von 40 Prozent ausgerichtet, eine halbe Rente ab 50 Prozent, eine Dreiviertelrente ab 60 Prozent und eine volle Rente ab 70 Prozent. Die Härtefallrente wurde aufgehoben. Quantitativ blieb die Dreiviertel-, wie bereits die Viertelrente unbedeutend.

43 Nadai/Canonica/Koch 2015.

44 Bundesrat 2001, S. 3262.

aufgrund der dafür anfallenden Kosten, nicht realisiert.[45]Als Leistungskürzung wurde die Aufhebung der Zusatz- und Härtefallrenten beschlossen. Insgesamt rechnete der Bundesrat mithilfe der Auswirkungen der 4. IVG-Revision langfristig mit jährlichen Einsparungen in der Höhe von 232 Millionen Franken.[46] Das Gesetz trat 2004 in Kraft.

Fördern und fordern

Der Bundesrat und die Bundesversammlung verfolgten mit der 5. IVG-Revision den in den vorangegangenen Jahren eingeschlagenen Weg konsequent weiter. Die Landesregierung meinte in ihrer Botschaft von 2005, dass das Sozialwerk «einer grundlegenden Reform unterzogen werden» müsse, um die stark anwachsenden Defizite zu bekämpfen. Die 2008 in Kraft getretene Gesetzesrevision bedeutete den Anschluss der IV an das Paradigma der Aktivierung.[47] Dieser Wandel ist in erster Linie auf die Akzentuierung eines – schon immer vorhandenen – Systems des Förderns und Forderns im Umgang mit den Versicherten zurückzuführen.[48]

Die 5. IVG-Revision stand für einen grundlegenden Umbruch. Die IV sollte sich von einer «Rentenversicherung mit einer Verwaltungsmentalität» zu einer «Eingliederungsversicherung mit einer Dienstleistungskultur» wandeln.[49] Aus einem administrativen Apparat sollte ein schlanker und effizienter Betrieb werden, dessen Kernaufgabe die Arbeitsintegration der Versicherten ist. Im Grunde wurde bereits vor Jahrzehnten erkannt, dass der Interventionszeitpunkt der IV in der Chronologie eines Rehabilitationsprozesses ungünstig situiert war. Problematisch erwiesen sich etwa Krankheitsfälle. Solange die Krankentaggeldversicherung Leistungen erbrachte, konnte der Unterstützungszeitraum von maximal zwei Jahren verstreichen, ohne dass irgendwelche Wiedereingliederungsbemühungen eingeleitet wurden.[50] Es bestand die Gefahr einer Verfestigung des Krankheitsbilds[51] und einer daraus resultierenden andauernden Erwerbsunfähigkeit.[52]

Die Einführung eines Systems der Früherfassung und Frühintervention (FEFI) stand deswegen im Zentrum der 5. IVG-Revision. Die Reform beruht auf der Überzeugung, dass Versicherte bessere Chancen auf eine Wiedereingliederung haben, wenn sie sich noch nahe am Arbeitsprozess befinden oder mithilfe entsprechender IV-Massnahmen erst gar nicht aus dem Arbeitsmarkt ausschei-

---

45 Ebd., S. 3234.
46 Ebd., S. 3278.
47 Nadai 2007, S. 12.
48 Marquardsen (2007) bezeichnet Aktivierung im Rahmen der Arbeitsmarktpolitik als ein System, das durch Verhaltensanreize auf der einen Seite unerwünschtes Verhalten verhindern und auf der anderen Seite erwünschtes herstellen soll. Deswegen spielen Fördern und Fordern in den drei Zieldimensionen der Aktivierung (Verfügbarkeit, Eigenverantwortung, Beschäftigungsfähigkeit) eine tragende Rolle.
49 Guggisberg/Egger/Künzi 2008, S. 89.
50 Bundesrat 2005, S. 4511 f.
51 Eine langandauernde gesundheitliche Beeinträchtigung kann auch zur Verschlechterung der psychischen Verfassung führen. Ebd., S. 4514.
52 Ebd., S. 4513.

den. Es handelt sich folglich um ein präventives Modell, dass «die Gefahr der
Chronifizierung der gesundheitlichen Beschwerden» bekämpfen und «die Chancen der Betroffenen im Hinblick auf die Erhaltung ihres Arbeitsplatzes oder eine
Wiedereingliederung ins Erwerbsleben» intakt halten soll. Diese Neuerung be-
dingte die Schaffung von Fachstellen für die Früherfassung, die als Beratungs-,
Abklärungs- und Triagestellen für Versicherte und Arbeitgeber fungieren.[53] Es
handelt sich um ein niederschwelliges Angebot der IV, mit dem verhindert werden soll, dass es überhaupt zu einer Rentenprüfung kommt.[54]

Erstmals wurden auch die Arbeitgeber direkt in die Prozesse der IV eingebunden, da für sie nun die Möglichkeit besteht, Mitarbeitende, die über einen
längeren Zeitraum oder wiederholt arbeitsunfähig sind, bei der Früherfassung
zu melden.[55] Der Bundesrat erwartete mit der Einführung der FEFI ein Entgegenkommen der Arbeitgeber. Sozialstaat und Wirtschaft sollten gemeinsam
nach Lösungen suchen: «Im Gegenzug zur Unterstützung und Entlastung, die
diese neue Dienstleistung der IV erbringt, müssen Arbeitgebende vermehrt
bereit sein, leistungsschwächere Arbeitnehmerinnen und Arbeitnehmer zu behalten und massgeschneiderte Lösungen anzubieten statt die Betroffenen in die
Krankheiten zu entlassen.»[56] Um den Kooperationswillen der Arbeitgeber zu
heben, wurden auch finanzielle Anreize in Form von Einarbeitungszuschüssen
eingeführt. Bei einer erforderlichen Anlernzeit an einer neuen Stelle kann die IV
für höchstens 180 Tage anstelle des Unternehmens für den Lohn der eingegliederten Versicherten aufkommen.[57]

Die IV wartete mit einem weiteren Novum auf: Bis anhin waren die beruflichen Eingliederungsmassnahmen auf die direkte Arbeitsintegration ausgerichtet. Der Leistungskatalog wurde nun mit Integrationsmassnahmen erweitert, die
der Förderung der Beschäftigungsfähigkeit an sich dienen und mit denen noch
nicht der unmittelbare Einstieg ins Arbeitsleben angesteuert wird. Es handelt
sich um eine Massnahme der sozialberuflichen Rehabilitation. Diese Integrationsmassnahmen sind in erster Linie für psychisch kranke Personen vorgesehen
und an der Schnittstelle von sozialer und beruflicher Integration angesiedelt. Sie
sollen die Versicherten auf eine zukünftige berufliche Eingliederung vorbereiten.[58]

Der Übergang der IV in das sozialstaatliche Aktivierungsregime lässt sich
nicht nur am Ausbau der Eingliederungsstrukturen erkennen, sondern auch an
der deutlichen Verschärfung der Mitwirkungspflichten für Versicherte. Die Mitwirkungspflicht und die Sanktionen bei Missachtung dieser Pflichten wurden
im Gesetz verankert. Der Bundesrat bekräftigte diesen Standpunkt: «Heute berücksichtigt die IV noch zu wenig, dass zunächst die versicherte Person die Ver-

---

53 Ebd.
54 Ebd., S. 4520.
55 Ebd., S. 4516.
56 Ebd., S. 4520.
57 Ebd., S. 4524.
58 Ebd., S. 4521 f. Vgl. Bolliger et al. 2012, S. 13 f.

antwortung für ihre gesundheitliche Situation und auch für ihre Eingliederung (Selbsteingliederungspflicht) trägt.»[59] Während die Eigenverantwortung der Betroffenen stark betont wurde und unter Androhung von Sanktionen durchgesetzt werden sollte, war ein solcher Mechanismus für die Wirtschaft nicht vorgesehen. Im Nationalrat wurden linke Vorstösse zur Einführung von Behindertenquoten für den Bund und die Unternehmen der Privatwirtschaft mit 109 zu 63 Stimmen deutlich abgelehnt.[60]

Zwei Entwicklungen der 4. und 5. IVG-Revision sind aus historischer Perspektive bedeutend. Zum einen wurde die Fokussierung auf die berufliche Eingliederung weiterhin beibehalten, allerdings vermehrt unter Berücksichtigung weiterer sozialer Faktoren. Dies bedeutet eine Abkehr von früheren Überzeugungen, dass die soziale Integration der beruflichen nachgelagert sei. Die neu eingeführten Massnahmen bringen stattdessen die Einsicht zum Ausdruck, dass soziale Faktoren einen wichtigen Einfluss auf eine erfolgreiche Arbeitsintegration (und auf den Gesundheitszustand) haben können. Dies zeigt sich zum einen an den sozialrehabilitativen Integrationsmassnahmen und zum anderen am Vorgehen bei der Früherfassung, wo die entsprechenden Fachstellen bemüht sind, sich auch im nicht medizinischen Bereich ein umfassendes Bild der Situation der Versicherten zu verschaffen (soziales Umfeld, Arbeitssituation, weitere persönliche und finanzielle Faktoren).[61] Ein analoges Vorgehen findet auch bei IIZ-Fällen statt, bei denen die Gesamtlage der Betroffenen in Augenschein genommen wird.[62]

Es ist zum anderen bemerkenswert, dass es der IV nach der Jahrtausendwende gelungen ist, konträre politische Positionen zum Sozialwerk, die sich seit den 1980er-Jahren verschärft hatten, gleichzeitig aufzunehmen und in die Gesetzgebung und Organisationsstruktur zu integrieren. Einerseits wurde der tendenziell aus linken politischen Kreisen und vor allem von den Behindertenorganisationen geforderte Ausbau des Eingliederungsapparats vorangetrieben, mit dem Ziel, Renten durch erfolgreiche Arbeitsintegration zu verhindern. Längerfristig sollte sich der erhöhte finanzielle Aufwand auszahlen, weil Menschen mit Behinderung einer Erwerbstätigkeit nachgehen und nicht auf Transferleistungen der IV angewiesen sind. Aus dem rechtsbürgerlichen Lager sowie von den Arbeitgeberverbänden wurden Forderungen nach raschen Einsparungsmöglichkeiten gestellt. Der Leistungskatalog der IV sollte überprüft, die Eigenverantwortung der Versicherten gestärkt sowie die Bekämpfung von Missbrauch intensiviert werden. Die Akzentuierung des Prinzips Fördern und Fordern bei

59 Bundesrat 2005, S. 4526. Vgl. Koch 2016.
60 Neue Zürcher Zeitung, 21. März 2006, www.nzz.ch/newzzEL26R07B-12-1.20021, Stand 19. Oktober 2019.
61 Bundesrat 2005, S. 4515.
62 Diese Gesamtbetrachtung dient allerdings nicht nur der Unterstützung der Betroffenen, sondern ist auch ein Instrument der Kontrolle durch die Sozialverwaltungen und die Sozialhilfe. Nadai/Canonica/Koch 2015.

der IV, die für die vierte und insbesondere fünfte Gesetzesrevision kennzeichnend ist, hat Postulate beider Lager berücksichtigt.

Auffällig ist schliesslich die ökonomisierte Rhetorik, die in den sozialpolitischen Debatten zum Vorschein kommt. Der staatsbürgerliche Impetus zur Förderung der Autonomie von Menschen mit Behinderung durch die berufliche und soziale Integration als argumentatives Leitmotiv ist völlig in den Hintergrund getreten. Reformen wurden in den 2000er-Jahren stattdessen primär unter dem Gesichtspunkt der Wirtschaftlichkeit verhandelt. Ins Zentrum rückten Sparmassnahmen zur Verbesserung des IV-Etats. Die Fälle mutierten in erster Linie zu Kostenfaktoren. Der politische Diskurs ist stark technisch geprägt und fokussiert auf Massnahmen, Methoden, Instrumente, aber auch Sanktionsmechanismen, um die Ausgaben für die Sozialversicherung möglichst zu mässigen. Die Betroffenen treten in diesen Debatten zwangsläufig in den Hintergrund und werden dann konkret adressiert, wenn es um die Eigenverantwortung geht, die sie im Integrationsprozess unter Beweis stellen müssen. Mit den neuesten IV-Reformen geraten die versicherten Personen unter den Generalverdacht, dass sie der Eigenverantwortung nicht nachkommen wollen, wenn sie unter Sanktionsandrohung der Mitwirkungspflicht unterstellt werden. Eine solche aktivierende Sozialpolitik impliziert, dass der Autonomie der Bürgerinnen und Bürger nicht vertraut werden kann, was letztlich «die Fortsetzung einer bevormundenden Politik in anderem Gewand» bedeutet.[63]

Es wurde von verschiedenen Seiten angemahnt, dass die IV falsche Anreize setze, weil die Sozialtransfers – so die Kritik – finanziell zu attraktiv und zu leicht zugänglich seien. Das Sozialwerk geriet zunehmend in Verruf, zu einer Rentenversicherung zu mutieren. Die IV reagierte mit den Gesetzesrevisionen auf die Kritik, die auf sie niederprasselte. Manche Beobachterinnen und Beobachter kamen zum Schluss, dass die Reformen der 2000er-Jahre im Prinzip eine Rückkehr der IV zu ihren Wurzeln als Eingliederungsversicherung bedeuteten. Man kann allerdings auch argumentieren, dass im Rahmen der Aktivierung der frühere Arbeitsimperativ in neuer Gestalt auftrat: In den 1960er-Jahren waren die Rentenleistungen der IV derart gering («Basisrenten»), dass für viele Versicherte ein (Neben-)Verdienst unumgänglich war, um nicht Unterstützung bei der Fürsorge beantragen zu müssen. Diese spärlichen Leistungen wurden als Motivation zur beruflichen Eingliederung interpretiert. Erst als die existenzsichernden Renten eingeführt und die Ergänzungsleistungen geschaffen wurden, konnten Betroffene allein von der sozialstaatlichen Unterstützung ein würdiges Leben führen. Diese Tendenz der Dekommodifizierung wurde durch den massiv erschwerten Zugang zu den IV-Leistungen teilweise wieder rückgängig gemacht. Im Endeffekt handelte es sich um eine Bekräftigung der Prinzipien der Welt des Markts, während der staatsbürgerliche Aspekt einer Solidargemeinschaft, die für

---

63 Liebermann 2008.

die schwächeren Glieder sorgt, in den Hintergrund trat. Die Reformen erfolgten nach marktökonomischen Maximen.

Die IV als ökonomisierte Sozialversicherung

Die jüngsten Reformen der IV in den 2000er-Jahren haben einiges in Bewegung gebracht. Das Sozialwerk wurde einer Frischzellenkur unterzogen und präsentiert sich in einem neuen Gewand. Dies betrifft die Organisationsstrukturen, aber auch die vorgelebte Betriebsphilosophie, die Praktiken der Fallbearbeitung sowie die restriktive Auslegung des Gesetzes. Die Zahlen der IV haben sich in den Nullerjahren aus Sicht der Sozialversicherung allmählich ins Positive gewendet. Ob die versicherten Personen zu den Leidtragenden dieser Entwicklungen gehören, weil ihnen zunehmend Sozialleistungen vorenthalten werden, kann nicht schlüssig geklärt werden. Die Vermutung, dass dem so ist, liegt indessen nahe.

Seit den 1990er-Jahren erfuhr die IV tendenziell eine Ökonomisierung. Betriebswirtschaftliche Topoi sollten von den Sozialverwaltungen adaptiert und im eigenen Kontext fruchtbar gemacht werden. Reformprozesse der Verwaltungspraxis nach Managementmethoden der Privatwirtschaft fanden international statt und die Schweiz blieb dabei nicht aussen vor. Das New Public Management (NPM) hielt in der Eidgenossenschaft Einzug und firmierte unter dem Begriff «wirkungsorientierte Verwaltungsführung».[64] So stand bereits die 3. IVG-Revision im Zeichen effizienterer Abläufe durch den Umbau der Organisationsstrukturen. Mitte der 1990er-Jahre wurde von der IV-Stellen-Konferenz (IVSK) eine Verwaltungsstruktur nach den Parametern des NPM propagiert. Die IV solle zu einem «kunden- und wirkungsorientierten Dienstleistungsbetrieb gewandelt werden».[65]

Die neu geschaffenen kantonalen IV-Stellen scheinen aber die an sie gerichteten Erwartungen nicht zufriedenstellend erfüllt zu haben. Eine raschere Abwicklung der Fälle scheint insbesondere im Hinblick auf die Stellenvermittlung nicht wirklich gelungen zu sein. Die Aufhebung der früheren, eher autonom und unbürokratisch agierenden IVR führte zu neuen Hürden. Gemessen an der Maxime «Eingliederung vor Rente» brachten die Reformen einen Rückschritt, da die administrativen Prozesse verkompliziert wurden. Georges Pestalozzi vom Rechtsdienst der SAEB bedauerte, dass das Verfahren insgesamt «formeller» geworden sei. Berufsberatung und Arbeitsvermittlung könnten erst nach einem längeren Abklärungsprozess verfügt werden, was zu Verzögerungen führe. Früher sei das Angebot niederschwelliger gewesen.[66] Bütler und Gentinetta kommen zum Schluss, dass sich die beruflichen Abklärungen «noch mehr in die Länge»

---

64 Buschor 1993; vgl. Tanner 2015, S. 516 f.; Ruoss 2017, S. 45 f.
65 Brief an das BSV vom 18. November 1996, in: BAR, IV-Stellen-Konferenz IVSK: IVSK-Vorstandssitzungen 1994–1997, E3340B#2011/57#398*.
66 Pestalozzi 2003, S. 328.

gezogen hätten.[67] Offenbar gab es zudem IV-Stellen, die nur halbherzig Stellen-vermittlung betrieben. Bezogen auf das primäre Ziel der IV, Versicherte zurück in den Arbeitsmarkt zu führen, musste eine solche Haltung als hoch problematisch aufgefasst werden. Die Vorgabe einer aktiven Arbeitsvermittlung im Rahmen der 4. IVG-Revision kann als gesetzliches Korrektiv zu diesen unerwünschten Entwicklungen gedeutet werden. Zudem lässt sie sich in eine Gesamtstrategie einbetten, die unter der Maxime «back to work» zusammengefasst wurde. In dem Vorhaben sah die IVSK einen «Paradigmenwechsel». Statt «auf Anfrage zu reagieren», müsse die IV zukünftig «einen aktiv gestaltenden Zugang zum gesell-schaftlichen Auftrag ‹Eingliederung› finden».[68]

In diesem Zusammenhang wurde von der «Handelszeitung» in der zweiten Hälfte der 1990er-Jahre bei der IV eine «Verrentungstendenz»[69] diagnostiziert, die im offensichtlichen Widerspruch zur ursprünglichen Ausrichtung des Sozial-werks stehe. In der Schweiz festigte sich ein «nicht reduzierbarer Sockel der Ar-beitslosigkeit». Die strukturellen Veränderungen des Arbeitsmarkts hatten die Integrationschancen verschiedener sozialer Gruppen erschwert. Die IV wurde dabei zu einem «Auffangbecken» für zahlreiche Personen, die den Zugang in die Arbeitswelt nicht mehr fanden.[70] Die «verschlissenen Arbeitskräfte» wur-den von der Wirtschaft in die Sozialversicherung entsorgt.[71] Der «Bund» meinte rückblickend, dass die IV in den 1990er-Jahren «zweckentfremdet» wurde, um «Menschen mit den unterschiedlichsten Problemen und nicht mehr gebrauchte Arbeitskräfte» abzuschieben.[72] Häufig wurde auch die Vermutung geäussert, dass die IV von anderen Zweigen der sozialen Sicherung missbraucht werde, um die aussichtslosen Fälle loszuwerden.[73] Quantitativ konnte eine solche Praxis empirisch allerdings nicht nachgewiesen werden. Übergänge von der ALV oder der Sozialhilfe in die IV sind Realität, deren Anteile blieben gemessen an der Gesamtzahl der gewährten IV-Renten allerdings eher gering.[74] Der wiederholt kritisierte «Drehtüreffekt» scheint nicht so häufig aufzutreten.[75]

Die Ökonomisierung der IV wurde kompromisslos durch- und fortge-setzt, was sich in den Statistiken des Sozialwerks niederschlägt. Die Zahl der

67 Bütler/Gentinetta 2007, S. 52.
68 IVSK. Welche Zukunft für die Invalidenversicherung? Die Perspektive der Durchführung, in: BAR, IV-Stellen, IV-Stellen-Konferenz IVSK, Allgemeines 2000–2006, E3340B#2011/57#402*.
69 Handelszeitung, Nr. 19, 7. Mai 1997, in: SWA, Zeitungsausschnitte Erwerbsunfähigkeit, Vo K XIII 5.
70 Studer 2012, S. 956 f.
71 Nadai/Canonica/Koch 2015, S. 36. Baumgartner et al. konnten mithilfe der Angaben von 231 Betrieben eruieren, dass nur 13 Prozent der Mitarbeitenden, die eine Behinderung erlitten hat-ten, weiterbeschäftigt wurden. Baumgartner/Greiwe/Schwarb 2004, S. 82.
72 Der Bund, Nr. 139, 18. Juni 2007, in: SWA, Zeitungsausschnitte Erwerbsunfähigkeit, Vo K XIII 5.
73 Vgl. Bütler/Gentinetta 2007, S. 136–140.
74 Ende der 1990er-Jahre bezogen lediglich zwei Prozent aller ausgesteuerten Personen in den darauffolgenden zwei Jahren eine IV-Rente. Bundesrat 2001, S. 3220.
75 Nadai/Canonica/Koch 2015, S. 40.

IV-Neurenten hat sich seit der 4. IVG-Revision kontinuierlich verringert. Die RAD haben zweifelsohne zu einer strengeren Gesetzesauslegung bei der Bestimmung des Invaliditätsgrads beigetragen. Zwischen 2003 und 2017 sank die Zahl der jährlichen Neurenten von 27 000 auf 14 814.[76] Die Zugänge haben sich beinahe halbiert. Die Zahl der IV-Renten begann sich 2007 zu verringern. Im Dezember 2005 wurden 251 828 IV-Rentnerinnen und -Rentner in der Schweiz gezählt, 2018 waren es noch 217 944.[77] Selbstredend wirkt sich diese Entwicklung auch auf die Finanzen des Sozialwerks aus. Bis 2011 häufte sich bei der IV ein Schuldenberg von beinahe 15 Milliarden Franken an. Seit dem Rechnungsjahr 2012 verzeichnete die IV wieder Einnahmeüberschüsse, womit ein allmählicher Schuldenabbau einsetzte. 2017 erzielte das Sozialwerk ein Plus von 1,12 Milliarden Franken.[78] Auch die stärkere Fokussierung auf die berufliche Eingliederung lässt sich statistisch erfassen. 2003 führte das Sozialwerk weniger als 15 000 Massnahmen der beruflichen Eingliederung durch, 2014 waren es bereits 36 600.[79] Der Wert hat sich in diesem Zeitraum mehr als verdoppelt. Auch empirisch lässt sich eine erfolgreichere Arbeitsintegrationspraxis der IV nachweisen.[80]

Die IV ist zu einem hochbrisanten und stark politisierten Thema avanciert. Es wurde in dieser Studie aufgezeigt, dass sich Ende der 1970er- und endgültig in den 1980er-Jahren zwei sozialpolitische Auffassungen von der IV herauskristallisiert haben. Dabei hat sich auch die Grundlage der Debatten verschoben, die seither primär auf Kosten- und Einsparungsfragen ausgerichtet ist. In diesem allgemeinen Kontext der Ökonomisierung sind auch die aufgekommenen Missbrauchsdebatten zu situieren. Sozialstaatlicher Missbrauch wird häufig dann thematisiert, wenn er sich politisch besonders gut instrumentalisieren lässt.[81] Das zeigte sich mit der IV-Krise seit den 1990er-Jahren. Um das Jahr 2000 wurde ein Missbrauch beim Sozialwerk in erster Linie von der SVP als Thema auf politischer Ebene stark befeuert, mit dem Ziel, einen Leistungsabbau durchzusetzen. Endgültig lanciert wurden die Diskussionen 2003 von Nationalrat Christoph Blocher (SVP). Er prägte das Schlagwort «Scheininvalide», das politisch und medial breit rezipiert wurde.[82] Dabei wurde unter anderem mit Nachdruck auf den hohen Anteil der Ausländerinnen und Ausländer bei den Rentenbezügerinnen und -bezügern hingewiesen.[83] Auf der einen Seite gelang es der SVP mit ihrer Kampagne, das Problem IV ins Bewusstsein einer breiteren Öffentlichkeit zu rücken und auch Reformprozesse auf politischer Ebene zu beschleunigen. Auf der anderen Seite brachte die monokausale Erklärung der finanziellen Schief-

---

76 BFS 2018.
77 BFS 2019b.
78 BFS 2019c.
79 BSV 2015.
80 Besonders erfolgreich sind dabei Interventionen der FEFI bei Versicherten, die sich noch in einem Anstellungsverhältnis befinden. Bolliger et al. 2012, S. 196.
81 Vgl. Oschmiansky/Schmid/Kull 2003, 10 f.
82 Institut für Politikwissenschaft Universität Bern 2004 (Année politique suisse 2003), S. 229.
83 Bütler/Gentinetta 2007, S. 7. Vgl. Canonica 2012, S. 33.

lage der IV aufgrund von Missbrauch der SVP starke Kritik ein und die Partei wurde der Verbreitung von Unwahrheiten bezichtigt.[84] Fest steht, dass die Debatten einen direkten Einfluss auf das Sozialwerk hatten. Die Bekämpfung der Inanspruchnahme von ungerechtfertigten Leistungen wurde zum sozialpolitischen Programm. Bereits erwähnt wurden die gesetzlichen Vorschriften der 5. IVG-Revision zur Mitwirkungspflicht der Versicherten mit entsprechenden Sanktionsmechanismen bei Nichteinhaltung der Vorgaben. Das Sozialwerk besitzt auch einen Betrugsbekämpfungszweig und führt bei Betrugsverdacht Observationen durch.[85]

Arbeitsmarktliche Herausforderungen in einem schwierigen Umfeld

Der Arbeitsmarkt hat seit den 1990er-Jahren bedeutende Veränderungen durchlaufen. Die Anforderungen an Qualifikation, Flexibilität und Mobilität sind kontinuierlich gestiegen. Für viele Menschen mit Behinderung hat sich die Suche nach einer Arbeitsstelle erschwert, wobei vor allem Menschen mit geistigen und psychischen Beeinträchtigungen leidtragende dieser Entwicklung waren. Zudem hat der kontinuierliche Abbau von einfachen Arbeitsstellen dazu geführt, dass zahlreiche Optionen für Arbeitskräfte mit gewissen Leistungseinschränkungen nicht mehr zur Verfügung standen.

Umbruch im Schweizer Wirtschaftssystem

In den 1970er-Jahren setzte in der Schweiz ein Umbruch der Wirtschaft ein. Kennzeichnende Elemente sind die Globalisierung und Liberalisierung.[86] Diese Prozesse führten in den 1990er-Jahren zu einer bedeutenden Wende und zur Ablösung des Wirtschaftsmodells der «Alpenfestung» Schweiz durch neue Prinzipien der Corporate Governance, die sich am internationalen Markt ausrichteten. Die Finanzialisierung und die Ideologie des Shareholder-Value hatten weitreichenden Einfluss im Bereich der Unternehmensführung.[87] Betriebsrestrukturierungen, Firmenübernahmen und -fusionen sowie die Wirtschaftskrise der 1990er-Jahre führten zu einem Abbau von Arbeitsplätzen, von dem auch Menschen mit Behinderung stark betroffen waren.

---

84 So startete das Boulevardblatt «Blick» eine Kampagne gegen die Scheininvalidendebatte und entlarvte verschiedene Aussagen der SVP als nicht den Tatsachen entsprechend. Unter dem Titel «So verdreht Blocher die Wahrheit» wurde das Positionspapier der SVP «Schluss mit den Scheininvaliden!» kritisch unter die Lupe genommen. Blick, Nr. 169, 24. Juli 2003, in: SWA, Zeitungsausschnitte Erwerbsunfähigkeit, Vo K XIII 5.

85 Im November 2018 nahm die Stimmbevölkerung eine neue gesetzliche Grundlage für die Überwachung von versicherten Personen an.

86 Müller 2012.

87 Tanner 2015, S. 492–500.

Die Schweiz schlitterte zwischen 1991 und 1993 in eine dreijährige Rezession. Darauf folgten drei weitere Jahre mit sehr tiefen Wachstumsraten.[88] Die Rezession bescherte der Schweiz die höchsten Arbeitslosenzahlen der Nachkriegszeit. 1997 erreichte die Zahl der registrierten Arbeitslosen mit über 160 000 (5,2 Prozent) einen Peak.[89] Die Volkswirtschaft der Schweiz erlebte das «schlimmste Jahrzehnt» seit den 1930er-Jahren.[90] Die Krise hatte direkte Auswirkungen auf die Beschäftigung von Menschen mit Behinderung. In der Rezession der 1970er-Jahre wurden die Unternehmen noch dafür gelobt, dass sie trotz erschwerter Wirtschaftslage weitgehend auf die Entlassung von behinderten Arbeitskräften verzichteten. Nun kehrte sich die Situation ins Gegenteil. Es wurde auch zahlreichen Personen mit Leistungseinschränkungen gekündigt. Die «Basler Zeitung» monierte, dass nun gar «zuerst Angestellte mit Behinderungen» entlassen würden.[91] Dieselbe Tendenz diagnostizierte der «Tages-Anzeiger». Die Toleranz gegenüber schwächeren Arbeitnehmenden sei im Begriff zu schwinden und diese fielen dem Personalabbau «oft als erste zum Opfer».[92] Selbst der Bundesrat konstatierte 1993, dass es vorkomme, «dass Arbeitgeber und Arbeitgeberinnen Personen entlassen, welche sie vorher trotz reduzierter Leistungsfähigkeit beschäftigt und entlöhnt haben».[93] Nationalrat Armin Jans (SP) stellte insgesamt eine «Entsolidarisierung in der Wirtschaft» fest, wobei unter anderem leistungseingeschränkte Personen die Leidtragenden der beschriebenen Entwicklung seien.[94] War in den 1970er-Jahren eine Behinderung noch eine Garantie für besonderen Schutz gegen Entlassungen, so wandelte sich eine gesundheitliche Beeinträchtigung nun zu einem Risikofaktor für einen Stellenverlust.[95]

Die Chancen für Menschen mit Behinderung auf dem Arbeitsmarkt hatten sich spürbar verschlechtert, was sich nicht nur mit der Wirtschaftskrise, sondern auch mit den Veränderungen am Arbeitsmarkt begründen lässt. Thomas Bickel und Georges Pestalozzi beschrieben im Namen der SAEB 1998 einen Prozess des Ausschlusses, der eine «negative Dynamik» erreicht habe, «die von den wenigsten Fachleuten in diesem Ausmass erwartet worden ist». Sie sprachen grundsätzlich von einem *radikal veränderten und weit ‹härteren› Arbeitsmarkt*». Sie beobachteten einen «Wandel in der *sozialethischen Grundhaltung*» verschiedener Unternehmen. Diese würden «der Gewinnmaximierung gegenüber der so-

---

88 Bodmer 2004, S. 3.
89 HLS: Arbeitslosigkeit.
90 Straumann 2003, S. 357.
91 Basler Zeitung, Nr. 34, 9. Februar 1996, in: SWA, Zeitungsausschnitte Erwerbsunfähigkeit, Vo K XIII 5.
92 Tages-Anzeiger, Nr. 282, 3. Dezember 1996, in: ebd.
93 Antwort des Bundesrats auf die Interpellation Lili Nabholz vom 8. Oktober 1993. Soziale Sicherheit 1993 (6), S. 44.
94 Jans 1997, S. 45.
95 Baumgartner et al. kommen in ihrer Untersuchung zu einem unklaren Ergebnis, ob eine schlechtere Konjunkturlage tatsächlich dazu führt, dass Menschen mit Behinderung «als Erste» entlassen werden. Baumgartner/Greiwe/Schwarb 2004, S. 195.

zialen Verantwortung klare Priorität einräumen».[96] Von Optimismus war bei den Behindertenorganisationen nichts mehr zu spüren. Die «Basler Zeitung» berichtete 1995, dass sich im Sozialbereich im Hinblick auf die Beschäftigung von Menschen mit Behinderung «Hoffnungslosigkeit» breitmache.[97] Auch nach der Jahrtausendwende zeichnete sich keine Verbesserung der Situation ab. Bei den Sozialverwaltungen griff Resignation um sich. Ein Vertreter der IV-Stelle Basel-Stadt bezeichnete die Bemühungen zur Arbeitsintegration 2003 als «schier aussichtslos».[98]

Die «Internationalisierung der ehemaligen Schweizer Wirtschaft», die durch ausländische Grossinvestoren ausgelöst wurde, veränderte auch ihre bisherige Gestalt.[99] Die Idee des Schweizer Unternehmens als lokal verankerter «Betriebsgemeinschaft» verschwand zunehmend – und mit ihr die damit verbundenen sozialpolitischen Implikationen der Betriebe. Anstelle der «helvetische[n] Sozialpartnerschaft» rückten nun Standortverbesserungen und der Shareholder-Value ins Zentrum der Unternehmensstrategien,[100] wobei Kostensenkungen der neue Imperativ waren.[101] Die 1990er-Jahre waren von Firmenfusionen und -übernahmen geprägt, die mit einer Restrukturierungspolitik zur Steigerung der Unternehmensrentabilität verbunden waren.[102] Im Zuge dieser Entwicklungen verschwanden in der Schweiz zahlreiche Arbeitsplätze, die in der Vergangenheit für Menschen mit Behinderung als besonders geeignet bezeichnet wurden. In der arbeitsteiligen Industrie erfolgte ein massiver Abbau von Stellen im Inland und eine zunehmende Auslagerung der Produktion an Betriebsstandorte im günstigeren Ausland.[103] Zahlreiche Beschäftigungsmöglichkeiten im gering qualifizierten Niedriglohnsektor fielen als Option weg und Nischenarbeitsplätze wurden aus Gründen der Effizienz wegrationalisiert.

Die bislang bestimmende familienweltliche Konvention hat offensichtlich für die Unternehmen an Bedeutung verloren. Das Konzept des Unternehmens als familiäre Gemeinschaft, deren Akteurinnen und Akteure sich gegenseitig unterstützten, wurde durch Profitmaximen ersetzt. Ein besonderer Schutz für arbeitsmarktlich benachteiligte Mitarbeitende in wirtschaftlich schwierigen Zeiten war nicht mehr gegeben. Vielmehr wurden nun Menschen mit Behinderung aus ökonomischem Kalkül aufgrund ihrer eingeschränkten Produktivität häufiger entlassen. Der Wert dieser Arbeitskräfte wurde von den Unternehmen verstärkt

---

96 Schweizer Arbeitgeber 1998, S. 196 f. Hervorhebungen im Original.
97 Basler Zeitung, Nr. 208, 7. September 1995, in: SWA, Zeitungsausschnitte Invalide, Vo M Invalide.
98 Tages-Anzeiger, Nr. 63, 17. März 2003, in: SWA, Zeitungsausschnitte Erwerbsunfähigkeit, Vo K XIII 5.
99 Tanner 2015, S. 497.
100 Ebd., S. 514; David/Mach 2012, S. 856.
101 Tanner 2015, S. 493.
102 David/Mach 2012, S. 865.
103 Die Core Companies der Maschinenindustrie etwa verzeichneten in den 1990er-Jahren in der Schweiz einen Rückgang der Beschäftigten um 60 Prozent, während sich deren Personalbestand im Ausland innert kurzer Zeit verdoppelte. Müller 2012, S. 419.

nach Massstäben der Welt des Markts bestimmt. Von einer ursprünglichen Haltung der moralischen Selbstregulierung durch die Wirtschaft verschob sich das Interesse der Unternehmen nun verstärkt zur Kontrolle und Senkung von Kostenfaktoren.

Die steigende Zahl stellensuchender Personen, die einerseits durch die Wirtschaftskrise und andererseits durch die betrieblichen Restrukturierungen verursacht wurde, erhöhte den Konkurrenzkampf auf dem Arbeitsmarkt, was automatisch zu einer Verschlechterung der Integrationschancen von Menschen mit Behinderung führte. Die Internationalisierung der Schweizer Wirtschaft leistete dieser Tendenz weiter Vorschub. Die Öffnung der (Arbeits-)Märkte trug zusätzlich zu einem verschärften Wettbewerb bei. Deswegen nahmen die Behindertenorganisationen gegenüber diesen Entwicklungen eine ambivalente Haltung ein.[104] Einerseits sollte die Schweiz kein «Inseldasein» mitten in Europa fristen, andererseits aber führte gerade die seit den 1970er-Jahren praktizierte Kontingentierung der Einwanderung ausländischer Arbeitskräfte zu einer Verknappung des Angebots auf dem Arbeitsmarkt. In Phasen erhöhter Personalnachfrage konnte das Interesse der Schweizer Wirtschaft an stellensuchenden Menschen mit Behinderung gesteigert werden. Ein staatlich (quantitativ) regulierter Arbeitsmarkt barg für Personen mit Leistungseinschränkungen durchaus Vorteile.[105] Diese Diskussionen erfuhren zu Beginn der 1990er-Jahre eine Zuspitzung, als in der Schweiz über einen Beitritt zum Europäischen Wirtschaftsraum (EWR) und später zur Europäischen Union (EU) debattiert wurde. Von den Behindertenverbänden wurden bei beiden Anliegen einschneidende Auswirkungen auf die Beschäftigung von Menschen mit Behinderung prognostiziert.[106] Die Stimmbevölkerung lehnte allerdings sowohl einen Beitritt in den EWR als auch zur EU ab.[107] Der Abschluss der bilateralen Verträge zwischen der EU und der Schweiz führte 2002 zur Personenfreizügigkeit,[108] wobei empirisch keine Anhaltspunkte vorliegen, ob diese Reform einen Einfluss auf die berufliche Eingliederung von Menschen mit Behinderung ausübte. Die Öffnung der Märkte wirkte sich hingegen spürbar auf den zweiten Arbeitsmarkt aus. Geschützte Werkstätten beklagten bereits in den 1990er-Jahren über teils drastische Auftragsrückgänge, weil Unternehmen zur Kostensenkung vermehrt Arbeiten an Produktionsstätten im billigeren Ausland vergeben würden.[109]

104 Vgl. dazu die Themenausgabe «Europa: Welcher Raum?», Pro Infirmis 1992 (4).
105 Dementsprechend wurde die Tendenz der «Deregulierung» der Märkte als ein Risikofaktor für die Beschäftigung von Menschen mit Behinderung identifiziert. Zürcher 1992, S. 5 f.
106 Bernath/Forrer 1992, S. 13.
107 Über den EWR-Beitritt wurde 1992 abgestimmt. HLS: Europäischer Wirtschaftsraum (EWR). Abgelehnt wurde 2001 die unverzügliche Aufnahme von Beitrittsverhandlungen mit der EU. HLS: Europäische Union (EU).
108 Direktion für europäische Angelegenheiten 2017.
109 Tages-Anzeiger, Nr. 182, 8. August 1996, in: SWA, Zeitungsausschnitte Invalide, Vo M Invalide.

Der Wandel des Arbeitsmarkts barg für Menschen mit Behinderung aber auch Chancen. Die Zunahme an alternativen Arbeitsmodellen eröffnete neue Möglichkeiten für Betroffene, die entweder nicht genügend mobil waren oder keine volle Leistung erbringen konnten. Konzepte wie Telearbeit, Homeoffice, Teilzeitarbeit oder Jobsharing boten günstige Beschäftigungsperspektiven.[110] Der wachsende Dienstleistungssektor und insbesondere die Computerisierung der Arbeitswelt schufen vor allem für Körper- und Sinnesbehinderte Einsatzplätze, bei denen sie dank moderner Technik häufig kaum oder überhaupt nicht in ihrer Leistungsfähigkeit eingeschränkt waren.[111] Geradezu sinnbildlich steht dafür die Angestellte im Rollstuhl, die im Büro am Computer dieselben Arbeiten erledigt wie ihre Kolleginnen und Kollegen. In Arbeitsfeldern mit guten Wachstumsaussichten, wie in den unternehmensbezogenen Dienstleistungen, im Sozial- und Gesundheitswesen oder in der Informations- und Kommunikationstechnologie eröffneten sich vielversprechende Perspektiven.[112] Die Entwicklung auf dem Arbeitsmarkt produzierte folglich Gewinner und Verlierer.[113] Leidtragende waren insbesondere geistig und psychisch beeinträchtigte Personen, für die durch den Wegfall von Nischenarbeitsplätzen und aufgrund des gestiegenen Leistungsdrucks zahlreiche Optionen wegfielen.[114]

Erschwerend für die berufliche Eingliederung erwiesen sich auch sozialstaatliche Reformen. Das 1985 eingeführte Bundesgesetz über die berufliche Alters-, Hinterlassenen- und Invalidenvorsorge (BVG), das die obligatorische berufliche Vorsorge der Arbeitnehmenden regelte, zeitigte für Menschen mit Behinderung nicht intendierte negative Effekte. Den Unternehmen wurde gesetzlich vorgeschrieben, dass auch behinderte Angestellte bei der betrieblichen Vorsorge (Pensionskasse) versichert werden mussten.[115] Diese Bestimmungen bedeuteten auf der einen Seite eine erfreuliche Entwicklung, auf der anderen aber stellte sich die zweite Säule gelegentlich als Bumerang heraus. Das Pensionskassenobligatorium löste bei den Arbeitgebern im Hinblick auf die Beschäftigung von Menschen mit Behinderung eine zunehmende Zurückhaltung aus, da sie ein erhöhtes Invaliditätsrisiko aufwiesen und folglich die Pensionskassen teuer zu stehen kommen konnten.[116] In der Tat stiegen nach Einführung des BVG die Invaliditätsfälle und damit auch die Ausgaben bei der betrieblichen Vorsorge.[117]

110 Gillioz 1992, S. 37.
111 Der Bund, Nr. 12, 16. Januar 1991, in: SWA, Zeitungsausschnitte Invalide, Vo M Invalide.
112 Bütler/Gentinetta 2007, S. 79.
113 Die These von Modernisierungsgewinnern und -verlierern lässt sich auch auf Arbeitskräfte mit Behinderung übertragen. Vgl. Bernet/Tanner 2015, S. 21.
114 Schweizer Arbeitgeber 1998, S. 196 f.
115 Häberle 1991, S. 21.
116 Ebd., 22 f. Für viele Menschen mit Behinderung stellten sich bei der beruflichen Vorsorge dieselben Probleme wie bei zahlreichen Frauen. Das festgelegte Mindesteinkommen bei der zweiten Säule schloss Personen aus, die zu wenig verdienten. Diese mussten sich im Rentenalter mit der AHV (erste Säule) begnügen. Studer 2012, S. 947.
117 Stellt die IV eine Invalidität fest, löst dies nach Gesetz nun in der Regel automatisch auch eine Rente bei der beruflichen Vorsorge aus. Diese Verknüpfung liess die Ausgaben bei den Pen-

Psychische Erkrankungen als neues Leitthema

Psychische Erkrankungen avancierten in den 1990er-Jahren zu einem Leitthema und wurden als eine der zentralen Ursachen für die prekäre Lage der IV identifiziert. Quantitativ nahm der Anteil der IV-Rentnerinnen und -Rentner mit psychischen Beeinträchtigungen kontinuierlich zu. Gleichzeitig galt diese Gruppe von Versicherten auf dem Arbeitsmarkt als besonders schwer vermittelbar. Es wurde ein dringender Bedarf an Integrationsmassnahmen erkannt, weil die Angebote für diese wachsende Gruppe als unzureichend beurteilt wurden. An den psychischen Behinderungen entflammte sich zudem eine intensive Missbrauchsdebatte, da diese unsichtbaren Leiden stets dem Verdacht ausgesetzt waren, für den Bezug ungerechtfertigter Sozialleistungen instrumentalisiert zu werden.

Als Ursachen für Invalidität gelten gemäss Gesetz Geburtsgebrechen, Krankheiten oder Unfälle. Ende der 1990er-Jahre erhielten 80 Prozent der Neurentnerinnen und -rentner ihre IV-Rente aufgrund einer Krankheit.[118] Besonders zu reden gaben dabei neurologische und insbesondere psychische Erkrankungen.[119] Bereits für den Zeitraum zwischen 1987 und 1992 wurde eine massive Zunahme an IV-Fällen aufgrund psychischer Störungen festgestellt. Psychosen und Depressionen hatten als Verrentungsursache in jenem Zeitraum um 39 Prozent, psychogene und psychosomatische Störungen um 70 Prozent und psychoreaktive Störungen um 66 Prozent zugenommen.[120] Insgesamt hat sich die Anzahl dieser IV-Bezügerinnen und -Bezüger zwischen 1982 (18 000) und 1999 (56 000) mehr als verdreifacht.[121] Diese Entwicklung ist – mit unterschiedlicher Intensität – als langandauernd zu bezeichnen.[122] Obschon die Zahl der IV-Rentnerinnen und -Rentner seit 2006 kontinuierlich sinkt, hat sich die Zahl der IV-Rentnerinnen und -Rentner, deren Anspruch auf eine psychische Erkrankung zurückgeführt wird, weiter erhöht (wenn auch nur leicht). Ein quantitativer Gegentrend hat bei dieser Form der Invalidität bis heute nicht stattgefunden.[123] Als alarmierend beurteilte der Bundesrat 2001 den Umstand, dass bei jüngeren Personen psychische Erkrankungen die Hauptsache für Invalidisierungen seien. Für die IV entstünden dadurch bei eingetretener Erwerbsunfähigkeit sehr hohe Renten-

---

sionskassen stark ansteigen. 1992 wurden bei der beruflichen Vorsorge 0,8 Milliarden Franken für Renten ausgegeben. 2004 waren es bereits 2,2 Milliarden Franken. In diesem Zeitraum verdoppelte sich die Zahl der Bezügerinnen und Bezüger von 60 597 auf 131 704. Bütler/Gentinetta 2007, S. 47.

118 Bundesrat 2001, S. 3216.

119 Lengwiler 2007, S. 342.

120 Neue Zürcher Zeitung, Nr. 178, 3. August 1994, in: SWA, Zeitungsausschnitte Erwerbsunfähigkeit, Vo K XIII 5.

121 Basler Zeitung, Nr. 27, 2. Februar 2000, in: ebd.

122 Bundesrat 2005, S. 4474.

123 Die Zahl der IV-Renten ist von 250 000 (2006) auf 226 000 (2014) gesunken. Die Zahl der Renten wegen psychischer Erkrankungen ist hingegen von 96 000 (2006) auf 102 000 (2017) angestiegen. BFS 2019b.

kosten, weil diese Versicherten über einen sehr langen Zeitraum Leistungen beziehen würden.[124]

Der Bundesrat bezeichnete die «veränderte Einstellung der Gesellschaft» gegenüber psychischen Krankheiten als wichtigen Faktor für den quantitativen Anstieg dieser Behinderungsart. Psychische Erkrankungen wirkten «viel weniger stigmatisierend» als früher. Solche Beschwerden würden «ernster genommen» und es komme ihnen «mehr soziale Akzeptanz» zu.[125] Die Anpassung des Invaliditätsbegriffs im Gesetz, wie sie durch die 4. IVG-Revision vorgenommen wurde, kann als Folge dieser sozialen und medizinischen Entwicklung erklärt werden. Psychische Behinderungen wurden den körperlichen und geistigen Behinderungen gleichgestellt, nachdem sie im ursprünglichen Gesetzestext den geistigen Behinderungen zugeordnet wurden.

Für die Zunahme an psychischen Erkrankungen wurde aber auch der gewandelte Arbeitsmarkt beziehungsweise die Arbeitswelt verantwortlich gemacht. Zum einen hätten der erhöhte Leistungsdruck und die gesteigerten Erwartungen am Arbeitsplatz bei vielen Erwerbstätigen gesundheitliche Schäden, wie etwa Burnouts, verursacht.[126] Bickel und Pestalozzi vertraten die Meinung, dass erwerbstätige Personen aufgrund der gestiegenen Anforderungen zunehmend krank würden. «Die Angst, den Erwartungen nicht mehr zu genügen, macht etliche Menschen krank, wobei sich diese Entwicklung vorab in psychosomatischen, somatoformen sowie psychischen Krankheitsbildern manifestiert.»[127] Zum anderen wurde wiederholt vorgebracht, dass die zunehmende Konkurrenz auf dem Arbeitsmarkt, die zahlreichen Stellensuchenden den Weg in den Arbeitsmarkt versperre, das Risiko von psychischen Problemen erhöhe. Die in einem derartigen Umfang neu aufgekommene Langzeitarbeitslosigkeit wurde in den 1990er-Jahren in verschiedenen Studien vermehrt als wichtiger Faktor für Erkrankungen identifiziert. Es wurde ein direkter Zusammenhang zwischen Arbeit und Gesundheit hergestellt.[128] Auch der Direktor des BSV Walter Seiler meinte, dass fehlende Arbeit eine Ursache für dauernde Gesundheitsschäden sein könne, die zu Invalidität führten.[129] Zudem waren gerade psychisch labile Personen der

---

124 Bundesrat 2001, S. 3216 f. Dieser Einschätzung der Landesregierung widerspricht tendenziell allerdings die Studie Baer/Frick/Fasel (2009). Sie kommt zum Schluss, dass in den letzten 20 Jahren «die Gruppe der Menschen, die wegen psychischer Störungen invalidisiert wurden, [...] älter geworden» sei (S. 31).

125 Bundesrat 2001, S. 3218. Vgl. Breitenmoser 1999.

126 Vgl. Bundesrat 2001, S. 3217.

127 Schweizer Arbeitgeber 1998, S. 196 f.

128 So gab etwa das BIGA in der ersten Hälfte der 1990er-Jahre eine Studie zum Zusammenhang von Arbeitslosigkeit und Gesundheit in Auftrag, in der das Risiko einer seelisch bedingten Depression bei Langzeitarbeitslosigkeit als sehr hoch eingestuft wurde. Bündner Zeitung (Chur), Nr. 36, 12. Februar 1994, in: SWA, Zeitungsausschnitte Erwerbsunfähigkeit, Vo K XIII 5. Vgl. Schweizer Arbeitgeber 1994, S. 247–249.

129 Neue Zürcher Zeitung, Nr. 178, 3. August 1994, in: SWA, Zeitungsausschnitte Erwerbsunfähigkeit, Vo K XIII 5.

besonderen Gefahr ausgesetzt, dass sich ihre schwierige Situation aufgrund der Belastungen der Arbeitslosigkeit weiter verschärfte.[130]

Psychische Erkrankungen erschienen in verschiedener Hinsicht hoch problematisch. In der Rezession der 1990er-Jahre waren Menschen mit psychischen Behinderungen von Beginn an besonders von Arbeitslosigkeit bedroht. So bestätigte auch der Vizedirektor des BSV Peter Aebischer bereits 1993, dass die Gefahr einer Entlassung für Personen mit psychischen Erkrankungen gegenüber Menschen mit körperlichen Beeinträchtigungen höher sei.[131] Ausserdem galten Menschen mit psychischer Behinderung als schwer vermittelbar. Der Zugang zum Arbeitsmarkt gestaltete sich für diese Stellensuchenden ausgesprochen schwierig. Arbeitgeber waren bei der Anstellung dieser Arbeitskräfte sehr zurückhaltend. Mit ähnlichen Schwierigkeiten sahen sich Menschen mit geistigen Behinderungen konfrontiert.[132] Für diese Personengruppe wurde als Alternative ein breites Angebot an Werkstätten im zweiten Arbeitsmarkt aufgebaut. Menschen mit psychischen Behinderungen befanden sich hingegen im luftleeren Zwischenraum: Auf dem ersten Arbeitsmarkt waren sie keine gefragte «Ware» und die Beschäftigungsmöglichkeiten im zweiten Arbeitsmarkt entsprachen in der Regel nicht ihren Bedürfnissen.[133] Es fehlte ein ausreichendes (Eingliederungs-)Angebot für diese Gruppe.

In den 1990er-Jahren wurden zunehmend Massnahmen zur Förderung der Beschäftigungsfähigkeit von Menschen mit psychischen Behinderungen aufgebaut. Es wurden «beschützende Arbeitsplätze» in der freien Wirtschaft geschaffen.[134] Es handelte sich zum einen um Stellen in Unternehmen und in der öffentlichen Verwaltung[135] und zum anderen um betriebliche Konzepte, die gezielt für die Beschäftigung von Menschen mit Behinderung geschaffen wurden. Ein solches Pionierprojekt ist das Restaurant Limmathof in Zürich, 1994 eröffnet. Es handelt sich um einen marktorientierten Leistungsbetrieb mit einem hohen Anteil beschützender Arbeitsplätze.[136] Die IV reagierte 2008 auf diese Angebotslücke, als im Rahmen der 5. IVG-Revision der Leistungskatalog um Integrationsmassnahmen erweitert wurde, die zur Vorbereitung auf die berufliche Eingliederung geschaffen wurden und primär für Menschen mit psychischen Behinderungen vorgesehen waren.[137]

---

130 Der Bund, Nr. 167, 21. Juli 1993, in: ebd.
131 Ebd.
132 Baumgartner et al. konnten nachweisen, dass die Bereitschaft der Arbeitgeber, psychisch oder geistig behinderte Personen anzustellen, deutlich tiefer ist als bei körperlich oder sinnesbehinderten Personen. Baumgartner/Greiwe/Schwarb 2004, S. 96 f.
133 Basler Zeitung, Nr. 38, 15. Februar 1994, in: SWA, Zeitungsausschnitte Erwerbsunfähigkeit, Vo K XIII 5.
134 Bereits geschildert wurde in dieser Studie die Pionierleistung des Unternehmens Möbel Pfister in den 1980er-Jahren.
135 Luzerner Zeitung, Nr. 175, 30. Juli 1992, in: SWA, Zeitungsausschnitte Invalide, Vo M Invalide.
136 Tages-Anzeiger, Nr. 96, 26. April 1994, in: ebd.
137 Bundesrat 2005, S. 4503.

178

Menschen mit psychischen Erkrankungen sahen sich zudem mit dem Problem konfrontiert, dass sie häufiger als andere versicherte Personen unter Verdacht standen, gar nicht wirklich behindert zu sein. Damit wurde ihr Anrecht auf Leistungen der IV von unterschiedlicher Seite angezweifelt. Da Betroffene nicht unmittelbar sichtbare körperliche Einschränkungen aufwiesen, wurde auch ihre begrenzte Erwerbsfähigkeit angezweifelt.[138] Diese Versichertenkategorie wurde wiederholt mit dem Vorwurf konfrontiert, sie würde die IV mit dem Bezug von ungerechtfertigten Leistungen missbrauchen. So äusserten sich, wie bereits aufgezeigt, etwa die Arbeitgeberverbände sehr kritisch gegenüber psychischen Behinderungen. Die Akzeptanz für diese Behinderungsart wurde nicht allseitig geteilt, sodass sich die Arbeitgeberverbände im Vorfeld der 4. IVG-Revision gegen die explizite Erwähnung psychischer Behinderungen im Gesetz einsetzten. Besonders unter Beschuss gerieten Menschen mit psychischer Behinderung dann in den 2000er-Jahren im Rahmen der «Scheininvaliden»-Kampagne der SVP. Sie gehörten zu den zentralen Bevölkerungsgruppen, an die der Missbrauchsvorwurf adressiert war.

Wandel in den Konzeptionen unternehmerischer sozialer Verantwortung

Nicht nur bei der IV ist eine Ökonomisierung bei den Verwaltungs- und Eingliederungspraktiken feststellbar. Gesundheitsfragen wurden auch in der Wirtschaft vermehrt nach marktlogischen Prinzipien verhandelt. Analog zum Sozialwerk dominierte die Kostenfrage seit der Jahrtausendwende auch hier die Debatten der Unternehmen, während Elemente der staatsbürgerlichen Wohltätigkeit an Bedeutung verloren. Arbeitgeberverbände suchten nach tragfähigen Sparmassnahmen, die auch den Sozialstaat miteinbezogen.

Arbeitgeberverbände: vom persönlichen Engagement zur sozialstaatlichen Kooperation

Die Entlassungen von leistungseingeschränkten Personen, die erschwerte Eingliederung von Menschen mit Behinderung, die dramatisch steigende Zahl der IV-Rentnerinnen und -Rentner sowie die damit verbundene Kostenexplosion beim Sozialwerk führten dazu, dass erneut über staatlich verordnete Verpflichtungen für Unternehmen debattiert wurde. Da sich die Arbeitsintegration von Personen mit psychischen Problemen als besonders schwierig erwies, lancierte die Stiftung Pro Mente Sana (PMS) 1995 einen Vorstoss für ein Quotensystem.[139]

138 Kaba 2007, S. 74.
139 Die Arbeitsgruppe stellte 1995 fest, in den letzten fünf Jahren habe für Menschen mit Behinderung ein Ausschlussprozess auf dem Arbeitsmarkt eingesetzt, was sie dazu veranlasste, nach Lösungsansätzen für die Problematik zu suchen. PMS 1995, S. 2.

Sie schlug ein Bonus-Malus-System vor. Integrationsbereite Unternehmen sollten belohnt werden, während Betriebe, die keine oder zu wenige Menschen mit
Behinderung beschäftigten, einen Ausgleich entrichten müssten, der den kooperativen Unternehmen zugutekäme.[140] Das Vorhaben war aber selbst bei den Behindertenorganisationen umstritten, da das Konzept der Freiwilligkeit auch in
diesen Kreisen auf hohe Akzeptanz stiess. So äusserte sich etwa Lili Nabholz
(FDP), Nationalrätin und Präsidentin der SAEB, kritisch zu den Plänen von
PMS.[141] Als Reaktion entwickelte die Stiftung ein zweites Modell mit finanziellen
Anreizen für kooperative Unternehmen (Bonus-System).[142]

Die Forderungen nach Behindertenquoten veranlassten die Arbeitgeberverbände zu einer umgehenden Replik. Hans Rudolph Schuppisser lehnte im
Namen des ZSAO das vorgeschlagene Bonus-Malus-System ab.[143] Gleichzeitig
wies er auch Anreizmechanismen für Unternehmen zurück.[144] Vonseiten des
Schweizerischen Gewerbeverbands wurden praktische Umsetzungsschwierigkeiten, die mit einem Recht auf Arbeit verbunden waren, illustriert: «Wie soll
etwa ein Dachdecker einen Invaliden einsetzen?»[145] Allerdings war auch den Arbeitgeberverbänden und einzelnen Unternehmerinnen und Unternehmern bewusst, dass das Engagement der Wirtschaft bei der beruflichen Eingliederung seit
den 1990er-Jahren sichtlich abgenommen hatte. Für die Kritik wurde durchaus
Verständnis aufgebracht. Otto Ineichen, Inhaber des Detailhandelsunternehmen
Otto's, monierte, dass die Unternehmen «in den Neunzigerjahren stark gesündigt» hätten, «indem wir viele Menschen in die IV geschickt haben».[146] Auch
Schuppisser räumte rückblickend ein, dass in schwierigen Geschäftsjahren die
«Verrentung von Mitarbeitenden auch von Arbeitgebern zu häufig als einfache,
sozial im Einzelfall akzeptable und ‹kostengünstige Lösung› gewählt wurde».[147]

Als Reaktion lancierte der Schweizerische Arbeitgeberverband (SAV) Ende
der 1990er-Jahre die bis anhin umfassendste, an die eigenen Mitglieder adressierte Sensibilisierungskampagne zum Thema berufliche Eingliederung, die unter
dem Leitmotiv «Brücken bauen» firmierte. Der öffentliche Druck scheint die
Wirtschaft zu mehr Aktionismus gedrängt zu haben, wobei insbesondere Massnahmen per Gesetz verhindert werden sollten. So jedenfalls interpretierte die
SAEB, die an den Vorarbeiten der Kampagne mitgewirkt hatte, die Bemühungen
des SAV. Beim Zentralvorstand der SAEB war man überzeugt, dass die Arbeit-

---

140 Ebd., S. 12.
141 SAEB. Protokoll der Sitzung des Zentralvorstands vom 5. April 1995, in: Archiv Inclusion
     Handicap, ZV Protokolle 1986–2014.
142 Neue Zürcher Zeitung, Nr. 135, 14. Juni 1997, in: SWA, Zeitungsausschnitte Invalide, Vo M
     Invalide.
143 Kritisch äusserten sich auch die Gewerkschaften und das BSV.
144 Neue Zürcher Zeitung, Nr. 135, 14. Juni 1997, in: SWA, Zeitungsausschnitte Invalide, Vo M
     Invalide.
145 St. Galler-Tagblatt, Nr. 142, 21. Juni 1996, in: ebd.
146 Neue Luzerner Zeitung, Nr. 97, 27. April 2005, in: SWA, Zeitungsartikel Erwerbsunfähigkeit,
     Vo K XIII 5.
147 Neue Zürcher Zeitung, Nr. 123, 30. Mai 2006, in: ebd.

geberverbände etwas machen müssten, «schon nur deshalb, um radikaleren Forderungen […] den Wind aus den Segeln zu nehmen».[148] Kritik war für die Wirtschaft stets ein Antreiber, wie in dieser Studie verschiedentlich aufgezeigt werden
konnte. Zusammen mit der wf, dem BSV und Behindertenverbänden stellte der
SAV der Öffentlichkeit 1999 die umfangreiche Informationsbroschüre «Die berufliche Integration von Behinderten» vor,[149] die den Unternehmen in Form eines
Leitfadens praktische Hinweise für die Beschäftigung von Menschen mit Behinderung lieferte. Die Arbeitgeberverbände konnten mit ihrem Einsatz einerseits
demonstrieren, dass sie die Problematik ernst nahmen und diese engagiert an-
gehen wollten. Andererseits sollte die berufliche Eingliederung bei den Unternehmen auch tatsächlich begünstigt werden, da im politischen Diskurs staatlich
orchestrierte Lösungen wieder energischer gefordert wurden. Unter dem Motto
«Freiwilligkeit – langfristiges Erfolgsrezept» stellte sich Fritz Blaser, Präsident
des SAV, solchen Vorstössen entgegen: «Wenn sich staatlich verordnete Anreize
oder gar Bonus/Malus-Systeme in der Behindertenfrage politisch durchsetzen,
werden neue, kostspielige und ineffiziente Umverteilungsbürokratien die Unternehmen belasten.»[150] Die bestehenden Arbeitsintegrationsarrangements wurden
von der Wirtschaft aktiv verteidigt.

Im Rahmen der Kampagne orientierte sich der SAV stark am klassischen,
privaten Eingliederungskonzept, das vor Einführung der IV in den 1950er-Jahren
aufgebaut wurde. Argumentativ wurde auf jenes Praxismodell rekurriert. Die
unmittelbare Nachkriegszeit wurde als leuchtendes Beispiel für eine gelingende
Praxis der Arbeitsintegration nach den Idealen der Freiwilligkeit verklärt, als das
Sozialwerk noch gar nicht existierte und sich folglich nicht in diese Angelegenheit einmischte.

Blaser betonte etwa, dass die Gesetzgebung für die berufliche Eingliederung nur von sekundärer Ordnung sei. Er forderte vielmehr, dass das «patronale
Element wieder verstärkt zur Geltung» komme.[151] Inwiefern ein solcher Appell
durch die insbesondere bei Grosskonzernen zu beobachtende «zunehmende
Entkoppelung von Eigentümer und Unternehmensführung» eingelöst werden
könnte, bleibt unklar. Diese Form der sozialen Verantwortung wäre wohl nur
noch bei KMU denkbar, bei denen die Besitzerinnen und Besitzer aktiv längerfristige persönliche Bindungen mit ihren Mitarbeitenden eingehen.[152] Die Forderung einer Reaktivierung früherer Handlungskonzepte und der entsprechenden Legitimationsmuster lässt sich auch bei Schuppisser erkennen. Er betonte
in einem Votum die «persönliche Solidaritätskomponente» der Arbeitgeber, die

148 SAEB. Protokoll der Sitzung des Zentralvorstands vom 24. April 1997, in: Archiv Inclusion
     Handicap, ZV Protokolle 1986–2014.
149 Schweizerischer Arbeitgeberverband 1999. Beiträge zur beruflichen Eingliederung erschienen
     auch in: Schweizer Arbeitgeber 1998 (5); 1999 (25/26)
150 Schweizer Arbeitgeber 1998, S. 187.
151 Kreisschreiben Nr. 13 vom 13. Februar 1999, in: Archiv SAV, Zirkulare.
152 Vgl. Bütler/Gentinetta 2007, S. 81–83.

letztlich für eine gelungene Arbeitsintegration massgeblich sei: «Solidarität – Zu-
sammengehörigkeitsgefühl und tätiges Handeln im Sinne desselben – lässt sich
ja nicht einfach vom Staat verordnen: Sie muss durch persönliche Einsicht und
Erfahrung gestützt sein.» Er richtete sich nach der Zeit vor dem IVG und be-
kämpfte aus dieser Perspektive aktuelle sozialpolitische Vorstösse. Die Moral,
die soziale Verantwortung und zwischenmenschliche Verhältnisse wurden für
die berufliche Eingliederung höher gewichtet als finanzielle Anreize für Unternehmen. Für Schuppisser orientierte sich eine solche Massnahme zu fest am
«Homo-oeconomicus-Modell», obschon andere Werte bei der Beschäftigung
von Menschen mit Behinderung im Vordergrund stünden.[153] Letztlich war seine
Stellungnahme ein politisches Plädoyer gegen Anreizsysteme, wie sie konkret im
Vorfeld der 4. IVG-Revision diskutiert wurden.

Der Appell der Arbeitgeberverbände richtete sich an die Eigenverantwortung der involvierten Akteure – an die Eigenverantwortung der Unternehmen,
aber noch eindringlicher an diejenige der betroffenen Personen. Die Frage des
vorhandenen oder fehlenden Arbeitswillens wurde regelmässig aufgeworfen.
Ein solches Argumentationsmuster lässt sich mit den um die Jahrtausendwende
stärker aufkommenden Missbrauchsdebatten in Verbindung bringen. Schuppisser kritisierte, dass die IV von anderen Zweigen der sozialen Sicherheit, aber
auch von Arbeitslosen als «Fürsorge-Ersatz» missbraucht werde.[154] Der Direktor des SAV Peter Hasler verlangte, dass die IV «nicht als bequemes Auffang-
netz für Ausgesteuerte, unerwünschte Sozialhilfeempfänger und arbeitsscheue
Simulanten missbraucht» werde.[155] Darin verortete er «das Hauptproblem der
finanziellen Entwicklung» der IV und forderte «Anreize zum Sparen, verstärkte
Kontrolle der Akteure und spürbare Sanktionen bei Missbräuchen».[156] Insbesondere psychische Probleme wurden als Ursache für den Bezug von IV-Leistungen
infrage gestellt. Schuppisser brachte den «neuen Invaliden» Skepsis entgegen.
Die «Psychosomatisierung» der Gesellschaft führe dazu, dass nun Krankheiten
diagnostiziert würden, wo man früher einfach zur «Tagesordnung» überging.[157]
Durch die «Scheininvaliden»-Debatte der SVP waren Missbrauchsvorwürfe allerdings derart negativ aufgeladen worden, dass sich die Arbeitgeberverbände
eher wieder von dieser Argumentationsschiene verabschiedeten. So schätzte der-
selbe Hasler noch im selben Jahr 2003 die SVP-Kampagne als hanebüchen und
nicht zielführend ein. «Il est idiot de dire que les abus sont à la base de la forte
augmentation des prestations de l'AI [Assurance-invalidité, IV]», wie er sich in
der Zeitung «Le Temps» zitieren liess.[158]

153 Schuppisser 1999, S. 165 f.
154 Solothurner Zeitung, Nr. 243, 18. Oktober 1995, in: SWA, Zeitungsausschnitte Erwerbsunfä-
    higkeit, Vo K XIII 5.
155 Cash, Nr. 4, 24. Januar 2003, in: ebd.
156 Schweizer Arbeitgeber 1999, S. 385.
157 Tages-Anzeiger, Nr. 69, 24. März 1997, in: SWA, Zeitungsartikel Erwerbsunfähigkeit, Vo K
    XIII 5.
158 Le Temps, Nr. 1610, 1. Juli 2003, in: ebd.

Der Erfolg der Kampagnen der Arbeitgeberverbände blieb überschaubar. Die moralischen Appelle an die Mitglieder zeitigten kaum Wirkung. Die an die Wirtschaft gerichtete öffentliche Kritik konnte nicht abgewendet werden und die Ausgaben der IV stiegen ungebremst weiter. Für die Unternehmen wurde das Thema Behinderung neben einer moralischen zunehmend auch eine ökonomische Hypothek, denn das Abschieben von Mitarbeitenden in die Sozialversicherungen bescherte der Wirtschaft steigende Gesundheitskosten. Die Prämien für die Krankentaggeldversicherung und die Lohnprozente für die IV stiegen genauso wie die Ausgaben der betrieblichen Pensionskassen. Seit den 1990er-Jahren begannen einzelne grössere Unternehmen ein betriebliches Gesundheitsmanagement einzuführen. Als primäres Ziel galt die frühe Erfassung von Absenzen, um präventiv einen drohenden langandauernden Gesundheitsschaden abzuwenden. Damit konnten Kosten eingespart und zuverlässige Mitarbeitende längerfristig an das Unternehmen gebunden werden. Es ist bemerkenswert, dass die Arbeitgeberverbände nach der Jahrtausendwende begannen, ein Modell der Früherfassung auch von der IV zu fordern.[159] Ein solches Angebot konnte insbesondere für KMU interessant sein, die nicht über die notwendigen Möglichkeiten verfügten, ein solches Verfahren innerbetrieblich aufzubauen. Während sich die Arbeitgeberverbände – so auch in der geschilderten Kampagne – früher für die Eigenverantwortung der beteiligten Akteure ohne sozialstaatliche Einmischung starkmachten, suchten sie nach der Jahrtausendwende verstärkt die Kooperation mit der IV. Offenbar kam man zur Einsicht, dass die Krise der IV durch moralische Appelle an die Wirtschaft allein nicht überwunden und die steigenden Gesundheitskosten bei den Betrieben mit sozialstaatlicher Unterstützung wieder besser unter Kontrolle gebracht werden konnten. Über diesen Sinneswandel zeigte sich etwa die Präsidentin der Schweizerischen Gesellschaft für Arbeitsmedizin Brigitta Danuser-Niederöst «verblüfft». Sie wunderte sich, dass die Arbeitgeber nun ein sozialstaatliches Verfahren der Früherfassung für notwendig erklärten, «da sie sonst staatlich verordneten Interventionen ablehnend gegenüberstehen».[160]

Das Aufkommen des Gesundheitsmanagements in den 1990er-Jahren in der Schweizer Wirtschaft zeigt, wie Gesundheitsfragen in den Unternehmen verstärkt unter dem Blickwinkel der ökonomischen Auswirkungen betrachtet wurden. Auch dieser Aspekt bekräftigt, dass Unternehmen insgesamt deutlicher nach der Logik der Welt des Markts operierten, was auch die Arbeits- und Leistungsfähigkeit der Mitarbeitenden miteinschloss. Das Konzept des Gesundheitsmanagements illustriert die Verknüpfung von Überlegungen der familienweltlichen Konvention und des Markts bei der Beschäftigung von Menschen mit Behinderung anschaulich. Loyale und verdiente Mitarbeitende konnten weiterbeschäftigt werden und gleichzeitig behielt man die Ausgaben unter Kontrolle. Ökonomische Faktoren im engeren Sinne wurden folglich sowohl von der Wirt-

159 Tages-Anzeiger, Nr. 7, 10. Januar 2004, in: ebd.
160 Neue Zürcher Zeitung, Nr. 22, 28. Januar 2004, in: ebd.

schaft als auch von der IV höher gewichtet. Es bildete sich eine fruchtbare Ko-operationsgrundlage dank einer analogen Legitimationsstruktur für die Bestimmung von Wert gemäss der Welt des Markts.

Als über die 5. IVG-Revision abgestimmt wurde,[161] setzte sich der SAV erstmals aktiv für eine Reform der IV ein.[162] Dies war insbesondere dem vorgesehenen System der Früherfassung und Frühintervention zu verdanken, das bei den Arbeitgeberverbänden auf Zustimmung stiess. Nur kurze Zeit nach der 4. IVG-Revision opponierte man auch nicht mehr gegen die Einführung finanzieller Anreizsysteme für Unternehmen.[163] Letztlich akzeptierten die Arbeitgeberverbände sogar, dass sie etwas stärker in die Pflicht genommen wurden, indem sie im Rahmen des Zumutbaren gesetzlich zur Kooperation mit der IV verpflichtet wurden.[164] Für den Terminus des «Zumutbaren» bleibt freilich ein grosser Interpretationsspielraum. Diese Form der Unterstützung für sozialpolitische Prozesse durch die Arbeitgeber kann im Kontext der IV als Novum bezeichnet werden.

Gleichzeitig führte der SAV aber auch seine Bemühungen im Bereich der Sensibilisierung und Information seiner Mitglieder weiter. Von den Behindertenverbänden ging der Anstoss für eine Internetplattform für die Beschäftigung von Menschen mit Behinderung aus, die dann auch finanziell vom BSV unterstützt und in die Arbeitgeberkampagnen des Bundesamts integriert wurde.[165] Der Schweizerische Arbeitgeberverband sicherte seine Mitarbeit beim Aufbau des Projekts «Compasso»[166] ebenfalls zu.[167] Die klassischen Kampagnen des SAV wurden nun durch den Internetauftritt modernisiert und boten den Unternehmen die Möglichkeit, die dargebotenen Informationen jederzeit abzurufen. Das Portal wurde schliesslich von den Arbeitgebern komplett übernommen und wird nun von ihnen betreut. Das klassische Engagement der Arbeitgeberverbände verläuft nun parallel zur neu signalisierten Bereitschaft, die Kooperation mit der IV zu stärken und somit den Sozialstaat vermehrt in den Arbeitsintegrationsprozess einzuspannen.[168]

---

161 Gegen die Gesetzesvorlage wurde das Referendum ergriffen.

162 Schweizer Arbeitgeber 2007, S. 3.

163 Woher dieser Gesinnungswandel herrührt, ist unklar. Womöglich sollten bei einer stärkeren Kooperation mit der IV zumindest die Kosten für die einzelnen Unternehmen durch sozialstaatliche Unterstützung bei der beruflichen Eingliederung so niedrig wie möglich gehalten werden.

164 Artikel 7c IVG «Mitwirkung des Arbeitgebers» (Stand 1. August 2008) lautete: «Der Arbeitgeber arbeitet aktiv mit der IV-Stelle zusammen. Er wirkt bei der Herbeiführung einer angemessenen Lösung im Rahmen des Zumutbaren mit.»

165 SAEB. Protokoll der Geschäftsleitungssitzung vom 11. April 2006, in: Archiv Inclusion Handicap, GL-Protokolle 1980–2011; Integration Handicap. Protokoll der Geschäftsleitungssitzung vom 28. April 2009, in: ebd.

166 Compasso. Berufliche Integration – Informationsportal für Arbeitgeber.

167 Integration Handicap. Protokoll der Sitzung des Zentralvorstands vom 10. November 2008, in: Archiv Inclusion Handicap, ZV-Protokolle 1986–2014.

168 Die Frage bleibt hier allerdings offen, ob diese signalisierte Bereitschaft zur Kooperation in der Fallarbeit auch tatsächlich zu einer stärkeren Zusammenarbeit zwischen Arbeitgebern und IV geführt hat.

Unternehmen zwischen Management und sozialer Verantwortung

Der Umbruch der Schweizer Wirtschaft mitsamt all seinen Auswirkungen auf die berufliche Eingliederung von Menschen mit Behinderung kann mithilfe von Einzelbeispielen dargestellt werden. Die Personalpolitik der Unternehmen orientierte sich nun stärker an Managementmodellen. Höhere Anforderungen am Arbeitsplatz und der Abbau von Nischenarbeitsplätzen sind Entwicklungen, die weitreichende Konsequenzen für Personen mit Leistungseinschränkungen zeitigten. Ihre Chancen auf dem Arbeitsmarkt sanken dramatisch. Gleichzeitig wurde das Thema Gesundheit und Invalidität in Betrieben ebenfalls zunehmend aus ökonomischer Perspektive als Kostenfrage und weniger (aber auch) als Aufgabe der sozialen Verantwortung betrachtet. Der Aufbau von Modellen des Gesundheitsmanagements in (Gross-)Unternehmen zeugt von dieser Logik.

Der beschriebene Wandel des Arbeitsmarkts und die restriktivere Handhabe der Unternehmen bei der Rekrutierung von Arbeitskräften lassen sich exemplarisch belegen. Bei den SBB waren 1964 43 417 Mitarbeitende angestellt.[169] 1996 zählte der Betrieb noch 32 581 Beschäftigte.[170] In den 1990er-Jahren wurde ein starker Personalabbau (ohne Entlassungen) betrieben, der mit Rationalisierungsprozessen verbunden war. Eine ähnliche Entwicklung kann bei Landis & Gyr nachgezeichnet werden. Allein 1992 wurden acht Prozent aller Stellen gestrichen.[171] Aufgrund der vielen Kündigungen implementierte das Unternehmen eine interne Anlaufstelle, die für Entlassene als «Filiale» des Zuger Arbeitsamts fungierte.[172] Die Personalberatung bei Landis & Gyr diagnostizierte 1995 zudem eine Zunahme von «psycho-somatischen Krankheitsformen», die auf Stress, erhöhte Arbeitsplatzanforderungen, Konkurrenzdruck innerhalb der Belegschaft und Ängste vor Arbeitsplatzverlust und Arbeitslosigkeit zurückgeführt wurden. Rationalisierungsprozesse hätten schliesslich vor allem zum Abbau von einfachen Arbeitsplätzen geführt, die besonders für leistungseingeschränkte Personen geeignet waren.[173] Es gebe aber «immer noch Vorgesetzte und Personalverantwortliche», die sich für die Integration von Menschen mit Behinderung einsetzten. Die Personalberatung resümierte jedoch, dass die Zukunftsaussichten «ungünstig» seien, und sie äusserte die Befürchtung, dass «die absolut unsozialen Strukturen der modernen Industrie» vielen Menschen zu schaffen machen würden.[174] Es wurden die krank machenden Tendenzen des Arbeitsmarkts angespro-

169 SBB 1966 (Geschäftsbericht 1965), S. 19.
170 SBB 1997 (Geschäftsbericht 1996), S. 17.
171 Zeitungsausschnitt unbekannter Herkunft vom 9. März 1993, in: AfZ, Archiv Landis & Gyr, Unterlagen zum Personal 1977–1996, Nr. 318.
172 Tages-Anzeiger, o. Nr., 2. März 1994, in: ebd.
173 Die Personalberatung bedauerte, dass «Nischenplätze» rar geworden waren. Local Global, Dezember 1991, in: AfZ, Archiv Landis & Gyr, Hauszeitschrift/Local Global 1989–1992, Nr. 2708.
174 Jahresbericht der Personalberatung 1. Oktober 1994 bis 30. September 1995, in: AfZ, Archiv Landis & Gyr, Unterlagen zum Personal 1977–1996, Nr. 318, S. 4 f.

chen, die in der Wissenschaft, Politik, bei den Behörden und in den Medien intensiv diskutiert und als eine Ursache für die Zunahme an IV-Renten im Bereich der psychischen Erkrankungen genannt wurden.

Personalfragen gehörten in grösseren Unternehmen zunehmend in den Aufgabenbereich der Human Resources. Personalabteilungen wurden als «strategische Geschäftseinheit» organisiert[175] und einer Managementlogik unterstellt. Knapp bemessene Headcounts und damit verbundene hohe Leistungsanforderungen, um eine maximale Produktivität zu erzielen, erschwerten die Integration von Menschen mit Behinderung. Die Übernahme sozialer Verantwortung und Profitstreben schlossen sich aber nicht aus. Sie war entweder von der persönlichen Einstellung der Personen mit Entscheidungsbefugnissen abhängig oder beruhte auf einem grundsätzlich definierten betrieblichen Ziel. Das Ideal der klassischen «Betriebsgemeinschaft» kann zudem weiterhin vorgelebt werden. Eine Personalchefin des Haushalts- und Küchengeräteherstellers Electrolux hob Ende der 1990er-Jahre den familiären Charakter des Unternehmens hervor und betonte die Verpflichtung zu sozialer Verantwortung gegenüber den Mitarbeitenden, die aus dieser gemeinschaftlichen Struktur resultiert.

> Ich denke oft an meine Grosseltern zurück. Sie lebten auf einem Hof mit Knechten, die das ganze Spektrum der Dorfgemeinschaft abbildeten. Man war aufeinander angewiesen und konnte die Leute nicht einfach wegschicken, wenn sie weniger leistungsfähig waren. Alle gehörten irgendwie zusammen.[176]

In den (Gross-)Betrieben wurde die Problematik Behinderung nun allerdings weniger von einem familiären Ideal aus als vielmehr in einem weitreichenden unternehmerischen Kontext verhandelt. Krankheit, Unfall und Invalidität wurden verstärkt als Kostenfaktoren interpretiert,[177] die es nach ökonomischem Kalkül möglichst einzudämmen galt. Der Aufbau von Systemen des Gesundheitsmanagements in Schweizer Unternehmen seit den 1990er-Jahren zeugt von dieser Denkweise. Für die Wirtschaft bedeutete das Abschieben «beschädigter» Arbeitskräfte an den Sozialstaat keine unkomplizierte und kostengünstige Lösung. Diese Praxis trieb die Sozialausgaben in die Höhe, die die Unternehmen mittels steigender Abgaben und Prämien mitzutragen hatten. Das «Anwesenheitsmanagement»[178] wurde als zukunftsweisendes Modell angepriesen, um die steigenden Kosten in den Griff zu bekommen. Angestellte, die über einen längeren Zeitraum oder wiederholt in kürzeren Abständen der Arbeit fernbleiben, sollen frühzeitig einer Abklärung unterzogen werden, damit festgestellt werden

---

175 Bernet/Tanner 2015, S. 24.
176 Tages-Anzeiger, Nr. 122, 31. Mai 1999, in: SWA, Zeitungsausschnitte Invalide, Vo M Invalide.
177 Hier zeigt sich eine Parallele zur IV. Es wurde bereits aufgezeigt, dass vor allem seit der 5. IVG-Revision «Fälle» primär als Kostenfaktoren perzipiert wurden.
178 Der Bund, Nr. 14, 19. Januar 2004, in: SWA, Zeitungsausschnitte Erwerbsunfähigkeit, Vo K XIII 5.

kann, ob ein ernstes gesundheitliches Problem vorliegt. Durch allfällige Massnahmen soll einer drohenden langandauernden Erwerbsunfähigkeit vorgebeugt
werden. Die Unterstützung solcher Betriebskonzepte durch die Wirtschaft för-
derte die Zusammenarbeit mit der IV, die mit der 5. IVG-Revision ihre Angebote
auf die Früherfassung potenzieller IV-Fälle ausrichtete und folglich eine analoge
Strategie zur Vermeidung von Rentenfällen verfolgte, die mit den Praktiken der
Unternehmen kompatibel war.[179] Zudem machte es die strengere Gesetzesauslegung der IV bei der Rentenzusprechung seit der 4. IVG-Revision sehr schwer,
gesundheitlich angeschlagene Arbeitskräfte an die Sozialversicherung abzuschieben. In den 2000er-Jahren entwickelten zahlreiche Betriebe alternative Lösungen.
   Die Unternehmen konnten die Einsparungen durch Gesundheitskonzepte
quantifizieren und als lohnende Investition verbuchen. Migros Aare bilanzierte
2004, dass durch das Anwesenheitsmanagement in den letzten drei Jahren 10 Millionen Franken eingespart werden konnten.[180] Das Bau- und Generalunterneh-
men Frutiger meldete ein Jahr später, die implementierten Strukturen hätten bewirkt, dass sich die Quote der Absenzen in den letzten zehn Jahren halbierte und
sowohl die Invaliditätsfälle als auch die Krankentaggeldprämien deutlich gesenkt
werden konnten.[181] Mit beeindruckenden Zahlen warteten auch die SBB auf. Seit
1994 konnten nach eigenen Angaben innerhalb von zehn Jahren mithilfe des An-
wesenheitsmanagements durch Arbeitsausfälle verursachte Folgekosten um 450
Millionen Franken reduziert werden.[182]
   Die Orientierung an Anwesenheit beziehungsweise Abwesenheit lässt un-
schwer erkennen, dass diese betrieblichen Modelle auf die Weiterbeschäftigung
der eigenen behindert gewordenen Mitarbeitenden ausgerichtet waren. Die Anstellung von Menschen mit Behinderung spielte weiterhin eine untergeordnete
Rolle – oder überhaupt keine mehr. Der Schutz und die Verantwortung gegenüber den Mitarbeitenden bleibt ein wichtiger Faktor. Die SBB veröffentlichten
1994 ihre aktualisierten Vorschriften «über die Eingliederung bei teilweiser Invalidität», die die Richtlinien von 1965 ersetzten. Auch in diesem Dokument wurden die Bemühungen des Unternehmens mit der «soziale[n] Verantwortung»
gegenüber der Belegschaft begründet.[183] Dennoch orientierte sich die Logik der
Unternehmen auch bei der Weiterbeschäftigung von behinderten Mitarbeitenden
verstärkt an ökonomischen Prinzipien und beschränkte sich nicht auf die argu-
mentative Betonung sozialer Aspekte. Soziales Engagement wurde in der Wirtschaft zunehmend integraler Bestandteil der Unternehmensstrategie. So erfährt
etwa das Konzept der Corporate Social Responsibility seit den 1990er-Jahren

---

179 Parallele Strukturen wurden auch bei den Krankentaggeldversicherungen eingeführt.
180 So wurden etwa die Krankentaggeldprämien um 2,4 Millionen Franken gesenkt. Tages-Anzeiger, Nr. 13, 17. Januar 2004, in: SWA, Zeitungsausschnitte Erwerbsunfähigkeit, Vo K XIII 5.
181 Neue Luzerner Zeitung, Nr. 97, 25. April 2005, in: ebd.
182 Tages-Anzeiger, Nr. 13, 17. Januar 2004, in: ebd.
183 Allgemeine Zirkularweisung AZ 13/94 vom 9. März 1994, in: SBB-Archiv, SBBREG_
   AZ_2011/008_103, S. 1.

eine regelrechte Renaissance.[184] Das Konzept fungiert als Marketinginstrument und zur Positionierung als sozial verantwortliches Unternehmen in der öffentlichen Wahrnehmung. «Die Wohlfahrtsmassnahmen der Unternehmen dienen inzwischen stärker dem Imagemanagement und der *corporate identity* weltweit tätiger Grossunternehmen.» Dabei geht das Management moderner Firmen davon aus, «dass die entsprechenden Ausgaben einen produktivitätssteigernden Effekt haben und sich für das Unternehmen auszahlen».[185] Als Folge einer positiven öffentlichen Wahrnehmung des Unternehmens wird ein Pay-off für die dargebrachten (sozialen) Leistungen einkalkuliert.

Die Unternehmen sicherten sich durch die Weiterbeschäftigung das Knowhow ihrer Angestellten längerfristig.[186] Zudem darf ein Unternehmen, das gegenüber den Angestellten soziales Engagement demonstriert, auf loyale und motivierte Mitarbeitende zählen, die sich mit dem Unternehmen identifizieren. Gleichzeitig erscheint ein solches Unternehmen für neue Mitarbeitende attraktiv. Es erleichtert die Rekrutierung von Arbeitskräften. Insgesamt lässt sich eine stärkere Verflechtung von moralischen und ökonomischen Argumenten erkennen, während früher die soziale Komponente argumentativ eher in den Vordergrund gerückt wurde.

Der Aufbau spezifischer (Arbeits-)Angebote für betroffene Mitarbeitende in jüngster Zeit sind ein Abbild dieser Anstrengungen zur beruflichen Eingliederung. Bei den SBB wurde 2002 die Organisation «anyway-solutions» gegründet, um Mitarbeitenden, die aufgrund von gesundheitlichen Problemen nicht mehr an ihrem angestammten Arbeitsplatz erwerbstätig sein können, eine neue Beschäftigung im Betrieb anzubieten.[187] Die Arbeitsplätze sind an verschiedenen Standorten in der Schweiz verstreut und verteilen sich auf die Bereiche Textilreinigung, Relaismanagement, polyvalente Werkstatt, Administration und Gebäudereinigung.[188] 2003 begannen die SBB ein betriebliches Gesundheitsmanagement aufzubauen.[189] 2008 wurde schliesslich ein Case Management eingeführt, das ins Kompetenzzentrum Betriebliches Gesundheitsmanagement eingebunden ist. Case-Managerinnen und -Manager begleiten gesundheitlich angeschlagene Mitarbeitende beim Rehabilitations- und Reintegrationsprozess.[190]

Seit den 2000er-Jahren werden vom Bund statistische Werte zu den Beschäftigungsquoten von Menschen mit Behinderung bereitgestellt, die es ermöglichen,

---

184 Das Konzept fand in den 1950er-Jahren erstmals Erwähnung. Hiss 2009, S. 289. Nach Shamir (2008) bedeutet Corporate Social Responsibility die Übertragung des Aktivierungsparadigmas und seines Imperativs der Selbstverantwortung auf die Unternehmen.

185 HLS: Arbeiterwohlfahrt. Hervorhebung im Original.

186 Die Generaldirektion der PTT propagierte 1990 den Einsatz von IV-Rentnerinnen und -Rentnern. Das Unternehmen könne von den «reichen Erfahrungen» der behindert gewordenen Mitarbeitenden profitieren. Dienstliche Weisung PA Nr. 24 vom 21. Dezember 1990, in: PTT-Archiv, Dienstliche Weisungen PA 1990–1991, P 16-93.

187 Das Angebot ist für über 50-jährige Mitarbeitende konzipiert, die mindestens zehn Jahre im Unternehmen gearbeitet haben. Lotterbach/Perroulaz 2013.

188 Ebd., 184–186.

189 SBB 2004 (Geschäftsbericht 2003), S. 17.

190 SBB 2009 (Geschäftsbericht 2008), S. 43.

das Phänomen auch quantitativ zu erfassen und das Engagement der Wirtschaft in der Schweiz besser einzuordnen und nachzuvollziehen. In den Jahren 2007 bis 2012 bewegte sich die Beschäftigungsquote von Menschen mit Behinderung im ersten Arbeitsmarkt zwischen 67,0 und 69,6 Prozent. Im europäischen Vergleich handelt es sich um einen hohen Wert.[191] In diesem Zeitraum lag die Erwerbslosenquote gemäss IAO-Vorgaben in der Schweiz bei Menschen mit Behinderung im Höchstfall 1,6 Prozentpunkte über derjenigen von Menschen ohne Behinderung (2010: 4,6 gegenüber 3,0 Prozent).[192] 2004 erschien zusätzlich eine vom BSV in Auftrag gegebene Studie, mit der erstmals quantitativ umfangreich die Rolle der Unternehmen bei der Beschäftigung von Menschen mit Behinderung analysiert wurde.[193] Lediglich bei acht Prozent aller befragten Betriebe standen Menschen mit Behinderung in einem Anstellungsverhältnis und nur 0,8 Prozent aller Arbeitsplätze waren mit Menschen mit Behinderung besetzt.[194] Diese Zahlen wirken insgesamt eher ernüchternd. Auch für das Jahr 2007 wurde in der Privatwirtschaft eine Behindertenquote von 0,8 Prozent eruiert.[195] Im selben Jahr waren 6,8 Prozent der Bevölkerung ab 15 Jahren Personen mit einer starken Einschränkung der Alltagstätigkeiten aufgrund einer Behinderung.[196]

Öffentliche Verwaltungen standen schon lange in der Kritik, zu wenig zur beruflichen Eingliederung beizutragen, obschon gerade von staatlichen Einrichtungen eine besondere Anstrengung erwartet werden dürfte.[197] Neuere Zahlen konnten nun diesen wiederholt vorgebrachten Vorwurf quantitativ belegen. Die Einführung der wirkungsorientierten Verwaltung erhöhte den Spar- und Personaldruck bei staatlichen Betrieben und führte zu Abschiebungen von Personen mit Leistungseinschränkungen an die IV.[198] Die Geschäftsprüfungskommission des Ständerats ging 2005 mit dem Bund hart ins Gericht: Bundesangestellte seien «in der IV entsorgt worden». Bei einem Personalbestand von 45 000 stünden zudem gerade mal 215 Arbeitsplätze für Menschen mit Behinderung zur Verfügung.[199] Dies entspricht einer Quote von unter 0,5 Prozent. Auch bei den kantonalen Verwaltungen konnte 2007 nur eine minim bessere Quote ausgewiesen werden (0,9 Prozent).[200]

---

191 Eurostat 2014.
192 BFS 2017.
193 Insgesamt beteiligten sich 1622 Unternehmen an der Umfrage.
194 Baumgartner/Greiwe/Schwarb 2004, S. 4 f.
195 Blick, Nr. 109, 12. Mai 2007, in: SWA, Zeitungsausschnitte Erwerbsunfähigkeit, Vo K XIII 5.
196 BFS 2014.
197 Eine Ausnahme bilden die öffentlichen Unternehmen der Bundespost und der Bundesbahnen, die durchwegs ein hohes Engagement an den Tag legten.
198 Bütler/Gentinetta 2007, S. 79.
199 WOZ, Die Wochenzeitung, Nr. 37, 15. September 2005, in: SWA, Zeitungsausschnitte Erwerbsunfähigkeit, Vo K XIII 5.
200 Von denjenigen Kantonen, die an der Befragung teilgenommen hatten, wies Basel-Landschaft (2,4 Prozent) den höchsten, Uri (0,2 Prozent) den tiefsten Wert aus. Blick, Nr. 104, 7. Mai 2007, in: ebd.

Schlussbetrachtung

In diesem Schlusskapitel werden zunächst die wichtigsten Ergebnisse der empirischen Studie nochmals thematisch gegliedert wiedergegeben. Gemäss der zentralen Fragestellung dieser Arbeit wird insbesondere aus konventionentheoretischer Perspektive reflektiert, wie sich in den vier untersuchten Zeiträumen die Rechtfertigungsmuster der fokussierten Akteure sowie die Arrangements im Bereich der beruflichen Eingliederung von Menschen mit Behinderung historisch entwickelt haben. Es folgen ein Ausblick auf aktuelle Entwicklungen bei der IV und in der Behindertenpolitik und Forschungsdesiderata für die Geschichtswissenschaft.

Thematisch gegliederte Ergebnisse

Das Konzept der Freiwilligkeit
Während die kriegsversehrten Nachbarländer zur Rehabilitation der Kriegsinvaliden Behindertenquoten für Unternehmen einführten, beschritt die Schweiz einen alternativen Weg der beruflichen Eingliederung. In der Tradition der Subsidiarität, die als ein Wesensmerkmal des politischen Systems gilt und die gesellschaftlichen Strukturen mitprägt, wurde die Arbeitsintegration von Menschen mit Behinderung in der unmittelbaren Nachkriegszeit als nicht staatliche Aufgabe aufgefasst. Entsprechend wurde mehrheitlich sowohl von der Politik als auch den Fachkräften und Behindertenverbänden das Konzept der Freiwilligkeit propagiert. Berufliche Eingliederung sollte auf privater Basis erfolgen, wobei Unternehmen und Arbeitssuchende mit gesundheitlichen Beeinträchtigungen als gleichwertige und freie Arbeitsmarktakteure in Erscheinung treten, die als Vertragspartnerinnen und -partner ein Arbeitsverhältnis eingehen können. Die Sympathisantinnen und Sympathisanten dieses Konzepts hatten verschiedene Gründe: Erstens erschien ihnen im Kontext der Hochkonjunktur der Nachkriegszeit ein gesetzlicher Zwang für Unternehmen nicht notwendig. Aufgrund der hohen Nachfrage nach Arbeitskräften könnten nach deren Ansicht auch Menschen mit Behinderung ohne grössere Hindernisse eine Stelle finden. Zweitens war die Anzahl der zu integrierenden Personen wesentlich geringer als im benachbarten Ausland, wo unzählige Kriegsinvalide in die Arbeitswelt zurückkehren wollten. Quantitativ war die berufliche Eingliederung für die Schweiz eine deutlich geringere Herausforderung. Drittens argumentierten insbesondere Behindertenverbände, Behindertenquoten seien diskriminierend. Menschen mit Behinderung würden gesetzlich in toto als minderwertig auf dem Arbeitsmarkt eingestuft. Dies komme einer Degradierung der Betroffenen zu Bürgerinnen und Bürger zweiter Klasse gleich, die nur mittels Zwang gegenüber

den Unternehmen und nicht aufgrund ihrer Fähigkeiten und Potenziale Zugang zum Arbeitsmarkt finden würden. Viertens entsprach dieses Vorgehen der dominierenden liberalen Grundhaltung in der Schweiz. Sowohl in der Politik als auch bei den Behindertenverbänden überwogen freisinnige Positionen. Damit einher ging eine grundsätzliche Skepsis gegenüber staatlichen Lösungsansätzen.

Entsprechend entwickelte sich in den 1940er- und 1950er-Jahren ein Eingliederungssystem auf privater Basis. Im Gesetzgebungsprozess für die 1960 eingeführte IV wurde das bestehende System mitsamt seinen inhärenten Grundüberzeugungen auf die Sozialversicherung übertragen und mit der Maxime «Eingliederung vor Rente» versehen. Das Konzept der Freiwilligkeit war auch im sozialstaatlichen Kontext wegleitend. Zudem sollte die IV möglichst subsidiär vorgehen und nur dort neue Strukturen schaffen, wo es unvermeidlich erschien. Ansonsten wurden die bestehenden Hilfsangebote primär finanziell unterstützt. Dies lässt sich treffend an den Regionalstellen illustrieren, die in den 1950er-Jahren auf Anregung der SAEB in verschiedenen Städten für die Berufsberatung und Arbeitsvermittlung von Menschen mit Behinderung geschaffen wurden. Sie wurden mit der Implementierung des Sozialwerks zu IV-Regionalstellen umfunktioniert.[1] Ebenso blieb auch die Behindertenhilfe im Zuständigkeitsbereich des dritten Sektors.

Menschen mit Behinderung als gleichwertige Arbeitskräfte

In der Behindertenhilfe und im Bereich der Berufsberatung von Menschen mit Behinderung dominierte in den 1950er-Jahren ein zunächst sehr modern anmutendes Praxismodell, das auf die Fähigkeiten und Interessen der Klientinnen und Klienten fokussierte, was zum einen stark an gegenwärtige ressourcenorientierte Empowerment-Ansätze und zum anderen an heute geltende Behindertenrechtsprinzipien erinnert, die sich auf Selbstbestimmung und Wahlfreiheit berufen.

Die Berufsberatung avancierte in der Nachkriegszeit zur wichtigsten Berufsgattung für die Arbeitsintegration von Menschen mit Behinderung. Berufsberatende waren von der Überzeugung geleitet, dass ihre Klientel, nach Fähigkeit an der passenden Stelle eingesetzt, im Vergleich mit nicht behinderten Menschen gleichwertige Arbeit leisten könne. Wurde «der rechte Mann am rechten Platz» eingesetzt, dann konnte die Leistungseinschränkung gleichsam zum Verschwinden gebracht werden. Auch diese Annahme ist den aktuellen Praktiken nicht fremd.[2] Da die Professionellen ihrer Klientel dieselben Chancen attestierten, war es aus ihrer Sicht letztlich auch eine Frage der Eigenverantwortung, ob der Übertritt in den ersten Arbeitsmarkt erfolgreich gestaltet werden konnte. Ebenso lassen sich hier Parallelen zur momentan dominierenden aktivierenden Arbeitsmarktpolitik erkennen.

1 Vgl. Canonica 2019.
2 Heute spricht man von «Matching». Nadai et al. 2019, S. 192.

In der Analyse hat sich allerdings gezeigt, dass die Leitbilder der Berufs-beratung nur bedingt umgesetzt wurden. Zum einen erscheint es in zahlreichen Fällen illusorisch, anzunehmen, dass Menschen, deren Leistungsfähigkeit aufgrund gesundheitlicher Beeinträchtigungen eingeschränkt ist, dieselben Chancen auf dem Arbeitsmarkt haben wie nicht behinderte Menschen. Dies hat sich vor allem in Phasen, in denen die Konjunktur schwächelte, gezeigt. Das Risiko der Langzeitarbeitslosigkeit stieg bei Menschen mit Behinderung an und seit den 1990er-Jahren ist diese Gruppe von Arbeitnehmenden auch in Bezug auf den Verlust einer Arbeitsstelle besonders gefährdet. Zum anderen hat sich gezeigt, dass auch unter den wirtschaftlich günstigen Bedingungen der Nachkriegszeit Berufsberatende nicht primär Arbeitsstellen vorsahen, die den «Eignungen und Neigungen» der Klientinnen und Klienten gerecht wurden. Vielmehr wurden Menschen mit Behinderung in Arbeitsmarktsegmente vermittelt, wo ein hoher Bedarf an Personal bestand. Es handelte sich dabei vor allem um den niedrig qualifizierten Industriesektor. Dort sollten Menschen mit Behinderung Jobs verrichten, die mit tiefen Löhnen und geringem sozialem Ansehen verbunden waren und die bei der grossen Anzahl freier Arbeitsplätze in der Hochkonjunktur niemand sonst machen wollte.

Diskrepanzen bei der Bildung von Wertigkeit zwischen Invalidenversicherung und Arbeitgeber
Die zuvor geschilderten Programmatiken und Praktiken haben die Institutionalisierung der beruflichen Eingliederung und ihre Fundierung auf Konventionen geprägt. In der Wirtschaft und beim Sozialstaat bildeten sich in den 1940er- und 1950er-Jahren Konzepte der Wertigkeit von Arbeitskräften mit Behinderung, die nur bedingt kongruent waren. Für die Arbeitgeber stand das reine Kosten-Nutzen-Kalkül nicht im Vordergrund. Aus dieser Perspektive kann die Beschäftigung von Menschen mit Behinderung nicht hinreichend erklärt werden, da eine voll leistungsfähige Person in der Regel für Unternehmen aus ihrer Sicht die profitablere Lösung ist. Immaterielle Werte spielten eine wichtige Rolle. Es wurde in dieser Studie aufgezeigt, dass für die Arbeitgeber primär die familienweltliche Konvention bedeutsam war. In einer Betriebsgemeinschaft waren Zusammenhalt, Loyalität und Vertrauen wichtig. Zwischen Arbeitgeber und Arbeitnehmenden bestand ein gegenseitiges Abhängigkeitsverhältnis, das auch einen besonderen Schutz der Angestellten beinhaltete. Entsprechend lag der Fokus auf der Weiterbeschäftigung von Mitarbeitenden, die von einer langandauernden gesundheitlichen Beeinträchtigung betroffen waren. Diese Bemühungen galten für die Unternehmen als ‹moralische Pflicht› gegenüber den Mitgliedern der Betriebsfamilie. Die Neuanstellung von Menschen mit Behinderung wurde hingegen zuvorderst als solidarischer Beitrag an das Kollektiv verstanden. Die Übernahme von sozialer Verantwortung entspricht der staatsbürgerlichen Konvention. Die Haltung und Rhetorik der Arbeitgeber knüpft am klassischen Konzept der bürgerlichen Wohltätigkeit an und weist Vorbehalte gegen sozialstaatliche Einmischung auf.

Die industrielle und die Marktkonvention spielten für die Wirtschaft nur eine untergeordnete Rolle. Sie wurden in der Regel erst dann relevant, wenn es um die konkrete Einsetzung von Menschen mit Behinderung im Betrieb ging. Ihre Arbeitskraft sollte möglichst produktiv genutzt werden, was mit einer idealen Arbeitsplatzallokation und -anpassung gelingen konnte. Zudem stellte sich die Frage nach einer gerechten, nach der effektiven Leistung bemessenen Entlohnung. Auch in diesem Zusammenhang manifestiert sich allerdings die untergeordnete Bedeutung marktwirtschaftlicher Prinzipien, wenn Mitarbeitenden mit Behinderung häufig nebst einem an der Produktivität bemessenen (häufig niedrigen) Leistungslohn zusätzlich ein leistungsunabhängiger Soziallohn als solidarischer Beitrag entrichtet wurde.

Die IV operierte mit anderen Wertigkeitsordnungen. Auf einer ideellen Ebene wurde im Gesetzgebungsprozess die staatsbürgerliche Konvention betont. Das Sozialwerk wurde gleichsam als Produkt eines gesamtgesellschaftlichen Bedürfnisses nach gegenseitiger Unterstützung und gemeinsamer Wohlfahrt propagiert. Der Hauptauftrag der IV («Eingliederung vor Rente») sollte zur Förderung der Autonomie der versicherten Personen und letztlich zu beruflicher sowie sozialer Teilhabe beitragen. Die Bedeutung des Kollektivs zeigt sich auch darin, dass das Sozialwerk als solidarische Volksversicherung mitsamt Obligatorium konzipiert wurde, bei der auch Personen versichert sind, die keine Beiträge geleistet haben (zum Beispiel bei Geburtsgebrechen).

Gesetz und Praxis offenbaren allerdings andere Schwerpunkte. Das neu eingeführte IVG und der entsprechende Vollzug orientierten sich vor allem an den Prinzipen der Welt des Markts. Der Invaliditätsgrad wurde nach marktlogischen Parametern bestimmt, das heisst anhand der eingetretenen (Teil-)Erwerbsunfähigkeit. Invalidität bezieht sich folglich auf den «Marktpreis» beziehungsweise über den monetären «Wertzerfall» der betroffenen Person auf dem Arbeitsmarkt. Entsprechend lautete das Ziel der IV, ihre Versicherten durch berufliche Massnahmen aufzuwerten und als ökonomisch wertvolle «Ware» an die Arbeitgeber zu verkaufen. Die IV adressierte die Arbeitgeber primär auf einer marktwirtschaftlichen Ebene. Damit wurde diesen unterstellt, dass sie ihre Entscheide bei der beruflichen Eingliederung vornehmlich nach dem Gesichtspunkt der Nutzenmaximierung fällen würden.

Diese Ausrichtung des Sozialwerks wurde durch die Eingliederungspraktiken der IVR bestärkt. In der Berufsberatung lautete das Ziel, wie bereits erwähnt, durch Kompensationen und eine ideale Stellenallokation die Behinderung quasi zum Verschwinden zu bringen. Ein solches Argumentationsmuster bezieht sich auf die Welt der Industrie. Durch Übereinstimmung zwischen Bewerbenden- und Stellenprofil sollte das vorhandene Leistungspotenzial der versicherten Personen maximal ausgeschöpft werden. Die familienweltliche Konvention diente den Berufsberatenden hingegen nur am Rande als Rechtfertigungsmuster. Die Argumentation lautete, dass Menschen mit Behinderung dankbar für ein Engagement seien und deswegen auch hohe Loyalität, Motivation und Betriebstreue zeigten, während andere Angestellte – bei der wirtschaftlich günstigen Lage der unmittelbaren Nachkriegszeit – häufig beim nächstbesten Angebot das Unternehmen wieder verlassen würden.

Entwicklung und Anpassung der Rechtfertigungsmuster

Zwischen den Rechtfertigungsmustern der Wirtschaft und des Sozialstaats bestanden offensichtliche Diskrepanzen, die auf potenzielle Koordinationsschwierigkeiten zwischen den beiden Akteuren hindeuten. Die Hochkonjunktur, die das erste Jahrzehnt nach der Einführung der IV prägte, übertünchte die Divergenzen. Die marktorientierten Argumente der IV verfehlten ihre Wirkung aufgrund der hohen Nachfrage nach Arbeitskräften nicht. Für die Wirtschaft avancierten Arbeitskräfte mit Beeinträchtigungen in diesem Zeitraum zu einem begehrten Gut. Ihr Wert stieg in der Welt des Markts an. Menschen mit Behinderung konnten von den Unternehmen als vergleichsweise günstige Mitarbeitende angeworben werden, um die bestehenden Lücken, insbesondere im Segment der niedrig qualifizierten industriellen Arbeit, zu füllen. Dies begründet gleichzeitig ihre Bedeutung in der Welt der Industrie. Sie wurden eingesetzt, um die Produktionsprozesse in Gang zu halten.

Die Konjunkturabhängigkeit von Erfolg oder Misserfolg der Arbeitsintegration von Menschen mit Behinderung zeigt sich auch bei Eintritt der ersten schwereren Wirtschaftskrise nach 1945. Die IVR stiessen Mitte der 1970er-Jahre bei der Arbeitsvermittlung abrupt an Grenzen. Für die Unternehmen verlor die soziale Verantwortung gegenüber stellensuchenden Menschen mit Behinderung an Bedeutung (staatsbürgerliche Konvention). Der Fokus richtete sich auf die eigene Belegschaft. Entlassungen von Angestellten mit Behinderung hat es in jener Zeit kaum gegeben. Die familienweltliche Konvention als zentrales Rechtfertigungsmuster für die Beschäftigung von Menschen mit Behinderung blieb unumstösslich bestehen. Die Welten des Markts und der Industrie waren hingegen kaum noch relevant. Marktwirtschaftlich sank der Wert mit abnehmender Nachfrage nach Arbeitskräften durch die Wirtschaft. Im Rahmen der industriellen Logik ist der Wertverlust damit zu erklären, dass sich die Anforderungen am Arbeitsplatz allmählich wandelten, was sich tendenziell eher zuungunsten zahlreicher Menschen mit Behinderung auswirkte.

Unter erschwerten Marktbedingungen blieb die IV ihrem Rechtfertigungsmuster treu und adressierte die Arbeitgeber weiterhin in der Welt des Markts. Zur Debatte standen verschiedene Ansätze, um die Kosten einer Arbeitsintegration für die Unternehmen zu mindern (in der Regel mithilfe von finanziellen Anreizen). Hingegen wurde von sozialstaatlicher Seite das Verhalten der Arbeitgeber nicht kritisiert. Die IV steuerte auf ein Koordinationsproblem zu, da das Sozialwerk und die Wirtschaft den Wert von Arbeitskräften mit Behinderung unterschiedlich bestimmten. Die Folge davon war, dass das Sozialwerk mit seinen Bemühungen erfolglos blieb.

In der Öffentlichkeit formierte sich hingegen zunehmend Druck auf die Arbeitgeber. Die Kritik war moralisch fundiert und prangerte die ungenügende soziale Verantwortung der Wirtschaft an. Die Kritik hatte folglich eine staatsbürgerliche Dimension und traf die Arbeitgeber auf ihrer eigenen Rechtfertigungsebene. Dies löste in der Tat eine Veränderung der Rechtfertigungsmuster und des Verhaltens der Arbeitgeber aus. Die Arbeitgeberverbände passten ihre rhetorischen Handlungslegitimationen an und wurden gleichzeitig aktiv, indem sie Kampagnen für die eigenen Mitglieder lancierten, um deren Bereitschaft für die Anstellung von Menschen mit Behinderung zu fördern.

Die 1990er-Jahre brachten wichtige Veränderungen des Wirtschaftssystems mit sich, was auch Einfluss auf die Unternehmenskultur in der Schweiz hatte. Die Unternehmen nahmen eine globale Perspektive ein, der Shareholder-Value wurde akzentuiert und die betriebliche Gewinnmaximierung stand zuoberst auf der Geschäftsleitungsagenda. Managementmethoden wurden in den verschiedenen Unternehmensabteilungen eingeführt, so auch im Bereich des Personalwesens mit den Human Resources. Diese Prozesse bedeuteten eine Verabschiedung des klassischen Typus «Schweizer Unternehmen». Starker Druck, hohe Anforderungen und Erwartungen an Qualifikation, Mobilität und Flexibilität, wie sie zunehmend von Mitarbeitenden gefordert wurden, bedeuteten für Menschen mit Behinderung häufig einen Arbeitsmarktnachteil.

Die Chancen für Menschen mit Behinderung verschlechterten sich auf dem Arbeitsmarkt zusehends und Unternehmen begannen, vermehrt Personen mit Leistungseinschränkungen zu entlassen und letztlich an den Sozialstaat abzuschieben. Die familienweltliche Konvention, die auf die gegenseitige Loyalität von Arbeitgebern und Mitarbeitenden ausgerichtet war, verlor in den 1990er-Jahren sichtlich an Bedeutung. Die Betriebsgemeinschaft war kein tragendes Unternehmenselement mehr. Stattdessen wurden Gesundheitsfragen in Unternehmen vermehrt nach ökonomischen Gesichtspunkten verhandelt. So wurden auch sie in eine Managementlogik überführt («Gesundheitsmanagement»).[3] Das Risiko der Erwerbsunfähigkeit wurde nun primär als Kostenfaktor perzipiert, der unter Kontrolle gebracht werden musste. Präventives Vorgehen und frühzeitige Interventionen sollten verhindern, dass «Fälle» überhaupt erst produziert wurden. In gewisser Weise erfüllten solche Anstrengungen den klassischen betrieblichen Imperativ der Unterstützung der eigenen Belegschaft, wenn auch unter veränderten (ökonomisierten) Vorzeichen.

Nicht nur die Arbeitgeber, sondern auch die IV kam insbesondere seit den 1990er-Jahren öffentlich unter Druck. Das Sozialwerk verstand sich stets als eine an der Welt des Markts orientierte Sozialversicherung. Sie stand aber zunehmend in der Kritik, genau dies nicht (mehr) zu sein. Die IV, so die Vorwürfe, sei zu einer Rentenversicherung mutiert, die im staatsbürgerlichen Sinne das Risiko Behinderung kollektivierte, indem die Allgemeinheit für die ständig steigende An-

---

3 In der konkreten Fallarbeit wird dann analog dazu von «Case Management» gesprochen.

zahl der IV-Rentnerinnen und -Rentner aufkommen musste. Die IV wurde darauf nach Massstäben der Effizienz und Effektivität grundlegend reformiert und nach marktwirtschaftlichen Maximen umgestaltet. Gleich wie die Arbeitgeber betrachtete die IV ihre Fälle nun in erster Linie als Kostenfaktoren. Diese Ökonomisierung koinzidiert folglich mit den Entwicklungen in den Unternehmen. Die Fokussierung auf die Welt des Markts als Rechtfertigungsordnung sowohl bei der IV als auch bei der Wirtschaft erleichterte die Koordination zwischen den beiden Akteuren. Tragfähige Lösungen wurden nun zunehmend gemeinsam gesucht und gefunden, wie etwa die 5. IVG-Revision zeigt, mit der das Sozialwerk im Rahmen der Früherfassung und Frühintervention Instrumente einführte, die mit dem betrieblichen Gesundheitsmanagement vereinbar waren. Die Zusammenarbeit, die bis anhin vor allem vonseiten der Arbeitgeberverbände eher verweigert wurde, hat sich nun konkretisiert.[4]

Aktivierung der versicherten Personen als Konstante

In den Sozialwissenschaften wird die These vertreten, dass in den 1990er-Jahren in Westeuropa eine grundlegende Transformation der Sozial- und Arbeitsmarktpolitik eingesetzt habe. Das Paradigma der Aktivierung habe sich weitflächig als Modus Operandi durchgesetzt. Bei der IV sei dieser Wandel insbesondere mit der 5. IVG-Revision vollzogen.[5] Der Blick auf die IV zeigt, dass Formen der Aktivierung beim Sozialwerk seit seiner Gründung bestanden. Erstens wurde die berufliche Eingliederung bereits in den 1950er-Jahren im Gesetzgebungsprozess der IV als primäres Ziel der Sozialversicherung festgelegt. Zweitens stand die Eigenverantwortung der Klientinnen und Klienten stets im Vordergrund. Wie im Kontext der Berufsberatung von Menschen mit Behinderung in der unmittelbaren Nachkriegszeit aufgezeigt, wurde die Überzeugung zum Ausdruck gebracht, dass der Wille der stellensuchenden Personen weit wichtiger sei als gesundheitliche Einschränkungen. Wer wirklich wolle, der oder die finde auch eine Arbeit. Da die Berufsberatenden auch innerhalb der IV für die Arbeitsintegration der Versicherten zuständig waren, wurde diese Logik auch in das Sozialwerk überführt. Drittens besass die IV bereits von Beginn an Möglichkeiten der Sanktionierung, wenn sich Klientinnen und Klienten im Hinblick auf die berufliche Eingliederung nicht kooperativ zeigten – wobei sie eher zurückhaltend angewendet wurde.

Im Kontext der IV wäre es zutreffender zu argumentieren, dass die Gesetzesrevisionen der 2000er-Jahre zu einer Akzentuierung bereits vorhandener aktivierender Elemente beigetragen haben. Nicht von ungefähr wurde in den De-

---

4 Inwiefern die Kooperation zwischen IV und Unternehmen in der konkreten Fallarbeit tatsächlich umgesetzt wird und ob sie funktioniert, kann im Rahmen dieser Studie nicht beantwortet werden. Geisen et al. bestätigen allerdings, dass sich seit der 5. IVG-Revision die Zusammenarbeit zwischen IV-Stellen und Arbeitgebern «ausgeweitet und intensiviert» habe. Geisen et al. 2016, S. 89.
5 Nadai 2007.

batten zur IV in Zusammenhang mit den neuesten Reformen von verschiedener Seite argumentiert, dass die IV zu ihren Wurzeln als Eingliederungsversicherung zurückgefunden habe, nachdem sie zwischendurch vom Weg abgekommen sei.

Widersprüchliche Logiken bei der IV
Die historische Auseinandersetzung mit der IV zeigt eine eigentümliche Entwicklung der Sozialversicherung. Ursprünglich mit dem Fokus auf die berufliche Eingliederung konzipiert, trug sie mit ihrer grosszügigen finanziellen Unterstützung der Behindertenhilfe massgeblich zum Auf- und Ausbau einer Parallelwelt in den Bereichen Wohnen und Arbeit bei. Die Bildung des zweiten Arbeitsmarkts erscheint paradox, da dieser den gesetzten Zielen des Sozialwerks gleichsam zu widersprechen scheint. Die IV agierte gleichzeitig nach einer Logik der Integration und einer Logik der Segregation. Aus heutiger Sicht könnten diese Prozesse als schwerwiegende Hypothek im Hinblick auf die geforderte Inklusion von Menschen mit Behinderung gewertet werden.

Die Schaffung geschützter Arbeitsplätze erscheint auch gegenüber den Arbeitgebern kontraproduktiv. Wie sich vor allem seit den 1970er-Jahren zeigte, als die Stellenvermittlung von Menschen mit Behinderung allmählich an ihre Grenzen stiess, verwiesen die Unternehmen vermehrt auf den zweiten Arbeitsmarkt. Leistungseingeschränkte Personen, so das Argument, müssten nicht mehr in den Betrieben untergebracht werden, da sie im zweiten Arbeitsmarkt beschäftigt werden konnten. Den Arbeitgebern bot sich die Gelegenheit, ihre soziale Verantwortung unter Beweis zu stellen, indem sie etwa als Stiftungsrätinnen oder -räte aktiv waren oder als Unternehmen Spenden für geschützte Werkstätten und Verbände tätigten. Kritische Stimmen monierten, dass es sich um eine bewusste Strategie handelte, um sich aus der Verantwortung für die Integration im eigenen Betrieb zu stehlen und dennoch sozial gut dazustehen, wobei die IV aktiv zu dieser Entwicklung beigetragen hat.

Verstärkt wird die Tendenz der erschwerten Arbeitsintegration in den ersten Arbeitsmarkt dadurch, dass die IV stets nach dem Prinzip «so wenig wie möglich und so viel wie nötig» agierte. Umfangreichere Qualifikationen waren eher die Ausnahme. Dieses Handlungsschema widersprach auch den Postulaten der SAEB, die forderte, dass Menschen mit Behinderung als Kompensation für gewisse Benachteiligungen auf dem Arbeitsmarkt besser als nicht behinderte Personen ausgebildet werden müssten. Stattdessen beschränkte sich das Sozialwerk vornehmlich auf die kurze Einarbeitung im niedrig qualifizierten Produktionsprozess der Industrie. Diese Strategie der IV funktionierte während der Phase der Hochkonjunktur gut. Bei Eintreten der ersten Rezession Mitte der 1970er-Jahre waren zahlreiche Menschen mit Behinderung in Wirtschaftssektoren tätig, die besonders vom Stellenabbau bedroht waren. Darin bestand ebenso ein Risiko, dass Betroffene in den zweiten Arbeitsmarkt abgeschoben wurden.

Unterschiedliche Deutungen von Behinderung

Die vorliegende Studie zeigt auf, dass unterschiedliche Verständnisse und Deutungen von Behinderung vorlagen. «Behinderung» als Zuschreibungskategorie wurde von den Akteurinnen und Akteuren mit verschiedenen Inhalten gefüllt. Zunächst agierten die Sozialversicherungen mit je eigener Logik. Die IV verwendete das versicherungsrechtliche Konzept «Invalidität», um die (Rest-)Erwerbsfähigkeit der versicherten Personen zu bestimmen. Die ALV fokussierte auf die Vermittelbarkeit und orientierte sich eher an arbeitsmarktlich relevanten Behinderungen. Der Begriff wurde in einem weiteren Sinne verwendet und bezog sich auf Hindernisse, die die Arbeitsintegration von Stellensuchenden erschwerten oder das Risiko der Langzeitarbeitslosigkeit erhöhten.

Die Unternehmen interessierten sich für gesundheitliche Problematiken, wobei die Einschränkung der Leistungsfähigkeit in den Mittelpunkt der Interventionen gerückt wurde. Die Hauptaufgabe bestand darin, zu überprüfen, ob und wie betroffene Mitarbeitende produktiv im Unternehmen weiterbeschäftigt werden konnten, wobei Arbeitgeber auch eine besondere Verantwortung für die eigene Belegschaft geltend machten. In der politischen Arena wurde der diffuse Begriff Behinderung von den Arbeitgeberverbänden verwendet, um die Frage der ungerechtfertigten Nachfrage nach sozialstaatlichen Leistungen aufzuwerfen, da die Grenzen zwischen behindert und nicht behindert interpretationsbedürftig waren. In diesem Sinne konnte die Frage aufgeworfen werden, ob arbeitslose Personen keine Arbeit hatten, weil sie nicht erwerbsfähig waren oder weil sie nicht arbeiten wollten. Die Arbeitgeberverbände argumentierten, dass in vielen Fällen eher mangelnder Arbeitswille Ursache für die fehlende Arbeit war, während strukturelle Problematiken des Arbeitsmarkts vernachlässigt wurden. Dieser Vorwurf wurde von den Arbeitgeberverbänden insbesondere bei psychischen Erkrankungen vorgebracht, was sich auch daran aufzeigen lässt, dass sie sich noch in den frühen 2000er-Jahren politisch gegen die explizite Aufnahme der psychischen Behinderung in den Gesetzeskorpus zur IV einsetzten.

Ausblick und Forschungsdesiderata

Der Reformbedarf prägte die Politik rund um die IV auch nach der 5. IVG-Revision. Kurz nachdem die Mehrheit der Stimmbevölkerung diese angenommen hatte, wurde bereits die 6. IVG-Revision lanciert. Sie wurde in zwei Massnahmenpakete unterteilt (Revisionen 6a und 6b). 2010 veröffentlichte der Bundesrat die Botschaft zum ersten Teil der vorgesehenen Gesetzesänderung. Der eingeschlagene Weg, geprägt durch Aktivierung und einen starken Arbeitsimperativ, wurde konsequent weiterverfolgt – und akzentuiert. Nun sollte nicht nur durch ein Modell der Früherfassung Invalidität verhindert, sondern sogar bestehende Renten aufgelöst werden, indem Betroffene zurück in den ersten Arbeitsmarkt geführt würden. Neu wird eine Invalidität auch als umkehrbar aufgefasst.[6] Für die IV wurde als Ziel gesetzt, innert sechs Jahren 17000 Rentnerinnen und Rentner wieder beruflich zu integrieren.[7] Das Sozialwerk steuert unaufhaltsam auf ein Konzept der umfassenden Rekommodifizierung zu. Die klassische Maxime «Eingliederung vor Rente» musste nun dem Motto «Eingliederung statt Rente» weichen. Diese Ausrichtung impliziert, dass die Rente bloss noch – wenn überhaupt – der Ausnahmefall sein dürfe. Das zweite Massnahmenpaket, das unter anderem ein stufenloses Rentensystem (mit einer Vollrente ab 80 Prozent Invalidität) vorsah, wurde 2013 vom Parlament abgelehnt. Damit ist der Reformwille der Politik aber noch nicht gestoppt worden. Mit einer neuen Gesetzesrevision soll mit Blick auf Kinder, Jugendliche und Personen mit psychischen Erkrankungen die berufliche Eingliederung verbessert werden.[8]

Einen Meilenstein für die Behindertenpolitik und -hilfe bedeutet die Ratifizierung der UN-Behindertenrechtskonvention (UN-BRK) durch die Schweiz 2014.[9] Mit dem Nationalen Finanzausgleich 2008 und der Neuverteilung von Aufgaben zwischen Bund und Kantonen wechselte die finanzielle Zuständigkeit für die Bereiche Wohnen und Tagesstruktur vom Bund beziehungsweise der IV zu den Kantonen. Die berufliche Eingliederung blieb hingegen Aufgabe des Sozialwerks. Selbstbestimmung, Teilhabe und Wahlfreiheit gelten als zentrale Postulate der UN-BRK und werden in den nächsten Jahren die Behindertenhilfe grundlegend verändern. Primär wird Selbstbestimmung und Wahlfreiheit im Bereich Wohnen verhandelt und in den Kantonen sind verschiedene Anstrengungen festzumachen, Menschen mit Behinderung zunehmend die Möglichkeit zu bieten, in den eigenen vier Wänden und nicht mehr in einem institutionellen Kontext zu leben. Die Tendenz geht in Richtung ambulanter Dienstleistungen statt einer stationären Unterbringung. Gleichzeitig hat die IV Assistenzbeiträge eingeführt und finanziert begleitetes Wohnen. Es vollzieht sich eine allmähliche Abkehr von der im letzten Abschnitt diskutierten segregierenden Parallelwelt, die unter anderem mit Unterstützung der IV aufgebaut wurde. Die Forderungen der UN-BRK beziehen sich aber auch auf den Arbeitsmarkt und die Arbeitsintegration von Menschen mit Behinderung. So verlangt Artikel 27 der Konvention etwa einen «offenen, integrativen und für Menschen mit Behinderungen zugänglichen Arbeitsmarkt». Welche Auswirkungen die Ratifizierung der UN-BRK für die berufliche Eingliederung haben wird, ist noch nicht vorauszusehen. Analog zum Bereich Wohnen ist zu erwarten, dass sich auch hier eine Deinstitutionalisierung zugunsten von inklusiven Massnahmen vollziehen wird.

Die berufliche Eingliederung von Menschen mit Behinderung ist ein Teil der Schweizer Wirtschafts- und Sozialgeschichte. In der Studie konnte aufgezeigt werden, wie der historische Kontext starken Einfluss auf die Praktiken der Ar-

6 Vgl. Probst/Tabin/Courvoisier (2015).
7 BSV 2011.
8 BSV 2017.
9 Übereinkommen über die Rechte von Menschen mit Behinderungen (Stand 3. Juni 2019).

beitsintegration ausgeübt hat. So machten sich etwa Konjunkturschwankungen unmittelbar bemerkbar. Zudem bilden gesetzliche Rahmenbedingungen, die gesellschaftlichen und politischen Aushandlungsprozessen nachgelagert sind, den Zeitgeist ab und weisen auf behindertenpolitische Prozesse. So steht zum Beispiel die Erweiterung des Eingliederungsbegriffs auf die soziale Integration in den 1960er-Jahren auch für ein verstärktes Aufkommen emanzipativer Bewegungen, die vollständige Teilhabe für Menschen mit Behinderung forderten. Die Sanktions- und Kontrollinstrumente der aktuellen Revisionen hingegen sind auch ein Produkt der Missbrauchsdebatten, die seit der Jahrtausendwende intensiv geführt werden, sowie den gesamteuropäisch beobachtbaren Tendenzen eines Sozialstaatsabbaus geschuldet.

Insgesamt verfügt das Thema der beruflichen Eingliederung von Menschen mit Behinderung über ein hohes Erkenntnispotenzial. Es würde sich lohnen zu analysieren, wie sich die Strukturen der Arbeitsintegration in der ersten Hälfte des 20. Jahrhunderts in der Schweiz gebildet haben, auf denen dann in der unmittelbaren Nachkriegszeit der «Eingliederungsboom» aufbaute. Es bleibt eine offene Frage, wie die Armen- und Behindertenfürsorge handelte, als die IV noch weit von einer Implementierung entfernt war.[10] Es kann die Frage gestellt werden, welche Praktiken in den aufkommenden Behindertenwerkstätten angewendet wurden und auf welchen diskursiven Grundlagen die Eingliederungsproblematik verhandelt wurde. Richteten sie sich nach einem Arbeitsimperativ im Sinne der klassischen Arbeitshäuser aus? Wurden bereits professionelle heilpädagogische und arbeitsagogische Konzepte angewendet? Ging es primär um eine Arbeitserziehung oder um medizinische, berufliche und soziale Rehabilitation? Solche Fragen können wichtige Hinweise über den gesellschaftlichen Umgang mit benachteiligten Arbeitskräften liefern und soziale Vorstellungen über Rechte und Pflichten zur Arbeit erhellen. Menschen mit Behinderung sind in dieser Hinsicht eine interessante Bevölkerungsgruppe, weil sie auf der einen Seite in der allgemeinen Wahrnehmung zweifellos zu den «würdigen Armen» gehören, denen öffentlich ein Anrecht auf Hilfe attestiert wird. Gleichzeitig bestanden in der Schweiz aber lange Zeit nur marginale (und kaum sozialstaatliche) Unterstützungsstrukturen im finanziellen, aber auch im rehabilitativen Bereich. Wie lässt sich eine solche Konstellation erklären? Sie deutet auf potenzielle Ambivalenzen hin, die sich zwischen Inklusion und Ausschluss, zwischen Förderung und Versorgung und zwischen Hilfsbedarf und Diskriminierung einordnen lassen.

Als wichtiges Forschungsfeld können weiter die diskursiven Konnotationen und assoziativen Kategorien bezeichnet werden, die sich in den verwendeten Begrifflichkeiten widerspiegeln, mit denen Menschen mit Behinderung in Fragen des Arbeitsmarkts adressiert wurden. Im frühen 20. Jahrhundert bis in die 1930er-Jahre dominierte der Begriff der Mindererwerbsfähigen, der dann durch den Terminus Teilerwerbsfähige ersetzt wurde. Es drängt sich etwa die Frage auf, ob

---

10 Einen wichtigen Beitrag dazu leistet für die französische Schweiz: Kaba 2011.

die «Mindererwerbsfähigen» in einer diskursiven Verwandtschaft mit der damals geläufigen Kategorie des «minderwertigen Lebens» in der Degenerationstheorie und im Rahmen der Lebensversicherungsmedizin standen.[11] Es handelte sich in letzterem Fall um eine Risikogruppe, die von den privaten Versicherungen von Kundinnen und Kunden mit «normalen» Risiken[12] unterschieden wurde und von privaten Lebensversicherern entweder nicht oder nur mit Sonderbestimmungen beziehungsweise höheren Prämien aufgenommen wurde. Selbstredend gehörten auch Menschen mit Behinderung zu dieser Risikogruppe. Eine solche Untersuchung liesse sich nicht nur versicherungsgeschichtlich einordnen, sondern könnte in einen grösseren kulturgeschichtlichen Kontext über weitverbreitete Befürchtungen des Untergangs und der «Degeneration» beziehungsweise «Entartung» moderner Gesellschaften an der Wende zum 20. Jahrhundert eingebettet werden. Seinen tragischen Höhepunkt erlangte das Konzept im psychiatrischen und rassenhygienischen Minderwertigkeitsdiskurs der Nationalsozialisten, der sich auf die Euthanasiedebatten um 1900 berief.[13]

Fest steht, dass nach einer Phase der Dekommodifizierung, die sich in der Nachkriegszeit durch den fortschreitenden Ausbau im Bereich der sozialen Sicherung vollzog, in der Schweiz seit den 1990er-Jahren die (Re-)Kommodifizierung wieder im Vordergrund steht. Alte Vorstellungen von Arbeitszwang werden in neuem Gewand wieder aufgegriffen, da die restriktive Handhabe bei der Gewährung von Sozialleistungen für Betroffene kaum eine andere Option als die Aufnahme einer Erwerbsarbeit zulässt. Die IV befindet sich im Wandel. Davon zeugen die verschiedenen, zeitlich dicht gedrängten Gesetzesreformen seit der Jahrtausendwende. Damit durchläuft auch die berufliche Eingliederung einen Entwicklungsprozess mit offenem Ausgang. Die Zukunft wird zeigen, welche Auswirkungen diese Veränderungen haben werden.

---

11 Die eugenischen Diskurse im Bereich Behinderung lassen einen solchen Zusammenhang vermuten.

12 Im Fachjargon wurde in Abgrenzung dazu von «minderwertigen», «aggravierten», «anormalen» oder «abnormen» Risiken gesprochen. Lengwiler 2006, S. 158 f.

13 Hingegen hatte im Nationalsozialismus der versicherungsmedizinische Diskurs keine wichtige Bedeutung. Lengwiler 2009, S. 99–102; ders. 2006, S. 163.

Forschungsdesign, Methoden und Quellen

Das Verhältnis von IV und Arbeitgeber steht im Zentrum der Fragestellung der vorliegenden Studie. Dementsprechend liegt der Fokus auf diesen beiden Akteuren. Aufseiten des Sozialstaats werden zum einen die Behörden untersucht. Primär handelt es sich um das Bundesamt für Sozialversicherungen (BSV), dem auch die IV angegliedert ist. Komplementär wird auf das Bundesamt für Industrie, Gewerbe und Arbeit (BIGA, heute Staatssekretariat für Wirtschaft SECO) fokussiert. Das BIGA war für die Arbeitsmarktpolitik verantwortlich und damit bei der Gestaltung der beruflichen Eingliederung von Menschen mit Behinderung involviert. Zusätzlich werden die früheren IV-Kommissionen (IVK) und IV-Regionalstellen (IVR) sowie die bestehenden kantonalen IV-Stellen als ausführende Organe des Sozialwerks als Akteure berücksichtigt. Das Quellenmaterial stammt aus dem Schweizerischen Bundesarchiv in Bern. [1]

Aufseiten der Wirtschaft werden von verschiedenen Arbeitgeberverbänden entweder Archivunterlagen oder gedruckte Quellen berücksichtigt. Konsultiert wurden dafür die Archive des Zentralverbands Schweizerischer Arbeitgeberorganisationen in Zürich (ZSAO, heute Schweizerischer Arbeitgeberverband, SAV), des Schweizerischen Handels- und Industrievereins (SHIV, Vorort, heute economiesuisse) und des Arbeitgeberverbands Schweizerischer Maschinen- und Metall-Industrieller (ASM, heute Swissmem).[2] Zusätzlich wurden gedruckte Quellen des Schweizerischen Gewerbeverbands und der Gesellschaft zur Förderung der schweizerischen Wirtschaft (wf, heute economiesuisse)[3] bearbeitet. Für die Untersuchung der praktischen Umsetzung der beruflichen Eingliederung von Menschen mit Behinderung wurden Quellen aus vier Unternehmensarchiven[4] sowie verschiedene gedruckte Quellen (zum Beispiel Geschäftsberichte oder Werkzeitungen) zu weiteren Betrieben verwendet. Zwei Unternehmen sind im Bereich der industriellen Produktion tätig: der Elektotechnikkonzern Landis & Gyr mit Hauptsitz im Kanton Zug[5] und die Küchen-, Sanitär- und Industriefirma Franke mit Hauptsitz im Kanton Aargau. Zudem wurden zwei öffentliche Betriebe im Dienstleistungssektor untersucht: die Post-, Telefon- und Telegra-

---

1   Einige Quellen zu den IV-Regionalstellen stammen zusätzlich aus dem Staatsarchiv Basel-Stadt.
2   Die Archive des SHIV und des ASM befinden sich im Archiv für Zeitgeschichte, Zürich.
3   Der Vorort und die wf schlossen sich 2000 zur economiesuisse zusammen. HLS: Gesellschaft zur Förderung der schweizerischen Wirtschaft.
4   Die Suche nach geeigneten Unternehmensarchiven hat sich als schwierig herausgestellt. Ziel war es, Betriebe auszuwählen, die sich für die Beschäftigung von Menschen mit Behinderung engagiert haben. Sie sollten unterschiedlichen Branchen angehören und genügend Quellen zur Thematik vorweisen. Letztere Bedingung war für die Auswahl schliesslich entscheidend und musste den übrigen Auswahlkriterien vorangestellt werden; denn verschiedene angefragte Unternehmen verfügten nicht über Unterlagen zur beruflichen Eingliederung und konnten somit nicht berücksichtigt werden.
5   Das Archiv des Unternehmens Landis & Gyr befindet sich im AfZ.

fenverwaltung (PTT, ab 1960 Post-, Telefon- und Telegrafenbetriebe, heute Die Post beziehungsweise Swisscom) und die Schweizerischen Bundesbahnen (SBB). Der öffentliche Sektor ist deswegen bedeutsam, weil sich die PTT und die SBB bereits früh mit der Beschäftigung von Menschen mit Behinderung auseinandergesetzt haben. Sie nehmen zusammen mit einigen weiteren Privatunternehmen eine Vorreiterrolle ein. Darüber hinaus bestand auch für die öffentlichen Betriebe keinerlei Verpflichtung, sich an der beruflichen Eingliederung zu beteiligen. Auch für diese Unternehmen war ein diesbezügliches Engagement freiwillig.

Nebst Sozialstaat und Wirtschaft wurden für die Untersuchung auch die Behindertenverbände als Akteure berücksichtigt. Sie nahmen in den behindertenpolitischen Prozessen eine wichtige Rolle ein und haben sowohl mit dem BSV als auch den Arbeitgeberverbänden kooperiert. Konsultiert wurde das Archiv der Schweizerischen Arbeitsgemeinschaft zur Eingliederung Behinderter in die Volkswirtschaft (SAEB, heute Inclusion Handicap) sowie gedruckte Quellen von Pro Infirmis. Da Wirtschaftsvertreter, wie der ZSAO, Mitglied bei der SAEB waren, kam dem Verband eine Vermittlerfunktion zwischen staatlichen und privatwirtschaftlichen Akteuren zu. Als Berufsstand nahm schliesslich die Berufsberatung für die Arbeitsintegration von Menschen mit Behinderung seit den 1940er- und 1950er-Jahren eine zentrale Position ein. Berufsberatende prägten die Praktiken der beruflichen Eingliederung. Aus diesem Grund wurden die Quellen des Archivs des Schweizerischen Verbands für Berufsberatung und Lehrlingsfürsorge (SVBL, bis 2008 Schweizerischer Verband für Berufsberatung) konsultiert.[6]

Für die Aufarbeitung der politischen Prozesse auf Bundesebene wurden publizierte Quellen (Amtliches Bulletin, Bundesblatt) sowie einschlägige Zeitschriften (unter anderem «Schweizerische Zeitschrift für Sozialversicherung» und «Zeitschrift für die Ausgleichskassen») und Jahresberichte amtlicher und privater Organisationen verwendet. Schliesslich verfügt das Schweizerische Wirtschaftsarchiv in Basel über eine umfangreiche Sammlung von Zeitungsausschnitten und Dokumenten zu den Themen «Invalide» und «Erwerbsunfähigkeit».

Die Untersuchung ist als quellenkritische Studie angelegt. Sie ist im Sinne der modernen Geschichtswissenschaft als integrierte Methode sowohl von hermeneutischen als auch analytischen Ansätzen geleitet («Erklären» und «Verstehen»). Die Hermeneutik erweist sich für die Historiografie als «unverzichtbar, weil historische Akteure sich primär sprachlich äusserten und historische Quellen in der Regel verschriftlichte Inhalte besitzen, die man am besten hermeneutisch entschlüsselt». Gleichzeitig hat sich die Geschichte als «theoretisierbare Disziplin» erwiesen, wobei historische Entwicklungen gewinnbringend unter analytischen Gesichtspunkten erforscht werden können.[7] Theoretische Annahmen können historische Phänomene allerdings nur annähernd in ihrer gesamten

---

6 Das Archiv des SVBL befindet sich im Schweizerischen Wirtschaftsarchiv, Basel.
7 Lengwiler 2011, S. 90.

Komplexität erfassen. Hingegen können sie dazu beitragen, Kontingenzspielräume auszuloten und einzugrenzen.[8] Sie dienen weiter dazu, die Pluralität der
Phänomene zu kategorisieren, und erleichtern so die Einordnung von komplexen Erklärungszusammenhängen in eine analytische Matrix.

---

8 Welskopp 2007, S. 168 f.

Abkürzungen

AfZ	Archiv für Zeitgeschichte
AHV	Alters- und Hinterlassenenversicherung
AKBS 81	Aktionskomitee für das Jahr der Behinderten Schweiz 1981
ALV	Arbeitslosenversicherung
Amtl. Bull.	Amtliches Bulletin
ASKIO	Arbeitsgemeinschaft Schweizerischer Kranken- und Invaliden-Selbsthilfe-Organisationen
ASM	Arbeitgeberverband Schweizerischer Maschinen und Metall-Industrieller
ATSG	Bundesgesetz über den Allgemeinen Teil des Sozialversicherungsrechts
BAR	Schweizerisches Bundesarchiv
BehiG	Behindertengleichstellungsgesetz
BFS	Bundesamt für Statistik
BIGA	Bundesamt für Industrie, Gewerbe und Arbeit
BSV	Bundesamt für Sozialversicherungen
BVG	Bundesgesetz über die Alters-, Hinterlassenen- und Invalidenvorsorge
EC	Economie des conventions, Ökonomie der Konventionen
EDI	Eidgenössisches Departement des Innern
EO	Erwerbsersatzordnung
EVD	Eidgenössisches Volkswirtschaftsdepartement
EVG	Eidgenössisches Versicherungsgericht
EVP	Evangelische Volkspartei
FDP	Freisinnig-Demokratische Partei
FEFI	Früherfassung und Frühintervention
HLS	Historisches Lexikon der Schweiz
IAO	Internationale Arbeitsorganisation
IIZ	Interinstitutionelle Zusammenarbeit
IV	Invalidenversicherung
IVG	Invalidenversicherungsgesetz
IVK	IV-Kommission
IVR	IV-Regionalstelle
IVS	IV-Sekretariat
IVSK	IV-Stellen-Konferenz
MV	Militärversicherung
NR	Nationalrat
PdA	Partei der Arbeit
PTT	Post-, Telefon- und Telegrafenverwaltung
RAD	Regionale Ärztliche Dienste
SAEB	Schweizerische Arbeitsgemeinschaft zur Eingliederung Behinderter in die Volkswirtschaft
SAV	Schweizerischer Arbeitgeberverband
SAZ	Schweizerische Arbeitgeber-Zeitung
SBB	Schweizerische Bundesbahnen
SHIV	Schweizerischer Handels- und Industrieverein / Vorort
SIV	Schweizerischer Invalidenverband

SMUV	Schweizerischer Metall- und Uhrenarbeiterverband
SP	Sozialdemokratische Partei
StABS	Staatsarchiv Basel-Stadt
SR	Ständerat
Suva	Schweizerische Unfallversicherungsanstalt
SVBL	Schweizerischer Verband für Berufsberatung und Lehrlingsfürsorge
SVP	Schweizerische Volkspartei
SWA	Schweizerisches Wirtschaftsarchiv
UN-BRK	UN-Behindertenrechtskonvention
wf	Gesellschaft zur Förderung der schweizerischen Wirtschaft
ZAK	Zeitschrift für die Ausgleichskassen
ZSAO	Zentralverband Schweizerischer Arbeitgeberorganisationen

Quellen und Literatur

Primärquellen

Archivbestände

Archiv für Zeitgeschichte, Zürich (AfZ)
Arbeitgeberverband Schweizerischer Maschinen und Metall-Industrieller (ASM)
Bestände: Nr. 49, 100, 291, 334, 338, 340
Landis & Gyr
Bestände: Nr. 186, 242, 244, 250, 318, 2700, 2705, 2708
Schweizerischer Handels- und Industrieverein (SHIV, Vorort)
Bestände: 1. Organe und Tätigkeiten; 96. Invalidenversicherung IV (1942–2000)

Bundesarchiv, Bern (BAR)
Bundesamt für Industrie, Gewerbe und Arbeit (BIGA)
Bestände: E7170B; E7175C
Bundesamt für Sozialversicherungen (BSV)
Bestände: E3340B
Pro Patria
Bestände: J2.260-01

Franke Industrie, Aarburg
Bestände: Werkkurier; nicht publizierte Unterlagen zur Geschichte des Unternehmens

Inclusion Handicap, Bern
Bestände: GL-Protokolle 1980–2011; Mitteilungsblatt 1952–1971; Mitteilungsblatt
     1972–1988; Referate Nüscheler 1956–1967; SAEB Geschichte 1950–51; Unterlagen
     50 Jahre SAEB; ZV-Protokolle 1951–1985; ZV-Protokolle 1986–2014

Post-, Telefon- und Telegrafenverwaltung, Köniz (PTT)
Bestände: DK-B, PRD Reg. 351.816.088.3; P-00 C_2450_03; P-2; P-16-1; P-16-63; P-16-
     93; PA 196-243; PC 4-15

Schweizerische Bundesbahnen, Windisch (SBB)
Bestände: 101 Diensterlasse/Reglemente/Vorschriften; Führungskonferenz Protokolle;
     GD Generaldirektion (1853–1999); Geschäftsleitungskonferenz

Schweizerischer Arbeitgeberverband, Zürich (SAV)
Bestände: Protokolle, Zirkulare

Schweizerisches Wirtschaftsarchiv, Basel (SWA)
Bestände: Vo M Invalide, Vo K XIII 5; Zo 239
Schweizerischer Verband für Berufsberatung: G 1

Staatsarchiv Basel-Stadt, Basel (StABS)
Bestände: DI-REG 1c Departementsregistratur (1875–2006)

Gedruckte Primärquellen

Allenspach, Heinz (1971). Möglichkeiten und Grenzen der Ausschöpfung bestehender Arbeitskraftreserven, in: Gewerbliche Rundschau 4, S. 142–151.

Arbeitgeberverband Schweizerischer Maschinen und Metall-Industrieller (ASM) (1956). 50. Jahresbericht des Vorstandes und des Ausschusses an die Mitglieder für 1955. Zürich.

Augsbourger, Claire (1965). Intégration professionnelle et sociale des débiles mentaux, in: Pro Infirmis 7, S. 219–221.

Bernath, Karin / Forrer, Barbara (1992). Die berufliche Eingliederung – eine Sumpfwanderung? Zur Arbeitsmarktsituation und beruflichen Eingliederung behinderter Mitbürgerinnen und Mitbürger in Europa, in: Pro Infirmis 4, S. 9–17.

Breitenmoser, Beatrice (1999). «Eingliederung vor Rente» – realisierbares Ziel oder bloss wohltönender Slogan?, in: Soziale Sicherheit 6, S. 288–292.

Bundesamt für Justiz (1980). Zusammenstellung der Ergebnisse des Vernehmlassungsverfahrens zur Neuverteilung der Aufgaben zwischen Bund und Kantonen. Bern.

Bundesamt für Sozialversicherungen (BSV) (1977). Die AHV- und IV-Renten im Lichte der Statistik. Ergebnisse der Monatserhebungen für 1975 und 1976. Bern.

Bundesamt für Sozialversicherungen (BSV) (verschiedene Jahrgänge). Jahresbericht. Bern.

Bundesrat (1919). Botschaft des Bundesrates an die Bundesversammlung betreffend Einführung des Gesetzgebungsrechtes über die Invaliditäts-, Alters- und Hinterlassenenversicherung und betreffend die Beschaffung der für die Sozialversicherung erforderlichen Bundesmittel, in: Bundesblatt, Bd. IV, S. 1–224.

Bundesrat (1924). Nachtragsbericht des Bundesrates an die Bundesversammlung betreffend die Alters-, Invaliden- und Hinterlassenenversicherung, in: Bundesblatt, Bd. II, S. 681–740.

Bundesrat (1946). Bericht des Bundesrates an die Bundesversammlung über die 26. Tagung der Internationalen Arbeitskonferenz, in: Bundesblatt, Bd. I, S. 780–879.

Bundesrat (1950). Protokoll der 8. Sitzung des schweizerischen Bundesrates, Nr. 226, 31. Januar.

Bundesrat (1954a). Protokoll der 16. Sitzung des schweizerischen Bundesrates, Nr. 415, 5. März.

Bundesrat (1954b). Botschaft des Bundesrates an die Bundesversammlung betreffend die Zuteilung des Bundesamtes für Sozialversicherung an das Eidgenössische Departement des Innern, in: Bundesblatt, Bd. II, S. 386–393.

Bundesrat (1955). Protokoll der 54. Sitzung des schweizerischen Bundesrates, Nr. 1236, 12. Juli.

Bundesrat (1958). Botschaft des Bundesrates an die Bundesversammlung zum Entwurf eines Bundesgesetzes über die Invalidenversicherung und eines Bundesgesetzes betreffend die Änderung des Bundesgesetzes über die Alters- und Hinterlassenenversicherung, in: Bundesblatt, Bd. II, S. 1137–1322.

Bundesrat (1965). Bericht des Bundesrates an die erweiterte Kommission des Nationalrats für auswärtige Angelegenheiten über die Beschränkung und Herabsetzung des Bestandes an ausländischen Arbeitskräften, in: Bundesblatt, Bd. I, S. 331–357.

Bundesrat (1967). Botschaft des Bundesrates an die Bundesversammlung zum Entwurf eines Bundesgesetzes betreffend Änderung des Bundesgesetzes über die Invalidenversicherung, in: Bundesblatt, Bd. I, S. 653–718.

Bundesrat (1976). Botschaft über die neunte Revision der Alters- und Hinterlassenenversicherung, in: Bundesblatt, Bd. III, S. 1–140.

Bundesrat (1981). Botschaft über erste Massnahmen zur Neuverteilung der Aufgaben zwischen Bund und Kantonen, in: Bundesblatt, Bd. III, S. 737–884.

Bundesrat (1985). Botschaft über die zweite Revision der Invalidenversicherung, in: Bundesblatt, Bd. I, S. 17–97.

Bundesrat (1988). Botschaft über ein zweites Paket von Massnahmen zur Neuverteilung der Aufgaben zwischen Bund und Kantonen, in: Bundesblatt, Bd. II, S. 1333–1441.

Bundesrat (1997). Botschaft über die 4. Revision des Bundesgesetzes über die Invalidenversicherung, erster Teil, in: Bundesblatt, Bd. IV, S. 149–202.

Bundesrat (2001). Botschaft über die 4. Revision des Bundesgesetzes über die Invalidenversicherung, in: Bundesblatt, Bd. I, S. 3205–3322.

Bundesrat (2005). Botschaft zur Änderung des Bundesgesetzes über die Invalidenversicherung (5. Revision), in: Bundesblatt, Bd. I, S. 4459–4602.

Burckhardt, Walther (1931). Kommentar der schweizerischen Bundesverfassung vom 29. Mai 1874. 3. Aufl., Bern.

Buschor, Ernst (1993). Wirkungsorientierte Verwaltungsführung. Zürich.

Der Schweizerische Verband der Werkstätten für Mindererwerbsfähige (1933). Zürich.

Egli, E. (1950). Erfahrungen bei der Wiedereingliederung Gebrechlicher in den Arbeitsprozess, in: Pro Infirmis 2, S. 45.

Eidgenössische Expertenkommission für die Einführung der Invalidenversicherung (1956). Bericht der Eidgenössischen Expertenkommission für die Einführung der Invalidenversicherung. Bern.

Eidgenössische Expertenkommission für die Revision der Invalidenversicherung (1966). Bericht der Eidgenössischen Expertenkommission für die Revision der Invalidenversicherung. Bern.

Evangelisch-reformierte Kirche des Kantons Bern (1976). Kommission für Rezessionsfragen. Kirche und Arbeitslose. Bern.

Frauenfelder, Max (1962). Die Tätigkeit der privaten Fürsorge im Rahmen der eidgenössischen Invalidenversicherung, in: Pro Infirmis 3, S. 73–79.

Frauenfelder, Max (1970). Sozialversicherung und private Invalidenhilfe, in: Pro Infirmis 8, S. 5–9.

Gesellschaft zur Förderung der schweizerischen Wirtschaft (wf) (1986). Behinderte Mitarbeiter. Ein Leitfaden für Arbeitgeber und Personalverantwortliche. Zürich.

Gillioz, Stéphane (1992). Conte de fées ou scenario-catastrophe?, in: Pro Infirmis 4, S. 35–38.

Gonzenbach, Wilhelm von (1944). Teilerwerbsfähig? – Ein gefährliches Wort, in: Pro Infirmis 11, S. 329–332.

Graf, Otto (1927). Die Berufsberatung für die anormale Jugend, in: Schweizerischer Verband für Berufsberatung und Lehrlingsfürsorge (Hg.). Festschrift zur Feier des 25jährigen Bestandes 1902–1927. Basel, S. 171–175.

Häberle, Irène (1991). Zweite Säule – Grund für Arbeitslosigkeit?, in: Pro Infirmis 4, S. 21–23.

Haller, Rudolf (1978). Zur Problematik der Behinderten-Arbeit, in: Pro Infirmis 3, S. 108–110.

Hammer, M. (1951). Die Beschäftigung Gebrechlicher in PTT-Betrieben, in: Pro Infirmis 7, S. 222 f.

Hegner, Stephan (1985). Das Quotensystem – eine Scheinlösung, in: Pro Infirmis 3, S. 55–60.

Herold, Hans 1977. Literaturanzeigen, in: Schweizerische Zeitschrift für Sozialversicherung, S. 171–176.

Högger, Peter (1953). Die Eingliederung körperlich Behinderter ins Erwerbsleben. Zürich.

Ilg, Walter (1982). Der gesellschaftliche Wert der beruflichen Integration Behinderter, in: Pro Infirmis 5/6, S. 86–91.

Jans, Armin (1997). Wie sozial hat ein Unternehmen zu sein?, in: Inforum 1, S. 44–47.

Kaufmann, Franz-Xaver (1981). Soziale Sicherheit für Behinderte, in: Pro Infirmis 2/3, S. 81–95.

Keller, Gottlieb (1977). Berufsfindung für Behinderte, in: Schweizerische Zeitschrift für Sozialversicherung 2, S. 147–156.

Kennel, Karl (1982). Behindertenpolitik nach dem Jahr des Behinderten, in: Pro Infirmis 5/6, S. 22–31.

Koch, Karl (1945). Die Berufsberatung von Geistesschwachen, in: Pro Infirmis 1, S. 24–28.

Koch, Karl (1946). Voraussetzungen für die Berufsberatung von Teilerwerbsfähigen, in: Pro Infirmis 2, S. 34–40.

Kull, Ernst (1951). Invalidenversicherung. Grundsätzliche Überlegungen, in: Pro Infirmis 7, S. 151 f.

Küntzel, K. (1951). Eingliederung von Gebrechlichen ins Erwerbsleben, in: Pro Infirmis 7, S. 217–222.

Laich, Richard (1985). Weniger gesetzliche Massnahmen, mehr Invalidenversicherungsgelder, in: Pro Infirmis 3, S. 48–53.

Latzel, Günter / Röthlin, Bruno / Gebert, Alfred J. / Latzel, Alice (1983). Behinderte auf dem Arbeitsmarkt. Möglichkeiten und Voraussetzungen des vermehrten Einsatzes Behinderter an qualifizierten Arbeitsplätzen. 2. Aufl., Zürich.

Lehmann, J. (1972), Zusammenarbeit zwischen Behinderten und Nichtbehinderten am Arbeitsplatz, in: Pro Infirmis 2/3, S. 17–21.

Lotterbach, Adrian / Perroulaz, Elmar (2013). SBB anyway-solutions (Bern) – Gelungene berufliche Reintegration bei den Schweizerischen Bundesbahnen, in: Böhm, Stephan A. / Baumgärtner, Miriam K. / Dwertmann, David J. G. (Hg.). Berufliche

Inklusion von Menschen mit Behinderung. Best Practices aus dem ersten Arbeits-
    markt. Berlin, S. 183–193.

Lüthy, Albrik (1966). Die geschützte Werkstätte als Regiebetrieb der industriellen Un-
    ternehmung, in: Pro Infirmis 11, S. 344–346.

Meuli, Hans (1951). Über die Wiedereingliederung Gebrechlicher ins normale Leben, in:
    Pro Infirmis 7, S. 195–205.

Niedermann, Heinrich (1972). Aufgabe, Erfahrungen und Probleme einer IV-Regional-
    stelle, in: Schweizerische Zeitschrift für Sozialversicherung 4, S. 256–274.

Nüscheler, Fritz (1980). Invalidenversicherung: Ist der Grundsatz «Eingliederung vor
    Rente» gefährdet?, in: Schweizerische Zeitschrift für Sozialversicherung 1, S. 30–41.

Nyffeler, W. (1962). Erwerbsmöglichkeiten für körperlich Schwerbehinderte, in: Pro
    Infirmis 2, S. 61–63.

Pestalozzi, Georges (2003). Die Dauer des IV-Verfahrens erschwert die Eingliederung
    behinderter Menschen erheblich, in: Soziale Sicherheit 6, S. 325–329.

Post-, Telefon- und Telegrafenverwaltung (PTT). Geschäftsbericht, Bern (verschiedene
    Jahrgänge).

Pro Infirmis (1964). Eingabe Pro Infirmis betreffend Invalidenversicherung vom 25. No-
    vember 1963, in: Pro Infirmis 11, S. 390–407.

Pro Infirmis (1975). Vorwort, in: Pro Infirmis 4, S. 1.

Pro Mente Sana (PMS) (1995). Das Bonus-Malus-Konzept. Ein System zur Förderung
    der wirtschaftlichen und beruflichen Integration von behinderten ArbeitnehmerIn-
    nen in die Schweizer Wirtschaft. Zürich.

Reidy, Erwin (1965). Praktische Eingliederung im Industriebetrieb, in: Bund Schweizer
    Militärpatienten (Hg.). Die wirtschaftliche und gesellschaftliche Eingliederung
    Behinderter. Bern, S. 48–51.

Sandmeier, Francis (1960). Die berufliche Eingliederung Behinderter in der Schweiz.
    Zürich.

Sandmeier, Francis (1967). L'intégration professionnelle et sociale des déficients mentaux,
    in: Pro Infirmis 1/2, S. 40–46.

Schmid, Werner (1939). Erbgesunde Jugend – eine Schicksalsfrage für unser Volk, Son-
    derdruck aus «Der Pädagogische Beobachter». Zürich.

Schuppisser, Hans Rudolph (1999). Die berufliche Integration von Behinderten, in:
    Soziale Sicherheit 3, S. 164–166.

Schweingruber, Wilhelm (1948). Die Beobachtungsstation, ein hervorragendes Mittel für
    die berufliche Bildung Gebrechlicher, in: Pro Infirmis 7, S. 193–201.

Schweingruber, Wilhelm (1961). Die Berufsberatung von Invaliden, in: Schweizerische
    Zeitschrift für Sozialversicherung 1, S. 50–63.

Schweizerische Arbeitsgemeinschaft zur Eingliederung Behinderter in die Volkswirt-
    schaft (SAEB) (1953). Die Eingliederung Behinderter ins Erwerbsleben, in: Pro
    Infirmis 7, S. 198–228.

Schweizerische Arbeitsgemeinschaft zur Eingliederung Behinderter in die Volkswirt-
    schaft (SAEB) (verschiedene Jahrgänge). Tätigkeitsbericht. Zürich.

Schweizerische Bundesbahnen (SBB) (verschiedene Jahrgänge). Geschäftsbericht. Bern.

Schweizerischer Arbeitgeberverband (SAV) (1999). Die berufliche Integration von Be-
    hinderten. Zürich.

Schweizerischer Gewerbeverband (1971a). Welche Möglichkeiten hat der gewerbliche Unternehmer angesichts der gegenwärtigen Arbeitsmarktsituation?, in: Gewerbliche Rundschau 4, S. 152–161.

Schweizerischer Gewerbeverband (1971b). Merkblatt. Engpässe auf dem Arbeitsmarkt (Dezember), in: Gewerbliche Rundschau 4, S. 162–165.

Spahr, E. (1951). Zur beruflichen Eingliederung Infirmer, in: Pro Infirmis 7, S. 209–212.

Stalder, André (1952). Esquisse d'une solution suisse au problème du reclassement des handicapés physiques. Lausanne.

Stirnimann, Daniel (1985a). Die Zeiten sind schlecht, in: Pro Infirmis 3, S. 3–5.

Stirnimann, Daniel (1985b). Weitere staatliche und private Massnahmen, in: Pro Infirmis 3, S. 27.

Stöckli, Meinrad (1981). Die Beschäftigung Leistungsbehinderter als Aufgabe des Personalwesens. Bern, Stuttgart.

Studienkommission für die Neuverteilung der Aufgaben zwischen Bund und Kantonen (1979). Erste Vorschläge zur Neuverteilung der Aufgaben zwischen Bund und Kantonen. Bern.

Studienkommission für eine Neuverteilung der Aufgaben zwischen Bund und Kantonen (1984). Zweites Paket von Vorschlägen zur Neuverteilung der Aufgaben zwischen Bund und Kantonen. Bern.

Vogelsang, Albert (1960). Berufliche Eingliederung, in: Nawiasky, Hans (Hg.). Hauptprobleme der Invalidenversicherung. Einsiedeln, S. 51–62.

Zentralverband Schweizerischer Arbeitgeberorganisationen (ZSAO) (1954). Bericht des Vorstandes an die Mitglieder über das Jahr 1953. Zürich.

Zolliker, A. (1960). Erste Erfahrungen mit der Invalidenversicherung im Kanton Thurgau, in: Pro Infirmis 4, S. 93–101.

Zürcher, Ernst (1992). Sozialfreundliches Europa? Die soziale Dimension der Europäischen Gemeinschaft und die Konsequenzen auf die Soziale Hilfe in der Schweiz, in: Pro Infirmis 4, S. 3–8.

Periodika
Berufsberatung und Berufsbildung
Gewerbliche Rundschau
Hauszeitschrift Landis & Gyr
Inforum (früher Pro Infirmis)
Local Global (früher Hauszeitschrift Landis & Gyr)
Pro Infirmis
SAEB Mitteilungen
Schweizer Arbeitgeber (früher Schweizerische Arbeitgeber-Zeitung)
Schweizerische Arbeitgeber-Zeitung
Schweizerische Zeitschrift für Sozialversicherung
Soziale Sicherheit (früher Zeitschrift für die Ausgleichskassen)
Werkkurier Franke
Werkzeitung Hasler
Zeitschrift für die Ausgleichskassen

Amtsschriften
Amtliches Bulletin, Nationalrat
Amtliches Bulletin, Ständerat
Bundesblatt
Protokolle des Bundesrates

Sekundärquellen

Literatur

Anderson, Julie (2011). War, disability and rehabilitation in Britain. «Soul of a nation». Manchester.

Angehrn, Céline (2015). Berufsbilder. Das Tableau der modernen Arbeit, in: Bernet, Brigitta / Tanner, Jakob (Hg.). Ausser Betrieb. Metamorphosen der Arbeit in der Schweiz. Zürich, S. 109–124.

Badertscher, Martina (2016). Die IV und der umstrittene Bericht Lutz. Die Überprüfung der Schweizerischen Invalidenversicherung Ende der 1970er Jahre – Reaktionen und Folgen, Seminararbeit Universität Basel.

Baer, Niklas / Frick, Ulrich / Fasel, Tanja (2009). Dossieranalyse der Invalidisierungen aus psychischen Gründen. Typologisierung der Personen, ihrer Erkrankungen, Belastungen und Berentungsverläufe, Forschungsbericht Nr. 6/09. Bern.

Baumann, Katerina / Lauterburg, Margareta (1998). Indirekte Diskriminierung in der Invalidenversicherung, in: Nadai, Eva / Ballmer-Cao, Thanh-Huyen (Hg.). Grenzverschiebungen. Zum Wandel des Geschlechterverhältnisses in der Schweiz. Chur, S. 73–92.

Baumann, Katerina / Lauterburg, Margareta (2001). Knappes Geld – ungleich verteilt. Gleichstellungsdefizite in der Invalidenversicherung. Basel.

Baumann, Katerina (2006). Gleichstellungsrelevante Entwicklungen in der Sozialversicherung, in: Rote Revue 1, S. 18-22.

Baumgartner, Edgar / Greiwe, Stephanie / Schwarb, Thomas (2004). Die berufliche Integration von behinderten Personen in der Schweiz. Studie zur Beschäftigungssituation und zu Eingliederungsbemühungen, Forschungsbericht Nr. 4/04. Bern.

Berghoff, Hartmut (2004). Moderne Unternehmensgeschichte. Eine themen- und theorieorientierte Einführung. Paderborn.

Berghoff, Hartmut / Vogel, Jakob (Hg.) (2004). Wirtschaftsgeschichte als Kulturgeschichte. Dimensionen eines Perspektivenwechsels. Frankfurt am Main.

Bernet, Brigitta / Tanner, Jakob (2015). Einleitung: Ausser Betrieb. Metamorphosen der Arbeit in der Schweiz, in: dies. (Hg.). Ausser Betrieb. Metamorphosen der Arbeit in der Schweiz. Zürich, S. 7–38.

Bertels, Eric (2016). Die schweizerische Invalidenversicherung. Entstehung, Entwicklung, Auswirkung. Basel.

Bessy, Christian / Favereau, Olivier (2003). Institutions et économie des conventions, in: Cahiers d'économie politique 44, S. 119–164.

Binswanger, Peter (1986). Die Geschichte der AHV, Schweizerische Alters- und Hinterlassenenversicherung. Zürich.

Bodmer, Frank (2004). Ausmass und Gründe der Wirtschaftskrise der 90er Jahre,
Forschungsbericht des Wirtschaftswissenschaftlichen Zentrums der Universität
Basel, www.econstor.eu/bitstream/10419/127493/1/wwz-fb-2004-06-c.pdf, Stand
20. Oktober 2019.

Bollier, Gertrud (2010). Die wesentlichen Revisionen, in: Soziale Sicherheit 1, S. 9–14.

Bolliger, Christian / Fritschi, Tobias / Salzgeber, Renate / Zürcher, Pascale / Hümbelin,
Oliver (2012). Eingliederung vor Rente. Evaluation der Früherfassung, Frühinter-
vention und der Integrationsmassnahmen in der IV, Forschungsbericht
Nr. 13/12. Bern.

Boltanski, Luc / Chiapello, Eve (2006). Der neue Geist des Kapitalismus. Konstanz.

Boltanksi, Luc / Thévenot, Laurent (2011). Die Soziologie der kritischen Kompetenzen,
in: Diaz-Bone, Rainer (Hg.). Soziologie der Konventionen. Grundlagen einer pragmatischen Anthropologie. Frankfurt am Main, S. 43–68.

Boltanski, Luc / Thévenot, Laurent (2014). Über die Rechtfertigung. Eine Soziologie der
kritischen Urteilskraft. Hamburg.

Borsay, Anne (2005). Disability and Social Policy in Britain since 1750. A History of
Exclusion. Basingstoke.

Bösl, Elsbeth (2005). Perspektiven der Disability History auf die Rolle konfessioneller
Akteure bei der Co-Konstitution von Behinderung in der Bundesrepublik der
1950er bis 1970er Jahre, in: Damberg, Wilhelm / Jähnichen, Traugott (Hg.). Neue
Soziale Bewegungen als Herausforderung sozialkirchlichen Handelns. Stuttgart,
S. 115–136.

Bösl, Elsbeth (2006). Integration durch Arbeit? Westdeutsche Behindertenpolitik unter
dem Primat der Erwerbsarbeit 1949–1974, in: Traverse 3, S. 113–124.

Bösl, Elsbeth (2009). Politiken der Normalisierung. Zur Geschichte der Behindertenpolitik in der Bundesrepublik Deutschland. Bielefeld.

Buomberger, Thomas (2004). Kampf gegen unerwünschte Fremde. Von James Schwar-
zenbach bis Christoph Blocher. Zürich.

Bütler, Monika / Gentinetta, Katja (2007). Die IV – eine Krankengeschichte. Wie falsche
Anreize, viele Akteure und hohe Ansprüche aus der Invalidenversicherung einen
Patienten gemacht haben. Zürich.

Cohen, Deborah (2001). The War Come Home. Disabled Veterans in Britain and Germany, 1914–1939. Berkeley.

Canonica, Alan (2012). Missbrauch und Reform. Dimensionen und Funktionen der
Missbrauchsdebatten in der schweizerischen Invalidenversicherung aus historischer
Perspektive, in: Schweizerische Zeitschrift für Soziale Arbeit 13, S. 24–37.

Canonica, Alan (2017). Konventionen der Arbeitsintegration. Die Beschäftigung von
Behinderten in Schweizer Unternehmen (1950–1980), in: Zeitschrift für Unternehmensgeschichte 2, S. 233–255.

Canonica, Alan (2019). Wohlfahrtspluralismus in der Schweiz: Direkte Demokratie und
Föderalismus als strukturierende Variablen, in: Baumgartner, A. Doris / Fux, Beat
(Hg.). Sozialstaat unter Zugzwang? Zwischen Reform und radikaler Neuorientie-
rung. Wiesbaden, S. 303–321.

Dahinden, Martin (Hg.) (1987). Neue soziale Bewegungen – und ihre gesellschaftlichen Wirkungen. Zürich.

David, Thomas / Mach, André (2012). Corporate Governance, in: Halbeisen, Patrick / Müller, Margrit / Veyassat, Béatrice (Hg.). Wirtschaftsgeschichte der Schweiz im 20. Jahrhundert. Basel, S. 831–872.

Degen, Bernhard (2006). Entstehung und Entwicklung des schweizerischen Sozialstaates, in: Studien und Quellen. Zeitschrift des Schweizerischen Bundesarchivs 31, S. 17–48.

Degen, Bernard (2012). Arbeit und Kapital, in: Halbeisen, Patrick / Müller, Margrit / Veyrassat, Béatrice (Hg.). Wirtschaftsgeschichte der Schweiz im 20. Jahrhundert. Basel, S. 873–922.

Diaz-Bone, Rainer (2009). Konvention, Organisation und Institution. Der institutionalistische Beitrag der «Economie des conventions», in: Historical Social Research 2, S. 235–264.

Diaz-Bone, Rainer (2011). Einführung in die Soziologie der Konventionen, in: ders. (Hg.). Soziologie der Konventionen. Grundlagen einer pragmatischen Anthropologie. Frankfurt am Main, S. 9–41.

Diaz-Bone, Rainer (2015). Die «Economie des conventions». Grundlagen und Entwicklungen der neuen französischen Wirtschaftssoziologie. Wiesbaden.

Diaz-Bone, Rainer (2017). Dispositive der Ökonomie. Konventionentheoretische Perspektiven auf Institutionen und Instrumentierungen der ökonomischen Koordination, in: ders. / Hartz Roland (Hg.). Dispositiv und Ökonomie. Diskurs- und dispositivanalytische Perspektiven auf Märkte und Organisationen. Wiesbaden, S. 83–111.

Doering-Manteuffel, Anselm / Raphael, Lutz (2010). Nach dem Boom. Perspektiven auf die Zeitgeschichte seit 1970. 2. Aufl., Göttingen.

Dolder, Hugo (1968). Die schweizerische Berufsberatung. Entwicklung und volkswirtschaftliche Bedeutung. Winterthur.

Eichenberger, Pierre (2016). Mainmise sur l'état social. Monilisation patronale et caisses de compensation en Suisse (1908–1960). Neuenburg.

Eigenmann, Anina (2017). Sozialer Konsum statt Klassenkampf. Die soziale Käuferliga in der Schweiz (1906–1945) zwischen Frauenbewegung, religiösem Sozialismus, Philanthropie und Gewerkschaften, Dissertation Universität Bern.

Esping-Andersen, Gøsta (1990). Three Worlds of Welfare Capitalism. Cambridge.

Eurofound (2015). Upgrading or polarisation? Long-term and global shifts in the employment structure: European Jobs Monitor 2015. Luxemburg.

Eymard-Duvernay, François (2011). Konventionalistische Ansätze in der Unternehmensforschung, in: Diaz-Bone, Rainer (Hg.). Soziologie der Konventionen. Grundlagen einer pragmatischen Anthropologie. Frankfurt am Main, S. 99–123.

Fracheboud, Virginie (2015). L'introduction de l'assurance invalidité en Suisse (1944–1960). Tensions au cœur de l'Etat social. Lausanne.

Franke Artemis Management AG (2011), Spirit of Franke – The First 100 Years. Unternehmertum als Passion. Aarburg.

Franke Holding AG (Hg.) 1992. Erinnerungen an Walter Franke 1918–1991. Unternehmer und Menschenfreund. Aarburg.

Geisen, Thomas / Baumgartner, Edgar / Ochsenbein, Guy / Duchêne-Lacroix, Cédric / Widmer, Lea / Amez-Droz, Pascal / Baur, Roland (2016). Zusammenarbeit der IV-Stellen mit den Arbeitgebenden, Forschungsbericht Nr. 1/16. Bern.

Germann, Urs (2008). «Eingliederung vor Rente»: behindertenpolitische Weichenstellungen und die Einführung der schweizerischen Invalidenversicherung, in: Schweizerische Zeitschrift für Geschichte 2, S. 178–197.

Germann, Urs (2010). Integration durch Arbeit: Behindertenpolitik und die Entwicklung des schweizerischen Sozialstaats 1900–1960, in: Bösl, Elsbeth / Klein, Anne / Waldschmidt, Anne (Hg.). Disability History. Konstruktionen von Behinderung in der Geschichte. Bielefeld, S. 151–168.

Guggisberg, Jürg / Schär Moser, Marianne / Spycher, Stefan (2004). Auf der Spur der kantonalen Unterschiede in der Invalidenversicherung. Eine empirische Untersuchung. Zürich.

Guggisberg, Jürg / Egger, Theres / Künzi, Killian (2008). Evaluation der Arbeitsvermittlung in der Invalidenversicherung, Forschungsbericht Nr. 2/08. Bern.

Hafner, Georg (1986). Bundesrat Walther Stampfli (1884–1965). Leiter der Kriegswirtschaft im Zweiten Weltkrieg, bundesrätlicher Vater der AHV. Olten.

Hafner, Urs (2011). Heimkinder. Eine Geschichte des Aufwachsens in der Anstalt. Baden.

Hafner, Wolfgang (2014). Pädagogik, Heime, Macht – eine historische Analyse. Zürich.

Haselbach, Philipp (2002). Die Entwicklung des Invaliditätsbegriffs, in: Schweizerische Zeitschrift für Sozialversicherung 1, S. 44–63.

Heiniger, Alix / Matter, Sonja / Ginalski, Stéphanie (Hg.) (2017). Die Schweiz und die Philanthropie: Reform, soziale Vulnerabilität und Macht (1850–1930). Basel.

Hesse, Rebecca / Lengwiler, Martin (2017). Aus erster Hand. Gehörlose und Gebärdensprache in der Schweiz im 19. und 20. Jahrhundert. Basel.

Hiestand, Manuel / Müller, Margrit / Woitek, Ulrich (2012). Partizipation der Kantone und Regionen, in: Halbeisen, Patrick / Müller, Margrit / Veyrassat, Béatrice (Hg.). Wirtschaftsgeschichte der Schweiz im 20. Jahrhundert. Basel, S. 753–819.

Hiss, Stefanie (2009). Corporate Social Responsibility – Innovation oder Tradition? Zum Wandel der gesellschaftlichen Verantwortung von Unternehmen in Deutschland, in: Zeitschrift für Wirtschafts- und Unternehmensethik 3, S. 287–303.

Imhof, Kurt (1996). Wiedergeburt der geistigen Landesverteidigung: Kalter Krieg in der Schweiz, in: ders. / Kleger, Heinz / Romano, Gaetano (Hg.). Konkordanz und Kalter Krieg. Analyse von Medienereignissen in der Schweiz der Zwischen- und Nachkriegszeit. Zürich, S. 173–247.

Institut für Politikwissenschaft Universität Bern (verschiedene Jahrgänge). Année politique suisse. Bern.

Kaba, Mariama (2007). Des reproches d'inutilité au spectre de l'abus: étude diachronique des conceptions du handicap du XIXe siècle à nos jours, in: Carnets de bord 13, S. 68–77.

Kaba, Mariama (2010). Les discours sur l'«anormalité» comme vecteurs d'inégalités. Histoire des conceptions du handicap depuis le XIXe siècle, in: David, Thomas et al. (Hg.). Die Produktion von Ungleichheiten. Zürich, S. 79–88.

Kaba, Mariama (2011). Malades incurables, viellards infirmes et enfants difformes. Histoire sociale et médicale du corps handicapé en Suisse romande (XIXᵉ–XXᵉ siècle),
Dissertation Universität Lausanne.

Katz, Michael B. / Sachsse, Christoph (Hg.) (1996). The Mixed Economy of Social
Welfare: Public/Private Relations in England, Germany and the United States, the
1870's to the 1930's. Baden-Baden.

Kleinschmidt, Christian (1994). «Unproduktive Lasten»: Kriegsinvaliden und Schwer-
beschädigte in der Schwerindustrie nach dem Ersten Weltkrieg, in: Jahrbuch für
Wirtschaftsgeschichte 2, S. 155–166.

Koch, Martina (2016). Arbeits(un)fähigkeit herstellen. Arbeitsintegration von gesundheitlich eingeschränkten Erwerbslosen aus ethnographischer Perspektive. Zürich.

Krukowska, Uta (2006). Kriegsversehrte. Allgemeine Lebensbedingungen und medizinische Versorgung deutscher Versehrter nach dem Ende des Zweiten Weltkrieges in
der Britischen Besatzungszone Deutschlands – dargestellt am Beispiel der Hanse-
stadt Hamburg. Hamburg.

Leimgruber, Matthieu (2008). Solidarity without the State. Business and the Shaping of
the Swiss Welfare State, 1890–2000. Cambridge.

Leimgruber, Matthieu / Lengwiler, Martin (2009). Transformationen des Sozialstaats im
Zweiten Weltkrieg. Die Schweiz im internationalen Vergleich, in: dies. (Hg.). Um-
bruch an der «inneren Front». Krieg und Sozialpolitik in der Schweiz, 1938–1948.
Zürich, S. 9–45.

Leisering, Lutz (2016). Nach der Expansion. Die Evolution des bundesrepublikanischen
Sozialstaats seit den 1970er Jahren, in: Doering-Manteuffel, Anselm / Raphael,
Lutz / Schlemmer, Thomas (Hg.). Vorgeschichte der Gegenwart. Dimensionen des
Strukturbruchs nach dem Boom. Göttingen, S. 217–244.

Lengwiler, Martin (2003). Das Drei-Säulen-Konzept und seine Grenzen: Private und
berufliche Altersvorsorge in der Schweiz im 20. Jahrhundert, in: Zeitschrift für
Unternehmensgeschichte 1, S. 29–47.

Lengwiler, Martin (2006). Risikopolitik im Sozialstaat. Die schweizerische Unfallversicherung 1870–1970. Köln.

Lengwiler, Martin (2007). Im Schatten der Arbeitslosen- und Altersversicherung. Sys-
teme der staatlichen Invaliditätsversicherung nach 1945 im europäischen Vergleich,
in: Archiv für Sozialgeschichte, S. 325–348.

Lengwiler, Martin (2009). Double Standards. The History of Standardizing Humans in
Modern Life Insurance, in: Lampland, Martha / Leigh Star, Susan (Hg.). Standards
and their Stories. How Quantifying, Classifying, and Formalizing Practices Shape
Every Day Life. Ithaca, London, S. 95–122.

Lengwiler, Martin (2010). Competing Appeals: the Rise of Mixed Welfare Economies in
Europe, 1850–1945, in: Clark, Goeffrey W. et al. (Hg.). The Appeal of Insurance.
Toronto, S. 173–200.

Lengwiler, Martin (2011). Praxisbuch Geschichte. Einführung in die historischen Methoden. Zürich.

Lengwiler, Martin (2015). Arbeitsgesellschaft: Kodifizierungen von Arbeit im 20. Jahrhundert, in: Bernet, Brigitta / Tanner, Jakob (Hg.). Ausser Betrieb. Metamorphosen
der Arbeit in der Schweiz. Zürich, S. 71–90.

Lepällä, Heli (2014). Duty to Entitlement: Work and Citizenship in the Finish Post-War Disability Policy, early 1940s to 1970, in: Social History of Medecine 1, S. 144–164.

Liebermann, Sascha (2008). Wie aktivierende Sozialpolitik die Autonomie der KlientInnen schwächt, in: Avenir Social 5, www.avenirsocial.ch/sozialaktuell/sozial_aktuell_6653_6658.pdf, Stand 16. Juni 2017.

Linder, Wolf (2005). Schweizerische Demokratie. Institutionen – Prozesse – Perspektiven. 2., vollst. überarb. und aktualisierte Aufl., Bern, Stuttgart, Wien.

Lorenzetti, Luigi (2012). Demographie und Wirtschaftsentwicklung, in: Halbeisen, Patrick / Müller, Margrit / Veyrassat, Béatrice (Hg.). Wirtschaftsgeschichte der Schweiz im 20. Jahrhundert. Basel, S. 223–264.

Magnin, Chantal (1999). Der Alleinernährer. Geschlechtsspezifische Arbeitsteilung im Wirtschaftswachstum der 1950er Jahre in der Schweiz, in: Aegerter, Veronika et al. (Hg.). Geschlecht hat Methode. Ansätze und Perspektiven in der Frauen- und Geschlechtergeschichte. Zürich, S. 183–195.

Marquardsen, Kai (2007). Was ist «Aktivierung» in der Arbeitsmarktpolitik?, in: WSI Mitteilungen 5, S. 259–265.

Martin, Cathie Jo / Swank, Duane (2004). Does the Organization of Capital Matter? Employers and Active Labor Market Policy at the Nationale and Firm Levels, in: American Political Science Review 4, S. 593–611.

Marx, Karl (1867). Das Kapital. Kritik der politischen Ökonomie. Erster Band. Buch I: Der Produktionsprocess des Kapitals. Hamburg.

Matter, Sonja / Ruoss, Matthias / Studer, Brigitte (2015). Editorial: Philanthropie und Sozialstaat, in: Österreichische Zeitschrift für Geschichtswissenschaften 3, S. 5–14.

McGowan, Brian (2011). Die Zeitschrift Puls – Stimme aus der Behindertenbewegung, in: Graf, Erich Ott / Renggli, Cornelia / Weisser, Jan (Hg.). Puls – DruckSache aus der Behindertenbewegung. Materialien für die Wiederaneignung einer Geschichte. Zürich, S. 13–73.

Müller, Margrit (2012). Internationale Verflechtung, in: Halbeisen, Patrick / Müller, Margrit / Veyrassat, Béatrice (Hg.). Wirtschaftsgeschichte der Schweiz im 20. Jahrhundert. Basel, S. 339–465.

Müller, Margrit / Woitek, Ulrich (2012). Wohlstand, Wachstum und Konjunktur, in: Halbeisen, Patrick / Müller, Margrit / Veyrassat, Béatrice (Hg.). Wirtschaftsgeschichte der Schweiz im 20. Jahrhundert. Basel, S. 91–222.

Nadai, Eva (2007). Die Vertreibung aus der Hängematte: Sozialhilfe im aktivierenden Staat, in: Denknetz (Hg.). Jahrbuch 2007: Zur politischen Ökonomie der Schweiz. Eine Annäherung. Zürich, S. 10–19.

Nadai, Eva / Canonica, Alan (2014). Gleichstellung am Rand des Arbeitsmarkts? Sozialinvestitionen und Verwirklichungschancen aus einer Genderperspektive, in: Schweizerische Zeitschrift für Soziologie 2, S. 349–364.

Nadai, Eva / Canonica, Alan / Koch, Martina (2015). … und baute draus ein grosses Haus. Interinstitutionelle Zusammenarbeit (IIZ) zur Aktivierung von Erwerbslosen. Konstanz, München.

Nadai, Eva / Canonica, Alan / Gonon, Anna/Rotzetter, Fabienne / Lengwiler, Martin (2019). Werten und Verwerten. Konventionen der Beschäftigung von Menschen mit Behinderungen in Wirtschaft und Wohlfahrtsstaat. Wiesbaden.

Nadai, Eva / Canonica, Alan (2019). The Moralization of Labor: Establishing the Social Responsibility of Employers for Disabled Workers, in: Schiller-Merkens, Simone / Balsiger, Philip (Hg.). The Contested Moralities of Markets. Bingley, S. 87–106.

Neu, Tim (2015). Koordination und Kalkül – Die Économie des conventions und die Geschichtswissenschaft, in: Historische Anthropologie 1, S. 129–147.

Neuner, Stephanie (2011). Politik und Psychiatrie. Die staatliche Versorgung psychisch Kriegsbeschädigter in Deutschland 1920–1939. Göttingen.

North, Douglas C. (1988). Theorie des institutionellen Wandels. Eine neue Sicht der Wirtschaftsgeschichte. Tübingen.

Oschmiansky, Frank / Schmid, Günther / Kull, Silke (2003). Faule Arbeitslose? Politische Konjunkturen und Strukturprobleme der Missbrauchsdebatte, in: Leviathan 1, S. 3–31.

Pawlowsky, Verena / Wendelin, Harald (2015). Die Wunden des Staates. Kriegsopfer und Sozialstaat in Österreich 1914–1938. Wien.

Petzina, Dietmar / Plumpe, Werner (1993). Unternehmensethik – Unternehmenskultur: Herausforderungen für die Unternehmensgeschichtsschreibung?, in: Jahrbuch für Wirtschaftsgeschichte 2, S. 9–20.

Pierenkemper, Toni (2000). Unternehmensgeschichte. Eine Einführung in ihre Methoden und Ergebnisse. Stuttgart.

Piguet, Etienne (2006). Einwanderungsland Schweiz. Fünf Jahrzehnte halbgeöffnete Grenzen. Bern.

Plumpe, Werner (1998). Das Unternehmen als soziale Organisation – Thesen zu einer erneuerten historischen Unternehmensforschung, in: Akkumulation 11, S. 1–7.

Probst, Isabelle / Tabin, Jean-Pierre / Courvoisier, Nelly (2015). De la réparation à la réversibilité. Un nouveau paradigme dans l'assurance invalidité?, in: Schweizerische Zeitschrift für Soziologie 1, S. 101–117.

Probst, Isabelle / Tabin, Jean-Pierre / Piecek-Riondel, Monika / Perrin, Céline (2016). L'invalidité: une position dominée, in: Revue française des affaires sociales 3, S. 89–105.

Ramsauer, Nadja (2000). «Verwahrlost». Kindswegnahmen und die Entstehung der Jugendfürsorge im schweizerischen Sozialstaat 1900–1945. Zürich.

Riemer-Kafka, Gabriela (2006). Moral Hazard und Selbstverantwortung, in: Schweizerische Zeitschrift für Sozialversicherung 3, S. 190–207.

Rose, Sarah Frances (2008). No Right to Be Idle: The Invention of Disability, 1850–1930. Chicago.

Rudloff, Wilfried (2003). Überlegungen zur Geschichte der bundesdeutschen Behindertenpolitik, in: Zeitschrift für Sozialreform 6, S. 863–886.

Ruoss, Matthias (2015). Nach der Arbeit. Der «Pensionierungsschock» in der Nachkriegszeit zwischen Belastung und Aktivierung, in: Bernet, Brigitta / Tanner, Jakob (Hg.). Ausser Betrieb. Metamorphosen der Arbeit in der Schweiz. Zürich, S. 125–139.

Ruoss, Matthias (2017). Vermarktlichung des Gemeinnützigen? Neuordnung des public-private mix in der Altersvorsorge Ende des 20. Jahrhunderts, in: Criblez, Lucien / Rothen, Christina / Ruoss, Thomas (Hg.). Staatlichkeit in der Schweiz. Regierung und verwalten vor der neoliberalen Wende. Zürich, S. 31–56.

Schreyögg, Georg (1993). Unternehmenskultur: Zur Unternehmenskulturdiskussion in der Betriebswirtschaftslehre und einigen Querverbindungen zur Unternehmensgeschichtsschreibung, in: Jahrbuch für Wirtschaftsgeschichte 2, S. 21–35.

Schumacher, Beatrice (Hg.) (2010). Freiwillig verpflichtet. Gemeinnütziges Denken und Handeln in der Schweiz seit 1800. Zürich.

Schweizerischer Invalidenverband (SIV) (1998). Chronique de l'ASI 1930–1997 et des sections romandes. La Chaux-de-Fonds.

Seiz, Ursula et al. (1992). 75 Jahre Verein für Jugendfürsorge Basel. 1917 bis 1992. Basel.

Shamir, Ronen (2008). The age of responsibilization: on market-embedded morality, in: Economy & Society 1, S. 1–19.

Skenderovic, Damir / D'Amato, Gianni (2008). Mit dem Fremden politisieren. Rechtspopulismus und Migrationspolitik in der Schweiz seit den 1960er Jahren. Zürich.

Skenderovic, Damir (2009). The Radical Right in Switzerland. Continuity & Change, 1945–2000. New York, Oxford.

Sommer, Jürg H. (1978). Das Ringen um die soziale Sicherheit in der Schweiz. Eine politisch-ökonomische Analyse der Ursprünge, Entwicklungen und Perspektiven sozialer Sicherung im Widerstreit zwischen Gruppeninteressen und volkswirtschaftlicher Tragbarkeit. Diessenhofen.

Stiftung Arbeitszentrum für Behinderte (2012). Eine Vision schafft Zukunft. 50 Jahre Arbeitszentrum für Behinderte Strengelbach. Strengelbach.

Straumann, Tobias (2003). Ökonomie und Diskurs. Globalisierung in der Schweiz während der 1990er-Jahre, in: Gilomen, Hans-Jörg / Müller, Margrit / Veyrassat, Béatrice (Hg.). Globalisierung – Chancen und Risiken. Die Schweiz in der Weltwirtschaft 18.–20. Jahrhundert. Zürich, S. 357–375.

Studer, Brigitte (2012). Ökonomien der sozialen Sicherheit, in: Halbeisen, Patrick / Müller, Margrit / Veyrassat, Béatrice (Hg.). Wirtschaftsgeschichte der Schweiz im 20. Jahrhundert. Basel, S. 923–974.

Sutter, Yvonne (2002). Blindenheime gegen das «ziellose Herumwandern». Die Entwicklung der Behindertenfürsorge und das Blindenheim St. Jakob bis 1930, in: Schär, Fredy (Hg.). Die Begabten. Eine Zürcher Erfolgsgeschichte mit Behinderten. Das Behindertenwerk St. Jakob von 1902 bis 2002. Zürich, S. 12–37.

Tabin, Jean-Pierre / Togni, Carola (2013). L'assurance chômage en Suisse. Une sociohistoire (1924–1982). Lausanne.

Tabin, Jean-Pierre / Piecek-Riondel, Monika / Perrin, Céline / Probst, Isabelle (2016). L'invalidité comme catégorie administrative, in: Revue suisse de pédagogie spécialisée 3, S. 13–19.

Tanner, Jakob (2004). Die ökonomische Handlungstheorie vor der «kulturalistischen Wende»? Perspektiven und Probleme einer interdisziplinären Diskussion, in: Berghoff, Hartmut / Vogel, Jakob (Hg.). Wirtschaftsgeschichte als Kulturgeschichte. Dimensionen eines Perspektivenwechsels. Frankfurt am Main, S. 69–98.

Tanner, Jakob / Studer, Brigitte (2012). Konsum und Distribution, in: Halbeisen, Patrick / Müller, Margrit / Veyrassat, Béatrice (Hg.). Wirtschaftsgeschichte der Schweiz im 20. Jahrhundert. Basel, S. 637–702.

Tanner, Jakob (2015). Geschichte der Schweiz im 20. Jahrhundert. 2. Aufl., München.

Thévenot, Laurent / Moody, Michael / Lafaye, Claudette (2000). Forms of valuing nature: arguments and modes of justification in French and American environmental disputes, in: Lamont, Michèle / Thévenot, Laurent (Hg.). Rethinking Comparative Cultural sociology: Repertoires of Evaluation in France and the United States. Cambridge, S. 229–272.

Thévenot, Laurent (2001). Organized Complexity. Conventions of Coordination and the Composition of Economic Arrangements, in: European Journal of Social Theory 4, S. 405–425.

Traverse. Zeitschrift für Geschichte (2006). Heft 3, Schwerpunkt: Behinderung.

Waldschmidt, Anne (2010). Warum und wozu brauchen die Disability Studies die Disability History?, in: Bösl, Elsbeth / Klein, Anne / Waldschmidt, Anne (Hg.). Disability History. Konstruktionen von Behinderung in der Geschichte. Bielefeld, S. 13–27.

Welskopp, Thomas (2007). Erklären, begründen, theoretisch begreifen, in: Goertz, Hans-Jürgen (Hg.). Geschichte. Ein Grundkurs. 3. Aufl., Hamburg, S. 137–177.

Wicki, Ann-Karin (2018). Zurück ins aktive Leben. Von «Eingliederung vor Rente» zu «Eingliederung dank Rente» – die Politik und die schweizerische Invalidenversicherung zwischen 1955 und 1992. Bern.

Wischermann, Clemens (2015). Neue Institutionenökonomik, in: ders. et al. (Hg.). Studienbuch institutionelle Wirtschafts- und Unternehmensgeschichte. Stuttgart, S. 20–32.

Wolfisberg, Carlo (2002). Heilpädagogik und Eugenik. Zur Geschichte der Heilpädagogik in der deutschsprachigen Schweiz (1800–1950). Zürich.

Statistisches, Internetquellen

Bundesamt für Sozialversicherungen (BSV) (2011). IV-Revision 6a ab 1. Januar 2012 in Kraft, Medienmitteilung, 16. November 2011, www.bsv.admin.ch/bsv/de/home/publikationen-und-service/medieninformationen/nsb-anzeigeseite.msg-id-42248.html, Stand 20. Oktober 2019.

Bundesamt für Sozialversicherungen (BSV) (2013). Geschichte der Sozialen Sicherheit, www.geschichtedersozialensicherheit.ch, Stand 21. Oktober 2019.

Bundesamt für Sozialversicherungen (BSV) (2015). Invalidenversicherung: Zahlen und Fakten 2014: Steigerung der beruflichen Eingliederung als Gegenstück zu gesunkenen Neurentenzahlen, www.newsd.admin.ch/newsd/message/attachments/39200.pdf, Stand 20. Oktober 2019.

Bundesamt für Statistik (BFS) (2009). Behinderung hat viele Gesichter. Definitionen und Statistiken zum Thema Menschen mit Behinderungen. Neuenburg.

Bundesamt für Statistik (BFS) (2014). Behinderungen, www.bfs.admin.ch/bfs/de/home/statistiken/wirtschaftliche-soziale-situation-bevoelkerung/gleichstellung-menschen-behinderungen/behinderungen.assetdetail.83587.html, Stand 20. Juli 2017.

Bundesamt für Statistik (BFS) (2017). Beteiligung am Arbeitsmarkt von Menschen mit und ohne Behinderungen, www.bfs.admin.ch/bfs/de/home/statistiken/wirtschaftliche-soziale-situation-bevoelkerung/gleichstellung-menschen-behinderungen/erwerbstaetigkeit.assetdetail.3962810.html, Stand 6. Dezember 2019.

Bundesamt für Statistik (BFS) (2018). NeurentenbezügerInnen in der Schweiz nach Geschlecht und Gebrechensart, www.bfs.admin.ch/bfs/de/home/statistiken/kataloge-datenbanken/tabellen.assetdetail.5387105.html, Stand 20. Oktober 2019.

Bundesamt für Statistik (BFS) (2019a). Entwicklung der Nominallöhne, der Konsumentenpreise und der Reallöhne, 1939–2015, www.bfs.admin.ch/bfs/de/home/statistiken/arbeit-erwerb/loehne-erwerbseinkommen-arbeitskosten.assetdetail.8046224.html, Stand 20. Oktober 2019.

Bundesamt für Statistik (BFS) (2019b). Invalide RentnerInnen in der Schweiz nach Geschlecht und Gebrechensart, Dezember 2009–Dezember 2018, www.bfs.admin.ch/bfs/de/home/statistiken/soziale-sicherheit/sozialversicherungen/iv.assetdetail.8606793.html, Stand 20. Oktober 2019.

Bundesamt für Statistik (BFS) (2019c). Finanzen der IV, www.bfs.admin.ch/bfs/de/home/statistiken/kataloge-datenbanken/tabellen.assetdetail.8667985.html, Stand 20. Oktober 2019.

Compasso. Berufliche Integration – Informationsportal für Arbeitgeber, www.compasso.ch, Stand 20. Oktober 2019.

Direktion für europäische Angelegenheiten (2017). Personenfreizügigkeit, www.eda.admin.ch/content/dam/dea/de/documents/fs/04-FS-Personenfreizuegigkeit_de.pdf, Stand 19. Oktober 2019.

Eurostat (2014). Erwerbsquote nach Art der Behinderung, Geschlecht und Alter, http://ec.europa.eu/eurostat/web/products-datasets/-/hlth_dlm020, Stand 20. Oktober 2019.

Fachkräfte Schweiz, www.fachkraefte-schweiz.ch, Stand 20. Oktober 2019.

Historisches Lexikon der Schweiz (HLS). Verschiedene Artikel, www.hls-dhs-dss.ch, Stand 20. Oktober 2019.

Informationsstelle AHV/IV, www.entwicklung-ahv.ch, Stand 20. Oktober 2019.

Schweizerische Bundeskanzlei. Volksinitiativen, www.bk.admin.ch/bk/de/home/politische-rechte/volksinitiativen.html, Stand 20. Oktober 2019.